本书系国家社科基金教育学一般项目"城乡家庭高等教育需求（BIA150097）之成果

Demand Differences and Effective Supply of Higher
Education Between Urban and Rural Families

城乡家庭高等教育需求差异及其有效供给

张意忠　著

科学出版社
北京

内 容 简 介

  随着我国高等教育的快速发展及缴费上学的实施,家庭高等教育需求更为理性和多元,选择的余地更大。同时,城市家庭普遍资本优越,享有更多的优质高等教育资源,影响着教育公平与社会和谐。

  本书在探究城乡家庭高等教育需求的演变特征、理论基础及模型建构的基础上,通过实证分析,归纳了城乡家庭的经济资本、社会资本与文化资本差异,城乡家庭高等教育需求差异,并分析其影响因素;针对我国高等教育的供给现状,找到城乡家庭高等教育需求与高等教育供给存在的问题;结合高等教育有效供给理论,就政府如何加大高等教育有效供给,以满足城乡家庭高等教育需求,达到供需平衡,提出了保障教育公平的建议。

  本书适合高等教育管理领域的研究者、高校和教育行政部门的管理者,以及社会各界关心高等教育事业的热心人士参阅。

图书在版编目(CIP)数据

城乡家庭高等教育需求差异及其有效供给 /张意忠著. —北京:科学出版社,2017.11
 ISBN 978-7-03-054940-2

 Ⅰ.①城… Ⅱ.①张… Ⅲ.①高等教育–研究–中国 Ⅳ.①G649.2

中国版本图书馆 CIP 数据核字(2017)第 259811 号

责任编辑:朱丽娜 卢 淼 /责任校对:何艳萍
责任印制:张欣秀 / 封面设计:润一文化

编辑部电话:010-64033934
E-mail:edu_psy@mail.sciencep.com

科学出版社 出版
北京东黄城根北街 16 号
邮政编码:100717
http://www.sciencep.com

北京虎彩文化传播有限公司 印刷
科学出版社发行 各地新华书店经销
*

2017年11月第 一 版 开本:720×1000 B5
2017年11月第一次印刷 印张:19 7/8
字数:380 000

定价:99.00元
(如有印装质量问题,我社负责调换)

前 言

随着我国高等教育以市场为基础配置生源的方式和机制的逐步形成，高等教育正在转变为"买方市场"，家庭对高等教育需求的选择有了更大余地。过去那种对高等教育"饥不择食"式的选择逐步趋于冷静，其传统的"光宗耀祖"和"跳农门"式的单一需求理念，逐步被更为广泛的"成本—收益"理念所取代，并且呈现出更多的个性化需求。同时，我国长期以来实施城乡二元体制，形成了城市家庭的经济资本、社会资本与文化资本均优越于农村家庭的状态，导致城乡家庭高等教育需求存在差异，农村家庭在优质高等教育资源需求上处于弱势地位，高等教育供给没有有效地满足城乡家庭的需求，在一定程度上阻碍了高等教育公平的落实。因此，研究城乡家庭高等教育的需求差异、引导家庭形成高等教育有效需求、加大高等教育有效供给、维护教育公平，对高等教育事业的发展具有重要的现实意义。对此，本书遵循由理论到实践的逻辑思路，采用调查研究法、文献资料法、比较法与统计分析法，就上述问题通过如下八章进行较为系统、深入的探讨。

第一章为绪论。该章主要就城乡家庭高等教育需求差异及其有效供给研究的选题背景与意义、国内外现状、研究目的与内容、研究方法及创新点等进行简单论述。

第二章为城乡家庭高等教育需求概述。高等教育需求是个人和社会对高等教育有支付能力的需要。家庭高等教育需求属于个人需求，主要是出于对知识能力、职业发展及社会地位的需求。家庭高等教育需求具有多样性、层次性、发展性与合理性等特点。家庭、学生、教育与社会是影响家庭高等教育需求的主要因素。

第三章为家庭高等教育需求的理论基础。城乡家庭高等教育需求是建立在一定的理论基础之上的。人力资本理论认为，接受高等教育，可以提高受教育者的素质，人力资源投资可以得到回报；高等教育价值论认为，高等教育具有经济价值、精神价值与社会价值，能够提高受教育者的道德品质、专业素养，促进身心发展和个性培养，产生外溢效益；教育投资理论认为，高等教育是准公共产品，接受高等教育是一种生产性投资，产生价值增值；需求层次理论认为，家庭高等教育需求属于高层次的需求，能够满足人的心理需求，实现人生价值。这些理论为家庭高等教育需求提供了理论支撑。

第四章为城乡家庭高等教育需求理论模型。该模型的自变量即城乡家庭的经济资本、社会资本和文化资本，城乡家庭高等教育需求是该模型的因变量。高等教育及其经济社会发展的规模、速度及结构等通过各级各类毕业生在劳动力市场上的就业情况和收益状况反映出来，形成价格信号，传递给学生及其家庭。因此，城乡家庭根据各类高校毕业生的就业和收入信息形成接受高等教育的期望收益，进而产生对高等教育的不同需求，表现为对高等教育的类型、层次、专业、区域及形式的选择，形成了包含家庭资本、高等教育需求，以及它们之间关系的理论模型。其自变量为经济资本、社会资本和文化资本，因变量分别为高等教育的类型、层次、专业、区域与形式需求。

第五章为城乡家庭高等教育需求差异实证分析。通过对江西省3050位高中学生家长的调查研究表明，城乡家庭高等教育需求旺盛，但卡方检验显示，城乡家庭在高等教育的区域需求、层次需求与专业需求之间存在显著差异，在高等教育的形式需求与类型需求上不存在显著差异，但在重点高校与非重点高校需求之间存在显著差异。城市家庭对经济发达地区的重点高校、学术型高校、高学历需求的比例高于农村家庭，对经济欠发达地区的一般本科高校、应用型高校的需求比例低于农村家庭。经济资本、社会资本与文化资本因素对农村家庭高等教育需求的影响程度大于城市家庭，子女因素、学校因素与社会因素对农村家庭高等教育需求的影响程度低于城市家庭。

第六章为高等教育供给现状分析。对我国特别是江西省高等教育在类型、层次、区域、专业与形式上的供给状况进行分析，与城乡家庭高等教育的需求进行比较，找到我国高等教育在类型、层次、区域、专业与形式等供给方面存在的问题。面对家庭日益增长的高等教育需求，高等教育供给显现出以下问题：数量不足；供给结构有待完善，城乡之间、区域之间不平等，层次结构与专业结构有待调整；供给质量有待提升。

第七章为高等教育有效供给理论。高等教育有效供给理论为满足城乡家庭高等教育需求提供了理论支撑。高等教育供给包括潜在供给、实际供给和有效供给。高等教育的政策、资源、规模、需求与师资队伍等因素影响高等教育供给。在供求均衡点上的供给是有效供给，供求标准、效率标准与公平标准是评判高等教育供给是否有效的依据。高等教育有效供给不足的表现是高等教育供给不足、高等教育供给过剩、高等教育不良供给。

第八章建议形成有效需求，加大有效供给。高等教育供给与需求密不可分，相互制约，有效供给必须根据需求、引导需求、满足需求。城乡家庭高等教育需求差异源于城乡二元体制，导致了城乡家庭资本存在差异，因此，需要推进城乡一体化建设，提高农民经济收入；加强农村社区教育，提高农民文化水平；帮助家庭正确认识高等教育价值，构建有效需求；城乡基础教育差距是高等教育需求差异产生的基础，应缩小城乡基础教育差距；加强高等教育有效供给，实现城乡家庭高等教育入学机会平等，提高教育质量，从而满足家庭高等教育需求差异。

张意忠

2017 年 6 月 30 日

目 录

(((contents

前言

▶ 第一章 绪论　　　　　　　　　　　　　　　　　　　001

▶ 第二章 城乡家庭高等教育需求概述　　　　　　　　011

　　第一节 高等教育需求概念界定　　　　　　　　　012
　　第二节 家庭高等教育需求的内容　　　　　　　　018
　　第三节 家庭高等教育需求的特点　　　　　　　　021
　　第四节 影响家庭高等教育需求的因素分析　　　　026

▶ 第三章 家庭高等教育需求的理论基础　　　　　　　043

　　第一节 人力资本理论　　　　　　　　　　　　　044
　　第二节 高等教育价值论　　　　　　　　　　　　048
　　第三节 教育投资理论　　　　　　　　　　　　　051
　　第四节 需求层次理论　　　　　　　　　　　　　057

▶ **第四章　城乡家庭高等教育需求理论模型**　　　063

　　第一节　城乡家庭高等教育区域需求理论模型　　064
　　第二节　家庭高等教育类型需求理论模型　　072
　　第三节　城乡家庭高等教育形式需求理论模型　　077
　　第四节　城乡家庭高等教育层次需求理论模型　　081
　　第五节　家庭高等教育专业需求理论模型　　088

▶ **第五章　城乡家庭高等教育需求差异实证分析**　　　095

　　第一节　问卷设计与实施　　096
　　第二节　城乡家庭资本与高等教育需求差异分析　　109
　　第三节　城乡家庭高等教育需求差异的影响因素　　178
　　第四节　城乡家庭高等教育需求差异的原因分析　　191

▶ **第六章　高等教育供给现状分析**　　　203

　　第一节　全国高等教育供给状况　　204
　　第二节　江西省高等教育供给状况　　219
　　第三节　高等教育供给存在的问题　　233

▶ **第七章　高等教育有效供给理论**　　　237

　　第一节　有效供给概念　　238
　　第二节　高等教育有效供给理论　　241
　　第三节　高等教育供求关系　　254

▶ 第八章　形成有效需求　加大有效供给　　　　　　　261

　　　第一节　推进城乡一体化，缩小城乡家庭资本差异　　262
　　　第二节　发展农村社区教育，提升农村文化资本　　　272
　　　第三节　加大农村教育扶持力度，缩小城乡差距　　　279
　　　第四节　形成家庭高等教育有效需求　　　285
　　　第五节　加大高等教育有效供给　　　289

▶ 附录　　　　　　　　　　　　　　　　304

　　　城乡家庭高等教育需求调查问卷　　　304

第一章

绪 论

随着我国高等教育规模的日益扩大和"买方市场"的逐步形成,从消费者视角研究城乡家庭高等教育需求差异及其有效供给,有利于完善高等教育政策,整合高等教育资源;促进高校改革发展,提高人才培养质量;满足不同家庭对高等教育的需求;关注弱势家庭,维护社会公平。因此,在分析国内外研究现状的基础上,笔者提出了本书的研究目的,确定了研究内容、思路与方法。

一、问题的提出

随着我国高等教育供需结构的变化，由高等教育提供者单方面决定高等教育消费类型和选择的格局已经被打破，家庭作为高等教育的消费主体，对高等教育提出了更多个性化的要求，不同家庭背景对高等教育有着不同的需求。进入什么类型、层次、专业、区域及形式的学校接受高等教育，已逐渐成为家庭接受高等教育的理性选择。家长不仅考虑子女的生存和就业问题，还考虑未来的升迁、社会地位、个人事业和个人价值所在，关注预期收益和投资成本等问题。

在我国高等教育通过市场配置生源的过程中，生源市场竞争日益激烈，生源不足的矛盾日益凸显。教育部发言人续梅在 2013 年 6 月 5 日接受记者采访时表示，高考弃考率近五年来基本维持在 10%左右。2014 年全国有 939 万高考生，照此计算，2014 年有近百万学生弃考，除了少部分学生选择出国留学外，大多数学生选择了直接就业。从 2008 年开始，我国高考报名人数逐年减少，2012 年高考报名人数（915 万）比 2008 年（1050 万）减少 12.86%。2012 年全国高考平均录取率为 75%，2008 年为 57%，2008～2012 年高考全国录取率呈现逐年上升的趋势。高考报名人数的逐年减少和全国高考录取率的逐年上升，凸显了我国高校生源日趋紧张的状况。与此同时，高校毕业生在劳动力市场上形成了供大于求的局面，大学生就业难已是不争的事实。高考弃考、教育致贫及"读书无用论"思想的出现，使家庭对高等教育的选择变得谨慎。诸多的社会现实问题给家庭和高等教育带来了巨大的冲击："名牌大学里的寒门学子越来越少已是不争的事实。有统计显示，北大清华学生中来自农村者一度仅有一两成，李克强总理也提出要提高重点高校招收农村学生比例。"[①] 具有经济资本、文化资本和社会资本优势的家庭子女较多地就读于重点高校和优势学科，城乡家庭差异明显。目前，人们关注的焦点不再是"上学难"，而是"上好学校难"。优质高等教育的供需矛盾突出，高等教育资源配置不合理，影响教育公平和人力资源开发。上述问题的出现，说到底是我国高等教育供给没有有效地满足不同家庭的需求，正如人力资本理论的代表人物舒尔茨（Schultz）所言："我们的教育体制在扩大教育服务的供给使之足以适应中上等收入家庭的私人需求方面已属灵活了。但问题在于它对许多农业家庭的孩子（较为普遍的是贫穷的人，最明显的是黑人）所提供的教育服务无论在数量上还是在质量上都已严重地滞后了。"[②]

---

① 黄西蒙. 你的优渥是他们不能承受之重 [N]. 中国青年报，2016-03-03（2）.
② 西奥多·W. 舒尔茨. 人力资本投资——教育和研究的作用 [M]. 蒋斌，张蘅译. 北京：商务印书馆，1990：199.

　　众所周知，我国高等教育一直是由政府主导的，在一种自上而下的体制中进行供给，这就不可避免地导致了自下而上的需求表达受阻。表现在现实中，家庭高等教育需求在一定程度上不能很好地传递到高等教育决策系统，从而导致高等教育的供给与主体需求产生一定的偏差，难以使有限的资源用在刀刃上。根据公共服务最优供给理论，要达到高等教育的最优供给，就需要了解消费者的需求状况。只有最大限度地了解城乡家庭对高等教育的需求状况，才能在有限的人力、财力、物力情况下，避免高等教育供给不到位或过度供给，加强我国高等教育供给的针对性，提高高等教育供给的有效性，完善我国高等教育资源的使用效率，满足人民群众对高等教育的不同需求。因此，研究城乡家庭在高等教育的层次、类型、专业、地域和形式需求等维度上的差异，并据此调整高等教育政策，科学配置教育资源，加强高等教育改革，合理引导家庭需求，提供有效供给，具有重要的现实意义。

二、国内外研究现状

　　对高等教育供求问题及供求关系的研究是一个日久而弥新的课题。在社会发展的各个阶段，都存在着教育供求问题。以舒尔茨为代表的人力资本理论产生后，贝克尔（Becker）和卢卡斯（Lucas）等一大批经济学家开始致力于从人力需求的角度研究高等教育供给。高等教育的供给与需求之间的矛盾是目前困扰着我国高等教育发展的现实问题，有大量学者从宏观层面对此进行了专题研究。基于本书的研究目标与内容，将相关研究成果归纳如下。

1. 个体高等教育需求概念界定与分类

　　王善迈认为，教育需求是指社会和个人对教育有支付能力的需要。[①] 沃尔夫冈·布列钦卡（Wolfgang Brezinka）将高等教育需求分为一般的高等教育需求和个体的高等教育需求。[②] 个体的高等教育需求是指，个人为了获得更高层次的精神满足和更高收入而产生对高等教育有支付能力的需要。个体的高等教育需求带有一定的功利性，认为接受高等教育能够提高个体的知识和技能，进而能在激烈的竞争中处于有利之地。个体在不同的阶段、环境中对高等教育的需求不同。对个人高等教育需求的分析已经突破了单纯的心理学或经济学意义，而有着十分广阔的

---

① 转引自：陶磊. 高中生高等教育需求实证研究——以深圳 BH 中学为例 [D]. 武汉：华中师范大学硕士学位论文. 2012：14.

② 转引自：陶磊. 高中生高等教育需求实证研究——以深圳 BH 中学为例 [D]. 武汉：华中师范大学硕士学位论文. 2012：5.

社会内涵。从高等教育的功能来看，个人接受高等教育不仅能满足心理需求，而且能产生经济收益和社会效益，它关乎人的心理需求、精神需求和发展需求。当然，这种需求的存在依赖于需求主体是否感到高等教育的匮乏，以及是否具有对这种匮乏的支付能力和消费能力。

对高等教育需求类型的划分多源于需求的动因。李建忠和陶美重把高等教育需求分为四种类型：知识需求型、经济需求型、政治需求型和精神需求型。[①] 陈宏军和江若尘把高等教育需求分为五种类型：学术需求、物质生活需求、社会地位需求、提高生活质量的需求和家长对子女高等教育的需求。[②] 刘俊学把高等教育需求分为三种类型：精神生活的需要、物质生活的需要及社会地位的需要。[③]

2. 家庭高等教育需求的意愿

在现代社会，由于高等教育在某种程度上决定着个人所从事的职业、收入、生活状况等方面，从意愿方面来讲，多数人都有接受高等教育的需求。坎贝尔（Cambell）和西格尔（Seagle）从人力资本投资的角度研究了美国本科教育的总需求，认为本科教育入学率与家庭可支配收入及教育费用显著相关。霍纳克（Hoenack）以个人生命周期效用最大化理论作为需求分析的基础，研究显示，加利福尼亚大学的入学率受家庭可支配收入和大学学费的变化影响，随着其大学成本上升而下降。科拉齐尼（Corrazzini）将入学率以线性方程的形式表现，认为学费、失业率、价格变量等因素对大学入学人数起着决定性的作用。

国内有很多研究探讨了个人高等教育需求意愿。例如，丁小浩从人口压力、劳动力市场状况、个人收益和机会成本等角度探讨了个人高等教育需求旺盛的原因；[④] 雷万鹏和钟宇平认为，在预期收益较低和家庭网络资源较少时，农村学生高等教育需求较之城市学生更为强烈，因为这是他们实现阶层流动的唯一渠道；[⑤] 陆根书等根据所做的"中国高校学生调查"得出的统计数据表明，我国学生及家庭对高等教育具有非常强烈的付费意愿；[⑥] 岳昌君和陈晓宇等从预期收益的计量估算来解释个人高等教育需求愿望强烈的原因。[⑦] 中国青少年研究中心与中国青少年发

① 李建忠，陶美重. 我国高等教育个人需求分析 [J]. 江苏高教，2008，（4）：13-14.

② 陈宏军，江若尘. 高等教育个人需求的系统分析与高等教育需求类型关系的诠释 [J]. 清华大学教育研究，2006，（2）：31-38.

③ 刘俊学. 高等教育服务质量论 [M]. 长沙：湖南大学出版社，2002：158.

④ 丁小浩. 高等教育的个人需求和政府的宏观调控 [J]. 高等教育研究，1998，（4）：39-42.

⑤ 雷万鹏，钟宇平. 中国高等教育需求中的城乡差异——人力资本与社会资本理论的视角 [J]. 北京大学教育评论，2005，（3）：48-57.

⑥ 钟宇平，陆根书. 人力资本理论基本假设的检验：对中国大学生的个案分析 [J]. 西安交通大学学报（社会科学版），2001，（4）：79-89.

⑦ 岳昌君. 预期收益对不同级别教育需求的影响 [J]. 教育理论与实践，2003，（9）：15-18.

展基金会于 1999 年的调查显示，全国城乡儿童教育需求十分强烈，有41%的儿童希望拥有博士学位。上海市的调查也表明，95%以上的家长希望子女拥有大学以上的学历，68%的家长希望子女能获得硕士学位，46%的家长希望子女获得博士学位。[①] 邓春雪对云南省迪庆藏族自治州藏文中学和民族中学的个案研究也表明，这两所学校 1.75%的学生不希望接受高等教育，79.9%的学生希望接受高等教育，其余的为能上到何种程度算何种程度，这些学生个人教育需求的目的是要实现职业理想。[②] 黄金炎对黄冈市 447 户农村家庭调查后得出结论：98.9%的被调查家庭非常希望或者比较希望子女接受高等教育，只有 0.8%的被调查家庭还不太确定是否希望子女接受高等教育，明确表示不希望子女接受高等教育的只有 1 户。[③] 王一涛等通过对浙江省部分农村家庭的调查表明，经济发达地区农村家庭对高等教育的需求很旺盛，并有着强烈的非功利色彩。[④] 何奎研究了湖北省农村家庭高等教育的消费需求，认为家庭因素、高等教育现状和高等教育类型等对农村家庭高等教育的消费需求有着重要影响。[⑤] 以上研究表明：我国经济发达地区和经济不发达地区、汉族地区和少数民族地区均表现出较强的高等教育需求意愿。

3. 家庭高等教育需求的特征

陈宏军和江若尘将高等教育需求的特征归纳为以下五点：一是高等教育需求为非均质的双重需求；二是高等教育需求的双重性是互换的；三是高等教育是在双重性的互换中不断发展的；四是高等教育需求受到经济社会发展的影响；五是高等教育需求是无限的，而高等教育供给却是有限的。[⑥]

4. 家庭高等教育需求的影响因素

高等教育需求的影响因素可以分为个人因素、家庭因素、社会因素等，各种因素对高等教育需求的影响程度不同，其中家庭背景是一个非常重要的因素。法国学者皮埃尔·布尔迪厄将资本的概念拓展至"文化资本"。家庭所拥有的经济资本、社会资本、文化资本对子女成绩和教育需求的影响日益引起了人们的关注。

---

① 李祥云. 扩招与教育需求 [J]. 教育发展研究，2000，（10）：32-34.
② 邓春雪. 倾听与理解：藏族学生教育需求——云南省迪庆藏族自治州藏文中学、民族中学个案研究 [D]. 重庆：西南师范大学硕士学位论文. 2003：5.
③ 黄金炎. 黄冈市农村家庭高等教育消费需求调查研究 [D]. 武汉：华中农业大学硕士学位论文. 2008：26.
④ 王一涛，钱晨，平燕. 发达地区农村家庭高等教育支付能力及需求意愿研究——基于浙江省的调查 [J]. 高等教育研究，2011，（3）：48-49.
⑤ 何奎. 湖北省农村家庭高等教育消费需求调查研究 [D]. 武汉：华中农业大学硕士学位论文. 2012：26.
⑥ 陈宏军，江若尘.高等教育个人需求的系统分析与高等教育需求类型关系的诠释[J]. 清华大学教育研究，2006，（2）：31-38.

艾伯特研究发现，父亲的社会经济地位越高，子女接受高等教育的需求就越强烈；父母的受教育程度越高、对子女的教育投入越多，学生的学术成绩会越好，他们对待学校的态度会越积极、志向会越高；受过高等教育的父母更能意识到对高等教育的需求，他们的子女在追求高等教育时也更能获得成功；家庭社会经济地位（Socio Economic Status，SES）与个人接受高等教育之间存在显著的相关。①

国内学者对我国高等教育需求影响因素的研究主要有两个方面：一是经济因素，二是社会因素。实证分析多数是基于宏观总体数据的研究，采用多元回归分析等，分析结论有一定的说服力。靳希斌认为，个人的天赋能力、家庭的社会经济背景、学费的高低，以及个人高等教育的未来收益等是影响高等教育个人需求的主要因素。② 陆根书和钟宇平认为，对中国城市居民高等教育入学决策有显著影响的因素中，影响程度从大到小依次为：家长受教育程度、高等教育预期收入、高等教育成本和家庭收入水平。大学生在选择接受高等教育时，也受到来自家庭的压力。③ 文东茅以全国高校毕业生调查为基础，发现不同家庭背景的子女接受高等教育的机会及其受教育的结果均有明显差异。家庭背景不仅通过影响子女高考成绩进而影响其接受不同层次公立高校的机会，也会在成绩一定的情况下影响子女选择学费更贵的民办高校的可能性。④ 胡政莲和朱惠军认为，农村家庭希望通过接受高等教育使得孩子能够脱离农村，改变命运，随着目前就业难度的加大，许多农村家庭对高等教育的需求日益谨慎，有的干脆放弃上大学的机会而直接出外打工。⑤ 郭丛斌分析了不同职业阶层经济资本、文化资本占有状况及其对子女获得教育机会的影响程度。还有研究显示，受过高等教育的父母更能意识到对高等教育的需求，他们的子女在追求高等教育时也更加可能获得成功。⑥

5. 教育需求的有效供给

以教育供求和教育有效供给为专题的学术研究并不多见，国外教育经济学很少对教育供求进行分析，其研究重点是预测教育需求的变化、政府财政投入的分配和教育供给主体的多元化等方面。我国学者关于教育有效供给的研究集中于以下几个方面。

① York-Anderson D C, Bowman S L. Assessing the college knowledge of first-generation and second-generation college students [J]. Journal of College Student Development, 1991, 32: 116-122.
② 靳希斌. 教育经济学 [M]. 北京：人民教育出版社, 2001: 78-79.
③ 钟宇平, 陆根书, 魏小莉. 高中生的现代性水平及其对高等教育需求的影响 [J]. 民办徽育研究, 2004, (5): 27-34.
④ 文东茅. 家庭背景对我国高等教育机会及毕业生就业的影响 [J]. 北京大学教育评论, 2005, (3): 58-63.
⑤ 胡政莲, 朱惠军. 农村家庭高等教育需求与供给研究[J]. 重庆科技学院学报(社会科学版), 2009, (7): 183-184.
⑥ 文辉. 家庭背景对高等教育需求的影响研究 [D]. 重庆：四川大学硕士学位论文. 2007: 2-3.

其一，教育有效供给的概念。有学者从教育供给与需求的关系来分析有效供给的含义，认为完全满足了教育需求方的教育供给才是有效供给；也有人认为，教育需求与教育供给不可能完全达到均衡。叶忠认为，相对于教育投入，教育供给满足了主体的教育需求，获得的效益或效用抵消成本有余，即有正的社会净福利的增加，则称此教育供给是有效的教育供给。[①] 也就是说，教育有效供给是与经济社会发展相呼应，满足和适应了各种教育需求的教育供给。

其二，影响教育有效供给的主要因素。吴开俊认为，合理的教育结构对教育有效供给的形成具有重要作用：满足了不同所有制企、事业单位对劳动力的需求，满足了经济社会发展对不同层次、等级劳动力的需要，满足了经济社会发展对不同劳动力的需要。[②] 翟静丽认为，教育体制为教育有效供给的形成提供了外在环境，而且教育供给的水平也是检测教育体制是否合理的一个重要指标。[③] 史宏协认为，教育的有效供给包括两个方面：教育供给的总量是否符合社会的教育需求量，即总量均衡；教育供给的结构是否与社会的教育需求结构相吻合，即供求结构均衡。[④]

其三，教育有效供给的衡量标准。教育有效供给的衡量标准包括供求平衡标准、供给效率标准、供给公平标准，以达到帕累托最优（Pareto Optimality）。当教育供求处于"点平衡"或可接受的"域平衡"时，教育供给便是有效的，是满足和适应或基本满足和适应各种教育需求的。提高教育供给的效率必须符合下列两个条件：①教育总净效益（TNSB）为非负数，即 $TNSB=TSB-TSC \geq 0$。其中，TSB为教育总效益，TSC为教育总成本。教育总效益与教育总成本的差异最大化，即 $TSB-TSC=TNSB \to max$。②教育供给提供的教育机会在分配上是否公平是衡量教育有效供给形成的一个基本标准，主要考察进入教育系统的机会均等、参与教育机会均等、教育结果均等、教育对生活前景机会的影响均等。

其四，提供有效供给的举措。有学者对我国高中教育、高等教育、职业教育的有效供给做了实证研究，分析了教育有效供给状况，提出了提高有效供给的举措。个别学者就我国职业教育有效供给不足进行了实证分析、成因推理，并结合国外经验就扩大职业教育有效供给提出了相关建议：从供给量的角度看，应完善职业教育经费的分担规则；从供给质的角度看，职业教育要为区域经济发展服务。刘勃言和梁志勇认为目前我国高等教育供给的有效性呈现下降趋势。[⑤] 一些学者

① 叶忠. 略论教育的有效供给 [J]. 教育评论，2000，（3）：17-20.

② 吴开俊. 教育有效供给与教育结构关系刍议 [J]. 广州大学学报（综合版），2000，（5）：24-28.

③ 翟静丽. 教育有效供给与教育体制改革 [J]. 教育与经济，2001，（1）：45-48.

④ 史宏协. 论我国农村教育的有效供给 [J]. 经济体制改革，2005，（1）：80-83.

⑤ 刘勃言，梁志勇. 准公共服务有效供给的制度界定及其理论意义——以我国高等教育为例[J]. 辽宁教育研究，2005，（8）：16-17.

还从增加教育投资总量、合理配置教育资源、提高教育投资收益等角度出发探讨教育有效供给问题，提出缓解高等教育供求矛盾的对策。刘亚荣在《我国普通高等教育供求问题研究》中，从供求平衡机制、需求和供给三个方面，对高等教育供求关系进行分析，并试图求证适合我国实际的高等教育供求平衡机制。马永霞在《高等教育供求主体利益冲突与整合》中对高等教育供求主体利益问题进行剖析，并提出通过高等教育供求制度创新来整合主体利益。[①]

上述文献综述已表明，已有研究者对高等教育需求进行了一些有益的理论和实践探索，为本书的写作提供了方法论上的指导。但高等教育需求出现的新变化反映了现有研究成果存在的一些不足：一是对城乡家庭高等教育需求差异的比较研究为数不多；二是从调研样本来看，大多以在校大学生为调研对象，或者是以一般家庭为对象，在校大学生不能准确获得他们高等教育的需求意愿和支付能力（因为接受高等教育已成为现实），一般家庭由于其子女年龄还小或已经超过了接受高等教育的年龄，受获取信息、关心程度等因素的影响，难以准确估计他们对高等教育的需求意愿和支付能力；三是高等教育的供给研究缺乏针对城乡家庭的需求差异视角。基于此，本书以子女正在接受高中教育的城乡家庭为调研对象进行比较分析，归纳出他们对高等教育需求的异同，据此提出高等教育有效供给的政策建议。

三、研究设计

1. 研究目标

本书以管理学、经济学、社会学、人口学与教育学等多学科理论为基础，以实际应用为着眼点，切合江西省高等教育的有效供给的现实需要，基于家庭高等教育需求的生成机理，通过构建理论模型，对江西省城乡家庭高等教育需求差异进行比较分析，提出高等教育有效供给的对策建议，为江西省高等教育合理配置教育资源、提高资源使用效率、满足城乡家庭高等教育的需求提供理论指导，同时为其他省份的高等教育资源配置及其使用效率提供借鉴与参考。

2. 研究内容

本书主体内容包括以下七个方面：①城乡家庭高等教育需求概述；②家庭高等教育需求的理论基础；③城乡家庭高等教育需求理论模型；④城乡家庭高等教育需求差异实证分析；⑤高等教育供给现状分析；⑥高等教育有效供给理论；⑦形

---

① 马永霞. 高等教育供求主体利益冲突与整合 [D]. 武汉：华中师范大学博士学位论文. 2005：Ⅰ.

成有效需求，加大有效供给。其中本书拟解决的关键问题是：①构建城乡家庭高等教育需求差异的理论模型；②找到高等教育需求差异与有效供给的评判标准。

3. 研究思路

本书遵循提出问题、分析问题、解决问题的研究思路，以经济学中的供求和有效供给理论作为逻辑起点和分析工具，按照收集文献资料、建构理论框架、获取调研数据、检验实证建模、提出政策建议这一思路展开，对江西省城乡家庭高等教育需求及其有效供给进行研究。一是通过相关文献研读，系统把握教育需求和有效供给的相关概念与有关理论；二是构造城乡家庭高等教育需求与有效供给的分析框架；三是设计调查问卷，开展问卷调查，获取第一手调研数据，通过建构理论框架搭建分析模型，以验证研究者提出的研究假设；四是在已有结论和实证研究基础上，结合城乡家庭高等教育需求差异，根据高等教育有效供给的衡量标准，分析江西省高等教育有效供给不足的原因，提出有效供给的政策建议，以满足城乡家庭高等教育需求，达到高等教育的供需平衡，促进江西省高等教育事业的改革和发展。

四、研究方法

本书对江西省城乡家庭高等教育需求及其有效供给的研究主要采取以下几种方法。

1. 文献法

本书通过查阅相关书籍和学术期刊、学位论文等收集研究资料，对关于高等教育供求理论的研究成果进行梳理，了解目前已有的研究成果、需要完善的领域及他们在研究中所采用的基本思路和基本方法。

2. 调查法

本书采用问卷与访谈相结合的方法对江西省城乡家庭高等教育需求进行调查，样本为在江西省普通高中就读的 3050 名学生及其家庭。抽样方法兼顾全省不同地区、不同结构的城乡家庭，主要包括研究概念框架的确定、研究问题的形成、研究假设的提出、调查问卷的设计、问卷的预调查、正式问卷调查的实施、对问卷进行信度和效度分析。问卷设计需考虑被试的文化程度、言语理解能力、合作意愿及客观因素。

3. 统计分析法

以调查取得的资料为依据，采用SPSS17.0进行数据录入、相关分析及建模、检验研究假设，并对统计分析结果进行讨论。通过卡方检验、比率差异检验，对5个理论模型进行分析，找到影响城乡家庭高等教育需求的因素所在，以及城乡家庭背景与其高等教育需求的相关性。

城乡家庭高等教育需求概述

　　高等教育是建立在中等教育基础上的各种专业教育。高等教育需求是个人和社会对高等教育有支付能力的需要，按照不同的分类方法，有不同的类别。家庭高等教育需求属于个人需求，主要是对知识能力的需求、职业发展的需求、社会地位的需求。家庭高等教育需求具有多样性、层次性、发展性与合理性等特点，同时存在非理性行为。影响家庭高等教育需求的因素主要有家庭因素、学生因素、教育因素与社会因素等，它们之间通过相互作用，发挥综合效应。

第一节　高等教育需求概念界定

一、高等教育的界定

高等教育是初等教育、中等教育的延续，是最高层次的教育，也称为"第三级教育"。对其界定有多种解读。联合国教育、科学及文化组织（United Nations Educational，Scientific and Cultural Organization，UNESCO，简称联合国教科文组织）1993 年对高等教育的解释为：高等教育包括大学和国家核准为高等教育机构的其他高等学校实施的中学后层次的各种类型的学习、培训或研究培训。《实用教育大辞典》中对高等教育的界定为：建立在中等教育基础上的各种专业教育。程度上一般分专修科、本科和研究生。薛天祥主编的《高等教育学》认为，高等教育是"培养完成完全中等教育之后的人，使他们成为具有高深知识的专门化的人才的社会活动"[①]。具体而言，高等教育范畴比较广泛，既有学历教育，也有各种培训的非学历教育，本书所关注的高等教育是普通高等学校教育，即在完成完全中等教育的基础上进行的专业教育，是培养高级专门人才的主要社会活动。高等教育的任务是培养具有创新精神和实践能力的高级专门人才，发展科学技术文化，促进社会主义现代化建设。与基础教育相比，高等教育对受教育者的知识、能力与水平提出了更高的要求，其培养的人才素质在规格与质量上要求更高，使受教育者获得知识、提升能力、陶冶情操、培养思维，为未来的人生发展带来经济和社会效益，提高人生价值。这也是为什么高等教育从中世纪产生以来经久不衰的根本原因。人们把接受高等教育作为提升社会阶层、提高个人素养的有效手段，因而对其梦寐以求，产生接受高等教育的强烈愿望。

二、需求的概念界定

在我们的日常生活中，人们对需求没有进行严格的区分，但从不同学科角度

---

① 薛天祥. 高等教育学 [M]. 桂林：广西师范大学出版社，2001：65.

进行分析，"需求"的含义存在差异。

心理学中的"需求"与需要、动机密切相关。需求是当人体内部处于不平衡状态时，出于维持生命发展需要而做出的反应，是由个体某种匮乏状态（生理或心理的缺乏）引起的。当这种匮乏状态破坏个体生理或心理均衡而必须调节时，个体就会感到需求的存在，即需求产生动机，动机产生行为。[①]因此，需求表现为有机体的生存和发展对客观条件的依赖性，它通常在主观上以一种缺乏感的形式被人体验着，是人类行为的出发点，是有机体活动的积极性的源泉。[②]心理学视角对需求的探究基于人的主观愿望，着重强调影响需求的内在因素。当个体的生理或心理处于匮乏状态时，个体就会产生需要，渴望得到满足，所以，心理学研究"需求"的重点聚焦于"意愿"。

从"理性人"的角度出发，经济学认为"需求"是指家庭或厂商在一定价格上所选择购买的物品或劳务的数量。需求与供给相对应，表明消费者在一定时期内和一定价格条件下，对市场上的商品或劳务有支付能力的需要。因此，其内涵与心理学意义上的需求概念有着本质的差异。有学者认为，在经济学中，人们对商品或服务的需求或需要也是有层次性的，分为"要求"（want）、"需要"（need）和"需求"（demand）三个层次。在需求的"家族"中，"要求"的层次最低，是最直接的需求，通常都有比较明确的需求指向；"需要"的层次稍高，是通过获得特定指向物品或事物才能得到满足的需求；"需求"的层次最高，是一种潜在的需求。尽管如此，从功能上看，虽然"需要"是一种较低层次的需求，却构成了个体活动的基本动力。与"要求"不同，"需要"反映的是个体的心理水平，是当人们感到缺乏某些基本满足物时出现的一种紧张或不平衡的心理状态。"需求"是一种抽象的概念，在经济学意义上，它与供给构成矛盾体，成为人类需求的普遍存在。这三个层次和功能的需求概念呈现出由本能的需要意愿递增到有能力的需求趋向。[③]从经济学角度看，需求涉及商品或劳务的购买意愿与购买能力，与商品价格、消费者收入水平及其个人偏好密切相关并受其影响。如果消费者有购买商品或劳务的意愿，但是没有经济支付能力，则不构成有效需求。需求的形成或是有效需求，要满足两个基本条件：一是消费者愿意购买；二是消费者有能力购买，即有支付能力，两者缺一不可。满足第一个条件，只是表明消费者有需要，这是需求的前提和基础。需要是人的本能，要把需要变为现实，还需要消费者具有支付能力，缺乏支付能力的需要是无法实现的，只能停留在意愿状态，有购买商品

①　张春兴. 现代心理学 [M]. 上海：上海人民出版社，1994：5.
②　李兴仁，闵卫国. 心理学 [M]. 昆明：云南人民出版社，2002：8.
③　马永霞. 高等教育供求主体利益冲突与整合 [D]. 武汉：华中师范大学博士学位论文. 2005：19.

或劳务的欲望。因此，需求是一种有支付能力的需要。需要不以经济支付能力为要件，因而对商品或劳务的需要可以是无限的，但需求由于受经济支付能力的约束而受到限制，需要和需求既相互联系，又有本质区别。

三、高等教育需求

1. 概念界定

从经济学视角来看，高等教育需求是指在一定资源条件下，个人、国家和企业对高等教育有支付能力的需要。上述需要与需求论证的差异表明，教育需求与教育需要是两个不同的概念，教育需要是个人与社会对教育的一种意愿。人们对高等教育的需要是无限的，但满足高等教育需要的高等教育供给是有限的，需要与供给处于矛盾统一体之中。高等教育的主要职能是培养人才、发展科学、服务社会，故从高等教育消费者的角度来看，其消费主体可以是个人、国家、企业与社会等，体现出他们对高等教育需要的支付能力。因此，家庭高等教育需求就是家庭对高等教育有支付能力的需要。对高等教育需求的家庭或个人而言，他们是出于对未来知识、能力、经济收入、社会地位与自身价值的预期而选择的结果，受个人的自我认知、家庭条件、学业状况和对子女未来的期望等因素的影响。受教育者因为接受高等教育而失去其他可能的收入，所以，还存在着高等教育机会成本。

鉴于实际情况，我国家庭高等教育需求存在城乡差异。长期以来，我国一直实行户籍登记制度，通过户口反映居民的居住情况，故通过农业户口与非农业户口体现他们之间的身份差别。在我国目前的户口管理中，以家庭立户，即以"具有血缘婚姻或收养关系"立户的称为家庭户。对此，本书的城乡家庭高等教育需求聚焦于以户口为依据的家庭高等教育需求。

随着社会的发展进步，人们强调社会公平，反映在高等教育领域就是教育公平，为受教育者提供公平的机会，但高等教育需求是有支付能力的需要，与其他公共产品的需求比较，存在着特殊性。接受高等教育需要一定的准入标准和门槛，需要具备一定的学习基础和条件，而且是否接受高等教育是基于其未来可能产生的潜在价值，需要前瞻性。同时，由于高等教育需求是面向未来的，其效果具有不可预测性，存在一定的风险。作为一般的商品，消费者购买之后即可带来消费需求的满足，而且在市场经济条件下，商品的供应充足，能够满足家庭的需求。但高等教育资源特别是优质高等教育资源总是有限的，不可能满足所有家庭的需求；此外，高等教育需求还具有排他性，满足了某些家庭，就无法满足其他一些家庭。家庭高等教育需求具有消费、投资与排他性的属性，导致家庭需求之间存在差异。

　　鉴于高等教育需求建立在支付能力需求的基础之上，而城乡家庭基于城乡资本差异，其支付能力存在区别，因此，城乡家庭高等教育需求存在差异也是顺理成章的。但是，城乡家庭高等教育需求存在什么差异？影响因素是什么？如何消除其需求差异、实行有效供给？这些是本书探讨的主要问题。

2. 高等教育需求分类

　　按照不同的分类方法，高等教育需求有不同的类别。

　　（1）按照需求的主体分类

　　根据需求主体的不同，可以将高等教育需求分为个人高等教育需求和社会高等教育需求，其中个人高等教育需求主要是高考学生及其家庭成员，社会需求包括用人单位、国家对人才的需求。

　　就个人和家庭而言，高等教育需求是出于对未来收益的预期而产生的，能够满足某种物质和精神需要对接受各种类型高等教育的要求，是其接受高等教育意愿与支付能力的有机统一。接受高等教育能够带来经济效益与非经济效益，获得生存技能，提高劳动能力，提升社会地位及其社会阶层，实现人生价值，因此，他们一般都会尽其所能地接受高等教育。当然，随着经济社会的不断发展和人们生活的日益丰富，城乡家庭及其个人喜好日益凸显。他们对高等教育的需求存在差异，体现出个人及其家庭的偏好，表现在对高校的类型、专业设置、培养目标、教育过程、培养质量，以及学校所处位置等的要求不同，呈现出多样化。

　　社会高等教育需求，是指在"一定时期内，国民经济部门及社会各领域对受过一定高等教育的高级专门人才和劳动者，以及科技产品在数量、质量和结构等方面的需求"[①]。数量需求，主要体现在高等教育所提供的人才数量变化情况。历史表明，一个国家经济社会发展的程度与其提供的接受高等教育的人数成正比，经济社会越发展，需要的高层次人才越多。从结构方面来看，经济社会的发展，其产业结构发生变化，对人才的专业结构提出了更多、更高的要求，只有加强专业调整，满足社会需要，才能与产业结构有效对接。就质量而言，随着经济社会的深入发展，对专业人才的素质提出了更高要求，具有创新精神和实践能力是高校培养人才的基本要求。这种社会需求体现了社会发展对高等教育提出的要求，客观上反映了社会政治、经济、科技与文化的发展水平，也是社会信赖高等教育价值的体现。在知识经济社会，作为传播、创造与应用知识的高等教育，可以有效促进经济社会的发展，其在国家经济社会发展中的作用日益凸显。现代社会发展越来越依赖于高等教育作用的发挥，从而导致高等教育的社会需求与日俱增。

① 许之所. 中国高等教育消费研究［D］. 武汉：武汉理工大学博士学位论文. 2008：28.

社会对高等教育的需求越来越多样化、优质化。

社会高等教育需求是基于国家未来经济与社会发展对高级专门人才的要求而产生的，对高等教育有支付能力的需要，其主体是企业，它们对人才需求的数量最为庞大，特别是一些需要"高、精、尖"技术的企业，对高级专门人才的需求更为强烈。当今社会经济、科技的竞争，说到底是高层次人才的竞争，谁具有人才优势，谁就控制了人才制高点，企业的发展也就处于领头羊地位。

在高等教育需求主体中，政府处于特定的地位，它既是高等教育的需求者，又是高等教育的供给者，还是这两者的协调者。政府对高等教育的需求是基于整个社会国民经济发展需要并对其做出规划。同时，政府通过政策调整，改善高等教育供给，促进个人和组织对高等教育需求的变化。政府通过颁布法律、制定政策、引导舆论，达到需求与供给的平衡。当然，一个国家高等教育的需求与供给，是由其历史与现实决定的，有其自身的运行规律，需要政府在此基础上进行规划、协调，而不能违背其规律，随意引导，造成供需矛盾，引发冲突。

（2）按照需求与供给的关系分类

根据高等教育需求与供给的关系，高等教育需求分为有效高等教育需求、无效高等教育需求和高等教育需求不足。有效高等教育需求是高等教育供需均衡时的高等教育需求；无效高等教育需求是高等教育需求大于高等教育供给时的高等教育需求；高等教育需求不足是高等教育需求小于高等教育供给时的高等教育需求。[①]

（3）按照需求的形式分类

高等教育需求可以分成教育机会需求和教育产品需求。高等教育机会需求的主体是大学生，高等教育产品需求的主体是社会。高等教育属于稀缺资源，不是每个高考生都可以接受理想的高等教育，此外，还存在着高等教育层次、类型、专业与区域等众多的选择机会。高等教育产品需求主要是用人单位对大学毕业生的需求，他们身上所具有的知识、技能与品德，能够为用人单位带来经济效益和社会效益。

（4）根据需求层次分类

高等教育的需求可以分为直接需求、间接需求两个层次，按照该标准，高等教育需求主体分为直接需求主体和间接需求主体。高等教育直接需求主体是高考生中具有相应学习能力与经济支付能力，并且具有接受高等教育意愿的考生。用人单位与部门则是高等教育间接需求主体。这种间接需求是一种引致需求，它们对人才的偏好及其素质要求，会通过劳动力市场反映到大学生及其家庭中，以此引导直接需求主体对高等教育的需求进行调整，以满足用人单位的需求标准。

---

① 陶磊. 高中生高等教育需求实证研究——以深圳市 BH 中学为例 [D]. 武汉：华中师范大学硕士学位论文. 2008：14.

3. 高等教育需求主体之间的关系

结合本书的研究重点，这里仅就高等教育需求主体——个体与社会之间的关系进行分析。

如上所述，个体与社会对高等教育的需求具有不同的内涵。在高等教育需求的"二元"主体结构中，不同主体的高等教育需求基于各自利益，对高等教育的需求具有不同的预期目标，导致高等教育需求主体问题变得更加复杂化，正如教育经济学家希恩（Sheehan）认为，对教育的需求进行估量，"问题不仅仅在于列出一项表格，它是一个远为复杂得多的问题，需求分析的是构成教育系统的一整套复杂机构体制同我们称之为社会的另一套复杂的机构体制以至观念准则之间的关系"①。个体需求是通过接受高等教育满足和适应社会对个体素质的要求，是社会需求的个体化，是社会需求的衍生需要，是社会需求的组成部分。由于个体所处地位与角度的不同，加上对高等教育价值认识的偏差，个体与社会的高等教育需求存在着差异，在需求内容与层次等领域存在区别，出现满足了个体高等教育需求的供给不一定符合社会高等教育需求的供给状况，反之亦然。高等教育的社会需求不是个体需求的简单叠加，而是个体需求相互作用的综合反映。有时高等教育的个体需求与社会需求出现不一致，甚至产生矛盾冲突，需要政府部门进行平衡、协调，通过高等教育政策、制度予以调解。

当然，高等教育的社会需求与个体需求不是截然对立、相互矛盾的，它们之间相辅相成、相互影响、相互联系。高等教育的社会需求必须通过个体表现出来，最后落实到高等教育的个体需求上。社会对人才的需求体现在劳动力市场上，反映到高等教育领域，转变为学生的个体需求，社会需求转化为个体需求，个体需求成为社会需求的一部分，社会需求引导个体需求的发展变化，两者共同作用于高等教育，促进高等教育的健康发展。高等教育只有满足了个体需求，促进个体的发展，才能使个体更好地为社会服务，同时，高等教育只有满足了社会需求，推动社会的经济、科技发展，促进社会进步，才能更好地为个体发展提供物质基础和坚强保障。社会需求是个体需求的助力器，个体需求是社会需求的有效保障。社会需求对高等教育事业的发展起着导向作用，为个体高等教育的需求提供了可能，并引导个体需求，使之与社会需求相吻合。从一定意义上来说，社会需求与个体需求处于一种平衡状态时，个体与社会融为一体，相得益彰。

高等教育的发展历史表明，社会需求与个体需求的相互作用与转化，是促进高等教育事业发展的内在动力。但在高等教育发展的实践过程中，个体需求与社会需求主体受到多种制约因素的相互作用，很难协调一致，在两种需求之间容易

---

① 约翰·希恩. 教育经济学 [M]. 郑伊雍译. 北京：教育科学出版社，1981：12.

出现不平衡甚至冲突。在我国高等教育发展的历史长河中，长期以来强调高等教育的社会价值，个人需要服从社会需要。实施精英教育，一般家庭的子女接受高等教育的机会有限，其高等教育需求难以得到满足，随之出现高等教育公平问题，某些社会不公容易引发社会矛盾。以社会需求为主体，按照社会需求举办高等教育，以此确定其规模、层次与类型，其结果是个人需求受到压制，高校办学活力不足；相反，过于重视个人需求而忽视社会需求，个人高等教育需求的积极性虽然被激发出来，但容易造成与社会需求脱节，导致就业困难、学历贬值、大学生毕业即失业的状况。从一般意义上讲，高等教育的个体需求是不断增长、逐步丰富的，呈现出多样化，高等教育的社会需求也由于经济社会发展的波动而处于变动之中。一旦经济快速发展，社会对人才需求的数量、类型与层次就提出了较高要求；反之，经济发展低迷时，社会对人才的需求量减少，导致高等教育的社会需求与个体需求的不平衡状态加剧。正如联合国教科文组织发布的《学会生存：教育世界的今天和明天》一书中指出的："教育需求的增长，虽然基本上仍然为经济发展的需要所决定，但同时这种增长还要符合社会学特有的逻辑，所以劳动市场的供需法则至少在短时期内远不是直接发生作用的因素。"[①]

第二节　家庭高等教育需求的内容

　　按照上述概念界定，家庭高等教育需求属于个体需求范畴。随着经济社会的不断发展变化和人们生活水平的提高，高等教育个体需求存在价值取向的多元化，需求内容复杂多样，需求的类型与层次等均呈现出多样化的特点，因此，有必要对家庭高等教育需求进行分类，以便能够从理论上对其进行分析。按照家庭高等教育需求内容，可以将其分为以下几种类型。

一、知识能力的需求

　　知识就是力量。人一旦有了对知识的渴望，也就有了对高等教育需求的动力，

---

① 联合国教科文组织国际教育发展委员会. 学会生存：教育世界的今天和明天 [M]. 北京：教育科学出版社，1996：57.

希望通过接受高等教育而获得知识能力。知识能力既是个人之生存之本，也是人与人之间的差异所在。人们接受高等教育，不仅是出于谋生的需要，为了个体的职业发展，更重要的是能够满足个人的兴趣爱好，满足其对知识的渴望，满足其精神需要，提升个人素养，丰富精神生活，获得成就感，实现自我价值。现代社会科技进步，社会发达，各行各业均需要具有高深知识、娴熟技能的复合型人才。创新是事物发展的动力和源泉，现代社会的发展越来越需要具有创新能力的人才，善于独立思考，具有创新意识和批判精神，敢于挑战权威，崇尚科学，追求真理，具有敏锐的观察力和判断力，这是创新人才所需要的素质。可以说，具有丰富知识、创新能力是胜任工作、获得较高的经济与社会地位的主要依据，因此，获得知识能力是家庭对子女的普遍要求。对知识能力的需求可以满足个人求知的意愿，使个人获得知识，丰富精神生活，提升个人道德素养，促进个体社会道德水准的提高。随着社会的发展进步，知识能力的重要性日益凸显，科技水平越来越发达，个人和家庭对知识能力的需求就越来越强烈。当然，个人的知识能力需求并不一定与社会物质生活的丰富程度成正比，即使在物质生活比较匮乏的年代，同样阻碍不了个人对知识能力的追求，他们对知识具有强烈的求知欲，渴望获得知识能力。但是，在目前的市场经济条件下，社会存在一部分利益至上、奉行功利主义和金钱主义的人，他们过度追求物质生活，缺乏高雅情趣，道德水准下滑，人文精神匮乏，对高等教育的重要性认识不足。大学何以高贵？大学自从中世纪诞生以来近千年经久不衰，就在于它对真理的传播、创造与应用，它是从事与学术、思想和精神活动相关的组织，形成了独特的精神品位，如自由精神、人文精神、科学精神、批判精神、创新精神，因而体现了它的高端大气，形成了高雅的校园文化氛围，大学生在其中学习、生活，其生活方式、思维习惯与精神品格受到启发，其精神境界得以提升。人之为人，首先在于有精神气质、人文素养，其价值不仅在于经济收入的多少，更在于其社会价值、社会声望，引领社会道德，维护社会正义，彰显社会的道德良心，所以，人们希望通过接受高等教育，吸收人类文明的优秀文化成果，提高自身的人文素养，体现出道德、人格与情操的尊严，达到内心的自由和解放。

二、职业发展的需求

在现代社会，接受高等教育是家庭的基本需求。对大多数家庭而言，他们对高等教育的需求，主要是希望自己的子女大学毕业后找到一份理想的工作，职业发展前景好，这也是家庭及其子女对高等教育需求的目的所在。在目前的知识经济时代，创新成为社会发展的重要动力。我国经济社会快速发展，知识更新速度加快，岗位竞争更为激烈，在这种情况下，社会对劳动者的素质提出了更加严格的要求，没有发展潜力、不适合专业发展前景的人将无法适应而被淘汰出局。特别是随着大学生就业制度改革的逐步深入，而经济发展又处于波动期，对人才素质的要求更为苛刻，大学毕业生的就业形势日益严峻，家庭期望子女通过接受高等教育而提升社会阶层之路将异常艰难。尽管未来的职业发展涉及诸多因素，但是，所在高校的类型、层次、区域及其所学专业等则是家庭密切关注的问题。专业选择在一定程度上决定了大学生未来所从事的工作，也体现了一个人的喜好，因此，学生对专业的选择可谓煞费苦心，需要了解专业发展前景，把握市场行情，知晓所学专业的排名情况，有的甚至在大学学习期间，不惜成本更换专业，或者选修第二专业，目的就是选择自己喜欢的专业。除了专业之外，所在高校的层次与地理位置等因素也影响到大学生未来的就业之路。毕业生就业时，面对用人单位的第一关就是其所在高校的身份，毕业于什么学校？是"985工程""211工程"高校，还是省属重点高校、一般高校、高职高专院校？高校的身份不同，体现出来的价值就不同。不同的用人单位，起点也是不同的，大学生职业发展之路自然也有所区别，有的职业发展前景光明，有的只能是勉强度日。所以说，不同类型、层次、区域与专业的高校文凭，其包含的价值是不同的，几乎所有的家庭都希望子女能够获得未来职业发展所需要的高等教育资历与文凭，借此找到适合自己的位置与职业。总之，家庭希望子女通过接受高等教育，能够获得进入社会发展所需要的学历与文凭，为未来的职业发展之路奠定坚实的基础。

三、社会地位的需求

社会功能论认为，人的社会地位取决于其在社会中所占据的位置（即社会分层），而教育的作用就是使人向上社会阶层流动。[①] 长期以来，人们普遍把接受高等教育作为提升社会地位的主要途径和手段。尽管社会发生了巨大变化，但这种状况并没有发生多少改变，社会普遍认为接受良好的高等教育是提高个人素质的保障，也是获得较高社会地位的必要条件。因此，家庭对高等教育的需求在一定程度上体现了他们对提升社会地位的期盼与追求。千百年来，人们普遍认识到教育的重要性，学而优则仕。古人认为，书中自有黄金屋，书中自有颜如玉，一切皆下品，唯有读书高。接受优质教育是提升社会阶层的金科玉律，过去是、现在是，将来或许也难以改变这一状况。一个人接受教育程度的高低，体现了他的学

① 钱民辉. 教育社会学——现代性的思考与构建 [M]. 北京：北京大学出版社，2004：100-101.

养与素质，也是一个人社会价值的体现，是实现社会分层的主要依据。个体接受教育的程度越高，越有利于处于社会阶层的上端，其经济收入、社会地位可进一步提升。可以说，高学历、高技能、高职称是通向高薪、高层地位的重要桥梁。特别是对农家子弟、平民家庭而言，接受优质高等教育是提升其社会地位的有效手段，因而导致他们对高等教育的需求更为强烈。从一定意义上讲，高等教育是现代社会的"选士制度"。

上述各种需求类型的划分是相对的，而且它们之间相互联系、相互促进，在相关因素的制约下，可以相互转化。总之，接受高等教育，不仅能够提升个人素质，满足个人兴趣爱好，而且能够增加个人的经济收入，提升个人的社会地位，实现人生价值。高等教育需求是个人和家庭实现人生目标的有效途径。

第三节　家庭高等教育需求的特点

高等教育需求从主体上分为社会需求与个体需求，因此，有学者将高等教育的需求特点归纳为如下五个方面：①非均质的双重需求；②在人类发展历程中，这种需求的双重性是互换的；③高等教育正是在这种需求互换［社会（国家）需求、个人需求孰重，"国富""民富"孰先的比较与选择］中获得了量的发展；④需求一般在某个基本限度上随经济社会发展而变化；⑤在市场经济条件下，社会和个人对高等教育的需要是无限的，而高等教育资源是有限的，进而限制了高等教育的需求。[①]基于本书的需要，这里主要就家庭高等教育需求的特点进行归纳。

一、家庭高等教育需求的多样性

家庭高等教育需求的多样性是指家庭对高等教育需求呈现多元性和个性化，不同主体有不同需求，同一主体在不同时期有不同需求。家庭高等教育需求取决于现实的社会环境和条件，社会的丰富性、多样性反映到高等教育领域，表现为需求的多样性。随着我国经济和社会的发展，经济收入差距拉大，社会阶层分化

---

① 陈宏军，江若尘. 高等教育个人需求的系统分析与高等教育需求类型关系的诠释［J］. 清华大学教育研究，2006，（2）：31-38.

更为明显，贫富差距进一步加大，城乡家庭的价值观念、理想信念、目标追求等体现多元化，反映在高等教育领域，就是需求的差异与多样性，而不是过去那种仅局限于有机会接受高等教育。特别在 1999 年高校实施收费制度之后，家庭作为高等教育的消费者，从自身利益出发，对高等教育质量提出了更多、更高、更严格的要求，把接受高等教育作为提升个人素质、谋求未来发展的必备条件，因而他们不再满足于统一模式、统一教材、统一内容、统一形式，而是适合自身需要的"量身订制"的个性化教育。这种多样性的高等教育需求打破了传统的千校一面的高等教育格局，使共性与个性兼容，相得益彰，为高等教育的发展提供了广阔的发展空间。在此背景下，传统的高等教育供给模式已经满足不了家庭的需求，他们对高等教育的专业设置、人才培养模式以及教育质量有了更多的个性化要求，高等教育的层次、类型与形式等均呈现出多样性特点。从家庭需求来看，随着家庭收入水平的提高，支付高等教育的能力增强，接受高等教育的欲望更为强烈，因而主张在接受高等教育时希望能够满足自己的兴趣爱好，希望高等教育提供多样化的、符合自己"口味"的教育形式与教育内容。而且由于各自的兴趣爱好不同，接受高等教育的动机与目的也存在差异，其个性化的需求差异就更为明显。与此相适应，世界各国高等教育供给主体、供给形式均呈现多样性特征，以此达到供需之间的平衡与协调。因此，我国长期以来形成的由政府供给高等教育的状况正在逐渐演变为政府、社会、企业与个人等共同承担。高等教育成本分担的多元化，减轻了政府的财政压力，盘活了教育资源，提高了高等教育资源的配置效率，满足了人们对高等教育多样性的需求，高等教育质量也得到了保障。

高等教育需求多样性的发展趋势是社会历史发展的必然结果。产生高等教育需求多样性的原因，从需求主体的复杂性、差异性上可见一斑。各个地区、各个行业经济社会发展不平衡，经济和社会一体化、多元化发展是导致高等教育需求多样性的原因，也为家庭高等教育需求多元化提供了可能。经济发展多元化是导致高等教育需求多样性发展的前提和基础。与经济的快速发展相伴随，我国的产业结构也发生变化，产生了许多新兴产业；经济规模扩大与经济结构调整，这些都需要大量接受过高等教育的专门人才作为支撑，因而使得人们对知识与技术的渴望更为迫切，而且经济发展、科技进步对人才素质提出了多样化要求。因此，反映到高等教育领域，社会与个人对高等教育需求的类型、层次与质量等存在差异。另外，经济社会的发展又为人们接受多样化的高等教育提供了物质基础，为享受个性化的高等教育提供了经济保障，使高等教育的需要转变为需求成为可能。随着经济实力的增长和人们生活水平的提高，高等教育需求的多样性是高等教育发展的必然趋势。

二、家庭高等教育需求的层次性

高等教育需求的层次性是指高等教育系统内部各个学历层次之间的设置、比例构成及其相互关系。按照学历层次，可以把高等教育需求层次分为专科、本科、研究生 3 个层次。一个国家经济社会的发展水平决定了高等教育发展的速度、规模与层次。高等教育是经济社会发展的必然产物，其发展状况是建立在经济发展基础之上的，若脱离经济社会发展，高等教育的发展就是无源之水，缺乏根基。一些国家的高等教育发展过度，或是规模过小，与经济社会发展不适应，都不利于高等教育的发展，也满足不了社会对高等教育的需求，从而浪费了高等教育资源。合理的高等教育层次结构有利于为社会提供匹配的人才供给结构，培养出经济社会发展需求的不同类型与层次的高级专门人才。如果需求与供给不协调，高等教育与经济社会发展需求出现偏差，将导致一方面是高层次人才过剩，另一方面是用人单位人才短缺，影响经济社会发展。

就我国而言，社会对高等教育人才需求具有层次性。我国是一个以农业为主的国家，幅员辽阔，各地经济发展不平衡，农业现代化需要大量具有操作技能、懂实践的高级应用型人才从事一线生产工作；而高精尖企业则需要大量的高端人才从事研发工作。各级各类企业生产力发展水平的差异，导致社会对高等教育需求层次呈现差异。对家庭而言，由于家庭背景、经济收入、社会地位、价值观念、文化氛围等方面存在差异，人们对高等教育需求层次各不相同。家庭高等教育的分层与其支付能力密切相关。随着高等教育国际化的发展，富有家庭的高等教育需求走向了国际化之路，出国接受高等教育已经成为一些家庭的选择。因此，从城乡家庭高等教育需求来看，城市居民的高等教育需求更为旺盛，需求层次相对更高，而农村家庭因支配收入有限，加上大学教育阶段成本分担和大学生自主就业制度的影响，需求层次相对较低。此外，部分学生基于自身学业水平及其兴趣爱好，希望接受高等教育，掌握就业的操作技能，谋得有发展的就业岗位；部分学生可能出于对学术的兴趣，愿意通过高等教育走上"高、大、上"的学术之路，希望接受更高学历层次的高等教育。总而言之，家庭和个人出于物质生活或是精神追求的考量，对高等教育需求呈现出层次性的特征。

三、家庭高等教育需求的发展性

正如任何事物的演变都有一个发展过程一样，社会和个人对高等教育的需求同样如此。家庭高等教育需求一直处于发展之中，趋势日益强烈。高等教育需求的变化与其价值及重要性呈正相关。高等教育的需求与经济社会发展相吻合，不可能超越经济社会发展的条件，否则就是空中楼阁。尽管政府部门可以利用行政权力对高等教育需求进行调控，对社会和个人的高等教育需求进行引导，但其作用是有限的，因为它不可能违背高等教育的供求规律，随意决定高等教育的社会与个人需求。经济社会发展水平决定了高等教育的需求水平和数量，这是不以人的意志为转移的。正如社会总是向前发展的，社会进步的车轮谁也无法阻挡一样，高等教育也总是向前发展的，社会与个人的需求是发展的，否则，社会也就停滞不前。当然，由于受综合国力和受教育人口规模等因素的制约，高等教育发展需求体现出曲折性、渐进性。从高等教育发展的历史来看，其本身就处于发展之中。与过去相比，无论是高校的数量、类型与层次，还是专业设置、人才培养模式，办学形式与管理体制，均发生了巨大变化，这正好反映了社会和个人高等教育需求的变化。过去高考是千军万马过独木桥，农村家庭对高等教育的需求是能够上大学。随着高考制度的改革，招生规模的扩大，家庭高等教育观念发生了变化，由上大学变为读重点大学、选好专业，人们对优质高等教育资源执着追求，家庭高等教育需求不断发展变化。

就高等教育价值而言，在农业社会、工业社会与后工业社会呈现的价值是有差异的。特别是在知识经济时代，一方面科学技术的发展凸显了高等教育的重要性；另一方面是科技的需要又促进了高等教育的发展。在此背景下，人们越来越深刻地认识到高等教育的价值，在获得知识、提升能力、增加就业机会、提高经济收入和社会地位、提升个人品位等方面均具有重要作用。即使是一些贫困家庭和低收入群体，接受高等教育是他们摆脱贫困、改变社会地位的主要途径。因此，他们不惜成本，不计风险，义无反顾地支持子女上学接受高等教育，哪怕是背负巨大的经济负担也在所不惜。就家庭高等教育需求而言，是否接受高等教育与其家庭经济收入和社会地位有关，一般而言，未接受过高等教育的就业者在就业过程中由于缺乏专长而处于劣势地位，就业机会更少，所获报酬更低。从家庭高等教育需求内容的演变特征来说，他们不仅仅满足于有机会接受高等教育，而且希望接受优质高等教育。由于生活水平的提高，以及人生观、价值观的改变，他们接受高等教育的理念、目的均发生了变化。如果说过去普通家庭接受高等教育主要是出于谋生的需要，跳出"农门"成为城里人，那么，现在的普通家庭接受高等教育的目的则更加多元化。他们认为提升个人素养和综合素质本身就是目的，这就是高等教育的特殊性所在。高等教育作为特殊商品，与一般商品不同。在一般的商品供求中，价格是调节供给与需求的主要工具，对商品的需求量会因为商品价格的上升而逐渐减少，因为价格的下降而增加。但教育需求却不同，"几乎所有发达国家和发展中国家面临的主要问题，是一个基本的两难问题，它产生于在公共预算日益紧缩的同时，社会和个人对接受各种形式的学习和教育服务的要求却在持续增长"[①]。总之，无论是发达国家还是发展中国家，无论是富有群体还是贫困群体，他们对高等教育的需求处于变化之中，而且越来越强烈，呈现发展的态势。

四、家庭高等教育需求的合理性

凡是存在的东西，都有其一定的合理性。审视家庭高等教育需求，尽管一直处于变动、发展之中，但这种变化恰恰反映了家庭高等教育需求的合理性。家庭高等教育需求不是个人主观臆断的产物，不是家庭随心所欲的想象，而是基于客观现实做出的合理选择。家庭高等教育需求是基于经济社会发展的客观需要，基于人才在市场中的价值体现而做出的理性判断。他们需要接受什么样的高等教育受家庭本身及其学生个体素质的制约，不可能超越自身的实际情况，提出过高或过低的要求。家庭经济条件、学生学习的天赋、兴趣爱好、教育投入的预期收益等都是家庭高等教育需求需要考虑的因素，正是由于受众多因素的制约，家庭高等教育需求是合理的。城乡家庭在高等教育需求之间存在差异，原因在于家庭背景之间存在差异，自然其高等教育需求也就存在不同，如果忽视这种差异，选择同样的高等教育需求，反而体现了这种需求的不合理性，不符合各自家庭的实际情况。

随着经济社会的发展，人们视野更为开阔，思维更为敏锐，认识和接受新鲜事物的能力更强，对事物的评判更科学合理，家庭高等教育需求更为理性。如果说过去家庭对高等教育的需求是蜂拥而至，有缺乏理性之嫌的话，那么，目前家庭对高等教育需求的选择就更为理性。市场经济和信息时代为家庭高等教育需求的理性决策提供了条件和保障，他们对高等教育发展状况的了解更为全面，信息来源广、速度快，有利于合理判断、科学决策。他们会权衡支出成本与预期收益，在此基础上做出选择。在过去计划经济条件下，高等教育提供给家庭选择的余地不大，家庭获取高等教育相关信息也不完全、不准确，难以做出理性决策，更多的是对国家意志和社会要求的简单认同，家庭和个人的高等教育价值观没有得到很好的体现。目前，一些家庭子女不参加高考（其中有一些是到国外高校就读），或是在大学就读期间中途退学，往往是出于理性思考，他们对是否上大学不是不加思考，而是认为在当前就业形势异常严峻的情况下，一些大学生毕业即失业，

---

① 赵中建. 全球教育发展的研究热点 [M]. 北京：教育科学出版社，1999：156.

而且对高校的人才培养质量是否能够满足个人需要也存在疑虑，与他们的需求不吻合、存在差异，因此，一些家庭做出了不上大学，或是到国外接受优质高等教育的决定。

当然，在强调家庭高等教育需求理性决策的同时，也存在一些非理性需求。由于受千百年来传统思想观念的影响，一些家庭对高等教育盲目追求，存在从众心理、跟风现象。由于获取的高等教育信息有限，来源渠道不畅，对高等教育价值的认识失之偏颇，简单地认为学历越高，受教育年限越长，获得的高等教育收益就越大，因此，一些家庭对重点高校、热门专业蜂拥而上，海外留学学生低龄化；而民办高等教育、高职高专及传统专业受到冷落，门可罗雀。还有一些家庭高等教育需求存在一定风险，不同程度地存在着高估高等教育投资回报，而对其存在的风险又估计不足的问题。随着经济社会的发展，高等教育得到了快速发展，但面临的竞争也更为激烈。在高校扩招之后，高等教育质量日益受到人们的质疑，大学生就业形势日益严峻，毕业即失业不再是新闻，接受高等教育所支付的成本一时难以回收，面临着投资风险。伴随着高等教育规模的扩大、数量的增加，大学生的社会地位也发生了变化，他们不再是社会的天之骄子。家庭高等教育需求必须理性地面对这些现实问题，做出合理的选择。

总之，随着社会的发展，家庭高等教育需求呈现的多样性、层次性、发展性、合理性的特点将会越来越明显。

第四节　影响家庭高等教育需求的因素分析

家庭是以婚姻和血缘为纽带的基本社会单位，是由人组成的，而人是社会人，是各种社会关系的总和。要分析家庭高等教育需求的影响因素，必须分析家庭背景、家庭成员及其社会关系，以及家庭所处的环境与条件。作为家庭，对高等教育需求是选择的结果，是在充分考虑各种因素之后做出的有支付能力的意愿。家庭除了高等教育需要，应该还有其他需要，高等教育需要能否变为现实就需要家庭做出选择。因此，需要家庭根据承受能力、支付能力，按照其重要性依次排序，做出取舍，家庭收入、父母受教育情况、家教方式、性别观念、城乡差异等作为家庭因素影响需求。家庭高等教育需求是在一定社会文化环境中形成的需求，与人们的价值取向、思想观念、行为方式、兴趣爱好等密切相关，而这些又受社会思想观念的影响，潜移默化地发生作用，这些思想意识形态与观念成形后在一定程度上又影响社会思想观念。经济社会发展的程度决定社会对高层次人才的需求，影响着高等教育的规模和速度，影响着家庭高等教育的需求。学生是否愿意接受高等教育、对专业的喜好、性别的差异等是个人因素。总之，影响家庭高等教育需求的因素主要有家庭因素、学生因素、教育因素与社会因素等。

一、家庭因素

家庭因素影响其高等教育需求，主要基于其家庭背景、家庭环境。分析家庭为其子女所提供的学习条件与所创造的学习环境，以满足学习者的需求，如学费及日常生活用品的保障、学习场所的提供等，它们是影响高等教育需求的一个重要因素。法国哲学家皮埃尔·布尔迪厄认为资本通常以三种形式出现，即经济资本、社会资本和文化资本，这三者之间可以相互影响、相互转化。其中，经济资本是其他形式资本得以生成的基础，经济资本、社会资本和文化资本是家庭高等教育需求的重要影响因素。

1. 经济资本

经济资本是各种社会资源中最基本也是最有效的资本形式。其他社会资源，如社会资本和文化资本都是以经济资本为基础的，它包含了我们平常所说的物质资本、自然资本、金融资本等。[①] 衡量家庭经济资本的指标有很多，有的将其概括为父母具有所有权、使用权和经营权的各种资产的总和；有的主要是指父母的收入。人类社会竞争的结果，归根结底是要转换为经济资本来量化比较。

经济因素是影响家庭高等教育需求的主要因素。投资高等教育毕竟是高投入，而且存在一定的风险，家庭的经济实力与投资意愿起到决定作用。舒尔茨认为在低收入国家，即使教育投资回报率较高，父母也可能由于厌恶风险或借贷约束使得对其子女教育投资较低。高等教育投资的个人成本、预期收益、就业状况等是家庭高等教育需求必须考虑的因素。随着我国改革开放的逐步深入，城乡居民的收入水平得到了显著提高，但不同地区与行业之间、城乡家庭之间的收入差距在不断扩大，导致高等教育需求的分化，城乡家庭之间对高等教育需求存在差异。父母拥有的经济资本越丰厚，其高等教育的支付能力就越强，投入的经济资本就

---

① 薛晓源，曹荣湘. 文化资本、文化产品与文化制度——布迪厄之后的文化资本理论 [J]. 马克思主义与现实，2004，（1）：43-49.

越多，子女就越能够在高等教育机会的竞争中抢占先机，优先享受优质的高等教育资源。经济收入高的家庭，能够为子女创造好的教育条件，提供优良的学习环境，购买相关学习资料，聘请家教，参加各种培训班，因而在教育竞争中占有优势。我国广大的农村地区，经济还比较落后，一些家庭经济困难，其子女的学习环境不理想，参加培训的机会少，难以与城市学生在学业上竞争。一些家庭通过借贷方式解决子女上大学的费用问题，高等教育需求自然受到压制。家庭的经济状况，还影响到家庭的社会地位、家庭环境与对子女的教育方式及子女今后的发展。

家庭作为子女接受高等教育投资的主体，承担着子女接受高等教育的相应成本，其经济收入对子女高等教育需求在其高校类型、层次与区域等方面有重要影响。在我国实行高等教育成本分担制度以后，学生对高等教育的需求与其家庭经济资本存在显著关系，家庭收入对高等教育需求影响非常明显，家庭收入越高，高等教育的支付能力越强，越愿意对高等教育进行投资；家庭经济收入越低，高等教育的支付能力越弱，承受的经济压力就越大。居民收入差距的加大，以及高等教育学杂费的不断上涨，造成教育机会不均等。在一定的学费水平上，高收入家庭对高等教育的需求弹性低，低收入家庭对高等教育的需求弹性高。丁小浩研究表明，家庭经济条件较好的子女大多愿意选择就读大城市的重点高校的热门专业，来自高收入家庭的学生更倾向于选择收费和个人总支出水平相对较高的名牌大学及热门专业；相反，家庭贫困的学生大都就读于一般院校的冷门专业，家庭经济条件差的学生在学校的选择上更倾向于师范类、农林类、军事类等预期个人成本较低的院校。[①]与学费水平的逐年提高相伴的是高等院校中来自低收入家庭学生的比例下降，高等教育供给呈现出不利于贫困家庭的倾向。在毕业后是否想继续读研及出国深造问题上，不同家庭收入的学生也存在显著区别，家庭收入越高，想继续读研及出国深造的比例越高，由此形成了"马太效应"，低收入家庭由于经济原因，难以接受优质高等教育，出现越贫困受高等教育机会越少，受高等教育机会越少收入越低的恶性循环。

家庭经济状况的不同，表明其子女接受高等教育的抗风险能力存在差异。人们选择某一专业，首先会考虑其风险程度，毕竟完成学业需要的时间与费用及未来效益的评估对学生选择高等教育需求带来影响。这就涉及接受高等教育的机会成本，即受教育者如果放弃接受高等教育，在此期间其可获得工作报酬。把机会成本与因接受高等教育所能够获得的预期收益进行比较，机会成本低于预期收益，高等教育需求增加，反之则减少。因此，贫困家庭一般不会选择成本高、风险大

---

① 转引自：贺晓珍. 试论家庭背景对获得高等教育机会的影响[D]. 长沙：湖南师范大学硕士学位论文. 2007：23-24.

的专业，他们大多选择教育学、人文和社会类专业，尽管这些专业的市场回报较低，但是他们在择校时考虑的是在大学学习过程中能够获得的财政资助情况；高收入家庭一般选择预期收入较高的理工类专业，更多地关注未来的预期回报及其社会地位等，这种现象属于经济学中的风险理论。由于高等教育不属于义务教育，接受高等教育需要支付直接成本与间接成本，只有拥有足够的教育成本才可能保障受教育者顺利完成大学学业，较高的成本一定程度上抑制了部分家庭及其子女的高等教育需求。事实上，无论是在发展中国家，还是在发达国家，贫困家庭接受名牌高校的比例较低，但富裕家庭的需求则比较强烈。

2. 社会资本

布尔迪厄最早将"社会资本"概念引入社会学研究，他将社会资本定义为个人通过体制化的社会关系网络所能获得的实际或潜在资源的集合；个人社会资本的多寡取决于其网络规模的大小和网络成员靠自己权力所占有资源的多少，拥有较多社会资本的人能够更方便地获取各种利益。[①] 社会资本由社会义务构成，在一定条件下也可以转换成经济资本，而这一转换过程是以某种高贵身份的形式被制度化的。经济资本以金钱为符号，以产权为制度化形式。社会资本（社会关系资本）以社会声望、社会头衔为符号，以社会规约为制度化形式。[②] 社会资本是个人拥有的社会网络所产生的实在的或潜在的资源的总和，这些资源在一种体制化关系的网络中获得。科尔曼是社会资本理论发展过程中的另一位重要人物，他首次从社会结构和功能的角度来界定社会资本，指出社会资本由社会结构内部那些能给个人行动提供便利的要素组成。科尔曼认为，社会资本是个人拥有的社会结构资源，它内嵌于人与人之间的社会关系结构中，既不依附于独立的个体，也不存在于物质生产过程中。社会资本是生产性的，可以使某些特定目的的实现成为可能，而在缺乏社会资本时，这些目的将不可能实现或实现的代价非常高昂。在科尔曼看来，某些行动者的利益处于其他行动者的控制之下，他们为了实现自己的利益，相互进行各种交换，甚至单方面转让对资源的控制，结果就形成了持续存在的社会关系。这种持久存在的社会关系，不仅是社会结构的组成部分，同时也是一种个人资源，这就是社会资本，其特定形式是权威关系、信任关系，规范信息网络，多功能的组织，有意创建的组织。[③] 科尔曼认为，社会资本是人与人，以

---

① 转引自：赵延东，洪岩璧. 社会资本与教育获得——网络资源与社会闭合的视角 [J]. 社会学研究，2012，(5)：47-68.

② 崔东植. 城乡高中学生家庭背景与大学专业选择意向关系个案研究——从三维资本理论的视角分析 [D]. 长春：东北师范大学博士学位论文. 2012：12.

③ Coleman J. Social Capital in the Creation of Human Capital [J]. American Journal of Sociology，1988，(94)：95-120.

及人与同事（组织成员）之间的关系，它包含着成员之间的期待、信赖、义务感、共有的规范和价值的概念。社会资本与其他资本的差异在于它兼备个人私有财产与公有财产属性。

社会资本需要一个联系网络，以及把这种联系转变为双方觉得是必须的、相互承诺的一种联系。因此，社会资本中的网络联系是一种特定的类型，即信任的、积极的联系。个体拥有的社会资本数量，取决于他所能调动的关系网络的规模，以及他所拥有的与其联系的经济、文化和符号资本的数量。社会资本包括两个要素：一是社会关系，它允许个体利用集体所拥有的资源；二是这些资源的数量和质量。社会资本是统治阶级维持和再生产本集团利益和维护本集团统治地位的投资。[①]

家庭所拥有的社会资本对子女高等教育需求具有重要影响。正如新经济社会学所指出的那样：个体行为是镶嵌于社会网络之中的，个体行为和集体行动受到人际网络的影响和支配，依附于人际网络中的信任、期待和社会参与对个体特定目标的实现具有影响力。[②]有学者认为，社会资本是从嵌入社会网络的资源中获得的，它根植于社会网络和社会关系中。社会资本是在经济生活领域中，不同的群体与个人之间接触、交流的互动过程中发生和发展的一种关系。因此，父母的社会地位越高、拥有的权力越大、社会资源越多，家庭拥有的社会资本就越丰富，他们利用这些社会资本为子女接受高等教育提供帮助和服务的能力就强。他们在做出高等教育需求决定时，由于信息来源广、速度快，能够更准确地获取相关信息，更好地选择学校和专业，提升子女在接受高等教育方面的竞争优势。一般而言，城乡家庭之间在拥有的社会资本方面差异较大。在农村地区，交通相对不发达，信息相对闭塞，劳动强度大，工作比较辛苦，缺乏对外交往的时间、精力与条件，社会交往空间受到限制，而且他们的交往以当地村民为主，与外界联系不多，社会资源有限。更多的是邻里之间的相互影响，一旦有某个家庭子女外出打工赚了钱，产生示范效应，其他家庭以此为榜样，让自己的子女放弃学业，外出打工。而在城市，家庭社会资源相对丰富，具有与社会联系的时间、空间与条件，因而与社会交往较为频繁，能够优先获得有关高等教育的相关信息资源，为子女接受高等教育提供便利，优先做出高等教育需求选择。国外的相关调查研究表明，出身于不同社会地位的学生，所学专业不同，这种专业选择的阶层限制往往是隐形的。出身于下层阶级的大学生被放逐到理学院的情况从他们一上中学就开始了："他们往往是进市立普通教育中学，即几乎是自动地进入现代科。他们没有别的办

---

① Lin N. Building a network theory of social capital [J]. Connections, 1999, 22（1）: 28-51.

② Granovetter M. Economic Action, Social Structure, and Embeddedness [J]. American Journal of Sociology, 1985, 91（3）: 481-510.

法，只能把被迫的选择当作自己的志愿。"① 来自较低社会阶层的学生，一般选择文理学院学习，而社会地位较高家庭的学生，就读法学、医学的较多，而且这些社会地位不同的学生，毕业生又按照各自原有的身份地位，从事与之地位相一致的工作。正如布尔迪厄所言："总之，越到社会底层，进入高等教育就越必须以一种对选择的限制为代价。对处于最不利地位的属类来说，可以一直发展到几乎强制性地把他们放逐到文理专业当中……进入一个给定水平教育的机会最多的那些属类，同样有最多的成功机会，可以进入和以后在学校里及社会上最多的成功机会连在一起的那些学校、科类和专业。"②

3. 文化资本

家长是孩子的第一任教师，家庭是孩子成长的乐园。家长对自己孩子的个性特征、兴趣爱好等有着深入的了解，在实践中通过自己的言行潜移默化地对孩子的成长产生影响和发挥作用，自然，不同家庭对子女的影响不同。由此可见，家庭文化资本对子女的高等教育需求具有重要影响。何为文化资本？布尔迪厄认为，所谓文化资本就是指社会各阶级及个体所拥有的总的文化背景、知识、气质和技术，特别是指个体在社会上由遗传而获得的一种可以促进教育成就的"语言与文化能力"，如个体的语言能力、思维方式、行为习惯，以及对书籍、艺术文化等的品位，是一种有别于经济资本和社会资本、基于对文化资源占有的资本。它有文化能力、文化产品和文化制度三种存在形式。在某些条件下，文化资本能够转化为经济资本，这一转化是以教育体制的形式制度化的。文化资本的建立是一种隐秘的社会竞争机制，它将经济资本占有的不平等隐藏为个人素质、禀赋的不同，因而建立起了更为深层的合法性。③ 布尔迪厄认为，文化资本可以以三种形式存在：一是具体的状态，以精神和身体的持久"性情"的形式；二是客观的状态，以文化商品的形式（图片、书籍、词典、工具、机器等），这些商品是理论留下的痕迹或理论的具体显现，或是对这些理论、问题的批判等；三是体制的形态，以一种客观化的形式，这一形式必须被区别对待，因为这种形式赋予文化资本一种完全是原始性的财产，而文化资本正是受到了这笔财产的保护。在对"文化资本"这一概念的应用中，布尔迪厄表述了以下四种观点：一是社会各阶级之间的文化资本的分配存在不均等，处于支配地位的阶级拥有最多的文化资本；二是教育制度

---

① P. 布尔迪约, J. -C. 帕斯隆. 继承人——大学生与文化 [M]. 邢克超译. 北京：商务印书馆，2002：147.
② P. 布尔迪约, J. -C. 帕斯隆. 再生产——一种教育系统理论的要点 [M]. 邢克超译. 北京：商务印书馆，2002：242-244.
③ 崔东植. 城乡高中学生家庭背景与大学专业选择意向关系个案研究——从三维资本理论的视角分析 [D]. 长春：东北师范大学博士学位论文. 2012：12.

体现着阶级利益和思想意识，尤其是当代西方社会的教育制度反映了支配阶级的文化形态，从而制约着文化资本的不平均分配；三是学业成就与文化资本的差异存在密切关系，上层社会出身的学生由于从通常受过高等教育的父母处继承了更多的文化资本，因而能取得优良的学业成绩，少数出身下层的大学生缺乏这种资本，所以在需要广泛文化知识的问题上得分较低；四是教育制度一方面受制于并再生产社会结构，另一方面因其自身的再生产能力及保护学术文化资本价值的利益，从而具有"相对自治性"。①

文化资本不同的家庭对子女的影响与作用不一样。一般说来，文化资本越雄厚的家庭，通过其资本传承，子女积累的文化资本就越多，这种代际传递常常是隐形地、潜移默化地发生作用，甚至导致误认为是天赋，其实是家庭文化资本代际传递的结果。家庭文化资本影响高等教育需求，而且与学生的学业成就密切相关，父母文化资本越多，子女接受高等教育的机会就增多。家庭文化资本决定着家庭对教育的投资，拥有较多文化资本的家庭，一般都能够认识到教育的重要性，因而重视子女的教育。通过营造良好的家庭氛围，在日常生活中言传身教，加大教育投入，使子女接受优质教育，培养良好的学习习惯。

家长的学历与受教育程度等是影响高等教育需求的重要因素。父母学历层次高，拥有的文化资本就较高，更加重视子女的教育，对子女的期望值高，希望子女有更高的文化程度，对子女接受高等教育的意愿更为强烈。他们通过自己的亲身经历，认识到知识的价值与作用，相信教育带来的预期收益，故注重高等教育投资，希望子女能够接受较好的高等教育，哪怕是面临经济困境也会全力支持，而且会为子女营造好的学习环境和条件，愿意为子女接受高等教育提供更多的资源与财力支持，尽力解决他们在学业过程中碰到的疑难问题，甚至言传身教，辅导子女的学业，督促和鼓励子女的学习，使子女养成良好的学习习惯和学风。他们还会结合子女的学习兴趣与能力进行有针对性的指导，以至于他们在接受高等教育时具有机会优势，激发子女的学习成就感。因此，这些家庭的子女能够享受优质高等教育资源。文化资本缺乏的家庭，父母的文化程度不高，自身难以承担其子女学业的指导与监督，家庭教育的方式方法简单粗暴，不一定适应子女的需要，甚至是放任自流，导致子女对接受高等教育的愿望弱化。一般而言，父母受教育程度越高，其子女拥有的机会越多，接受高等教育的可能性越大，具有高中（含中专）及以上教育程度的社会成员的子女在高等教育机会的竞争中明显居于优势，在选择学校和专业等方面能得到更多的指导，使得子女所接受的高等教育能更加有利于日后的发展。父母的受教育程度在某种程度上影响着子女的学业成就，

---

① 顾明远. 教育大辞典（第6卷）[Z]. 上海：上海教育出版社，1992：410.

进而决定了子女进一步接受高等教育的机会，甚至是就读专业，而且父母的文化程度具有代际传承效应，影响着子女受教育机会的获得。这说明了家庭文化资本不同，其子女接受教育机会随之不同。

父母职业对高等教育需求同样具有重要影响，父母职业不同的学生对高等教育需求存在显著差异。父母职业地位的高低，表明了其在社会中拥有社会资源的多少。父母职业地位越高，可以支配和使用的权力、资源与信息就多，社会关系网就强大，这是一种潜在的社会资本，他们利用丰富的资源和社会关系为子女争取接受优质高等教育的机会。在优质教育资源紧缺的情况下，升学竞争的压力非常激烈，而优先占有各种资源、信息的家庭，他们的子女在中小学阶段就读于重点学校、重点班级，为进一步接受高等教育打下了坚实的基础。对于高等教育，他们利用自己的地位优势、信息优势与资源优势，了解就业前景与社会对人才的需求状况，因而倾向于帮助子女选择优质资源，重点大学、热门专业是他们的首选。一般来说，父母职业地位高，经济收入高，社会地位也高，在社会上易受到人们的敬仰，他们视野开阔，目标清晰，利用自身优势树立典型，对子女进行说服、教育工作，提供良好的学习环境与条件，帮助子女确立学习目标，养成良好的学习习惯，为他们在升学竞争中脱颖而出打下坚实基础。对于从事一般职业的家庭而言，如工人、农民与服务人员，他们整天从事繁重的体力劳动，与社会接触面狭窄，交往不多，缺乏社会资源，信息不灵通，思想观念相对落后，经济承受力有限，家庭教育方法欠合理，其子女在高等教育竞争中自然处于劣势地位。

此外，家庭环境也影响高等教育需求。尽管接受教育可以终身受益，是人力资源投资，是学生的权利，也是家长的义务，但是在实践中，家庭的教育观念直接影响高等教育需求。一般而言，深刻认识到教育的价值和作用的家庭，对高等教育的需求更为强烈。家庭成员之间的关系、交往方式与精神面貌反映了家庭成员的文明程度、价值观念、思维模式与道德水准，它会潜移默化地在家庭成员中产生影响，发挥作用。家庭民主和睦，家庭成员人人平等，相互尊重，关系融洽，交流通畅，有利于增加子女接受高等教育的意愿；反之，家庭关系紧张，不够融洽，不利于子女的成长，对高等教育的需求意愿也随之降低。

家庭子女的数量及其出生顺序、性别影响高等教育需求。如果一个家庭中兄弟姊妹数量较多，鉴于高等教育成本的增加与家庭资源的有限，分配到每个子女身上的资源减少，接受高等教育的机会随之降低。特别是对一些困难家庭来说，高等教育意愿降低，子女接受高等教育的机会出现分化。在一些农村地区，最早出生的孩子更多的是挑起家庭重担，外出打工，为家庭分担经济压力，因此接受高等教育的机会较少；随后出生的子女更易受到父母的偏爱，接受高等教育的机会更多。就性别而言，长期以来，男性一般在农村家庭中起着顶梁柱的作用，承担起养家糊口的重任，而接受高等教育是胜任这一职责的有效方法。在部分家庭女性的地位则相对较低，在家庭中承担的角色主要是生儿育女、照顾父母，在家庭高等教育需求中处于弱势地位。受传统观念影响，农村长期以来形成的重男轻女的观念一直存在，一旦资源有限，接受高等教育的机会可能会给予男孩，而不是女孩，在部分家长看来，女孩终归是要出嫁的，是别人家的人，养老还需靠男孩。

根据布尔迪厄的文化资本理论，高等教育实际上是在传播一种中产阶级的文化，如果父母受过高等教育，他们潜移默化的影响会成为促使子女接受这种文化并在现有的教育系统中获得成功的重要原因。"书香门第"具有代际"遗传"，家庭文化资本影响着高等教育需求。

二、学生因素

学生接受高等教育能够获得知识和技能，提升专业素养，增强社会的适应能力。对学生个体而言，他是否愿意接受高等教育是一个需要综合考虑的因素。一个高中即将毕业的学生，肯定有诸多的需求与欲望，但鉴于时间与金钱的约束，可能需要有所选择。高等教育能够带来经济价值与社会价值，是否接受高等教育、接受什么样的高等教育，在一定程度上决定了一个人今后的社会地位及其所处的阶层。因此，学生对高等教育需求具有强烈的意愿，但个人学业基础、兴趣爱好、预期收益及面临的风险，都是影响学生做出决策的因素。

1. 预期收益

经济利益是一切需求产生的物质基础，也是个体需求产生的主要驱动力。众所周知，教育具有经济功能，可以提高受教育者的经济收入，接受教育的层次越高，获得的经济收益就越高。在目前就业竞争异常激烈的情况下，受教育程度越低、缺乏专业技能者，越容易失业，高学历人群则容易找到理想的工作岗位。在劳动力市场中，决定下岗、再就业和收入多少的关键因素是教育。教育投入一定会带来经济收益，提高受教育者的劳动生产率，产生价值增值。个体之所以投资高等教育而放弃其他投资，就是因为其收益更高，所以人们对高等教育的需求增多，否则，需求将下降，甚至放弃接受高等教育的机会，投资其他领域。个人高等教育投资预期收益越大，个人的高等教育需求就会越强烈。教育收益是指受 n 级教育与受 $n=1$（$n+1$）级教育所得工资之间的差额。它是按个人因增加这份教育在一生中可以预期得到的额外收入，同不增加这份教育的预期收入相比较而得。教育投资预期收益就是按照反映教育机会成本的利率贴现之后的现值计算。可以用如下公式表示：

$$\sum_{t=1}^{n}\frac{B}{(1+i)}\frac{B}{(1+i)t}-\sum_{t=1}^{n}\frac{C}{(1+i)t}$$

公式中的 B 为调整后的教育收益，C 为教育成本，t 为收益与成本发生作用的时间，i 为市场利率。大部分人都是出于个人投资的目的而产生对教育的需求，特别是对高等教育的需求。因此，如果哪个领域或行业就业市场看好，相应的学科和专业的高等教育需求就旺盛，反之亦然。[①]

高等教育投资具有高回报率，而且还能使这种高回报率具有长期性、稳定性。接受高等教育，掌握了知识与技能，拥有了先进生产力，自然能够获得较高的经济回报，这是激发高等教育需求的内在动力。亚当·斯密（Adam Smith）早在《国富论》中就说过，学习的时候，固然要花一笔费用，但这些费用，可以希望偿还，而且赚取利润。在信息时代，个人是否接受高等教育变得越来越重要。在现代社会，知识创造价值，拥有知识的人，创造的财富多，获得的财富自然也多，因此，要提高经济收入，主要通过接受高等教育来实现。高等教育收益率越高，使得投资高等教育有利可图，高等教育需求就越强烈。中国农村劳动力受教育年限数的上升及文盲率的降低，促进了农村经济的发展，也为农村劳动力的流动及农村城镇化建设创造了有利条件。

当然，人们在接受高等教育时需要支付一定的成本，包括直接成本，如学杂费、书本费、住宿费、生活费和交通费等，还有机会成本，包含因接受高等教育而放弃就业带来的其他收入。人力资本理论的主要代表舒尔茨认为学生求学时期存在机会成本，其数额等于"学生放弃的收入"。间接成本难以精确计算，因地因人而异，一般用如下公式计算：

$$\sum_{i=1}^{n}\left[\sum_{j=1}^{m}(P_{ij}\times Y_{ij}\times A_{ij})\right]$$

公式中 P_{ij} 为个人第 i 年第 j 个具体行业就业的概率，Y_{ij} 为第 i 年个人放弃第 j 个具体行业就业的一年收入的百分比，A_{ij} 为第 i 年第 j 个具体行业年人均收入，n 为年限，m 为概率项数。[①]

对因接受高等教育而放弃的收入要进行准确的计算是非常困难的。高等教育成本由社会和个人共同承担，虽然接受高等教育成本很高，但毕业后个人的收入与高等教育水平密切相关，高等教育水平越高，个人一生增加收入的机会也就越多，这种收益体现在接受高等教育者所得工资及收益高于其他条件相同但未接受

① 陈宏军，江若尘. 高等教育个人需求的系统分析与高等教育需求类型关系的诠释 [J]. 清华大学教育研究，2006，（2）：31-38.

过高等教育者。劳动者进入生产领域，其工资报酬的多少，一般是根据受教育程度、工作能力以及在生产过程中的劳动效率决定的，自然，接受过高等教育者能够增加经济收入，因而高等教育的预期收益激励人们对高等教育的旺盛需求。目前我国高校毕业生就业困难，高等教育的预期收益难以落到实处，其原因在于部分高校人才培养的质量、毕业生的素质未能与用人单位相匹配。一方面是毕业生就业难，另一方面是企业难以找到合适的人才，出现两难境地。在这种情况下，一部分高中生放弃高考，外出打工或是到国外留学；另一部分仍然把高等教育作为首选，并不一定是基于未来职业发展的需要，有的是出于从众心理，把接受高等教育认为是与生俱来的，更多的是一种荣耀与身份的象征，他们在乎是否能够接受高等教育，至于教育效果如何未必是他们首要考虑的因素，正如前面对高等教育需求特征的分析，这是属于非理性选择的结果。

接受高等教育还能够带来隐性的经济价值。个体通过接受高等教育，其思想观念、思维方式、知识结构、专业技能、道德素养等都发生变化，对事物的认识更为深刻，思考力、判断力更为敏锐，消费观念、理财能力得到加强，对自己工作与生活的安排更为妥当，对身边同事、朋友的影响力更大，为他们的工作与生活能够提供更多、更好的帮助，产生潜在的经济价值。

2. 学业风险

学生接受高等教育要面对一些风险，如顺利完成学业的风险、毕业后的就业风险，以及因家庭收入不稳定带来的风险。在学生选择就读大学之前，需要考虑完成学业的可能性，不同专业，基于自身不同的学业基础及其兴趣爱好，面临的风险程度是不同的。一般而言，传统人文社科类专业风险较小，一些新型专业及医学、化学等专业的学业压力大，竞争性强，要完成其学业面临的风险更大，这就存在一个风险回避的问题。在我国目前的情况下，还存在专业调剂的风险。学生以高考分数作为填报志愿的依据，但在实际的高考录取过程中，专业调剂是普遍现象，学生可能被调剂到自己不感兴趣的专业。当然，风险与预期收入是成正比的，风险越大，未来就业更畅通，收入更高。对一般家庭或是贫困家庭的学生而言，他们对学业风险的回避意愿比富有家庭更为强烈，所以愿意选择成本较低的农业、林业、师范类专业，而高收入家庭学生更愿意承担风险，选择投入成本高、竞争性强、回报率高的专业。由此可见，城乡家庭面对学业风险时，他们的高等教育需求存在差异。

3. 学生素养

学生选择是否接受高等教育、选择什么专业，是建立在自身条件的基础之上的，与个人天赋、学业水平与兴趣爱好密切相关。接受高等教育需要参加高考，这个门槛具有一定的标准，只有学业水平达到一定程度才有资格进入大学学习。学业水平是接受高等教育的核心要素，学业水平不高，接受高等教育就是一句空话。天赋较高者，他们在中小学阶段就一直处于优势地位，接受高等教育的意愿就越强烈。即使由于家庭经济等原因，他们无法进入全日制高校深造，他们也会通过自学考试或函授获得知识，取得学历，满足自身对知识的渴望。天赋较低者，因学习能力有限，即使有较强的经济支付能力，对高等教育的需求也较低。学生的学习水平直接影响高等教育需求，学生学习成绩好，自信心就强，对自己未来的期望就高，希望通过接受高等教育发挥自己的优势，为未来的人生道路提供坚实基础。相对而言，学习成绩好的学生对高等教育的需求大于学业成绩不理想的学生。学习兴趣不同，对高等教育的需求也有差异。对学业缺乏兴趣的学生，他们接受高等教育只是为了满足和应付父母的需要，他们自身对学习缺乏动力，不愿意学习；而对学习感兴趣的学生，出于对学问本身的追求，对学习有激情，希望接受高等教育，具有强烈的动力。

4. 学生意愿

从学生意愿来看，一些学生接受高等教育是"面子"需要，存在攀比心理，他们把就读大学看成一种资本荣耀，而考不上大学，会被同学、朋友和周围的人瞧不起。因此，他们为考大学而考大学，不知道自己为什么要读大学，学习目的不明确，跟着感觉走，看到别人考大学而附和、随从，这类学生即使考上大学，也会出现厌倦情绪。有的学生愿意接受高等教育是为了实现自身价值。在知识经济的今天，一个人要取得成就，不接受高等教育是难以实现的，是否接受高等教育是一个"通行证"。通过高等教育提高个人素养，为进入人才市场找到自己理想的工作提供保证，增加自身在劳动力市场中的竞争力，有利于成就一番事业，在社会竞争中立于不败之地。特别是对农村学生而言，接受高等教育，跳出"农门"，是他们改变命运、提升社会地位的主要途径。相关研究表明，一个人接受教育的水平和质量与今后工作晋升机会成正比。近年来，随着我国人事制度改革的深入，机关企事业单位均对高层次人才进行公开招聘，对应聘者有学历限制，其中大学学历是最基本的要求，学历越高就业越容易。总之，学生基于未来职业发展、社会地位、生活质量以及对自身价值的追求而愿意接受高等教育。

三、教育因素

家庭对高等教育的需求，教育本身自然是其考虑的因素，是否物有所值，他们的需要是否能够得到满足，这是他们决定接受高等教育的主要依据。

1. 高等教育费用的高低

在我国高等教育实行学费分担机制之后，大学生需要缴费上学，这在一定程度上减轻了政府的财政负担，但是增加了家庭的经济负担。我国存在城乡差异、区域差异，各地家庭收入很不平衡，农村地区、中西部地区家庭收入仍然偏低，因此，学杂费是一些贫困家庭需要面对的现实问题，它增加了家庭的经济负担，抑制了高等教育需求，高等教育费用的高低影响高等教育需求。由于我国高校学费统一由物价部门定价，在不同层次与类型的学校，学生缴纳的学费差距不大，如北京大学、清华大学的本科专业的学费与地方本科院校的学费没有太大差异，这就导致家庭青睐重点高校，地方一般院校吸引力不大，需求不足。相关研究已表明，不考虑影响高等教育需求的非价格因素，学杂费与高等教育需求之间存在一定程度的负相关。一般而言，学杂费越高，家庭对高等教育的需求往往就越低，过高的学杂费可能会抑制家庭高等教育需求。

2. 高等教育质量

高等教育质量与家庭高等教育需求意愿密切相关。高等教育作为有偿的付费教育，犹如顾客购买商品，希望买到价廉物美的物品，高等教育同样如此。尽管高等教育质量是一个多维度的概念，没有统一的、客观的评价标准，但从消费者的角度来说，满足了他们需要的高等教育就是优质教育。而家庭作为消费者，不同家庭基于自身子女的情况不一、兴趣爱好存在差异，需要提供符合自身质量的个性化教育。随着高等教育的国际化逐步推进，内地学生到港澳台、国外高校接受高等教育人数不断攀升，说到底是教育质量有保障，尽管学费高昂，但物有所值，能够满足其个性化需求。教育质量的优劣是影响家庭接受高等教育的重要因素。

3. 高等教育就业率

高等教育就业率对家庭高等教育需求具有重要影响。对大多数家庭而言，接受高等教育的主要目的就是希望能够找到一个理想的工作。近些年来，由于高校的大规模扩招，毕业生人数屡创新高，大学生就业难是一个很现实的严峻问题，特别是在目前整个世界经济不太景气的环境下，企业生存压力大，人才需求不足，造成大学生结构性失业，高等教育投入不能及时得到回报，使家庭陷于更加贫困的境地。毕业即失业加大了家庭高等教育的机会成本，是否接受高等教育对他们来说是很纠结的事。"读书无用论"在一些地方的一些家庭又有所抬头，高考弃考以及大学学习期间退学就是例证。

4. 高等学校的空间布局

我国幅员辽阔，各地经济社会发展很不均衡，反映在高等教育领域，各省份高等教育发展存在很大差异，一些省份集中了大量的高水平大学，学科专业优势明显，师资队伍强，办学条件好。经济发达地区处于改革发展的前沿，交通便利、观念先进、思想开放、人才需求旺盛。处于这些地方的高校对家庭来说吸引力大，他们希望子女到发达地区高校接受高等教育；而处于中西部的一些高校，受条件限制，学校规模不大，办学资源不足，留不住优秀人才，生源质量受到影响，对家庭来说吸引力不强。

5. 高校专业类型

不同高校，性质不同，学科属性不一，对学生的吸引力也不一样。大多数家庭选择高校专业以就业为导向，青睐社会认同度高、易就业的专业。以学科专业门类为标准，一般可分为综合类院校、理工类院校、农林地矿类院校、师范院校、财经政法类院校、艺术体育类院校和军事院校等。财经政法类高校因为学科专业符合市场需求，就业好，回报率高，最受家庭欢迎。一些家庭子女高考分数很高，但选择了师范（免费师范生）院校、军校，是因为这些学校免学费，还能提供一些补助，能够减轻家庭经济负担，这对贫困家庭而言是雪中送炭，解了燃眉之急。农林地矿类高校因一些专业冷门不好就业，而且与"农林"结合，在农村工作生活，因而受到家庭的误解和偏见，本来他们接受高等教育就是为了跳出"农门"，无论如何也不希望再到农村去工作。

四、社会因素

1. 经济社会发展水平

家庭高等教育需求离不开所处的社会现实环境，与经济社会发展水平密切相关。国家发展高等教育，对其需要的程度是由其经济发展所能提供的财力与科技水平决定的，社会经济发展水平决定了高等教育发展的规模和速度，自然也就决定了受教育者的数量及其素质。总体而言，社会经济发展和科学技术水平越高，社会化大生产越发达，经济结构调整越快，专业分工越细，对高等教育不断提出新的需求，以适应不断变化的经济社会发展。一个国家在不同的发展阶段，经济科技发展水平不同，对人才的需求也不一样。例如，在农业时期、工业时期、后工业时期，生产力发展水平处于不同阶段，对劳动者的技能要求不同，自然对高等教育需求的人才数量与规格层次有差异，社会为高等教育发展提供的物质条件保障也不一样。劳动者技能的提高需要接受教育，劳动工具的改进依赖科学技术，科技创新靠人才，归根到底需要教育来培养人才。农业社会的生产力水平低下，生产方式简单，人们只要有简单的知识和技能即可，对教育的需求不强烈。工业社会的生产力得到发展，机器大工业的生产需要劳动者掌握一定的生产技术，需要接受一定程度的教育。在现代社会，科技水平快速发展，产业结构、产品结构不断创新，知识密集型产业大量涌现，迫切需要高层次人才。过去，我们经济的发展主要依靠廉价劳动力与生产资料，这种粗放型的增长方式已经适应不了现代社会发展的需要，社会的转型发展需要集约型的经济增长方式，这种方式需要大量的高层次人才为支撑。在市场经济条件下，在劳动力市场竞争中，接受过高等教育的劳动者，具有专业知识和技能，在竞争中处于优势地位，更容易获得就业机会，这样就促使高等教育培养出更多的优秀人才，以满足家庭需求。当然，我国各地经济发展不平衡，存在区域差异，使不同区域高校发展不平衡。在经济发达地区，高等教育投入大，办学质量有保障，社会声誉好，家庭需求旺盛；相反，一些经济欠发达地区经济发展水平相对落后，教育投入不足，影响高等教育的发展，导致家庭高等教育需求弱化。家庭教育需求状况反过来影响高等教育的发展，进而影响高层次人才的供给，最终影响经济社会发展，形成一个循环。由于历史原因，我国高校集中于少数特大城市和东部沿海地区，高等教育资源配置失衡，这对不同区域家庭接受高等教育需求产生影响。

2. 社会人口数量

一个国家的人口基数、增长速度、年龄结构等构成情况决定了高等教育的社会需求。高等教育学龄人口基数与家庭高等教育需求呈正相关，高等教育学龄人口基数越大，需要接受高等教育的人数就多，高等教育的规模越大。我国是一个人口大国，据国家统计局网站消息，2016 年我国总人口为 13.8 亿人，最近几年每年新增人口接近千万，但区域之间不均衡，人口的增长呈现出波动曲线，导致高等教育发展的不平衡性及家庭需求的变化。在人口众多的国家中，人们更希望通过提高自己的学历层次来赢得一份收入可观的工作。满足人口规模增长中的高等教育入学需求是高等教育发展的强大动力。1999 年我国高等教育扩招之前，高等教育的毛入学率为 9.76%，2016 年高等教育的毛入学率达 42.7%。在人口规模大、毛入学率低的情况下，家庭对高等教育的需求尤其强烈，教育资源越匮乏，家庭想占有的欲望就越强烈，这就是物以稀为贵。另外，在高等教育毛入学率一定的情况下，人口越多，生存竞争的压力就越大，为了为未来的发展积累资本，愿意接受高等教育的人数就越多，竞争也就越激烈。而在人口稀少的西欧国家，人口增长速度慢，学龄人口所占比例低，低学历也容易找到好的工作，而且国家的社会保障体系非常健全，他们接受高等教育更多的出于个人的兴趣爱好，而不是因人口的压力、生存的压力而去接受高等教育。

3. 社会思想观念

人是现实社会中的人，是各种社会关系的总和，因此，家庭高等教育需求选择离不开社会思想观念的影响，随着社会思想观念的变化而变化。主流的社会思想观念代表着人们对社会现象的看法与态度。传统上，中国人一直秉持"学而优则仕""万般皆下品，唯有读书高"的想法，因此，千百年来，人们对教育有着强烈的需求。接受高等教育可以光宗耀祖，跳出"农门"，脱离农村，摆脱贫困，这是许多家庭梦寐以求的。所以，不管家庭如何贫困，为了子女能够接受高等教育，家长都会想尽办法，不惜代价，倾其所有，目的就是为了满足对高等教育的渴望。此外，还有一个面子问题。中国人好面子，一旦子女考取大学，特别是重点大学，周围邻居、同学、朋友总是投来羡慕的眼神，家长的喜悦之情溢于言表，感觉所有的付出都得到了回报。其实，对高等教育的需求，与其说是子女的上学欲望，在一定程度上不如说是家长意志的体现，父母的"望子成龙、望女成凤"思想一直潜移默化地在子女身上产生影响、发挥作用。一些家庭高等教育的需求，一定程度上是父母追求名利和荣誉而衍生出来的需求。随着高等教育对经济发展的促进作用日益增强，人们对高等教育重要性的认识越来越强烈，接受高等教育越来越成为家庭的共识。

事实上，上述影响家庭高等教育需求的因素并不是均衡起作用的，而是综合作用的结果。这些因素对家庭需求影响的作用途径、程度和范围在不同社会或同一社会的不同时期都各不相同。在不同的条件下，针对不同地区、不同民族的家庭，各因素所起的作用也不同，我们不能过分夸大经济因素的影响作用而弱化其他因素的影响作用。正是在各种因素的制约下，家庭高等教育的需求呈现多样性、层次性、发展性与合理性的特点，随着社会的发展和条件的改变，影响未来家庭高等教育需求的因素将会越来越复杂。

第三章
家庭高等教育需求的理论基础

　　城乡家庭高等教育需求是建立在一定理论基础之上的，有理论依据作支撑。人力资本理论认为，接受高等教育可以提高受教育者的素质，其预期收益大于成本支出；高等教育价值论认为，高等教育具有经济价值、精神价值与社会价值，提高受教育者的道德品质、专业素养，促进身心发展和个性培养，产生外溢效益；教育投资理论认为，高等教育是准公共产品，接受高等教育是一种生产性投资，可产生价值增值；需求层次理论表明，家庭高等教育需求属于高层次的需求，能够满足心理需求，实现人生价值。这些理论为家庭高等教育需求提供了理论支撑。

第一节 人力资本理论

一、人力资本理论的历史发展

人力资本理论起源于经济学家对经济增长的研究。西方国家的学者把土地、劳动、资本作为经济学中生产的三个要素，但他们研究发现，在经济增长的生产要素中，影响经济增长的因素除了这三个之外还有其他因素，如知识进步、技术改进与劳动者素质提升等，他们将之归结为人力投资，是教育投资的结果。英国古典政治经济学的创始人威廉·佩第将人的"技艺"视为土地、物力资本和劳动之外第四个特别重要的因素。[①] 现代经济学奠基人亚当·斯密在《国民财富的性质和原因的研究》中将"社会上一切供人学习的有用知识"视为"固定资本"的一部分并进行了详细的论述，他指出："学习一种才能，需受教育、须进入学校、须做学徒、所费不少。这样费去的资本好像已经实现并且固定在学习者的身上。这些才能对于他个人自然是财产的一部分，对于他所属的社会，也是财产的一部分。"[②] 英国经济学家西尼尔在其著名的《政治经济学大纲》中对人力资本进行了详细论述。他认为："随着文化的提高，每个人所受到的教育都会提高他的生产力……智力和精神的资本，不但在重要意义上，甚至在生产力上，都已远远超过有形资本……决定国家财富的，并不是土壤或气候的偶然性，也不是生产的有形手段的现有积累，而是这种无形资本的量及其普及程度。"[③] 马歇尔在其经典著作《经济学原理》中不仅充分认识到教育和培训的重要作用，而且把教育作为"国家投资"来看待。马歇尔认为："教育仅仅当作是一种投资，使大多数人有比他们自己通常能利用的大得多的机会，也将是有利的。因为，依靠这个手段，许多原来会默默无闻而死的人就能获得发挥他们的潜在能力所需要的开端。而且，一个伟

---

① 约翰·伊特威尔. 新帕尔格雷夫经济学大词典（第2卷）[M]. 陈岱孙编译. 北京：经济科学出版社，1992：736.
② 亚当·斯密. 国民财富的性质和原因的研究 [M]. 郭大力，王亚南译. 北京：商务印书馆，1972：257-258.
③ 西尼尔. 政治经济学大纲 [M]. 蔡受百译. 北京：商务印书馆，1986：202-203.

大的工业天才的经济价值，足以抵偿整个城市的教育费用。"[①] 马克思通过劳动价值论的阐述提出了近似于人力资本的概念。马克思认为，创造价值的劳动分为简单劳动和复杂劳动，其中复杂劳动就是经过专门训练、具有一定技术专长的劳动。马克思所论述的"复杂劳动"在本质上已经非常接近教育经济学及劳动经济学领域中的人力资本的概念。

　　美国芝加哥大学著名经济学家、诺贝尔经济学奖获得者舒尔茨把教育费用当作一种投资形式进行了分析，首先提出了"人力资本"概念，系统阐述了人力资本投资和教育经济效益的核算，完整地创立了人力资本投资理论。人力资本的积累是社会经济增长的源泉。其一，人力资本投资收益率会超过物力资本的投资收益率。舒尔茨认为，人力资本和物力资本的投资收益率有关，人力资本和物质资本相对投资量主要由收益率来决定。其二，人力资本在各个生产要素之间发挥着相互替代和相互补充的作用。舒尔茨认为，现代经济发展已经不能单纯依靠自然资源和人的体力劳动，必须提高体力劳动者的智力水平，以此来代替原有的生产要素。其三，舒尔茨通过"经济增长余数分析法"具体测算证明了人力资本是经济增长的源泉。[②] 1962 年，他在美国《政治经济学》上发表了《对人的投资——一个经济学家的观点》《由教育形成资本》《人力资本投资》等一系列文章，全面系统地阐述了人力资本理论，并使之获得了特定的含义。舒尔茨认为，人力资本是促进国民经济增长的主要原因，当代经济的增长、国家财富的构成，主要是人力资本带来的结果。单纯的实物资本、劳动力资本和规模扩大等因素，不能完全解释生产经济的增长。人力资本存在于人的身上，表现为知识、技能、体力价值的总和，是可以为个人提供未来收入的一种资本。一个国家的人力资本可以通过劳动者的数量、质量及劳动时间来度量。舒尔茨认为，人们获得的有用的技能和知识是一种资本形态，这种资本在很大程度上是慎重投资的结果，这种结果同其他人力投资结合在一起，是技术先进国家存在生产优势的重要原因。

　　1964 年贝克尔（G. Becker）出版了《人力资本》一书，他在书中建立了人力资本形成的理论，并对教育和培训投资的收益率进行了分析。他认为对个人教育的投资和对普通的商业投资相似，在决策时同样需要将成本与收益进行比较。关于人力资本的特性，贝克尔认为，首先，人力资本是一种人格化的资本，表现为人的能力与素质，与人本身不可分离；其次，人力资本生产率取决于拥有这种资本的人的努力程度；最后，人力资本的价值是由人力资本的各项开支所构成。人力资本投资的多少取决于其回收率不能小于利率和有形资本的回收率。在具体计

① 马歇尔. 经济学原理上册 [M]. 朱志泰，等译. 北京：商务印书馆，1964：233.
② 西奥多·W. 舒尔茨. 人力资本投资——教育和研究的作用 [M]. 蒋斌，张蔔译. 北京：商务印书馆，1990：22-40.

算时，要考虑经济增长对未来收入提高的作用，也要考虑不劳动者的人数变化等。人力资本投资回收率的研究涉及人们对物质刺激将如何选择，从教育方面看，即存在一个如何计算不同系、科未来收入的期望值问题；从经济学观点看，不能只看现在，还要看二三十年以后的收入情况。[①]

教育是促进人力资本提升的重要手段。劳动者通过接受教育支付相关费用，实际上是对人力资本的一种投资，能够使自身的知识、技能得到提高，既可以增强综合素质，增加个人未来收益，又可以促进国家经济发展，因而教育被看作一种投资行为，个人和社会都能从中受益。就个体而言，教育不仅能够提高受教育者的经济地位，提升个人素养，满足个人求知的欲望，而且是社会普通人群通过教育进入上层社会的主要途径；对社会来说，教育为社会提供所需要的人才，促进社会生产力的发展。人力资本理论除了具有生产能力，还有配置能力。"配置能力是指发现机会、抓住机会、最有效地使各种资源变成产出的能力，用舒尔茨的话来说是'处理不均衡状态的能力'。""配置能力和生产能力共同发挥作用，但配置能力先于生产能力发挥作用。只有当资源配置合理时，生产能力越高才会带来越多的收入，否则会难尽人愿甚至会事与愿违。"[②] 在市场经济条件下，这种能力对一个人能否成功极为重要。受过较多教育的人，一般来说更易于捕捉到信息，发现并抓住机会，更敢于冒风险，因而更可能获得高收入。

二、人力资本及其特征

人力资本是指凝聚在劳动者身上的知识、技能及其所表现出来的能力。人力资本是经济增长的源泉，与物力资本相对应，两者的区别在于，物力资本可以转让、继承与买卖，而人力资本由于其特殊性附着在人身上，因而不能转让，也无法当作财富来买卖或继承，具有稀缺性。当然，人力资本是可变的，其资本存量可以通过投资教育而获得增加，随着人的生命周期的结束而消失。人力资本和物力资本在现代社会经济增长、国力财富增长中都具有生产性作用，但人力资本却是具有决定性作用的。在知识经济条件下，科技水平、智力因素逐步取代过去的生产要素，促使人力资本在生产诸要素之间发挥着越来越重要的替代作用，不仅可以带来经济效益，还可以促进社会文明和进步，产生外溢的社会效益。提高人力资本可以改变劳动力的形态，提高人的劳动能力，提升物质资本生产效率。所

① 陈荣. 农村家庭高等教育需求的质性研究——以东部地区的一个家庭为例 [D]. 西宁：青海师范大学硕士学位论文. 2013：9.
② 王云多. 个人教育收入差距研究 [J]. 边疆经济与文化，2006，(2)：103-105.

以，投资主体在一定的理性条件下，追求利益最大化，通过各种形式、多种方法进行人力资本投资，积累资本存量，实行价值增值。

人力资本理论认为，教育不仅是一种消费，还是一种生产性投资，给个人和家庭带来直接和间接的预期收益，也给社会带来效益。大量的学者通过实证研究证明，教育投资具有社会价值和个人价值，其价值既包含经济的，也包含非经济的，尽管教育的社会收益率与个人收益率的计算方法及其数值因人而异，但投资教育是有利可图的。教育投入是对人力资本的投资，个体通过接受教育获得知识和技能，能够承担更为复杂艰巨的工作，这种投资能够得到回报，获得更高的报酬，而且预期收入大于投入成本。接受的教育学历层次越高，所获得的收入就越高。教育对提高人力资本、增加经济收益、提升社会地位的重要作用，一些学者甚至通过构建数学模型，测算出了教育对经济的贡献率。

人力资本投入的收益大于成本。家庭高等教育需求从人力资本理论视角考察，是基于个人成本与预期收益的比较，成本支出少于预期收入，是一种有利可图的投资。按照"成本—收益"计算方法，可以测算高等教育的个人收益率，其收益是大于教育成本的。人力资本的核心是个人具有的知识、技能、创新能力等，它作为一种资本附着在人身上，是从事生产劳动、获得劳动报酬的源泉。"人力资本的显著标志是它属于人的一部分。它是人类的，因为它体现在人的身上；它又是资本，因为它是未来满足或未来收入的源泉或两者的源泉……人们当然能获得它，但不是作为市场上出售的资产而是通过向自身投资。"[1]人力资本水平的高低决定了收入回报的多少，它们之间呈正相关。在多种人力投资的方式中，教育不仅是一种消费，也是一种投资活动，而且教育投资是最有价值的，它是人力资本形成和发展的最主要途径。这种投资不是为了眼前的个人享受，而是基于未来的经济或非经济的回报。舒尔茨的人力资本理论有一个基本假设，学生及家庭根据教育的市场回报来选择最优的教育水平和类型，他们对教育收益的期望与成本进行比较，以及教育与其他投资回报率相对比，得出哪项投资的回报率高，进而做出投资决定。

人力资本投资收益率大于其他生产要素的收益。个人通过接受高等教育可以提高知识、技能，增加人力资本存量，提高个体的劳动能力和劳动水平，改变个体的劳动形态，由简单、机械、低水平的重复劳动，转变为高水平的复杂劳动，提高个人收入回报，产生外溢效应。通过改变劳动形态而流向上流社会，提高社会地位，改变自身的生存环境，提高生活质量，甚至改变自身命运。贝克尔通过"投资—收益"的均衡模型，以家庭为基础，通过比较私人投资教育成本与收入，估算出教育私人投资收益率，并区分教育投资的社会收益率和私人收益率，其研

---

① 西奥多·W. 舒尔茨. 人力资本投资——教育和研究的作用 [M]. 蒋斌，张蘅译. 北京：商务印书馆，199：40.

究结论是私人教育收益率远高于其他项目的收益率，这在西方国家得到验证。一些教育经济学家通过对不同国家在不同时期及各个层次的教育收益率进行计算，表明随着教育程度的提高，教育投资的收益率提升，而且从个人收益来看，接受高等教育的收益率远高于中等、初等教育阶段的收益率。舒尔茨认为个人收入的增长和个人收入差别缩小的根本原因是人们受教育程度的普遍提高，是对人力资本投资的最终结果。因此，个体接受教育的层次越高，积累的人力资本就越多，获得的物质回报和精神回报就越多，对高等教育的需求也就越强烈。接受不同层次、类型和专业的高等教育，其个人收益是不同的，越是享受优质的高等教育，其人力资本越保值，获得的预期收益越大，自然，人们对优质高等教育孜孜以求。

人力资本理论证明接受高等教育是一种投资，而且能够带来较高的收益率，这是家庭高等教育需求的主要源泉。我国相关学者也采用实证的研究方法调查了我国家庭高等教育需求状况，结果发现家庭高等教育需求强烈。家庭高等教育需求的强度，主要取决于高等教育投资的个人收益。只有高等教育带来的收益大于高等教育的成本时，家庭才会有高等教育需求，学生才会选择上大学，而且个人收益率越高，家庭高等教育需求就越强烈，这也是目前家庭高等教育需求旺盛的原因所在。这是研究家庭高等教育需求的理论基础，事实也证明人力资本理论对家庭高等教育需求具有很好的诠释。经济社会的发展依靠科技创新，而科技创新的主体是人，依赖于人力资本的积累，人力资本的形成和发展又依靠教育，特别是高等教育是培养高素质人才的有效途径。

尽管人力资本理论具有一定的合理性，但后来随着社会问题、经济问题与教育问题的相继出现，一些教育经济学家对人力资本理论提出质疑，认为该理论不够完善，无法解决一些现实问题。于是，在此背景下，劳动力市场理论、筛选理论和社会化理论先后出现，对人力资本理论进行了发展完善。

第二节　高等教育价值论

高等教育价值是由其本质属性决定的，作为以培养人才、发展科学、服务社会、创新文化为使命和职责的高等教育，具有政治价值、经济价值、科学价值与文化价值，这些价值都是通过培养创新人才来实现的，人是教育的对象，也是施教的主体，故其价值最终落实到人身上，体现为个体的专业素养和综合素质，这是高等教育的价值，也是家庭高等教育需求的动力所在。许多学者对高等教育的价值都有过论述，王善迈指出，通过接受高等教育，可以通过改变劳动者的劳动性质和形态来培养社会所需的合格劳动者，而且能够提供科学知识形态的生产力。[①] 社会再生产理论提出，教育对劳动力再生产的主要功能是可以再生产人的劳动能力，改变人的劳动能力的性质和形态。教育在科学知识形态生产力再生产中的作用表现为，教育具有传递、积累、发展和再生产科学的社会功能，教育具有使科学转化为生产技术的中介作用，教育是科学知识再生产的有效形式。

　　尽管积聚人力资源的途径很多，如教育、培训、实践经验、迁移、医疗保健、迁移、信息获得等，但教育是各种途径中最主要、最有效的途径。哈佛大学前校长洛韦尔在 20 世纪 30 年代就曾经说过："大学存在的时间，超过了任何形式的政府，任何传统、法律的变革和科学思想，因为它满足了人们永恒的需要。"[②] 这正是高等教育的价值所在，也是家庭高等教育需求的内在动力。高等教育不仅具有经济价值，提高劳动者的生产力，带来物质财富的增加，还具有精神价值和社会价值。个体通过接受高等教育，能够促进人的全面发展，满足受教育者的各方面需求，在思想观念、目标追求、道德品质、思维方式、价值取向及知识、能力等方面得到发展和提升，人的智力水平和身心健康得到发展，这是高等教育的职能和使命的体现。高等学校人才济济、资源丰富、环境宽松、学术自由、思维活跃，是培养创新人才的理想场所，具体表现在：①有利于提升受教育者的道德品质。道德品质是个体在道德行为中所表现出来的比较稳定的、一贯的特点和倾向，是一定社会的道德原则和规范在个人思想和行为中的体现。由道德认识、道德情感、道德信念、道德意志与道德行为等因素构成。道德品质的形成与知识密切相关，英国哲学家、教育家洛克（T. Locke）说："我们日常所见中的人他们之所以或好或坏，或有用或无用，9/10 都是他们的教育所决定的。人类之所以千差万别，便是由于教育之故。"[③] 对教育、知识与道德的关系，一些学者有过清晰的阐述。古希腊哲学家苏格拉底（Socrates）曾提出过知识就是道德的命题。英国教育家纽曼（Newman）认为："高等教育可以提高社会的思想格调，提高公众的智力修养，纯洁国民的情趣，为大众的热情提供真正的原则，为大众的志向提供确定的目标，扩展时代的思想内容并使这种思想处于清醒的状态，推进政治权力的运用及使个人生活之间的交往文雅化。"[④] 德国著名伦理学家鲍尔生（Paulsen）认为，教育、

---

① 转引自：那欣. 我国高等教育供求现状及其经济学分析 [D]. 北京：首都经济贸易大学硕士学位论文. 2009：3.
② 约翰·布鲁贝克. 高等教育哲学 [M]. 王承绪，等译. 杭州：浙江教育出版社，1987：30.
③ 洛克. 教育漫话 [M]. 傅任敢译. 北京：人民教育出版社，1985：24.
④ 亨利·纽曼. 大学的理想 [M]. 徐辉，顾建新，何曙荣译. 杭州：浙江教育出版社，2001：78.

科学、知识是促进人类道德进步的重要力量，是构成人的美德的重要方面。马克思认为，良心是由人的全部知识和全部生活方式决定的。由此可见，个体接受高等教育并获得知识的过程，其实也是道德品质提升的过程，促进受教育者的思想道德得到发展，从而提高个人素养。②有利于提升受教育者的专业素养。它主要包括专业知识、专业能力及实践经验、创新能力。个体接受高等教育，主要是从事某一专业的学习，获得这一方面的知识和技能，掌握谋生的本领，这是未来就业的方向，也是作为公民所需要的基本素质。高等教育近千年来的发展，一直秉持专业人才培养的理念，传播、创造、应用和发展科学文化知识。人类社会的延续和发展通过教育得以传递。学校教育是有目的、有计划、有组织的教育教学活动，可以自觉、系统地向受教育者传播科学文化知识，培养专业能力。高等教育针对社会与个体的需要，举办从专科到研究生层次的教育，设置 13 大学科门类的专业，通过不同形式的高等教育予以实施，落实培养目标，培养出创新人才。特别是在知识经济时代，强调知识创新，知识淘汰的速度加快，一个没有接受高等教育的公民因无法接受知识经济的挑战而面临困境。知识经济是以知识、智力为基础的经济，知识含量已成为劳动生产率提高和经济增长的内在动力之一，因此，对智力资源的开发就具有非常重要的意义，而要开发智力资源，必须通过高等教育的系统学习和专业训练。正如奥斯本（A. F. Osborn）所言，通过学校教育，可以帮助学生发现事实、发现问题、发现规律、发现观念、找到解决方案。③有利于受教育者的身心发展和个性培养。一个人的身心发展，不仅要有健康的身体、强健的体魄，更要有良好的心理素质，它包括性格品质和心理能力。心理能力包括认知能力、心理适应能力与内在动力。心理素质是以生理素质为基础，在实践活动中通过主体与客体的相互作用，而逐步发展和形成的心理潜能、能量、特点、品质与行为的综合。心理素质的形成，遗传是基础，通过教育与环境的影响，经过主体实践训练形成性格品质与心理能力。受教育者通过接受高等教育，掌握身心发展与健康的相关知识，保持良好的心理状态；开展体育活动，增强体质，身心得到健康发展。高等教育的培养目标，是促进学生成长，培养其个性，开发其潜能。学生接受高等教育的过程，犹如一颗种子受到精心培育生长为一朵盛开的鲜花一样，快乐成长，彰显个性。④产生外溢效益。个体接受高等教育之后，自身的素质与潜能得到提升，价值观念、思维方式、人际交往等都发生变化，进入社会后，与未接受过高等教育者相比，他们能够谋得更好的、更有利于专业发展的工作岗位，经济价值、社会价值突显，生活质量更好，它们之间相互影响、相互促进，彰显高等教育的价值。接受高等教育是就业者获得理想职业的入场券。社会各行各业对专业素质较高者总是格外青睐，这也是其工作岗位所需要的，因而能够获得更为丰厚的报酬，更易受到同行的尊重。接受过高等教育的人，社会资源更为丰富，交流的空间、时间与频次更广、更快，信息来源更为广泛、准确、及时，更能把握人生发展的机遇，得到更多"伯乐"的相助，有利于流向上层社会，获得更多的资源和空间，形成良性循环。由此可见，接受高等教育可以满足受教育者的物质需求、精神需求与心理需求。总之，在知识经济社会，对人才的竞争日益加剧，人才的重要性日益凸显，是否接受高等教育，在一定程度上决定着个体所从事的职业阶层、经济收入、生活状况、个性发展与社会地位。

接受高等教育所体现出来的上述价值，激励着家庭想尽办法，倾其所有，也要为子女接受高等教育提供条件。在中国的传统文化中，接受高等教育是改变知识和命运的主要途径和有效方式，特别是对农村家庭子女而言，这是跳出"农门"的捷径。我国历来重视教育，自古以来家庭对子女接受教育的意愿就非常迫切，"再苦不能苦孩子，再穷不能穷教育"就是其真实的写照。但长期以来实行的城乡二元体制，城乡家庭在经济收入、社会环境、文化氛围与生活品质等方面的巨大差异，迫使农村家庭希望自己的子女脱离农村，他们"望子成龙、望女成凤"，希望以此光宗耀祖。总之，家长为了子女的教育，不遗余力，为的就是要满足子女的高等教育需求。

第三节　教育投资理论

我们可以从教育投资理论对家庭高等教育的需求进行分析。

教育经济学家运用经济学理论分析高等教育价值，认为高等教育是一种特殊的商品，高等教育投资是生产性的投资，能够给受教育者带来比较高的收益。靳希斌提出，作为一种社会产品，教育服务也具有使用价值与交换价值，属于教育市场上的商品。作为商品的教育具有基础产业性、交换性、市场性、生产与消费同时性、共发性，以及消费的多层次性、多元性等特征。[①]高等教育作为商品，其价值与效用的多少与高低，是家庭是否选择这种商品时考虑的主要因素。家庭是否接受高等教育、接受什么样的高等教育，主要与其产品的价值和属性有关，要计量其经济收益和非经济收益。高等教育具有准公共产品属性及投资性，依据公

---

① 靳希斌. 论教育服务及其价值 [J]. 教育研究，2003，（1）：44-47.

共产品理论，社会产品消费时是否具有排他性和竞争性的标准，可将全社会产品分成两大类：一类是私人产品，另一类是公共产品。私人产品是指在消费过程中具有竞争性和排斥性的产品。公共产品是指在消费过程中具有非竞争性和非排斥性的产品。如果某项产品或服务在消费上存在非竞争性与非排斥性，消费者就缺乏购买意愿，自然，公共产品不能由市场提供，只能是通过公共提供的方式满足消费者的需要。就高等教育而言，是一种典型的混合产品，个人通过接受高等教育，提高他们的知识、技能和文化水平修养，体现了私人收益的显著特点，其收益表现在受教育层次越高，选择所从事工作的余地越大，获得的报酬越高，待遇越丰厚，个体适应环境变化的能力越强，个人社会地位越高。通过接受高等教育，个人工作熟练程度提高，劳动生产力提升，更能合理地配置生产资源，加强分工协作，提高生产效率，增加获得更好工作机会的可能性，处理事务的能力得到提高，职业发展的空间得到提升。此外，接受高等教育还对家庭成员产生外溢效益，家庭经济基础的增强，有利于改善家庭生存条件，更好地赡养父母与抚养子女，为子女接受优质教育提供更好的经济保障，营造和谐的家庭氛围。有学者认为，教育投资的个人收益主要包括市场收益和非市场收益。教育投资的市场收益主要是指接受教育使居民个人在市场上直接获得的各类受益，包括财务收益、机会选择权、财务选择权、套头交易等内容。财务收益和机会选择权是指这样一种情形：个人的受教育程度越高，越容易在市场上找到条件优越的工作，获取更高的收入，也更容易获得进一步深造的机会，即拥有更多的机会选择权。套头交易则是指个人接受的教育程度越高，越能适应技术进步对劳动者提出的高标准和新要求，越能在技术变革中获利。教育投资的非市场收益主要是指，由于接受教育而给居民个人带来的身体状况改善、生活质量提升等方面的好处。一般而言，接受越高教育的个人会愈加关注自身及后代的发展，进而会采取一定的措施和手段如增加对健康的投资、关注子女的教育等来改善其自身及后代的生活质量。此外，由于教育本身所具有的"消费性"特征，受教育者也会从教育活动中获得"精神收益"。[①]但高等教育又不是完全意义上的私人产品，因为其受益者不仅仅是受教育者，社会也是受益者；它具有明显的公共产品特征，但又不是纯粹意义上的公共产品，因为它不具备公共产品的非竞争性和非排斥性，是否接受高等教育、接受什么样的高等教育，消费者之间是存在竞争的。因此，高等教育是介于私人产品和公共产品之间的一种准公共产品，除了受教育者个人之外，具有广泛的受益性，它对公共管理、社会环境及其他社会成员具有明显的"正外部性"，社会公益性明显。有学者将这种"正外部性"分为以下两类：一类是由私人收益带来的"正外部性"

---

① 余远方. 教育多元供给问题研究 [D]. 北京：首都经济贸易大学博士学位论文. 2011：21.

社会收益。居民接受教育不仅可以使其本人受益，而且由于其接受教育而会为其他居民和整个社会带来"收益"，这就是教育私人收益的外部性。教育私人收益的外部性对经济社会的发展有着重要的影响。另一类是由教育活动本身所具有的社会性所带来的"正外部性"。教育是一种影响广泛的社会活动，它不仅是社会成员个人成长进步的关键因素，而且是社会发展的基本源泉——在许多国家，教育都在经济社会发展中发挥着基础性作用[①]。有学者将教育的社会收益分为三种情况：一是地域关联收益；二是职业关联收益；三是社会共同的收益。地域关联收益是指受教育者由于接受教育而给相邻"地域"带来的收益。比如，居民会从受过良好教育的高素质邻居那里获得一定的社会收益，而父母接受过较高层次的教育也会有利于孩子的成长。此外，一个社区内接受高层次教育者人群的增多也会带来较低的犯罪率，从而对社区秩序有着积极的影响。职业关联收益是指在分工协作的生产过程中，劳动者因接受教育而增进了其灵活性与适应性，这将对其他劳动者产生有利影响。社会共同的收益主要是指居民接受教育对国民素质提升、科学发明和创新、社会和科技进步，以及思维方式和价值观念的间接、积极的影响[②]。高等教育的社会收益从教育私人收益的外部性来看，个体接受高等教育，除了个体自身的素质得到提升、能力得到发展，其知识、技能的传播、应用，对同事与邻居产生正能量，使他们在潜移默化中接受教育，得到发展。例如，对接受高等医学专业教育的个体而言，其医学知识在社区的传播，可以增加人们对疾病的认识和了解，预防和减少疾病的发生，提高人的身体健康水平，降低公共医疗费用，提高人的幸福生活指数。教育的私人收益给社会带来了"正外部性"。高等教育活动本身的"正外部性"在于其传播共同的价值理念、社会规范、道德准则，促进社会的文明、自由、民主、平等，通过教育促进社会发展和进步，这是任何国家、任何时候都适用的普遍规律。

教育的私人产品与公共产品的双重属性决定了其投资属性。教育所具有的"正外部性"，政府理所当然应该承担起相应的职责，保障社会公民接受教育的权利和义务，满足他们对教育的需要。九年义务教育具有广泛的公益性、受益性、非竞争性，其受益的主体是国家和社会，这也是公民的一项基本权利，政府要承担主要责任，免除学费，实施强制性教育。教育的私人产品属性则要求受教育者承担相应的教育成本。高等教育属于非义务教育，按照谁受益谁付费的原则，需要承担一定的教育成本，缴纳一定的学费。对不同类型与层次的高等教育，由于教育成本不一样，受教育者承担的学费就存在差距。其实，对何种层次和类型的教育，

---

① 余远方. 教育多元供给问题研究［D］. 北京：首都经济贸易大学博士学位论文. 2011：16.
② 余远方. 教育多元供给问题研究［D］. 北京：首都经济贸易大学博士学位论文. 2011：21.

其收益不仅限于受教育者个人，其"正外部性"扩展到整个社会，表现为提高整个国民素质，培养合格公民。因此，一些国家为了保证国民受教育权利，保障教育公平，将其视为"分内之事"，承担起相应的教育职责，发挥其应有的作用，实行由政府、社会与受教育者个人共同分担教育成本的机制，至于其分担比例，在不同国家、不同的历史时期，取决于政府的财力状况与个体对教育需求的程度。国家对教育越重视，投入比例越大；政府财力越雄厚，投入比例越高；个人对教育的需求越强烈，越愿意并舍得投入。

高等教育作为培养人的一项活动，其教育支出，或社会资源用于教育的投入，是消费还是投资，是生产性投资还是非生产性投资，有一个认识过程。有的学者认为，教育支出是具有生产性和消费性二重性的投资。一方面，教育事业的进行要消费一定的物质资料，但教育过程中却不生产任何物质资料，因此，教育支出具有消费性；另一方面，教育支出可以提高劳动力素质和智能，使人力资本增值，为物质资料再生产准备了必要的条件，劳动力投入物质生产后，又可以生产更多的物质财富，因而教育支出又具有生产性[①]。在过去的农业社会，人们把教育看作一项消费支出，它需要消耗人力、物力与财力，又不能直接产生物质财富，教育被认为是一项公益事业，是纯粹的消费性活动。到了工业社会、后工业社会，教育在经济社会发展中的作用日益明显，"既然劳动力是生产力，而劳动力的再生产包括劳动的技能和技巧的训练，则投资于这种劳动的技能和技巧的教育事业的投资，当然是生产性的投资"[②]。因此，把教育作为消费支出的观念受到排斥，人们认为教育的价值不仅局限于精神层面，它还是一种生产性投资，具有"商品消费"性质。"这种投资收益虽然较慢，但一经发生作用，它的经济效果可以超过任何其他的投资相同的费用，用于提高劳动者的质量比单纯地增加生产设备和劳动者的数量，更有利于提高劳动生产率，而劳动生产率一旦有所提高，便可以加倍的速度增加社会财富。"[③]舒尔茨通过实证研究表明，个人接受教育可以获得可观的经济回报，而且，因为受教育者就业后生产效率的提高，教育同时会大大促进国家经济的发展。至此，教育被人们看作一种可以获得收益的投资，也是一个产业，其产品是教育服务，学校是教育服务的提供者，学生和家长是教育服务的消费者，他们对教育的需求，是基于教育投资的价值增值。

目前国内外学者对教育收益率进行了研究。经济学领域对教育收益率的计算方法主要有明瑟收益率、内部收益率法等。教育的明瑟收益率指的是平均多接受

① 吴泽俊. 高等教育供求均衡与策略选择 [D]. 南昌：江西师范大学硕士学位论文. 2005：5.
② 王善迈. 教育经济学概论 [M]. 北京：北京师范大学出版社. 1989：100.
③ 黄乾. 论马克思的劳动力产权理论 [J]. 湖南社会科学，2000，(5)：40-43.

一年教育导致个人收入提高的比例，它能够用于反映教育对经济发展的贡献，评价教育产出的效率，反映劳动力市场对教育的需求状况，对非义务教育阶段学费水平的确定也具有重要的参考作用，即多接受一年教育的收入增加的比率。明瑟收益率（边际收益率）定义为，设 $Y=f(S, *, *)$，Y 是就业者的收入，S 是该就业者受教育的年限，则明瑟收益率为

$$R = \frac{\Delta Y / Y}{\Delta S} \approx \frac{\partial Y / Y}{\partial S} = \frac{\partial \ln Y}{\partial S}$$

明瑟收入法与普通的成本收益分析并不相同，它是一种排除成本的收入方程。在使用明瑟收入法进行计算时，因为没有将成本考虑在内，所以该方法对收益的测量较简单易用。也就是说，明瑟收入法是建立在每个人都有可能接受教育的前提条件之上，它主要研究的是除去成本因素的影响，个人受教育程度的高低对其收益所产生的影响，考察的是教育的边际收入，但并没有考虑到资金的时间价值和接受高等教育者的直接成本和间接成本。内部收益率法主要是成本的现值和预期收益的现值相等的贴现率，在经济上可以解释为在投资期间，排除了全部投资成本后，项目每年所能产生的经济收益。在项目中，内部收益率越高，说明该项目的经济性越好，这是由于内部收益率代表的是投资项目期间实际的收益水平，是投资对资金的收回程度。虽然内部收益率法改善了明瑟收入法的缺陷，考虑到了资金的时间价值，但内部收益率法对数据的要求比较高，需要大样本多变量的数据，研究者往往难以得到理想的样本数据[①]。

高等教育投资的准公共产品属性，以及兼具私人受益与社会受益的特点，为高等教育需求与供给的多元化提供了充分的理论依据。而不同家庭基于对高等教育收益率的不同认知，会导致他们对高等教育需求存在差异。就我国的传统文化来说，家长对子女的高等教育需求都非常强烈，即使家庭经济困难，也会通过贷款、勤工助学、借债等多种途径满足子女的高等教育需求。随着经济社会的发展，对高层次人才需求的增加，教育的预期收益增加，家庭高等教育需求将逐步提高，并呈现多样化趋势。

按照劳动力市场理论，劳动力市场不是统一的，可以划分为高级劳动力市场和低级劳动力市场。也有学者分为主要劳动力市场和次要劳动力市场，在主要劳动力市场的工作者，其工作环境与条件较好，职业晋升机会多，工作相对稳定，收入较高；相反，次要劳动力市场的工作者，工作环境不理想，工作不稳定，收入低，缺乏职业发展前景和晋升机会。教育是分配劳动力市场的主要手段，接受

---

① 林海仪. 家庭经济收入对农村家庭高等教育选择的影响——以昆明市富民县为例 [D]. 昆明：昆明理工大学硕士学位论文. 2010：30-31.

高等教育的劳动者，可以根据自身的需要，进入高级劳动力市场，也可以进入低级劳动力市场，具有自由选择的余地，可以横跨两个劳动力市场，哪怕是在就业困难时期，也可以暂缓进入低级劳动力市场而不至于失业。接受教育层次较低的普通劳动者，只能选择低端的劳动力市场，享受与其相适应的待遇，无法流向高端劳动力市场，两个劳动力市场之间缺乏流动。可以说，接受教育的层次越高，待遇越高，失业风险越低，因此，要进入高端劳动力市场，有效的办法就是接受高等教育。

在知识经济的今天，家庭高等教育投资是一种生产性投资，其投资是用于劳动力生产的支出，这部分费用用在高等教育上，可以提高劳动者的知识和技能，从事更为复杂的劳动，创造更多的价值，实现人力资本的增值，这种投资具有生产性，也是社会化再生产所需要的。这种高等教育投资可以得到补偿，产生经济效益，而且高等教育的收益率不管是社会收益率还是私人收益率一般都很高。台湾经济学家高希均曾把教育的私人效益归纳为四种：①教育程度高的人，假定其他因素相似，那么其终身所得的收入较教育程度低的人高，这也就是受较多教育而产生的直接经济利益；②教育程度高的人往往有更多的工作变动及进一步发展的机会，假如没有大学学位，就没有进一步当医生、律师等的可能，这就是所谓的"选择更多的经济效益"；③受了教育的人思想比较开放，学术根基比较深厚，必要时容易接受新知识、新训练及改行转业，增加经济上的安全感；④受了教育的人，在现代社会中对法律、医药及所得税的填报等知识也比较丰富，刺激是所谓"非货币的经济效益"。[1] 许多研究表明，用于高等教育的投资比用于物的投资和用于劳动力数量增加的投资，其经济收益还要高，是一项高收益的投资行为，所以，教育投资是一项生产性投资。从家庭角度审视，其高等教育的支出，需要考虑投资的收益率，将其与成本进行比较，最终做出决策，在教育上的投资能取得多大收益是每个家庭投资教育的首先需要考虑的因素。正是这种较高的预期收益，导致家庭对高等教育需求日益强烈，特别是高等教育不够发达、社会福利化水平较低的国家尤为明显。在人性假设上，经济学假定人是"经济人"。所谓经济人，是指以追求私人经济利益为唯一目的，并按经济原则进行活动的主体。新古典经济学派中的"经济人"具有以下特征：①个体利益最大化；②个体是理性的；③信息完全，即个体能够得到并有效地利用一切信息；④个体能够对经济做出在长期中平均来说是最为准确，而又与所使用的经济理论、模型相一致的预期，即理性预期；⑤市场总是出清。[2] 因为新古典学派非常强调理性人和理性预期，所以

① 范先佐. 教育经济学 [M]. 北京：人民教育出版社，1999：298-299.
② 张洪毅. 我国研究生教育个人需求特征分析 [D]. 湘潭：湘潭大学硕士学位论文，2011：13.

人们也称其假定为理性"经济人"假定。然而，理性"经济人"的致命缺陷正在于理性和信息完全假定。由于发达国家和发展中国家普遍存在信息不完全及信息不对称，即使个体是理性人，也无法总是做出符合经济模型的理性预期。由于决策者的价值取向和目标往往是多元的，他们的知识和能力水平是很有限的，在决策中常表现冲突的行为。经济人假设（也称理性人假设）是经济学的一个理论逻辑起点，是经济学学科大厦的重要基石，也是分析人类行为的出发点。经济人假设认为人是本性自利的经济人，经济人在一切经济活动中的行为都是合乎理性的，即都是以自利为动机，力图以最小的经济代价实现个人经济收益的最大化。[1]从经济人视角来看，家庭接受高等教育在于其收益率，而且不同高校、不同专业的收益率是存在差距的，优质高等教育资源总是有限的，结果导致名校与热门专业成为家长追逐的目标。

第四节　需求层次理论

一、需求层次理论的内涵

需要是因生理上或心理上的缺失或不足而引起的一种内部紧张状态，是个体活动积极性的源泉。美国管理学家贝雷尔森（Berelson）和斯坦尼尔（Steiner）认为，需求是为了达到某种目的而产生的一种强烈的心理诉求，强烈的需求能够对人产生一种激励作用[2]。人在从事某种活动时，总是基于某种目的，因而内心总会充满期待，其实也就是一种不满足感，正是这种不满足感激励着个体付诸行动，努力实现其目标。个体在行动时对结果的期待就是需求，它是人的发展的内在动力。需求是个体实现目标前在付出努力的过程中的一种心理状态。有关理论认为，人会对激励做出反应，当人在做出某种行为时，如果受到了外在的激励，会做出相应的反应，具体表现在好的激励会增加这种行动出现的次数，人受到外在的激

---

① 吴克明，赖得胜. 预期收益最大化与大学生就业期望偏高 [J]. 高等教育，2006，（3）：54-57.

② 转引自：陶磊. 高中生高等教育需求实证研究——以深圳 BH 中学为例 [D]. 武汉：华中师范大学硕士学位论文. 2012：12.

励,内心也会产生强烈的需求。[①]

在美国心理学家马斯洛(Abraham H. Maslow)看来,人是一种不断需求的动物,除短暂的时间外,极少达到完全满足的状况,一个欲望满足后,往往又会迅速地被另一个欲望所占领。人几乎一生都总在希望着什么,因而也引发了一切。马斯洛作为需要层次理论的创立者,他认为人类价值体系存在两类不同的需求,一类是沿生物谱系上升方向逐渐变弱的本能或冲动,如食物、水、掩蔽所、性等身体需求,它们被称为低级需求和生理需求;另一类是随生物进化而逐渐显现的潜能或需求,被称为高级需求。[②]据此,他在 1943 年出版的《人类激励理论》一书中提出了需求层次理论(need hierarchy theory),第一次对人的需求层次进行了划分,将这两类需求从低级到高级划分为五个层次,依次为生理需求、安全需求、归属和爱的需求、尊重需求、自我实现需求。之后,马斯洛在《激励与个性》一书中对人的需求层次理论进行了完善,将人的需求层次发展为七个方面,增加了认知需求和审美需求。目前大家普遍接受并认可的需求层次理论,还是马斯洛的五个层次理论(有的是将认知需求和审美需求包含在自我实现需求之中,合在一起,归入"成长需求"之列,是一种在低层次的基本需要得到满足后出现的高层次的心理需要,故又称之为"超越性需求")。

1. 生理需求

生理需求主要是指人的衣、食、住、行及延续种族的需求等,是人的本能渴望,它是每个人必不可少的,是人类最本能、最基本、最强烈的需要,是生存之本,是维持个体生存发展和种族延续的前提。人们在生理需求没有得到满足之前,不可能产生更高层次的需求,只有满足了生理需求之后,才会产生其他层次的需求。例如,一个饥饿的人,首先想到的是解决温饱问题,他迫切需要得到的是食物;一个口渴的人迫切需要的是水;衣不蔽体的人需要的是温暖的衣物。"如果一个人极度饥饿,那么,除了食物外,他对其他东西会毫无兴趣。他梦见的是食物,记忆的是食物,想到的是食物。他只对食物发生感情,只感觉到食物……,这样的人真可谓靠面包为生。"[③]在生理需求没有满足之前,他们对爱的需求、尊重的需求与自我实现等高层次的需求是没有太多渴望的。所以,一旦人的生理需求得不到满足,他就会尽其所能,想尽一切办法去追求。

---

① 陶磊. 高中生高等教育需求实证研究——以深圳市 BH 中学为例 [D]. 武汉:华中师范大学硕士学位论文. 2008:12.

② 卢海威,孙岳鹏,胡睿. 马斯洛需要层次理论对大学专科生教育的启示意义 [J]. 中国电力教育,2011,(28):11-12.

③ 弗兰克·G. 戈布尔. 第三思潮——马斯洛心理学 [M]. 吕明,陈红雯译. 上海:上海译文出版社,2006:33.

2. 安全需求

安全需求是指个体保护自己免受身体和情感上的伤害，包括生命安全、财产安全、心理安全的需求，对秩序、稳定、工作与生活保障的需要等。安全是一个人的生存之需，人人都希望自己安全，生活安全、工作安全，没有疾病，不易失业。马斯洛指出："我们社会中的普通儿童以及成年人（在后者身上不甚明显）一般更喜欢一个安全、可以预料、有组织、有秩序、有法律的世界。"① 一旦人的生理需求得到满足，其安全需求随之出现。与生理需求一样，在安全需求没有得到满足之前，不太可能产生更高层次的需求。当一个人处于不安全的状态之中，他对安全的渴望就会变得非常迫切，他所有的言行都寄托于安全需求的满足。

3. 归属和爱的需求

归属和爱的需求是指个体对友伴、家庭的需求，对受组织、团体认同的需求，通过社会交往并得到承认，希望得到亲友的爱的需求。作为社会人，具有与他人进行社会交往的意愿和需求，通过交往建立友谊，得到别人的认可和支持，同时又给予别人关爱和回报，产生归属感。在生理需求与安全需求得到满足之后，归属与爱的需求更为凸显，产生激励机制，发挥激励作用，支配人的行为，成为满足其需求的动力。人都希望与别人建立感情，体现价值，找到归属，形成同伴。在马斯洛看来，人们强烈地想摆脱陷入孤独、举目无亲、遭受抛弃与拒绝的困境之中，急于在自己的团体里求得一席之地，并为了这个目标全力以赴。马斯洛还特别强调，此处爱和性是不能等同的。性纯粹是生理上需要，是一种动物本能的生理现象。爱连接着你我他，只要人人献出一点爱，世界就会变成美好的人间。爱的需求和满足是人健康发展的保障。

4. 尊重需求

尊重需求是指个体自尊自重及获得他人尊重的需求。在人生的发展过程中，每个人都会认为自己是重要的，因而值得被人尊重和自尊，这也是对自己的价值和尊严的追求。在马斯洛看来，人一方面希望得到别人的尊重，如得到承认、赏识、拥护；另一方面是自己对自己的尊重，如自信、自强、自足等情感。只要这种需求得到满足，就会充满自信，取得成功的概率大增，因为这种尊重是由于个体的能力与成就出众得到了人们的认可，赢得了人们的重视，产生社会威望，其人生价值得到了体现，也会给社会和他人带来益处，因而会产生巨大激情作用。

① 马斯洛. 动机与人格［M］. 许金声，等译. 北京：华夏出版社，1987：46-47.

相反，一旦这类需求得不到满足，受到挫折，就会怀疑自己的能力，感到沮丧，产生自卑，失去信心，影响身心健康。

5. 自我实现的需求

自我实现需求是指在精神上臻于真善美合一的人生境界的需求，这表明个体所有需求或理想全部实现，这是人类最高层次的需求，处于人生中的最高境界。马斯洛认为，人类天性中有一种寻求发展和自我实现的倾向。人总是有"一种想要变得越来越象人的本来样子、实现人的全部潜力的欲望"。自我实现者是"更真实地成了他自己，更完善地实现了他的潜能，更接近于他的内在核心，成了更完善的人。""自我实现也许可大致被描述为充分利用和开发天资、能力、潜能等等。这样的人似乎在竭尽所能，使自己趋于完美。"① 当个体的生理、安全、归属、爱及自尊的需求得到满足之后，就会产生自我实现的需求，这种需求的满足，表明个体的自我价值、人生目标完全得到实现，个体达到了完美的境地，能够忘我地工作，惬意地生活，处于人生的高峰体验期，呈现出最佳状态，人性得到彰显，潜能得到发挥，这就是生活的意义。在马斯洛看来，生理需求、安全需求、归属和爱的需求、尊重需求，都是实现自我实现需求的前提和基础。

马斯洛需求层次理论认为，人的需要是个体内部的一种不平衡状态，这种不平衡状态会导致个体产生某种行为；人类的需要是可以按层次排列的，个体总是先满足最迫切的需要，然后再满足其他需要；个体低层次的需要得到基本满足后，高层次的需要才会出现；各种需要是一个不断变化发展的连续过程；在同一时期内，个体可能同时存在几种需要，但是，每一时期内总有占支配地位的需要，这就是最重要的需要，是个体努力通过各种方式去满足的；个体与个体之间的需要存在差异性②。马斯洛的需求层次理论中人的需求，取决于他已经得到了什么、还缺什么，这些缺乏的、没有得到满足的需求是个体行动的动力，具有巨大的激励作用；反之，已经得到满足的需求则失去了激励的动力。

二、需求层次之间的关系及其特征

从马斯洛上述五个层次的需求来看，它们之间存在着等级性，就像阶梯一样，由低到高，逐级上升。需求的层次之间有先后顺序，只有低层次需求满足之后，

---

① 马斯洛. 存在心理学探索 [M]. 李文湉译. 昆明：云南人民出版社，1987：176.

② 李宏. 基于马斯洛需要层次理论视角的顾客满意实现研究 [J]. 山东省青年管理干部学院学报，2010，（6）：110-113.

才有可能产生高层次的需求。在人生的各个阶段，各个层次的需求一般是同时并存的，它们叠加在一起，在任何一个阶段，需求存在着强度差异，其中某一个层次需求起着主导作用，即优势需求。一般而言，在诸多的未满足的需求层次之间，对低层次需求的欲望更为迫切。五个层次需求之间是相互作用、相互影响、相互转化的，每一个层次需求的实现状况，都会影响其他层次需求的实现，也受其他层次需求的影响。

由此可见，马斯洛的需要各层次之间存在着密切的关系：一是人的需求是多样化的，有物质的、精神的、心理的，多种多样；二是人的需求是有层次的，有低层次需求、高层次需求之分，低层次需求属于基本需求，与人的生存有关，也是高层次需求的基础，当然，其顺序也是相对的，不是固定不变的，环境变了，需求也随之变化；三是人的需求是发展的，随着人的年龄增长和地位的变化，呈现出从无到有、由强到弱、逐步递进的过程，在满足低层次需求之后追求高层次需求，在追求高层次需求时低层次需求不会随之消失，仅是对人的行为作用弱化；四是人的不同层次需求需要的环境条件不同，人的需求能否实现，取决于人生活的环境与自身条件，高层次需求涉及复杂的环境和条件，满足的难度更大，相反，低层次需求相对容易满足。尽管一般人的需求遵循着从低级到高级的顺序，但不同的人由于个体价值观念与人生目标的差异，他们的需求也会不同，有的甚至为了实现人生价值，置生存环境与尊严于不顾，甚至冒着生命危险，献身自己追求的伟大事业。

马斯洛认为，大多数人的需求是由低级到高级、由简单到复杂、由自身到他人、由个人到社会，是一个逐渐上升的体系。他把需要动机理论按人类生存动机的需要划分为两大类：一类是由缺乏而引发的生存"基本需求"，亦称为"匮乏性需求"，这是人最原始的低级本性，属于人的生理学基础需求。另一类是由成长引起发展的高级需求，属于"成长性需求"或"发展性需求"，它是在"基本需求"得到满足之后的高层次需求。这类需求是人类的最高层次，能够体现人生价值，达到人生的最高境界，因而这类需求具有巨大的激励作用。马斯洛认为，只有"成长性需求"才是人的高级本性，是人区别于其他动物的根本所在，也是人的价值所在。

三、需求层次理论的启示

马斯洛提出的需求层次理论，得到了人们广泛的认可和接受，同时，批判声音也不断，一些批判者甚至企图提出更为科学合理的需求层次理论，但至今无人能够取代。将需求层次理论运用于家庭高等教育需求，从家庭需求视角解释他们对高等教育的需求。高等教育的属性决定了它的功能，高等教育功能的属性与价值能够满足家庭需求。从需求层次理论来看，高等教育需求是对知识、技能与文化素质的需求，属于高层次需求，这一层次需求是建立在基本需求得到满足之后的需求。当然，也存在一些家庭，尽管家庭经济处于贫困状况，基本的需求都没有得到满足，但为了子女的前途，为了家庭的光宗耀祖，他们选择了高层次的需求。这就表明需求具有跳跃性，不是只有满足了低层次需求之后才能够产生高层次需求，几者之间可以同时追求。其实，家庭选择高层次的需求，实质还在于接受高等教育之后经济回报与社会地位的提升，接受高等教育可以满足生存需求、安全需求，有知识、有地位，容易受到人们的尊重，找到归属感，满足心理需求，体现人生价值。随着社会的不断发展，接受高等教育，越来越成为人们在社会上生存的基本条件，是保持和提高子女及其家庭经济地位、社会地位的重要手段。从这一意义上说，家庭高等教育需求，也是基本的需求，这是家庭所必需的，是家长应尽的责任和义务。对高等教育的提供方来说，就是要明确家庭高等教育有哪些层次的具体需求，针对不同家庭的不同需求提供差异化的供给，提高家庭的满意度。当家庭高等教育需求不能带来经济和社会效益，或者是其效益弱化时，其结果就是需求程度降低，这就是为什么一些家庭选择放弃就读大学或是就读国外大学的原因。

第四章

城乡家庭高等教育
需求理论模型

　　由于高等教育的多样化，城乡家庭高等教育需求也呈现出多样性。从横向类别看，我国高等教育有普通高等教育和各种形式的成人高等教育；从纵向层次看，则有高职（大专）、本科和研究生教育；从办学机制看，则有公办高等教育和民办高等教育；从专业类别看，分为哲学、经济学、法学、教育学、文学、历史学、理学、工学、农学、医学、管理学、军事与艺术类十三大学科；从高校所处区域看，有经济发达地区、经济欠发达地区与经济落后地区之分。因此，根据前文的分析，城乡家庭高等教育的区域需求、类型需求、形式需求、层次需求与专业需求受家庭资本影响，本章试图找到家庭资本与高等教育需求之间的关系，构建出其理论模型。

第一节 城乡家庭高等教育区域需求理论模型

一、区域高等教育的界定

区域的概念最早为地理学所使用，是指客观存在的地理单元，具有特定的位置和共同的特色，包括自然方面的和人文方面的，在区域划分上具有不可重叠性和不可遗漏性。[①]随着经济社会的发展，区域概念被广泛地应用到社会科学研究领域，它是依据一定标准划分的人类社会活动的地域空间。按照不同的分类标准，有不同的区域划分。例如，按照自然区域划分，以土地类型、气候、植物等自然特征为标准；根据经济区域划分，以人类经济活动的空间分布规律为标准；按照行政区域划分则是以行政权力覆盖范围为标准；按照社会文化区域划分，是以纯粹的文化因素如语言、宗教等为标准。无论从哪个学科视角审视区域，其本质是空间概念，指向一定的地理空间。其实，在这个地理空间基础上体现了它的经济因素、文化因素，它们与其地理因素糅合在一起。根据研究需要，本书的区域概念将地理分布和行政区域相结合，地理区域的分布，如我国的东、中、西部的高等教育区域分布；高等教育在一个国家内的行政区域的分布，如我国的各省（自治区、直辖市）的高等教育分布。所谓行政区划，"就是根据国家行政管理和政治统治的需要，遵循有关的法律规定，充分考虑经济联系、地理条件、民族分布、历史传统、风俗习惯、地区差异和人口密度等客观因素，实行行政区域的分级划分，将国家的国土划分为若干层次、大小不同的行政区域系统，并在各个区域设置相应的地方国家权力机关和行政机关，建立政府公共管理网络，为社会生活和社会交往明确空间定位"[②]。《中华人民共和国高等教育法》明确规定：省、自治区、直辖市人民政府统筹协调本行政区域内的高等教育事业，管理主要为地方培养人才和国务院授权管理的高等学校。这里的行政区域是以行政权力覆盖范围为标准。有学者认为，"不论按哪种方式划分的区域都具有两条共性：一是区域内某种事物的空间连续性，如行政区域在权力延伸上的连续性，经济区域在经济活动联系上

---

① 朱雪文. 中国高等教育区域分布研究 [D]. 上海：华东师范大学博士学位论文. 2002：6.

② 刘君德，冯春萍. 中外行政区划比较研究 [M]. 上海：华东师范大学出版社，2002：1.

的连续性等。二是区域内某种事物的共同性，区域内的同类性总是高于区域外的同类性"①。正是以经济为基础的区域高等教育与区域经济发展紧密结合，导致因为区域经济发展不同，高等教育的办学水平与质量存在区域差异。因此，家庭高等教育区域需求体现了家庭对高等教育有支付能力的区域需要。

二、区域高等教育存在非均衡发展

要考察城乡家庭高等教育区域需求，首先需要清楚高等教育区域之间的差异。从表面上看，它们只是分布在不同区域，空间布局不同，其实质体现的是各区域之间高校办学水平、教育资源等方面的差距，如师资水平、生源质量、经费投入、科研水平与人才培养质量等方面存在的差异。任何区域分布都以其经济特征为基础，即以人类经济活动的地理空间分布规律为标准，经济、科技与文化的发展状况决定了所在区域高等教育的质量。高等教育学的相关理论知识已经对此做出了详尽的阐述，高等教育的发展受经济发展水平的制约，需要经济发展提供支撑，经济发展的状况决定了高等教育所提供人才的数量、质量与层次；同时，高等教育又通过人才培养与科研成果服务于区域的经济社会发展，它们之间是一个良性循环的过程，历史和现实已经证明了这一论点。因此，我国出现了东部地区高等教育相对发达、中西部地区高等教育发展相对落后的状况。

高等教育越发达的区域，对人才、资源的吸引能力越强。由于其综合区位优势，对高等教育资源产生吸附效应，如广东省的珠海、深圳等区域，其区位优势吸引了一些国内著名大学在此创办分校，积聚效益明显，促使区域高等教育发展更为强大。强大的区域高等教育利用其自身优势，吸引优秀教师及优质教育资源，形成良性循环，导致区域高等教育的差异日益明显。我国"985 工程"高校与"211 工程"高校在东部、中部、西部分布不均衡，东部分布偏多，中西部分布偏少。

我国高校数量分布表明，山西、内蒙古、江西、河南、河北、海南、青海、宁夏、西藏、新疆、广西、云南、贵州及新疆生产建设兵团均没有教育部直属普通高校，同时，它们之间又存在差异。长期以来，国家对民族区域自治地区和西部地区进行了政策倾斜，教育部直属高校在这些省份的高考招生计划予以了照顾，而且这些地区的人口与高校数量之比很高，因此，西藏、青海、宁夏、海南和新疆的考生进入教育部部属高校的比例比较高。而相对于河南、广东、山东、河北、

---

① 邵争艳. 中国区域高等教育资源优化配置评价与对策研究［D］. 哈尔滨：哈尔滨工程大学博士学位论文. 2006：27.

四川、安徽、湖南和广西等人口密集地区，除了广西，其他省份人口都在6000万以上。但就教育部直属院校而言，除广东、四川、湖南，其他5个省份则较少，有的甚至没有，因此，这些省份优质高等教育资源严重不足，考生进入教育部直属高校就读的机会和概率相对较低。

总之，我国高校布局存在严重的区域差异，这种差异不仅体现在高校数量和规模的差异，还表现在高等教育的类型、结构、层次及办学形式等方面的差异，这种差异背后反映的是高等教育质量和水平的差异。有学者通过聚类分析法对区域高等教育竞争力进行分层，最强等级是北京，次强等级是上海，较强等级是天津、江苏、湖北、陕西、山东、辽宁、黑龙江，一般等级是吉林、湖南、四川、广东、浙江、重庆，较弱等级是河北、安徽、福建、河南、江西、山西、甘肃，最弱等级是新疆、云南、内蒙古、广西、海南、宁夏、贵州、西藏、青海。[1]体现在家庭高等教育的需求领域，就是区域需求存在差异。由此可见，家庭高等教育需求差异源于高等教育的区域差异，区域高等教育存在不平衡，这种差异的存在是历史与现实发展综合作用的结果。

三、高等教育区域差异原因分析

我国高等教育区域分布差异所呈现的非均衡性是政治、经济、文化、历史、地理与人口等多种因素综合影响的结果，其中经济因素起着最根本的作用。我国是一个幅员辽阔、人口众多、经济发展不平衡的国家，高等教育发展存在非均衡性是必然的。不同地区及不同的发展阶段，各个因素的作用是有差异的，正是这种差异导致了区域高等教育的非均衡发展。高等教育既是教育系统中的一个子系统，也是社会大系统中的一个子系统，其优质高等教育资源区域分布的形成是高校自身发展与国家政策、区域经济文化共同作用的结果。因此，高等教育存在区域差异是一种常态，符合教育发展规律，是客观存在的，不以人的意志为转移。这种差异的存在在一定程度上促进了高等教育区域竞争，形成良性互动，有利于呈现出百花齐放、百家争鸣的局面。

1. 区域经济发展的不平衡

"经济是教育的发展基础，主要是说经济不仅为教育发展提供了物质技术条件，而且也给教育提出了客观要求。"[2]教育学基本理论已经阐述了教育与经济之

---

① 苗招弟. 中国区域高等教育竞争力研究 [D]. 上海：上海交通大学硕士学位论文. 2008：46.
② 靳希斌. 教育经济学（修订本）[M]. 北京：人民教育出版社，2001：85.

间的关系，它们之间相互联系、相互促进，经济发展为教育发展提供物质条件，对高等教育提出客观要求，决定教育培养人才的状况；教育则通过培养人才，促进经济发展。但是，不同区域的经济发展水平是不同的，导致其对高等教育的承受能力存在差异；不同区域内居民由于收入水平的差异，其高等教育支付能力也存在差异，造成高等教育发展的非均衡性。经济越发达的地区，对高层次人才需求就越旺盛，从而促使地方政府加大对区域高等教育的投入力度；区域经济技术含量的提高凸显了知识和技术的重要性，导致个体劳动者收入的增加和社会地位的提升，反过来激励他们对高等教育的需求。20世纪80年代改革开放以来区域高等教育的发展，都是以经济发展为依托。东部地区正是由于30多年来经济持续快速的发展，为区域高等教育提供了强大的经济支撑，而且经济发展对高层次人才的迫切需求，又促进了高等教育的发展，雄厚的经济实力与人才需求使高等教育得到了快速发展。中西部地区由于经济发展速度较慢，经济发展水平较低，对区域高等教育经费投入有限，高层次人才流失严重，高等教育的发展受到经费与人才的双重制约，与东部高校差异明显。我国区域高等教育发展的总体水平是东部地区高于中部地区，中部地区高于西部地区，这与三大区域经济发展水平的排列是一致的。各省份高等教育的发展同样遵循这一逻辑。省会城市、中心城市大多是经济、政治与文化中心，因此，其高等教育的发展水平高于地级（县级）市的高等教育水平。当然，也存在着经济发展水平与其高等教育发展水平不完全同步的情况。例如，广东省的经济发展水平位居全国首位，但其高等教育发展水平却低于经济较为落后的陕西省。总之，高等教育的发展要受经济发展水平的制约，区域高等教育的发展速度、发展规模与发展层次，无不与区域经济社会发展紧密关联。

2. 历史原因

在我国几千年的封建社会里，教育与政治高度集中，教育机构处于政治中心所在地，这就是所谓的学在官府。西安、北京因为是诸多皇朝的古都，故其教育相对发达。鸦片战争以后，伴随着通商口岸的被迫开放，东部沿海、沿江地区和北京成为中西经济和文化交汇融通的最前沿。随着西方势力的侵入，这些地区开始逐渐从古老的传统农耕社会中剥离出来，经济上以现代工商业为主轴，文化上也直接置于西方文化的示范效应之下，从而在经济、文化等方面形成了与广大内陆社会不同的特色。[①]明末清初，工业的发展改变了长期以来农业社会经济区域布局的格局，工业发展与贸易往来，人口趋于集中，河口、海岸由于便利的交通条件成为商业贸易的中心，形成了沿海、沿江地区经济与文化不同于内陆的状况。

---

① 许纪霖，陈达凯. 中国现代化史 1800—1949（第一卷）[M]. 上海：学林出版社，2006：13-14.

这些地区由于优越的地理位置而得到优先发展，成为大学的首选地，也促进了大学的产生和发展。随着社会的发展，内陆地区与沿海口岸的经济发展差距加大，区域间高等教育发展水平的不平衡日益加剧。截至 1909 年，我国共有 3 所国立大学、24 所省立大学和 101 所专业学院，这些大学主要分布于东部沿海地区，而黑龙江、新疆、贵州和广西等内陆省份则只有一些小型的政法学院，连一所大学也没有。[①] 民国时期政局动荡、军阀混战，导致高等教育区域分布失衡现象进一步加剧，大部分高校汇集于北京、上海、南京等重要城市。抗日战争期间，为了回避外敌入侵，保存实力，大批高校内迁到四川、江西、陕西、云南等省份，使得这些区域的高校数量迅速增加，出现中西部地区高校数量多于东部地区的特殊情况。抗日战争结束后，这些高校又纷纷回迁，高等教育区域布局的不均衡状况并没有得到改观。中华人民共和国成立以后，按照 6 大行政区建制构造并调整了我国的高校布局结构，形成了 6 大高教基地——华北的京津、华东的沪宁、东北的沈阳、西北的西安、西南的成渝、中南的武汉。[②] 国家的政策倾斜促使这些区域的高等教育得到快速发展，导致其他区域高等教育的发展水平与其差异逐步拉大，区域布局不平衡的格局进一步凸显。尽管国家对高校布局进行了多次调整，但整体格局并没有根本变化，一直延续至今，形成了现在的区域高等教育不平衡状态。

3. 政治因素

教育作为政治经济的产物，自然受到政治的影响和制约。我国的高等教育由政府主导，其发展的布局、规模、类型、层次均由政府统筹安排。尽管改革开放以来，政治和经济领域在逐步下放权力，实行市场经济条件下的有限政府，但在教育领域，特别是高等教育还属于集权管理，高校的积极性、主动性没有充分发挥和调动起来，自然也就导致高等教育区域差异难以改变。

我国市场经济体制的逐步建立与完善，使高等教育与经济的关联性日益突出，经济因素对高等教育区域分布的影响加大，但从我国高等教育的发展来看，政府政策仍然起着主导作用，即使经济对高等教育的影响有时也是通过政府政策予以体现，发挥作用。政府管理高等教育的格局至今没有根本打破，教育资源由政府统一规划、调控与配置。政治因素作为影响高等教育资源区域配置的重要因素，首先体现在区域政治地位与区域高等教育资源的分布上，一般来说区域政治地位越高其高等教育资源就越丰富。[③] 我国高等教育资源分布在中华人民共和国成立后

① 许美德. 中国大学 1895—1995：一个文化冲突的世纪 [M]. 许洁英主译. 北京：教育科学出版社，2000：65.
② 薛颖慧，薛澜. 试析我国高等教育的空间分布特点 [J]. 高等教育研究，2002，（4）：44-49.
③ 吴宜德. 中国区域教育发展概论 [M]. 武汉：湖北教育出版社，2003：186.

所划定的 6 大行政区域，就是政策决定的结果。审视省、自治区、直辖市内部，其省会城市又是高等教育资源的集中地，这个格局分布是由其城市的政治地位所决定的。在建设世界一流大学的背景下，我国先后提出了"211 工程"、"985 工程"、"2011 计划"（高等学校创新能力提升计划）等项目和计划，这是加强区域高等教育的有力举措。目前，国家提出建设世界一流大学与一流学科，在资源配置上实行政策倾斜。同时，政府提出在 14 个没有教育部直属高校的省级行政区各重点支持建设一所高校，均凸显了政府政策对高校布局的影响作用，同时也反映了国家在发展东部地区高等教育、扶持西部地区高等教育的同时，忽视了中部地区高等教育的发展，国家在多次高等教育布局结构调整过程中未重视这 14 个省级行政区没有教育部直属高校的问题。

4. 自然地理因素

我国高等教育区域差异与地理位置存在关联。地理、气候、自然资源的不同，带来经济与文化的差异，不同地区人口分布不均，也在一定程度上导致区域之间教育发展的不平衡。我国西部地区地广人少，人口分散、不集中，高原地带海拔较高，气候恶劣，交通不便，高等教育成本较高，生活环境不甚理想，缺乏吸引高层次人才的优势，其发展高等教育的基础和条件不如东部地区和中部地区。

我国的沿海地区土壤肥沃，交通便利，人员来往频繁，人口密度大，有教育需求，也适合举办高等教育。城市孕育高校，高校滋养城市。这也是为什么高校大多位于特大城市、大城市，而地级市、县级市高校数量较少的原因所在。越是偏远、人口稀疏的地区，高校数量越少。与其他影响因素相比，地理位置对高等教育区域的影响具有稳定性、长久性。

上述分析表明，我国区域高等教育分布的演变是经济、政府政策、历史与自然地理和文化等多种因素综合作用的结果，它们之间相互联系、相互作用、相互影响。当然，在不同的发展阶段，这些因素发挥作用的方式、方法存在差异。

四、城乡家庭高等教育区域需求理论模型

高等教育作为公共资源，涉及利益分配问题。目前我国优质高等教育供不应求，无法满足所有家庭需求，在这种情况下如何分配就显得非常重要。我国高等教育人才选拔主要是以高考分数为依据，因此，子女学业成绩是衡量家庭高等教育需求的主要因素。学生学业成绩的优劣与家庭背景有关，父母的文化水平、家庭经济状况与教育方式、家庭的环境与氛围等都会影响子女的学业成绩。国内外的相关研究成果表明，家庭背景与子女的学业成绩显著相关。另一方面，并不是

达到录取分数线的考生均能上大学、上理想的大学。作为非义务教育，学生接受高等教育需要缴纳学费，而且这是一笔不少的支出，这就导致部分高考生即使高考分数高于录取分数线，也会因家庭经济原因上不起学、上不了学，所以，高等教育需求受家庭背景影响。因此，本书聚焦于研究家庭资本与高等教育需求关系。

城乡家庭高等教育区域需求理论模型的自变量即家庭资本，主要包括家庭经济资本、社会资本与文化资本。根据前文的分析，家庭经济状况、户主职业、家庭的社会关系、家庭人口结构、家长的学历与教育观念等都可能会对其子女的高等教育区域需求产生影响。家庭经济资本体现了家庭的经济状况，直接决定了其子女接受高等教育的支付能力，对高等教育区域需求具有重要的影响作用，因为高校所处区域不同，其高等教育的消费水平就不同。家庭社会资本为子女接受高等教育提供信息支持，与社会交往频繁的家庭，有关高考招生信息的来源更为广泛、快捷。家庭文化资本在一定程度上决定了其子女接受高等教育的机会与意愿，家长的教育价值观、子女价值观影响是否送子女上大学、到哪里上大学？此外，家庭所在地、家庭人口结构、子女性别等都可能影响家庭高等教育需求。本书结合国内外学者关于家庭背景变量的研究成果，选择家庭经济资本、社会资本与文化资本作为影响家庭高等教育需求的变量。

为了便于对家庭经济资本、社会资本与文化资本等相关变量进行操作化，其操作测量指标如下。

城乡家庭。根据我国城乡制度进行划分，依据户籍分为农村家庭与城市家庭，将家庭居住地分为农村、乡镇、县级城市、地级城市、省会城市（副省级城市）。

家庭经济资本。衡量家庭经济资本的指标有很多，有些研究者所用的指标是父母具有所有权、使用权和经营权的各种资产的总和，有些研究者所用的指标是父母的收入或年总收入。考虑到数据的可比性，本书家庭经济资本采用家庭年纯收入为指标，分为 4 万以下、4～8 万、8 万以上等 3 个档次。根据我国人均收入等级划分标准，以及此次调查家庭人口数的实际情况，将年纯收入小于 4 万元的家庭界定为低收入组家庭，4～8 万元为中等收入组家庭，8 万以上为高收入组家庭；支付 1 万元以上大额学费的来源（当年收入、多年的积蓄、信贷部门贷款、向亲戚朋友借钱及其他）、主要家庭项目支出情况（子女的教育、医疗、住房、家庭日常开支、旅游休闲等其他支出）。

家庭社会资本。主要是通过户主职业、亲戚朋友的职业及文化水平进行测量。户主与亲戚朋友的职业分为农民（工）、个体户、企业员工、公务员与事业单位人员、其他（自由职业或无业）。经常交往的亲戚朋友的文化水平划分为初中及以下、高中（含中专）、专科、本科、研究生。

家庭文化资本。主要通过户主的受教育程度进行衡量，分为五个等级，依次是：初中及以下、高中（含中专）、专科、本科、研究生。

高等教育区域需求为因变量，主要涉及高校所处区域。根据前面对区域的定义及分类，结合本书的研究内容，本书主要从三个维度进行区域划分：国别、经济区域、行政区域，例如，国外高校、港澳台高校；东部地区、中部地区与西部地区；高校位于首都北京、省会城市、副省级城市、地级城市、县级城市等。根据国别划分的高等教育需求类别为：国内高校、港澳台高校、国外高校需求；按照经济区域划分的高等教育需求类别为：经济落后地区、经济欠发达地区与经济发达地区的高校需求；根据行政区域划分的高等教育需求类别为：地级及以下城市所在高校、省会城市（副省级城市）所在高校、北京所在高校的需求。

在我国，高等教育的区域分布是存在差异的，这种差异的背后是高等教育水平与质量的不同，东部地区高等教育总体水平优于中西部地区，省会城市高校好于地级市所处高校。区域经济社会及其高等教育的发展通过大学毕业生在劳动力市场上的就业情况及收入状况，及时形成价值信号反馈给学生和家长，使他们根据高等教育的预期收益做出选择。因此，这里的研究假设就是城乡家庭在高等教育区域需求上存在显著差异，包括3个分假设：

一是城乡家庭在国内外高校需求存在显著差异，具体表现为具有不同经济资本、社会资本、文化资本的城乡家庭，其国内外高校需求存在显著差异。

二是城乡家庭在不同经济发展水平地区所在高校需求存在显著差异，具体表现为具有不同经济资本、社会资本、文化资本的城乡家庭，其不同经济发展水平地区所在高校需求存在显著差异。

三是城乡家庭在不同行政级别地区所在高校需求存在显著差异，具体表现为具有不同经济资本、社会资本、文化资本的城乡家庭，其不同行政级别地区所在高校需求存在显著差异。

对此，反映家庭资本与高等教育区域需求之间关系的理论模型如图4-1所示。

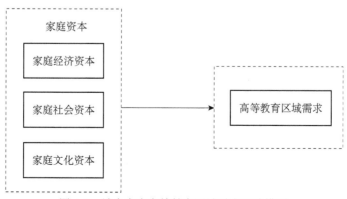

图4-1　城乡家庭高等教育区域需求理论模型

第二节 家庭高等教育类型需求理论模型

一、高等教育类型结构概述

高等教育类型是依据一定标准划分的不同种类高等教育的构成及其比例关系。推进高校分类标准的科学化，是提高高校分类及其管理质量和效率的必然要求。但目前我国对此还没有一个权威的分类方法，正如潘懋元先生所言："高等学校的分类是一个世界性的难题，又是关系到中国高等教育能否持续发展的关键。"①当前学界基本认同或使用的一些分类方法主要有以下几种。

1. 按照高校的学科布局进行分类

按照高校的学科布局进行分类的方法起始于 20 世纪 50 年代，当时为了适应经济社会发展的需要，强调专业对口，设置了大量的单科性高校。至今，教育行政主管部门所设置的业务管理机构或学术指导机构仍然沿袭这种分类方法。不同高校由于历史与传统的差异，其设置的学科存在差异，因此，根据其拥有的学科及其属性，可以将其分为单科性高校、多科性高校、综合性高校。单科性高校学科门类较少，而且是以某一个主要学科为主，其他学科为辅，专业性强，特色比较明显，如艺术院校、语言院校、医学院校、美术学院、音乐学院、体育学院等。多科性则为高校拥有多个学科，当然，按照学科设置的类别，又可以分为农林地矿类、师范类、财经政法类、理工类、音体美艺术类、综合类、军校类、外语类、民族类、医学类等高校。何为综合性高校呢？学界没有统一的界定和权威说法，但大家普遍认为综合性高校应该学科齐全、文理兼容。至于涵盖多少学科才称之为综合性高校，有学者认为拥有 9 个以上学科门类可算是综合性高校。多科性高校的学科数是介于单科性与综合性高校之间。

2. 按照高校的科研规模与研究生比例分类

根据科研规模与研究生比例，高校可以被分为研究型、研究教学型、教学研

---

① 潘懋元. 高等学校分类与定位问题［J］. 复旦教育论坛，2003，（3）：5-9.

究型、教学型大学等四类。广东管理科学研究院研制公布的"中国大学评价"中，确定研究型大学的标准是：将全国所有大学的科研得分，按学校得分降序排列，并从大到小依次相加，至得分累积超过全国大学科研总得分的 61.8%（优选法的 0.618）为止，科研得分超过 61.8%的大学是研究型大学。除去已被确定为研究型的大学，对其余院校再次使用以上方法，确定出研究教学型大学，并以此类推，确定出教学研究型和教学型大学。① 也有学者认为人才培养是高校的本职工作，因而按照人才培养的类型进行划分，分为研究型、应用型和技能型。研究型人才是指以探索事物规律为主要工作内容和目标的人才，其外部表现就是知识的创造，其身份指向是科学家；应用型人才是指将科学原理转化为专门的知识与技术的人才（可以视其为创新性应用型人才），或者以运用专门的知识或技术于实践，以推进生产力提高为主要工作内容和目标的人才（可以视其为一般性应用型人才），其外部的表现就是知识的运用，其身份指向是工程师（包括律师、中小学教师、医师、药师、会计师等）；技能型人才是指充分发挥现代劳动技能，将技术发挥到极致以提高劳动生产效率为本位的人才，其外部表现是专门技术、先进经验或技巧的熟练运用，其身份指向是高级技师。② 在此基础上，按照各个学历层次人数比例，对各个层次进行细分，研究型分为研究型 I 和研究型 II，应用型分为应用型 I 和应用型 II，技能型分为技能型 I、技能型 II 和技能型III。各个层次之间的划分是相对的，甚至还存在一定的交叉关系，但总体上体现了人才培养从重视理论到关注技能应用的过程。当然，研究型的人才培养并不是说不需要技能，同理，技能型人才培养也需要一定的理论，只能是说以哪一个为主，突出强调某一方面，其具体分类标准如表 4-1 所示。

表 4-1　高校类型划分标准②

学校类型		具体标志	内涵	特征
研究型	I	研究生层次的研究型人才占研究型人才总数的60%以上	以培养研究型人才为主，即研究型人才占在校生总数的60%以上。研究型人才是指以探索事物规律为主要工作内容和目标的人才，其外部表现是知识的创造，其身份指向是科学家	学生入学要经过严格的选拔；面对优秀学生实施的是学科教育；本科是研究型人才培养的一个基础阶段，与研究生阶段共同完成最终目标；颁发相应等级的学术学位；学生主要面向全国甚至是世界；学校的招生规模受到来自于学校自身办学条件和社会需求两方面的严格限制；着重开展基础研究
	II	本科层次研究型人才占研究型人才总数的60%以上		

① 江小明. 关于高等教育分类及应用型大学定位问题的一点认识 [J]. 高等理科教育，2005，（3）：6-10.
② 赵庆年. 高校类型分类标准的重构与定位 [J]. 高等工程教育研究，2012，（6）：147-152.

学校类型		具体标志	内涵	特征
应用型	I	研究生层次的应用型人才占应用型人才总数的60%以上	以培养应用型人才为主，即应用型人才占在校生总数的60%以上。应用型人才是指以运用专门的知识或技术于实践以推进生产力提高为主要工作内容和目标的人才，其外部表现是知识的运用，其身份指向是工程师等	学生经过选拔才能入学；面对大众学生实施的是专业教育；本科生与研究生是两个独立的阶段；颁发相应等级的专业学位；为有需要的学生提供获得执业证书的机会；学生主要面向地区或行业；学校的招生规模主要受到学校办学条件的限制；着重开展应用研究
	II	本科层次应用型人才占应用型人才总数的60%以上		
技能型	I	本科层次技能型人才占技能型人才总数的60%以上	以培养技能型人才为主，即技能型人才占在校生总数的60%以上。技能型人才是指充分发挥现代劳动技能以提高劳动生产效率为本位的人才，其外部表现是专门技术、先进经验或技巧的熟练运用，其身份指向是高级技师等	除了本科层次的人才入学需要选拔外，为已完成中学教育且有职业技能需求的人开放；面对广泛的社会大众实施的是职业教育；专科、本科或非学历教育都是独立的阶段；达到必要要求的学生可以获得相应等级的专业学位或职业资格证书；学生主要面向地方
	II	专科层次技能型人才占技能型人才总数的60%以上		
	III	非学历教育的技能培训学员占技能型人才总数的60%以上		

上述高校分类及其标准和特征表明，研究型大学以研究为主，重视高层次人才培养，在校研究生与本科生数量大致相当，或稍大于本科生数。研究教学型大学介于研究型与教学型高校之间，属于教学科研并重，既重视科学研究，取得重大科研成果；也强调博士、硕士等高层次人才的培养，办学层次涵盖博士、硕士和学士三个学历层次。研究教学型还表明人才培养重视研究性学习，通过科研促进教学，发挥科研的育人功能。教学研究型大学与教学型大学的区别在于重视科学研究，培养技术型人才，教学型大学主要培养应用型人才，开展教学研究，科研水平低于教学研究型大学。当然，这种分类方法没得到官方的认可。

3. 按照高校所属隶属关系分类

按照高校所属隶属关系，高校可以被分为部属高校、省属高校、地县级所属高校。部属高校属于中央部委直接管理，其他高校由地方政府管理。教育部官方网站2015年5月公布了最新版的2015年全国高校名单，截至2015年5月21日，全国高等学校共计2845所，其中普通高等学校2553所（含独立设置民办普通高校447所，独立学院275所，中外合作办学7所），成人高等学校292所，中央部委直属管理118所高等院校，其中教育部直属高等学校75所，其余高校管理权限在地方。另外，按照其行政级别，高校可分为副部级高校、正厅级高校、副厅级高校和处级高校。

4. 按照高校的发展目标和水平分类

按高校的发展目标和水平，我国高校主要有"世界一流"大学/"国内一流"大学，"985工程"高校/"211工程"高校，重点大学/一般大学等分类。

重点大学是一个历史上的称谓，指我国被重点支持建设的大学，但在不同的历史时期，其含义存在差异。1959 年，《中共中央关于在高等学校中指定一批重点学校的决定》将北京大学、清华大学等 20 所高校确定为全国重点大学。1960 年，《中共中央关于增加全国重点高等学校的决定》又增加了 44 所大学为全国重点大学，总数共计 64 所。1978 年，《国务院转发教育部关于恢复和办好全国重点高等学校的报告的通知》最终确定北京大学、清华大学等 88 所大学为全国重点大学。随着改革开放的逐步深入，20 世纪 90 年代我国先后实施了 "211 工程" "985 工程"，21 世纪实施了 "985 工程优势学科创新平台" "2011 计划" 等项目。2015 年 10 月，国务院印发了《统筹推进世界一流大学和一流学科建设总体方案》，对新时期高等教育重点建设做出新部署，提出到 2020 年，若干所大学和一批学科进入世界一流行列；到 2030 年，更多的大学和学科进入世界一流行列，高等教育整体实力显著提升；到 21 世纪中叶，一流大学和一流学科的数量和实力进入世界前列，基本建成高等教育强国。相对于国家层面的全国重点大学，我国各个省级行政区也有各自的省属重点大学，受到地方政府的重点支持。

此外，也有学者将高校分为三种类型：学术型大学、应用型本科高校、职业技术高校。学术型大学是综合性大学，属于前面论述的研究型大学，具有研究型大学的特点；应用型本科高校属于多科或单科性高校，相当于教学研究型或教学型大学；职业技术高校属于教学型高校。

上述分类方法是相对的，它们之间相互联系，如 "985 工程" 高校大多也是中央部委直属高校，一般都是研究型大学；而地方高校大多是教学研究型大学，属于地方管理。本书主要根据学科构成及目标定位对高校类型进行划分。

二、高等教育类型结构特点

1. 高等教育类型结构受经济社会发展水平制约

教育与社会的关系表明，教育受社会政治经济文化的制约，并为之服务。从世界各国高等教育发展历史来看，其高等教育类型结构是由社会的政治、经济、科技与文化等所决定的，不以人的意志为转移，是社会历史与现实的必然选择，与社会发展需要相适应，由社会的经济发展水平所决定。

2. 高等教育类型结构决定了人才类型结构

培养人才是教育之基，其人才培养的规格与水平由高等教育的类型结构所决定。随着社会进步和科技发展，社会分工越来越细，不同工作岗位性质不同，其需求的人才的知识结构与能力结构随之不同，不同类型与层次的人才，需要由不同类型的高校进行培养。

3. 个人发展需要影响高等教育类型结构

培养人才是高校的本职工作，而人才又是分层次与类型的，具体到每个人，由于其成长环境与个性存在差异，导致其发展需求是不一样的，对高等教育类型有不同需求，有的追求学术职业，有的乐于从事技术岗位，其需求的不同自然影响到高等教育的类型结构。

三、城乡家庭高等教育类型需求理论模型

高校的类型结构在一定程度上体现了学校的性质和水平，对家长而言，则表现为家庭高等教育的类型需求。选择什么样类型的高校决定了其子女的学业水平，因为不同类型高校不仅性质不同，其办学水平与实力也存在差异。选择某种类型的高校，就是接受其相应的教育，拥有相应的知识和能力，其在市场上体现的价值是不同的，被社会接受和认可的程度越高，回报率就越高，家庭需求就会强烈。但由于经济资本、社会资本与文化资本的差异，城乡家庭对高校类型的需求存在差异。

城乡家庭高等教育类型需求理论模型的自变量即家庭资本，其中家庭经济资本、社会资本与文化资本的测量指标见前文。高等教育类型需求为因变量。根据上文所分析的，不同类型的高校所体现出来的价值是不一样的。总体而言，重点高校、部属院校所培养的学生素质较高，能力较强；但一些地方高校也具有鲜明的特色，所培养的应用型人才受到社会欢迎，其价值得到社会认可。结合高校的类型划分，本书的高等教育类型需求根据学科布局及目标定位二个维度进行划分，其操作性变量为：不同学科类型高校需求包括农林类、文科类、理工类、医学类、综合类、其他（艺术类、军校等）等高校类型；一般本科高校类型需求包括学术型本科高校、应用型本科高校；专科高校类型需求包括高等专科学校、高等职业技术学院及其他。

城乡家庭对高等教育类型的选择过程中，大学毕业生在劳动力市场上的就业情况及收入状况及时形成价值信号反馈给学生和家长，他们根据高等教育的预期收益做出对高校类型的取舍。不同类型高校的价值及其回报存在差异，这为城乡家庭的高等教育类型需求提供了不同选择。因此，本书的研究假设就是城乡家庭的高等教育类型需求存在显著差异。

上述假设又分为 3 个分假设：

一是城乡家庭在不同学科类型的高校需求存在显著差异，具体表现为具有不

同经济资本、社会资本、文化资本的城乡家庭，其不同学科类型的高校需求存在显著差异。

二是城乡家庭在不同类型的本科高校需求存在显著差异，具体表现为具有不同经济资本、社会资本、文化资本的城乡家庭，其不同类型的本科高校需求存在显著差异。

三是城乡家庭在不同类型的专科高校需求存在显著差异，具体表现为具有不同经济资本、社会资本、文化资本的城乡家庭，其不同类型的专科高校需求存在显著差异。

对此，包含家庭资本与高等教育类型需求以及它们之间关系的理论模型如图4-2所示。

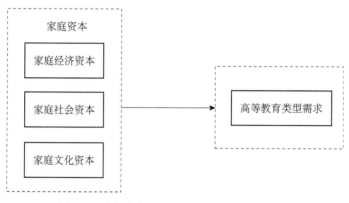

图 4-2　城乡家庭高等教育类型需求理论模型

第三节　城乡家庭高等教育形式需求理论模型

一、高等教育形式结构的界定

形式是指某事物的样子和外形，主要是指事物的组织结构和表现方式，以区别于该物构成的材料。亚里士多德认为，事物由形式和质料构成，而形式和质料不可分割开，形式是事物的"原型"，质料只有接受了形式，才能成为现实的存在。[①]

---

① 转引自：黄帅. 中国高等教育形式结构变化研究 [D]. 沈阳：东北大学硕士学位论文. 2010：11.

高等教育形式就是指按照办学形式（或方式）、学习方式区分的不同高等教育式样。高等教育形式结构是指按不同的办学方式或学习方式而划分的不同类型和样式结构及其比例关系。从不同的视角可以对其进行不同的划分，按照办学形式划分，可以将其分为普通高等学校、成人高等学校；按照授课时间的不同可以将其划分为全日制高等教育与业余高等教育，根据授课方式与学习方式的不同，可以将其划分为面授教育、函授教育、远距离教育、自学考试等；按照经费来源与管理体制的不同，将其划分为公办高校、民办高校、中外合作高校。上述根据不同标准对高等教育形式结构的划分具有一定的交叉和重叠，但总体而言，普通高等教育是高等教育形式结构的主体，可以分为大学、独立学院、高等专科学校等。成人高等学校包括广播电视大学、职工大学、农民大学、独立的函授学院、管理干部学院以及普通高校所属的成人教育学院等。《中华人民共和国高等教育法》第十五条指出，高等教育包括学历教育和非学历教育。高等教育采用全日制和非全日制教育形式。国家支持采用广播、电视、函授，以及其他远程教育方式实施高等教育。

普通高校主要是招收高中毕业生，高考录取后在学校接受全日制的学历教育。成人高校一般是招收在职人员（一边工作一边学习），通过成人高考录取后在学校通过函授、业余与脱产等方式接受的学历教育，也有通过自学考试获得学历文凭。在职人员的学习以业余为主，也有成人脱产班。承担成人高等教育的院校主要有普通高校和独立设置的成人高校。

公办高校由政府财政拨款，国家出资办学。民办高校是由国家机构以外的社会组织或者个人，利用非国家财政性经费，面向社会依法举办的高等学校及其他教育机构。中外合作办学是引进国外资金以及国外先进的教育理念、教学内容、方法、手段、教育技术、管理机制，聘用外国教师授课的一种新的办学形式。公办高校与民办高校都是经教育行政主管部门批准成立的，都有合法办学资格，都是社会主义教育事业的组成部分。它们之间的主要区别是办学经费来源及管理体制不同，公办院校有一部分办学经费来自政府的财政拨款，而民办高校的办学经费则主要靠自筹。

二、高等教育形式结构的多样化

结构是由要素组成的，高等教育形式结构是由各种不同形式高等教育组成的整体性结构体系。在这个结构体系中，任何一种高等教育形式的产生、发展和变化都会影响形式结构的变革。高等教育形式结构呈现出多样化的特点，而且不同高等教育形式之间由于内外环境与条件的变化，它们之间有一个强弱盛衰的发展演变过程，从而导致整个高等教育形式结构体现出一些新的特征和发展趋势。

自 1978 年以来，我国高等教育形式结构虽几经变化，但一个突出的特征是其多样性逐渐凸显出来，授学形式更加灵活，办学形式更加多样。从授学形式上看，不仅有面授的普通高等教育，还有通过函授大学进行的函授教育、通过广播电视大学开展的广播电视教学，以及借助于高等自学考试制度进行的自学等非面授的高等教育。从办学形式上看，不仅有政府提供的公办高等教育，还有社会团体、私人提供的民办高等教育，以及由国外资金与公办高等学校联合提供的中外合作高等教育服务。多样化的办学形式丰富了高等教育形式结构，使不同家庭经济背景的受教育者能够选择适合自己的高等教育服务。

前文对我国高等教育形式结构的分类表明，我国高等教育的形式呈现出多样化的特征，有普通高等教育、夜大、函授大学、自学考试、广播电视大学等多种形式。高等教育形式的多样化是世界高等教育发展的必然趋势，因为随着高等教育体系的逐步完善，终身教育得到快速发展，办学形式更加多样化。有学者认为，高等教育形式多样化，扩大了可供学习者选择的范围；使任何人在实际上都能进入高等学校；使高等教育能够适应学生的需要、目标、学习方式、速度和能力；使学校能够依据所处的地理位置、资金来源、教育水平和学生状况来确定自己的任务和活动；使学校能够对来自极为复杂和多样化的社会的各种压力做出回答；这种多样化是学校自由和自治的前提。[①] 我国高等教育形式结构的多样化，如成人高等教育、民办高等教育，使许多人圆了高等教育之梦，一些已经参加工作的人有机会接受高等教育，一些不能进入公办高校就读的高中毕业生有机会进入民办高校接受高等教育，实现自己的人生理想。

我国普通高等教育快速发展。纵观中华人民共和国成立以来，特别是恢复高考近 40 年来普通高等教育的发展历史，普通高校数与在校生数呈现同步增长的趋势，最为明显的是 1999 年高校扩招至今所呈现的全日制普通高等教育的巨大变革。1999 年 6 月，国务院出台高校扩招政策，以普通高校本专科招生数扩招 47.4% 的增幅开始了我国高等教育向大众化阶段迈进的脚步。2016 年，我国高等教育适龄人口毛入学率为 42.7%。普通高校作为提供高等教育服务的主体，一方面是对其他高等教育形式带来挤压，影响其发展；另一方面又模仿其他高等教育形式提供有效服务，因此，普通高校在提供全日制教育形式的同时，开展函授教育、自学考试、中外合作办学等形式。这主要是因为普通高校办学历史长，师资水平高，办学条件好，教育资源丰富，社会影响大，从而与其他高等教育形式进行竞争或开展合作。越来越多的非全日制高等教育形式与普通高校开展合作，通过利用普通高校的资源优势，降低自己的运行成本和风险。普通高等教育与其他形式的高等教育之间相互依存、互为补充，共同形成了一个完整的人才培养体系。

---

① 赵文华. 试论我国高等教育结构调整的类型与策略 [J]. 教育研究，2000，（5）：32-37.

我国民办高等教育逐步壮大。国家鼓励社会力量举办高等教育机构，对社会力量办学实行办学许可证制度。各级教育行政部门按照规定的审批权限，对批准设立的教育机构颁发办学许可证。从 20 世纪 80 年代至今，我国民办高校经历了从无到有、从小到大的发展历程，同时也是民办高等教育社会认同程度不断提高的过程。截至 2015 年 5 月 23 日，我国有正规民办高校 722 所，分布在全国各个省份，其中华东地区民办高校数量达 239 所，占全国民办高校数量的 34%。2015年，民办高校在校本专科学生为 610.85 万，是公办高校本专科学生数的 23.27%，成为我国高等教育的重要组成部分。

总之， 1978 年以来，我国高等教育形式结构随着经济社会的发展变化而呈现出多样化与开放性的特征，高等教育办学形式多样，有国家办的高等教育，还有社会团体、私人办的民办高等教育，以及中外合作办学高等教育服务；授学形式更加灵活，有全日制的面授，还有函授、网授，以及自学考试等非面授形式，多样化的办学形式丰富了高等教育形式结构。这些不同形式的高等教育力量之间的对比和盛衰强弱关系构成了高等教育形式结构的重要内容，也为不同家庭背景的受教育者提供了选择适合自己高等教育形式结构的余地。

三、城乡家庭高等教育形式需求理论模型

鉴于本书主要研究子女正在读高中的城乡家庭的高等教育需求，故本书聚焦于研究家庭全日制普通高等教育的形式需求，根据前文对高等教育形式结构的界定，主要是公办高等教育与民办高等教育之间的需求。同时，为了了解城乡家庭对非全日制高等教育的需求情况，笔者有必要对城乡家庭在全日制与非全日制的高等教育形式需求进行比较，找到差异。

高校形式的不同反映的是性质和类型的不同，体现其综合实力与办学水平的差异，进而决定了学校的影响力和知名度，这对家庭高等教育需求具有重要影响。不同形式的高等教育，其实质最终体现在人才培养质量上的差异。我国公办和民办高校的现状及其发展水平是存在差异的，民办高校无法与公办高校，特别是与高水平的公办高校媲美，因此，选择公办高校接受高等教育也就意味着回报高，与接受民办高等教育相比物有所值。而且从目前民办高校的收费标准来看，其学费高于公办高校，因此，这些因素都对城乡家庭高等教育形式需求带来影响。

城乡家庭高等教育形式需求理论模型的自变量即家庭资本，其中家庭经济资本、社会资本与文化资本的测量指标见前文。高等教育形式需求为因变量。根据高等教育形式需求的分类，这里主要将其分为两个维度：按照办学性质，将其分为公办高校与民办高校；按照办学形式，将其分为普通高校与成人高校，故其操作性变

量依次为民办高校与公办高校的需求、成人高校与普通高校的需求。

就同一学历层次的高校而言，公办高校的综合实力、办学水平与社会影响等远高于民办高校，所以，无论家庭背景如何，在同等条件下他们会优先选择公办高校，而不是民办高校。只有在无法进入同一学历层次的公办高校之后，他们才可能选择民办高校。鉴于全日制高校与成人高校在综合实力上的差异，家长一般希望子女接受全日制高等教育，而不是成人高等教育。因此，这里的研究假设就是城乡家庭在高等教育形式需求上不存在显著差异。

城乡家庭在高等教育形式需求上不存在显著差异，分为 2 个分假设：

一是城乡家庭在不同办学形式的高校需求上不存在显著差异。

二是城乡家庭在不同办学性质的高校需求上不存在显著差异。

对此，包含家庭资本与高等教育形式需求以及它们之间关系的理论模型如图 4-3 所示。

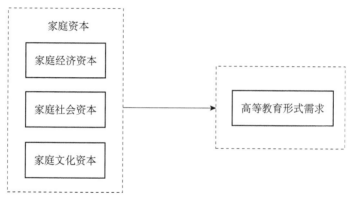

图 4-3　城乡家庭高等教育形式需求理论模型

第四节　城乡家庭高等教育层次需求理论模型

一、高等教育层次需求的界定

这里的层次需求主要是指学历层次需求，学历层次又与层次结构有关，因此，有必要对其进行相应的界定。高等教育结构是指高等教育系统内部构成状态、各组成要素之间的比例关系，以及它们相互之间的联系方式，是一个多维度、多层次的复杂的综合系统，各个要素决定了高等教育的性质和功能，其体系既有宏观结构、微观结构，也有纵向结构、横向结构，动态结构、静态结构之分；又可以分为层次结构、科类结构、形式（类型）结构和布局结构等。高等教育结构是否合理直接决定了高层次人才培养的数量与质量。高等教育层次结构又称水平结构，是高等教育宏观结构中的一种类型或层面，是指组成高等教育中各个层次间的构成状态或比例关系及其相互作用的方式。高等教育层次结构主要体现为专科教育、本科教育、研究生教育三个层次的构成状态和比例关系。这三个层次各自相对独立又相互衔接，形成了由低到高的教育水平与程度的递增，各个层次之间相互联系，构成一个有机整体。根据社会结构对各层次人才培养的规格要求，培养出符合社会需要的各种规格的不同专门人才。按照相关条件和管理办法，低层次学历的学生可以进入高层次学历进行深造，专科生就读本科、本科生就读硕士研究生，硕士研究生就读博士研究生。

国外高等教育的层次分类普遍采用联合国教科文组织在《国际教育分类法》中进行的分类。在联合国教科文组织 1997 年修订的《国际教育分类法》中，高等教育包括第 5、6 两级（图 4-4），第 5 级作为高等教育第一阶段，主要包括大专、本科、硕士研究生教育，不直接获得高级研究资格；第 6 级作为高等教育第二阶段，主要指博士研究生教育，可获得高级研究资格。《国际教育标准分类》中没有在第 5 级内更进一步区分大专、本科、研究生教育的不同层次差别，而是把第 5 级又分为 5A 和 5B 两种类型。5A 是指强调理论基础，为从事研究（如历史、哲学、数学等）和高技术要求的专业工作（如医学、牙科、建筑学等）做准备的高等教育，学习年限较长，一般为四年以上；而 5B 则是指实用型、技术型、职业专门化的高等教育，学习年限较短，一般为 2～3 年，相当于我国目前高职高专教育的类型，但并不限于专科的层次。5A 又被进一步细化，分为 5A1 和 5A2 两种类型，5A1 是按学科分设专业，为进一步研究做准备的教育；5A2 是按大的技术领域（或行业、产业）分设专业，适应高科技要求的专门教育。5A1 是培养学术性、研究型人才的教育，是研究型、综合型的高等教育；5A2 是培养高科技专门人才的教育，是应用型、专业性的教育。归纳上述第五级的教育，可分为：研究型、应用型、实用型三种类型的教育。再进入高等教育的上一个阶段，即第五级博士研究生的教育，其主体部分就是 5A1 型教育向上的延续，"专指可获得高级研究文凭（博士学位）的""旨在进行高级研究和有创新意义的研究"[①]的教育，其研究型的特征更为明显。

---

① 戴荣光译. 美国《卡内基高等院校》2000 版简介 [J]. 世界教育信息，2002，（10）：8-9.

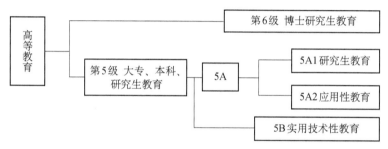

图 4-4 联合国教育、科学及文化组织《国际教育分类法》关于高等教育的分类

此外，美国卡内基教学促进基金会对高等学校也进行了分类，把学校划分为以下类型：大型研究大学、小型授予博士学位大学、综合教育机构、学士学位教育机构、两年制学院学位教育机构和特殊教育机构，外加职业学校和技术学校（表 4-2）。

表 4-2 美国高等教育机构及比例[①]

	机构类别	数量/所	比例/%
第一类	博士学位授予院校	261	6.6
第二类	硕士学位授予院校	610	15.5
第三类	学士学位授予院校	550	13.9
第四类	副学士学位授予院校	1726	43.8
第五类	专门机构	767	19.5
第六类	族群学院及大学	28	0.7
	总计	3942	100

一个国家的高等教育层次结构如何，是由国民经济的技术结构所决定的。因为在不同的历史时期，经济发展不一样，它对人才需求的数量、层次随之不同，自然也就决定了高等教育中专科、本科与研究生教育三个层次的比例关系。就我国的高等教育层次结构而言，每个层次都有各自的质量标准和规格要求，制定不同的培养目标。专科层次的教育主要是面向生产建设第一线，培养具有一定的专业基础知识和较强的技能型、应用型人才，培养周期一般为 3 年；本科层次的教育强调掌握系统的专业知识，基础扎实，学制 4～5 年；研究生层次的教育是高等教育的最高层次，培养学术精英，注重科研能力及其技术开发能力培养。《中华人民共和国高等教育法》对高等学历教育的学业标准做出了规定：专科教育应当使学生掌握本专业必备的基础理论、专门知识，具有从事本专业实际工作的基本技能和初步能力；本科教育应当使学生比较系统地掌握本学科、专业必需的基础理

---

① 联合国教育、科学及文化组织. 国际教育标准分类法（1997 修订稿）[J]. 教育参考资料，1998，（18）：13.

论、基本知识,掌握本专业必要的基本技能、方法和相关知识,具有从事本专业实际工作和研究工作的初步能力;硕士研究生教育应当使学生掌握本学科坚实的基础理论、系统的专业知识,掌握相应的技能、方法和相关知识,具有从事本专业实际工作和科学研究工作的能力;博士研究生教育应当使学生掌握本学科坚实宽广的基础理论、系统深入的专业知识、相应的技能和方法,具有独立从事本学科创造性科学研究工作和实际工作的能力。《中华人民共和国高等教育法》对学习年限也做出了规定:专科教育的基本修业年限为2~3年,本科教育的基本修业年限为4~5年,硕士研究生教育的基本修业年限为2~3年,博士研究生教育的基本修业年限为3~4年。非全日制高等学历教育的修业年限应当适当延长。高等学校根据实际需要,报主管的教育行政部门批准,可以对本学校的修业年限做出调整。

二、高等教育层次结构的状况

培养人才是高等教育的本职工作,而社会对人才的需求,由于社会产业结构的差异,导致其对人才的需求存在层次差异。因此,高等教育的发展过程,就是各个层次人才总量与结构不断调整的过程。追踪世界许多国家的高等教育,其专科、本科与研究生教育三个层次呈金字塔形。我国的历史与现实表明,高等教育的层次结构应该属于金字塔形,分层次进行人才培养。高等教育层次结构由国民经济结构和产业结构所决定,随着其结构调整而变化,推动经济社会的发展。一个国家的经济与科技的发展现状决定了高等教育的层次结构。在市场经济条件下,我国的经济结构由一元向多元发展,带来了高等教育层次结构的调整,只有这样,才能培养出符合社会需要的高层次人才。只有高等教育的层次结构得到优化,层次之间相互协调,不断地适应经济社会发展的需要,才能更好地发挥高等教育的功能。由此可见,高等教育的层次结构是否合理,直接关系到社会对人才需求的总量与层次,决定了劳动力供给状况,影响着经济社会发展对各个层次的人才需求。一旦高等教育的层次结构不合理,与经济社会发展需要不对接,将造成高等教育资源的浪费和人才供给的过剩或短缺,影响社会发展,给毕业生就业带来困难。总之,高等教育的各个层次和规格的人才要与经济社会发展需要相适应,各个层次之间的人才比例合理,相互协调。

三、影响高等教育层次结构的主要因素

影响高等教育层次结构的因素是复杂多样的,它受社会的经济、政治、文化

传统和科技等诸多因素的影响。

1. 经济因素

经济社会发展状况是高等教育发展的物质基础，经济发展水平决定了它为高等教育提供的物力与财力，也决定了它所需要人才的数量、规格与层次。从各国经济发展的历史来看，经济越发达的国家，高等教育的发展越强大。经济对高等教育结构的影响，主要是通过国民经济技术结构发挥作用。"一定的生产资料的技术比例关系必然要求各种文化程度、各种层次的人才和劳动力有一个与之相适应的比例关系，生产资料的技术比例关系决定和制约着人才和劳动力队伍的技术水平结构。由于人才和劳动力队伍的技术水平结构与教育的程度结构即各级教育之间的比例构成有着密切的联系，且由教育的程度结构直接决定，因此，技术结构也就必然对教育的程度结构产生重要的影响，一般来说，生产资料数量越大，质量越高，对劳动者的教育程度和文化水平的要求也就越高，社会经济技术发展水平越高，对高等教育的结构需求也越高。"[①]

2. 政治因素

教育是政治的产物，政治对教育具有制约作用，它决定了教育的领导权。作为政治上的统治者，他们也是教育的领导者，通过牢牢地掌握教育使之为其提供服务。政治对高等教育结构的影响，主要通过财政拨款、制定相关政策与制度来影响和制约高等教育层次结构的变化。就我国的高等教育层次结构而言，发展哪些层次，各个层次之间的比例关系，由政府决定，高校缺乏自主权。我国高等教育发展中的历次改革，都是在政府的组织下开展的，彰显了政府的权力。国外高等教育层次结构的演变同样如此。1810 年德国柏林大学创办后，提出教学与科研相结合，并产生了研究生教育层次，但柏林大学的创办就是由政府主导的。美国国会于 1862 年颁布《莫雷尔法案》，该法案规定，按各州在国会中参议院和众议院人数的多少分配给各州不同数量的国有土地，各州应当将这类土地的出售或投资所得收入，在 5 年内至少建立一所"讲授与农业和机械工业有关的知识"的学院。后来这类学院被称为"农工学院"或"赠地学院"，这些学院是《莫雷尔法案》结出的果实。当时把联邦拨地用于独立设置农工学院的就有 28 个州，宾夕法尼亚等州是把拨地转给原有的农业学校，有的州是在州立大学增添农工学院。农工学院为美国职业技术的发展，尤其是农工业职业技术的发展培养了不少人才。历史和现实都表明，政治决定和影响高等教育的层次结构。

---

① 卫华，蔡文伯. 略论高等教育宏观结构与经济结构的内在关系 [J]. 兵团教育学院学报，2009，（3）：48-50.

3. 文化传统因素

从本质上来说，高校本身就是文化机构，是文化传承、发展与创新的载体，因此，文化影响高等教育的内容、方法，也影响高等教育的制度、理念，制约高等教育的发展。"人类传承、发展、创造文化的过程，就是教育发展的过程。人类文化越发展，高等教育的地位和作用就越突出。如果没有文化，高等教育就无从谈起。如果抛却、脱离文化，高等教育就失去了赖以存在的内容和灵魂、作用和价值，成为空中楼阁、海市蜃楼。"① 文化对高等教育层次结构的影响主要体现在受教育者对层次需求差异上，通过受教育者的需求反作用于高等教育，使之调整高等教育结构，满足受教育者的需求。在国人心目中，自古以来就有重视教育的传统文化观念，反映在高等教育的层次需求上，就是大家都乐于接受较高层次的高等教育。接受高等教育的层次越高，自我价值就越能得到实现，因而对高学历、高学位的需求更强烈。

4. 科技因素

"科学技术是第一生产力"，这一论断突出了科学技术在社会发展中的重要作用。科学技术对社会生产、生活各个领域产生重要影响，对高等教育结构的影响同样如此。科学技术的发展促使人们转变教育思想观念，丰富教育内容，提升教学手段，调整专业设置；同时对劳动者的素质要求日益提高，促使高等教育扩大招生规模，导致对高等教育人才培养的数量与质量发生变化。历史上任何一次科学技术革命都为科学知识带来重大变化，引起高等教育的重大变革，新的学科专业不断涌现，高等教育层次结构日趋多元化。特别是随着科学技术的高度分化组合，社会各行各业对高层次人才需求日益强烈，研究生教育得到大力发展，我国高校在校学生人数表明，研究生的增长幅度明显大于本专科学生人数的增长比例。我国实行的"985 工程"高校、"211 工程"高校，以及"2011 计划"等，其目的就在于建设世界一流大学，提升我国高等教育的水平，提高人才培养质量与学历层次。

四、城乡家庭高等教育层次需求理论模型

前文讨论了高等教育的层次结构，其实反映到家庭高等教育需求中就体现为层次需求。

---

① 李平. 我国大众化高等教育的层次结构分析 [J]. 太原大学学报，2004，(3)：52-54.

　　高等教育的层次需求反映了学生的受教育程度，其实质是体现了其知识水平、专业能力。接受不同层次的教育，反映了受教育者的水平差异，通过劳动力市场的筛选，体现出其价值的差异。一般而言，接受教育的层次越高，知识越丰富，生产能力越强，对社会贡献越大，获得的回报也就越丰厚。相关研究已经表明，毕业生的经济收入与其学历层次成正比，博士毕业生的收入一般高于硕士毕业生，硕士毕业生的收入高于本科生，本科生的收入高于专科生。高等教育的层次需求，其实质就是人力资本的投资，选择不同层次的高等教育，其投入成本存在差异，投入回报也不一样。高等教育作为非义务教育，根据教育成本分担理论，学生接受高等教育必须分担一定比例的学费。接受高等教育的层次越高，投入成本越大，回报率就越高。当然，成本的投入也存在一定的风险，高投入并不一定能够带来高回报，这就促使经济收入一般的家庭要考虑是否值得去冒这个风险，而经济收入较高的家庭则能够承担这个风险。家庭经济资本体现了家庭的经济状况，直接决定了其子女接受高等教育的支付能力，对层次需求产生重要影响。当然，家庭对高等教育的层次需求还存在一定的偏好，出于家庭成员的兴趣爱好，满足个人消费需求，这也是影响他们需求层次的因素之一。

　　城乡家庭高等教育层次需求理论模型的自变量即家庭资本，其中家庭经济资本、社会资本与文化资本的测量指标见前文。高等教育层次需求为因变量。结合高等教育的层次结构划分，本书的家庭高等教育层次需求按照学历层次分为专科、本科与研究生，按照高校层次，分为高职高专、一般本科高校与重点本科高校，故其操作性变量分别为：专科、本科与研究生教育的学历层次需求，高职高专、一般本科高校、重点本科高校（"985工程"高校、"211工程"高校）的层次需求。

　　专科、本科与研究生教育的三个不同学历层次之间是存在差异的，其所体现出来的价值也不一样。一旦接受了某一层次的高等教育后，大学生也就具备了相应层次的知识和水平。高职高专、一般本科高校与重点高校之间的学术水平与综合实力存在差异，对学生的入学门槛要求不同，其毕业后的综合素质也不一样。由于经济社会及其高等教育的发展通过大学毕业生在劳动力市场上的就业情况及收入状况，会及时形成价值信号反馈给学生和家长，他们根据高等教育的预期收益做出层次需求选择。接受不同层次的高等教育之间的价值及其回报存在差异，为城乡家庭的高等教育层次提供了不同选择。因此，本书的研究假设就是城乡家庭的高等教育层次需求存在显著差异，并分为2个分假设：

　　一是城乡家庭在不同学历层次需求上存在显著差异，具体表现为不同经济资本、社会资本、文化资本的城乡家庭，其不同学历层次需求存在显著差异。

　　二是城乡家庭在不同层次的高校需求存在显著差异，具体表现为不同经济资本、社会资本、文化资本的城乡家庭，其不同层次的高校需求存在显著差异。

对此，包含家庭资本与高等教育层次需求，以及它们之间关系的理论模型如图 4-5 所示。

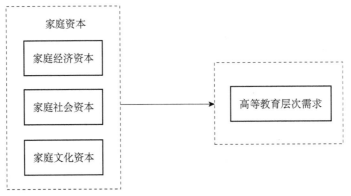

图 4-5 城乡家庭高等教育层次需求理论模型

第五节 家庭高等教育专业需求理论模型

一、专业的界定

高等教育的本质是建立在普通基础教育之上的专业教育，因此，专业是根据社会职业分工与学科分类提出的人才培养目标和规格而确定的人才培养范围，它是高校依据学科分类和社会职业分工需要，分门别类进行高深专门知识教与学活动的基本单位。[①]《辞海》对其的表述为"高等学校或中等专业学校根据社会分工需要而划分的学业门类"。潘懋元等认为：专业是课程的一种组织形式，课程的不同组合形成不同的专业。[②]专业是我国高校培养人才的基本单位。也有学者从广义的角度界定专业，认为专业是某种职业不同于其他职业所具有的劳动特点，"根据专业社会学，专业也称专业性职业"，"专业性职业具有一个共性，每一个专业都有一个科学的知识体系"。[③]所谓专业，就是"专门性职业"的简称，是特定的社

---

① 薛天祥. 高等教育学 [M]. 桂林：广西师范大学出版社，2001：27.
② 潘懋元，王伟廉. 高等教育学 [M]. 福州：福建教育出版社，1995：128-130.
③ 赵康. 论高等教育中的专业设计 [J]. 教育研究，2000，(10)：21-27.

会职业，复杂程度较高，它对从业者具有比较高的要求。

专业由培养目标与课程体系构成。培养目标体现了各个专业所要培养人才的基本素质和规格要求，主要包括专业知识、专业技能、职业道德等素养，而培养目标的实现又要通过课程予以落实，将其体现在课程内容及教学过程之中，它是培养目标的具体化，规定着专业人才培养的方向和素质要求，因此，不同的专业，培养目标不同，课程体系存在差异。

二、专业设置与调整

根据上文对专业的界定，专业是根据社会需要和科学发展、学科分类的变化而设置的，故随着科技的进步及社会需要的变化，高校的专业设置也会进行调整，以便培养出社会所需要的高级专门人才。

我国高校专业设置经历了几次比较大的变化。中华人民共和国成立后的经济建设需要大量的合格人才，特别是工业建设缺乏大量专业人才，因此，中央提出了"以培养工业建设人才和师资为重点，发展专门学校，整顿和加强综合性大学"的方针，将一些综合性大学拆分为文理科大学或是单科性大学，专门学院得到了大力发展，与此相对应，设置了大量的工科专业，以培养出国家工业化建设所需要的人才，其结果就是专业重复设置现象严重，专业口径过窄。1952年，我国进行了院校调整，在此背景下对高等教育的专业结构也进行了相应的调整。1954年，颁布了中华人民共和国成立之后的第一个高等教育专业目录《高等学校专业分类设置》，这主要是根据计划经济建设的需要，借鉴苏联的专业设置而定的。该目录以行业部门为专业分类设置的框架，按照工业部门、建筑部门、运输部门及农业部门等11个行业部门生产需要设置了257个专业。1963年，发布了对高校本科专业目录的第一次修订——《高等学校通用专业目录》。国家计划委员会、教育部针对高等学校实际专业设置过程中专业数目不断增长、专业面过窄、专业名称混乱的情况，改变了过去单纯以行业部门为专业分类框架的做法，采用"行业部门+学科"的分类框架进行专业设置，共设置了工科、农科、林科、医科、师范、文科、理科、政法、财经、体育和艺术等11个一级类和432个专业。[①] 这次修订对专业知识与技能的要求更为具体明确，与行业的对口更为宽泛，使专业设置与经济社会科技发展水平之间的关系更为适应，也为以后的专业调整提供了基础。"文化大革命"期间，高校正常的教学秩序被打破，专业设置混乱，名称不规范，数量急剧扩张，"文化大革命"结束时专业数达1343个。

---

① 易金生. 关于中国学科专业分类调整的思考 [J]. 高教发展与评估，2015，(6)：68-84.

改革开放后，我国的高等教育事业逐步走上正轨，高校专业设置调整提上了议事日程。1978年，教育部发布了《关于做好高等学校专业设置和改造工作的意见》，提出了高等学校专业设置与改造的原则。经过调整改造，到1980年全国高等学校共设有专业1039种。之后，又针对高校专业设置低水平重复、专业面越来越窄、大学毕业生难以适应工作岗位的实际情况，1985年，《中共中央关于教育体制改革的决定》明确指出要调整高校的专业设置，改进教学方法，过去的专业划分过细，学生知识面窄，不能适应各项建设工作和继续深造的需求，对毕业后的就业和转移工作领域往往造成困难，这种状况必须加以改变。在此背景下，高校开展了专业调整工作，拓宽专业口径，调整专业结构，使之与经济社会发展相适应。国家于1988年颁布的本科专业目录主要设置了8个门类：工科、农科、林科、医药、理科、社会科学、师范教育和体育等的本科专业目录，设置了77个专业类和702种专业，此时的本科专业目录已将本科专业减少到了671种。高校通过专业目录的修订调整，解决了"文化大革命"所带来的专业设置混乱局面，专业名称更为规范，专业结构更为合理，专业体系相对完善。

1993年，国家颁布了《中国教育改革和发展纲要》，明确提出要根据社会需要培养专门人才，主张规模适当、结构合理、效益提高的内涵式发展，同时提出了基础型人才、应用型人才和复合型人才的基本界定，有利于我国高等教育人才培养类型的区分和基本方向的把握。对此，国家教育委员会出台了《普通高等学校本科专业设置规定》，其中明确指出：普通高等学校的专业设置及调整，应当适应社会主义现代化建设需要……应当考虑投资效益和社会效益，这次颁布的《普通高等学校本科专业目录》对本科专业目录进行了重新修订，共设置了哲学、经济学、法学、教育学、文学、历史学、理学、工学、农学、医学10大门类、71个专业类，共504种专业，比修订前的专业数减少309种。

1998年7月，教育部颁布了《普通高等学校本科专业目录（1998年颁布）》《普通高等学校本科专业设置规定（1998年颁布）》等文件。这次专业调整将专业目录的学科门类由10个增加为11个（增加了管理学），专业类仍是71个，专业从504个减少为249个，减幅为50.6%，并且对需要控制布点的62种专业加注了标识，增加了一些新兴、交叉、边缘、综合性的专业，调整了一些重复设置的专业，撤销了一些不适应本科阶段设置的专业，专业口径进一步得到拓宽。

2012年，教育部为贯彻落实《国家中长期教育改革和发展规划纲要（2010—2020年）》提出的"要适应国家和区域经济社会发展需要，建立动态调整机制，不断优化学科专业结构"的要求，印发了《普通高等学校本科专业目录（2012年）》和《普通高等学校本科专业设置管理规定》，新目录建立学科门类12个（增加了艺术学），92个专业类和506种专业（基本专业352种、特设专业154种），国家控制布点专业 62 种。这次专业调整是根据《教育部关于进行普通高等学校本科专业目录修订工作的通知》（教高〔2010〕11 号）要求，按照科学规范、主动适应、继承发展的修订原则，在原《普通高等学校本科专业目录》及原设目录外专业的基础上，经分科类调查研究、专题论证、总体优化配置、广泛征求意见、专家审议、行政决策等过程形成的。

三、现有的专业设置

教育部颁布的《普通高等学校本科专业目录（2012 年）》是高等教育工作的基本指导性文件之一。它规定了专业划分、名称及所属门类，是设置和调整专业、实施人才培养、安排招生、授予学位、指导就业，进行教育统计和人才需求预测等工作的重要依据。

该目录的学科门类与国务院学位委员会、教育部 2011 年印发的《学位授予和人才培养学科目录（2011 年）》的学科门类基本一致，分设哲学、经济学、法学、教育学、文学、历史学、理学、工学、农学、医学、管理学、艺术学 12 个学科门类；新增了艺术学学科门类，未设军事学学科门类，其代码 11 预留。专业类由修订前的 73 个增加到 92 个；专业由修订前的 635 种调减到 506 种。该目录哲学门类下设专业类 1 个，4 种专业；经济学门类下设专业类 4 个，17 种专业；法学门类下设专业类 6 个，32 种专业；教育学门类下设专业类 2 个，16 种专业；文学门类下设专业类 3 个，76 种专业；历史学门类下设专业类 1 个，6 种专业；理学门类下设专业类 12 个，36 种专业；工学门类下设专业类 31 个，169 种专业；农学门类下设专业类 7 个，27 种专业；医学门类下设专业类 11 个，44 种专业；管理学门类下设专业类 9 个，46 种专业；艺术学门类下设专业类 5 个，33 种专业。新目录分为基本专业（352 种）和特设专业（154 种），并确定了 62 种专业为国家控制布点专业。特设专业和国家控制布点专业分别在专业代码后加"T"和"K"表示，以示区分。该目录所列专业，除已注明者外，均按所在学科门类授予相应的学位。对已注明了学位授予门类的专业，按照注明的学科门类授予相应的学位；可授两种（或以上）学位门类的专业，原则上由有关高等学校确定授予其中一种。

四、城乡家庭高等教育专业需求理论模型

专业选择在一定程度上决定学生未来的发展方向，甚至社会地位，因此，家庭高等教育的专业需求就显得非常重要。专业选择其实就是一种人力资本的投资

行为，因为选择不同的专业，接受不同的教育，其教育投资的收益率不同。选择了某种专业，就会接受其相应的专业知识与技能，其投资回报率的高低是根据其在劳动力市场中所体现的价值，被市场接受和认可的程度越高，可替代性就低，获得教育投资的回报率就大。当然，选择不同的专业，其学费是有差异的，就业前景好、市场需求潜力大的专业，一般来说学费是比较高的，而且在就业过程中还存在着一定的风险，支付了高学费，不一定就有高回报，存在着学业效果难以预测的风险。因此，不同层次与类型的专业对城乡家庭高等教育需求带来不同的影响。

城乡家庭高等教育专业需求理论模型的自变量即家庭资本，其中家庭经济资本、社会资本与文化资本的测量指标见前文。高等教育专业需求为因变量。目前我国有 506 个专业，不同的专业培养目标不同，同一专业在不同的高校，其所体现出来的价值也不一样。在进入高等教育接受专业教育之前，受教育者接受的是基础教育，一旦接受高等教育，大学生就要选择某一特定的专业，不同专业体现在大学生身上的价值是有差异的。选择了某一专业，也就确定了其未来的职业选择，因为从事某专业的学习，也就意味着具备了该专业的素养。历届大学毕业生在劳动力市场上的就业情况和收入状况会及时形成价值信号反馈给学生和家长，他们根据高等教育的预期收益做出专业选择；即使同一专业，一般情况下重点学校的普通专业，由于具有优良的师资与办学条件，其专业人才的培养质量也区别于普通高校重点专业人才质量。因此，高等教育专业需求的操作性变量分别为：不同专业需求，包括农学、文科类、理学、工学、医学、其他（艺术类、军事等），同一专业的不同需求（重点高校的普通专业、普通高校的重点专业）。

基于高校不同专业之间，以及同一专业在不同的高校之间的价值及其回报存在差异，这里的研究假设是城乡家庭的高等教育专业需求存在显著差异，并分为 2 个分假设：

一是城乡家庭在不同专业需求上存在显著差异，具体表现为不同经济资本、社会资本、文化资本的城乡家庭，其不同专业需求存在显著差异。

二是城乡家庭在不同层次高校的同一专业需求上存在显著差异，具体表现为不同经济资本、社会资本、文化资本的城乡家庭，其在不同层次高校的同一专业需求存在显著差异。

对此，包含家庭资本、高等教育专业需求，以及它们之间关系的理论模型如图 4-6 所示。

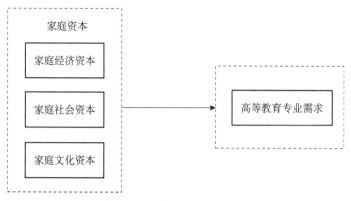

图 4-6　城乡家庭高等教育专业需求理论模型

第五章

城乡家庭高等教育需求差异实证分析

为了了解城乡家庭高等教育需求状况及其差异，本书对江西省3050位高中学生家长进行调查研究，结果表明，城乡家庭对高等教育需求旺盛，高度一致。卡方检验显示，城乡家庭在高等教育的区域需求、层次需求与专业需求上存在显著差异，在高等教育的形式需求与类型需求上不存在显著差异，但在重点高校与非重点高校需求之间存在显著差异。城市家庭选择经济发达地区重点高校、高学历的需求比例高于农村家庭，对经济欠发达地区一般本科高校的需求低于农村家庭。经济资本、社会资本与文化资本因素对农村家庭高等教育需求的影响程度大于城市家庭，子女因素、学校因素与社会因素对农村家庭高等教育需求的影响程度低于城市家庭。

第一节 问卷设计与实施

通过前文的概念界定和理论研究，结合本书的研究目的，课题组编制了一份关于家庭高等教育需求的调查问卷。为了编制出科学、规范的调查问卷，课题组在赣州市和新余市的两所高中对问卷进行了试测，在对预试数据进行探索性因素分析和验证性因素分析之后，完善、修订了初试问卷，形成了一份信度、效度较高的调查问卷。

一、问卷设计

为了收集江西省城乡家庭高等教育需求差异实证分析所需要的数据，课题组设计了一份关于家庭高等教育需求的调查问卷。在问卷开始设计之前，课题组成员阅读了大量的文献资料，召开了专家咨询会，在结合本书研究目的、研究对象、研究问题和研究假设的基础上，拟定了问卷大纲。从现有文献来看，城乡家庭对高等教育做出需求选择时，必然受到其家庭特征、社会环境、高校因素、子女素养等多种因素的影响，而且城乡家庭对高等教育的层次、区域、类型、专业与形式需求多样化，其需求形成过程是复杂因素综合作用的结果。因此，为了便于获得数据，达到实证研究的目的，笔者从"家庭背景""家庭高等教育需求""影响家庭高等教育需求的因素"三个维度进行题项设计。在问卷初步成形后又再次召开了专家咨询会，对问卷进行了多处修改，形成了预试问卷。

1. 关于"家庭背景"维度的题项设计

家庭背景是一个内涵宽泛的概念，不仅包括父母的职业、经济收入、受教育水平、社会地位、社会关系等内容，还包括户籍、家庭所在地、家庭人口数量和结构、家庭对高等教育的重视程度、对子女的偏爱等。衡量家庭背景的指标有很多，可以通过父母所从事的工作来评定，也可以从父母所掌握的各种社会资源来评定。该问卷将父母所拥有的经济资本、文化资本和社会资本这三个方面作为衡量家庭背景的主要指标，探讨家庭背景对高等教育需求的影响。

一是家庭基本情况题项设计。题项主要包括家庭户籍、家庭常住地、父母的民族与年龄、家庭人口数、子女个数、子女性别与就读学校等基本情况，将问卷作答者分为家庭户主、非家庭户主；户主的户籍分为农业户口、非农业户口；家庭常住地分为农村、乡镇、县级城市、地级城市与省会城市（副省级城市）等选项；子女就读高中的年级分为高一、高二、高三，子女就读高中的类型分为职业高中、重点建设高中与重点高中等选项，子女就读高中的性质分为公办高中与民办高中。

二是家庭经济资本题项设计。经济资本是家庭各种社会资源中最基本的资本形式。父母拥有经济资本的多少决定了他们对高等教育需求的经济支付能力的强弱。如果父母有能力为其子女的高等教育需求投入更多的资金，从而能为其子女提供充足优质的教育资源，其子女在接受高等教育机会的竞争中就能抢占先机。该问卷以家庭的年纯收入、家庭支出项目、学费解决方式等作为衡量家庭经济资本的题项。可以根据国家人均收入高低划分的等级对每个家庭按年纯收入多少进行分类统计，以考察其高等教育的支付能力；家庭支出项目主要包括子女教育、医疗、住房、家庭日常开支、旅游度假等其他支出。子女接受高等教育每年需要支付大额学杂费（1万元以上）的主要来源分为当年收入、多年的积蓄、信贷部门贷款、向亲戚朋友借钱及其他。这几题反映了一个家庭经济收入和支出的状况，以及高等教育支付能力的强弱。家庭的经济支付能力越强，其对高等教育的需求就越强，相反，其高等教育需求也会受到影响。

三是社会资本题项设计。家庭社会资本是指在子女的成长过程中，对他们有价值的成人与子女之间的规范、社会网络和相互关系。Doo Hwan Kim、Barbara Schneider通过调查数据发现，父母通过运用作为社会资本的社会关系，可以有效帮助子女获取信息和资源使其增加选择高校的准确率。[①]高贵志从家庭社会资本的维度出发，通过实证分析得出，家庭社会关系网络对子女高等教育机会分配产生影响作用。[②]本书研究衡量家庭社会资本的题项主要包括户主职业、父母与亲戚朋友交往对象的职业、学历等方面。笔者将父母及亲戚朋友的职业分为：农民（工）、个体户、企业员工、公务员与事业单位人员、其他（自由职业或无业）等选项。将父母经常交往的朋友或亲属的文化水平分为：初中及以下、高中（含中专）、专科、本科、研究生等选项。

四是家庭文化资本题项设计。目前，大部分学者主要是从"父母受教育程度"来衡量家庭文化资本。许祥云通过实证分析指出，户主的受教育程度对家庭高等教育投资具有显著影响作用。[③]李旻、赵连阁和谭洪波通过对实地调研数据的分析

① 转引自：刘进. 家庭社会资本与高等教育参与——一种间接计量的尝试 [J]. 教育科学，2011，（3）：49-53.
② 高贵志. 家庭社会资本与高等教育选择的关系研究——以云南省为例[J]. 当代教育论坛，2012，（3）：113-116.
③ 许祥云，张凡永等. 高等教育投资：家庭的决策与选择行为 [M]. 厦门：厦门大学出版社，2016：109.

认为，父母受教育年限对家庭教育需求具有显著的影响。[①] Windham、York-Anderson 和 Bowman 认为，受过高等教育的父母更能意识到对高等教育的需求，他们的子女在追求高等教育时也更能获得成功。李锋亮、候龙龙和文东茅的实证研究发现，父母自身的文化资本对其子女受教育情况的数量与质量都有正向的显著作用。[②] 根据上述文献资料，笔者将户主的学历作为家庭文化资本的选项，其最高学历分为：初中及以下、高中（含中专）、专科、本科与研究生几个层次。

2. 关于"家庭高等教育需求"维度的题项设计

这一维度包括两方面内容：一是考察家庭对高等教育是否有需求；二是考察家庭高等教育需求的类型、层次、专业、区域和形式五个方面的不同需求。"家庭是否对高等教育有需求"即"需求意愿"，这是家庭高等教育需求产生的前提和基础，所以笔者特别设计了关于家庭高等教育需求意愿的题项。

（1）家庭是否有高等教育需求

首先询问家长是否希望子女高中（职高）毕业后就读大学？如果不读大学，其主要原因是什么？研究者提供了以下选项：经济困难、对高校的教育质量不满意、大学毕业后就业困难、子女学习成绩不理想、"读书无用"、其他。

（2）家庭高等教育区域需求

城乡家庭对高等教育的区域需求主要是选择院校所在的地区，大到国内外的不同区域需求，小到国内不同经济发展水平的城市或不同行政级别的城市，相关题项有：家长希望子女读大学的区域，选项有内地高校、港澳台高校、国外高校；如果选择港澳台高校或国外高校，主要是因为：子女向往留学生活、境外高等教育质量有保障、身边的人有留学意向、内地高校毕业后不好就业、家长希望子女境外留学；子女所就读的高校区域需求，按照经济区域将其划分为经济落后地区、经济欠发达地区与经济发达地区的高校需求，根据行政区域将其划分为地级及以下城市、省会城市（副省级城市）、首都北京。

（3）家庭高等教育层次需求

家庭高等教育的层次需求主要包括：专科、本科与研究生的学历层次需求，高职高专、一般本科高校与重点本科高校的层次需求。

（4）家庭高等教育形式需求

家庭对高等教育的形式需求主要是对不同性质与形式高校的需求，题项有公

---

① 李旻，赵连阁，谭洪波. 农村地区家庭高等教育投资的影响因素分析——以河北承德农村地区为例 [J]. 农业技术经济，2006，（5）：73-78.
② 李锋亮，侯龙龙，文东茅. 父母教育背景对子女在高校中学习与社会活动的影响[J]. 社会，2006，（1）：112-129.

办高校与民办高校需求、普通高校与成人高校的需求。

（5）家庭高等教育类型需求

家庭对高等教育的类型需求的主要题项有高校的学科类型需求（农林地矿类、师范类、财经政法类、理工类、音体美艺术类、综合类、军校类、外语类、民族类、医学类），对一般本科高校（应用型本科高校、学术型本科高校）与专科高校（高等专科学校、高等职业技术学院）的需求。

（6）家庭高等教育专业需求

家庭对高等教育的专业需求选择主要是考虑专业的类别、专业的就业前景等方面，主要题项有：高校的专业需求（哲学、经济学、法学、教育学、文学、历史学、理学、工学、农学、医学、管理学、军事学、艺术学）和同一专业在不同高校（普通高校重点专业、重点高校的普通专业）的需求。

3. 关于"影响家庭高等教育需求的因素"维度的题项设计

高等教育需求的影响因素包括学生因素、家庭因素（主要是家庭的经济资本、社会资本与文化资本）、教育因素、社会因素等，各种因素对高等教育需求的影响程度不同。吴春卿认为，影响我国高等教育需求的因素主要有经济社会的发展水平、高等教育个人及家庭成本分担的比例、民族文化、习俗等。[①]陆根书通过对北京市、湖北省、江苏省和陕西省的高中生进行调查发现，影响高等教育需求的因素主要有高等教育价值、自我感知、家庭支持、个人追求、职业偏好。[②]相虹从"文化中断"的视角对8所云南高校的少数民族大学生进行问卷调查，得出个人对社会的适应性是影响高等教育需求的关键因素，性别、高等教育需求动机、高校的办学质量等也会影响少数民族学生对高等教育的需求。[③]徐燕妮采用回归模型检验影响高等教育需求的各项因素，她发现个人智力水平、大学学杂费水平、家庭收入水平、教育投资收益率、父母文化程度、经济社会发展水平、社会文化环境等都会影响高等教育需求，其中高等教育成本约束是影响高等教育需求的关键因素。[④]因此，课题组分别从学生、家庭（含经济资本、社会资本与文化资本）、高校、社会四个方面设计题项，选项采用五点计分：①非常不重要；②比较不重要；③一般；④比较重要；⑤非常重要。

城乡家庭高等教育需求差异的影响因素是本书的重点研究内容，因此此类题

①　吴春卿. 高等教育的需求及相关因素的分析 [J]. 华北电力大学学报（社会科学版），2001，（2）：89-91.

②　陆根书. 高中生高等教育需求影响因素分析 [J]. 集美大学学报（教育科学版），2006，（3）：3-11.

③　相虹. "文化断层"视角下傣族大学生高等教育需求及影响因素研究 [J]. 思茅师范高等专科学校学报，2010，（1）：107-112.

④　徐燕妮. 我国个人高等教育供需及影响因素的分析 [D]. 长沙：湖南大学硕士学位论文.2009：5.

项以开放题的形式呈现，调查城乡家长对它们的理解和看法。

二、预试问卷试测

1. 样本基本情况

在预试问卷编制完成之后，为了检验预试问卷的信度、效度，课题组于 2016 年 6 月开展了一次预调查。这次预调查的对象主要是高三学生的父母，还有一小部分是高二学生的父母，选择高考生在学校估分之际发放问卷，分别让他们带回家请父母填写，并于高考出成绩之日回收问卷。这次调查地点是江西省的两所中学。为了便于对资料进行统计分析，课题组对收回的问卷进行了完整性与真实性检查，如有以下几种情况出现，需要统一对该问卷或题项进行标记处理：一是漏答题项等于或超过 3 题的问卷，或被调查者对某些单选题项同时选择两个或两个以上选项的超过 3 题，都作为废卷标记，予以剔除；二是作答有作假倾向，如连续 10 题选择同一答案或答案以某种规律出现的问卷，作为废卷标记，予以剔除；三是对于没有做出评价的题项，作为缺失值标记。这次预调查共发放问卷 500 份，回收问卷 350 份，回收率是 70%，其中有效问卷 344 份，有效率是 98.29%。被试家庭的基本情况如表 5-1 所示。

表 5-1 被试家庭的基本情况统计表（$n=344$）

样本分布		人数/人	百分比/%	样本分布		人数/人	百分比/%
被试身份	户主	279	81.1	子女数量/个	1	62	18.0
	非户主	65	18.9		2	189	54.9
					≥3	93	27.0
被试性别	男	267	77.6	子女就读年级	高一	0	0.0
	女	77	22.4		高二	24	7.0
					高三	320	93.0
被试年龄/岁	35~40	70	20.3	子女就读高中类型	职业高中	5	1.5
	41~45	188	54.7		普通高中	156	45.3
	46~50	73	21.2		重点建设高中	13	3.8
	≥51	12	3.5		重点高中	170	49.4
	缺失	1	0.3				
户主的户籍	农业户口	238	69.2	户主受教育程度	初中及以下	182	52.9
	非农业户口	106	30.8		高中（含中专）	102	29.7
					专科	21	6.1
					本科	33	9.6
					研究生	6	1.7

续表

样本分布		人数/人	百分比/%	样本分布		人数/人	百分比/%
家庭常住地类型	农村	76	22.1	非户主受教育程度	初中及以下	231	67.2
	乡镇	74	21.5		高中（含中专）	69	20.1
	县级城市	157	45.6		专科	13	3.8
	地级城市	31	9.0		本科	18	5.2
	省会城市	6	1.7		研究生	10	2.9
					缺失值	3	0.8
家庭年纯收入分组	低收入组	201	58.4	家庭人口数/个	2	2	0.6
	中等收入组	77	22.4		3	55	16.0
	高收入组	66	19.1		4	166	48.3
					5	78	22.7
					≥6	43	12.5

注：因四舍五入，方框内百分比加总可能不为100%，后同

2. 预试问卷的探索性因素分析

KMO值为0.749（表5-2），高于最低标准0.70，表明数据适合进行因子分析；巴特利特球形检验的结果表明相伴概率为0.000，也表示数据适合做因子分析。

表5-2　KMO值测度与Bartlett's球形检验结果（$n=172$）

KMO值	0.749
χ^2	1008.267
df（自由度）	190
sig（显著性）	0.000

采用主成分分析法提取因子，并对其进行方差最大化正交旋转。根据以下标准提取因子：一是因子特征根大于1；二是碎石图出现拐点处因子，即因子必须符合陡阶检验；三是方差累积贡献率在40%以上；四是因子比较好命名。根据这4个原则共提取出6个因子，碎石图和因子特征根、方差贡献率和方差累积贡献率见图5-1、表5-3、表5-4。

从图5-1和表5-3可以看出，特征根大于1的因子有6个，其变量解释度达到了61.231%＞60%，说明可以从题项（变量）中提取6个因子，即可以从6个方面对家庭高等教育需求影响因素进行解释。

6个因子的旋转因子负荷矩阵如表5-4所示。

因素陡坡图

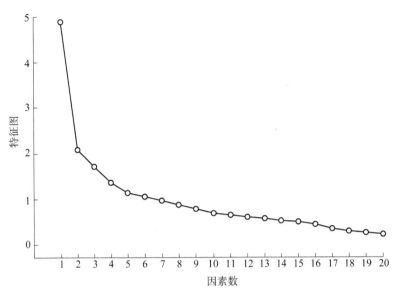

图 5-1 主成分特征碎石图

表 5-3 因子特征根、方差贡献率和方差累积贡献率

因素	特征根	方差贡献率/%	方差累积贡献率/%
1	4.894	11.881	11.881
2	2.088	11.807	23.688
3	1.717	10.148	33.836
4	1.358	9.574	43.410
5	1.138	8.932	52.343
6	1.053	8.888	61.231

表 5-4 旋转因子负荷矩阵

项目	1	2	3	4	5	6
Q48	0.744					
Q44	0.638					
Q39	0.492					
Q43		0.799				
Q42		0.730				
Q40		0.716				
Q41		0.453				
Q50			0.834			
Q49			0.799			
Q51			0.668			
Q63				0.722		

续表

项目	1	2	3	4	5	6
Q62				0.628		
Q58				0.587		
Q60				0.470		
Q56					0.856	
Q54					0.689	
Q52					0.557	
Q66						0.843
Q67						0.781
Q64						0.632

从上述因子负荷矩阵可以看出,预试问卷中有 20 个题项(变量)在 6 个因子上的因子负荷量大于最低标准 0.4,可以认为其是有效的。其他题项的因子负荷量均在 0.4 以下,因此,在矩阵表中没有呈现,并且在后面的问卷修正过程中予以剔除。

将因子 1 命名为家庭经济资本因素。涉及的项目主要包括家庭的经济状况、家长的经济投入意愿和子女接受高等教育的学杂费占家庭经济收入的比重,每个项目的负荷都在 0.492 以上。

将因子 2 命名为家庭社会资本因素。涉及的项目主要包括家长职业、家庭亲戚朋友的职业、家庭亲戚朋友的文化水平、家庭的人脉关系等,每个项目的负荷在 0.453 以上。

将因子 3 命名为家庭文化资本因素。涉及的项目主要包括家长的学历、受教育程度和家长对高等教育价值的认知程度,可以从一定程度上反映家庭的文化资本,每个项目的负荷都在 0.668 以上。

将因子 4 命名为高校因素。涉及的项目主要包括高校的社会声誉、高校办学条件、高校学生的就业情况和高校区域经济的发展,每个项目的负荷都在 0.470 以上。

将因子 5 命名为家庭子女因素,涉及的项目主要包括子女的学习能力、学习兴趣和学习成绩 3 个项目,每个项目的负荷都在 0.557 以上。

将因子 6 命名为社会因素,涉及的项目主要包括社会对人才的重视程度、经济社会发展水平、大学毕业后继续深造的机会,每个项目的负荷在 0.632 以上。

综合以上分析,从理论角度出发,笔者将总量表的 6 个因素分为"家庭经济资本维度"、"家庭社会资本维度"、"家庭文化资本维度"、"高校维度"、"子女维度"和"社会维度"（表5-5）。

表 5-5　总量表维度分解与变量归属

	量表维度	因子归类与命名	包含题项（变量）
1	家庭经济资本因素（因子1）		Q39、Q44、Q48
2	家庭社会资本因素（因子2）	家庭资本维度	Q40、Q41、Q42、Q43
3	家庭文化资本因素（因子3）		Q49、Q50、Q51
4	高校因素（因子4）	高校维度	Q58、Q60、Q62、Q63
5	子女因素（因子5）	子女维度	Q52、Q54、Q56
6	社会因素（因子6）	社会维度	Q64、Q66、Q67

3. 预试问卷量表的验证性因素分析

为了检验以上通过理论和探索性因素分析得出的结构是否符合实际数据，课题组采用结构方程模型，对预试数据的奇数项数据进行验证性因素分析，统计软件为 Lisrel8.80，统计结果如表 5-6 所示。

表 5-6　家庭高等教育需求的六大影响因素结构模型拟合指数表

df	χ^2	χ^2/df	RMSEA	NNFI	CFI	SRMR
158	267.99	1.6961	0.064	0.90	0.91	0.072

根据侯杰泰、温忠麟等人的建议，采用 χ^2、χ^2/df、RMSEA、NNFI、CFI、SRMR 等指标来对模型的拟合优度进行评价。一般认为，如果 χ^2/df 小于 3，RMSEA 在 0.08 以下（越接近 0 越好），NNFI 和 CFI 在 0.9 以上（越接近于 1 越好），此时拟合的模型是一个比较理想的模型[①]。此模型的 χ^2 为 267.99，χ^2/df 为 1.6961，小于 3，RMSEA 和 SRMR 分别为 0.064 和 0.072，小于 0.08；NNFI 和 CFI 分别为 0.90 和 0.91，大于 0.9，各项拟合指标均较为理想，说明模型能够得到数据的支持，所以此模型可以说是一个好模型。家庭高等教育需求的四维度六因素的标准化路径图（$n=172$）如图 5-2 所示。

4. 预试问卷的信度、效度分析

（1）信度分析

本研究采用 SPSS18.0 对样本数据进行可靠性检验，以 Cronbach's α 值来判断各维度和总量表的信度。总量表的 α 系数是 0.833，各分量表的信度分析结果如表 5-7 所示。

---

① 侯杰泰，温忠麟，成子娟. 结构方程模型及其应用［M］. 北京：教育科学出版社，2004：169-184.

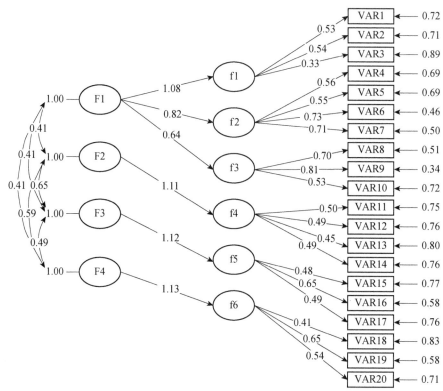

图 5-2　高等教育需求影响因素结构的标准化路径图（*n*=172）

注：χ^2=267.99，*P-value*=0.00000，RMSEA=0.064

表 5-7　预试问卷中各维度的信度分析（*n* =344）

量表维度	α 系数	题项数/个
家庭资本维度	0.796	10
高校维度	0.784	4
子女维度	0.712	3
社会维度	0.709	3

从信度分析的结果来看，四个维度的 α 系数都在 0.7 以上，说明信度较好，可以经过适当修正投入使用。

（2）效度分析

本书主要用因素分析法探讨量表的结构效度。研究表明，家庭高等教育需求的影响因素由 6 个因子构成，结构清晰，因子负荷值均在 0.40 以上，维度含义明确，其总方差总解释量达到 61.231%，因此，该量表有较好的结构效度。

通过探索性因素得到的家庭高等教育需求影响因素结构模型，可以进一步通过验证性因素分析确定其与实际数据的拟合程度，从而检验理论模型的正确性。

表 5-6 表明家庭高等教育需求影响因素模型与观测数据拟合较好, 指标都达到了统计要求, 表明该量表有较好的结构效度。

三、问卷修正

本书在文献分析和专家咨询的基础上, 编制了高等教育需求的影响因素量表, 采用试测的数据做探索性因素分析, 发现影响因素有 6 个, 分别是家庭社会资本因素、家庭文化资本因素、家庭经济资本因素、高校因素、社会因素和家庭子女因素, 初步验证了本书中关于城乡家庭对高等教育的需求是基于多样化因素考虑而做出的意愿选择。但试测问卷还存在一些问题。首先, 通过对试测数据进行探索性因素分析, 发现家长让子女接受高等教育的目的, 子女的性别、数量和出生顺序, 高中老师、同学的影响和社会人口数量等题项, 可能由于表达模糊或被试作答不真实, 在做因子分析时, 这些题项的负荷值都低于 0.4, 因此, 在正式问卷中将这些题目予以修改或是剔除。其次, 结合在调查过程中被试所反映的情况和问题, 课题组对问卷的题目和选项的表达进行了修改和完善, 使问题尽量变得简单、明了。对被调查者而言, 在选择的时候对问题的理解会更清晰, 更容易做出判断, 更能反映真实的情况。课题组还增加了对选项的注释, 比如 "成人高校"和 "普通高校" 的区别、"应用型本科院校" 和 "学术型本科高校"、"高等职业技术学院" 和 "高等专科学校" 的区别等。此外, 课题组删除了关于户主民族的题项, 增加了调查城乡家庭支付子女大额学杂费的主要来源的题项, 这样可以更好地研究城乡家庭的经济资本差异, 具体题项为 "子女接受高等教育每年需要支付大额学杂费（1 万以上）主要来源"（选项包括当年收入、多年的积蓄、信贷部门贷款、向亲戚朋友借钱、其他）。

这样修改后, 问卷中的每个题目都与研究目的相契合, 形成了正式的《城乡家庭高等教育需求调查问卷》（见附录）。

四、正式问卷的实施

1. 样本基本情况

一般家庭只有当子女就读高中、面临着是否接受高等教育的重大决策时, 才有可能认真地思考家庭高等教育需求。基于这一考虑, 课题组将江西省子女正在就读高中的家庭作为本次调查的对象（为了便于调查的实施及样本数量的相对集中, 找到城乡家庭高等教育需求的差异, 故以江西省城乡家庭作为研究对象）。本次调查的主要目的是了解城乡家庭对高等教育有哪些需求、城乡家庭的高等教育需求是否存在差异，以及其差异产生的影响因素。显然，这次调查是一次多目标的调查，同时决定了抽样是多目标抽样。通过对文献资料的研究，本调查采用随机分层抽样的方法，抽取样本时考虑江西省各地区及城乡家庭的经济状况、高中教育类型与布局，以及社会资本状况的不同等，因此，调查样本首先选取了省会城市南昌，其次随机选取了 6 个地级市，包括江西省的宜春市、赣州市、萍乡市、抚州市、新余市、景德镇市。调查人员在确定了学校所在的县（区、市）后，再分别从相应的县（区、市）随机分层抽取重点、非重点和民办、公办等不同类型的学校。在确定学校之后，以班级为单位随机抽取家庭样本。本次调查共发放纸质问卷 3640 份，回收问卷 3243 份，回收率为 89.09%。剔除无效问卷后，获得有效问卷 3050 份，问卷回收有效率为 94.05%。本次调查对象均为高二及高三学生的父母，其主要描述性指标如表 5-8 所示。

表 5-8　样本家庭基本情况统计表（N=3050）

样本分布		家庭数量		样本分布		家庭数量	
		人数/人	百分比/%			人数/人	百分比/%
被试身份	户主	2254	73.9	子女就读高中性质	民办高中	315	10.3
	非户主	796	26.1		公办高中	2735	89.7
被试性别	男	1987	65.1	子女就读年级	高一	851	27.9
	女	1063	34.9		高二	859	28.2
					高三	1340	43.9
被试年龄/岁	35~40	987	32.4	子女就读高中类型	职业高中	15	0.5
	41~45	1404	46.0		普通高中	1541	50.5
	46~50	532	17.4		重点建设高中	423	13.9
	≥51	127	4.2		重点高中	1071	35.1
户主的户籍	农业户口	1981	65.0	子女数量/个	1	748	24.5
	非农业户口	1069	35.0		2	1725	56.6
					≥3	577	18.9
家庭常住地类型	农村	666	21.8	户主受教育程度	初中及以下	1627	53.3
	乡镇	589	19.3		高中（含中专）	983	32.2
	县级城市	1005	33.0		专科	175	5.7
	地级城市	633	20.8		本科	224	7.3
	省会城市	157	5.1		研究生	41	1.3
家庭年纯收入分组	低收入组	1843	60.4	家庭人口数/个	2	12	0.4
	中等收入组	662	21.7		3	646	21.2
	高收入组	545	17.9		4	1377	45.1
					5	593	19.4
					≥6	422	13.8

从表 5-8 的描述性数据来看，此次调查家庭户主填写问卷的比例（73.9%）要比非家庭户主（26.1%）高 47.8 个百分点，被调查者的年龄主要在 35～45 岁，绝大部分被调查家庭户主的受教育程度都在高中及以下，家庭子女数在两个及以上居多，户主的户籍在农村的比在城市的多 30 个百分点，而家庭常住地为城市的比例超过农村。以上描述性数据基本反映了本次调查样本的基本特征。

2. 正式问卷的信度、效度分析

（1）信度分析

本书运用 SPSS18.0 对样本数据进行可靠性检验。正式问卷的 α 系数为 0.868，各维度的信度分析结果如表 5-9 所示。

表 5-9　正式问卷各维度的信度分析一览表

项目	α 系数	题项数/个
家庭资本维度	0.790	10
子女维度	0.761	3
高校维度	0.719	4
社会维度	0.707	3

从信度分析的结果来看，高等教育需求的家庭、子女、高校和社会四个方面的影响因素的 α 系数均在 0.7 以上，说明正式量表的信度较好，收集的数据比较可靠。

（2）效度分析

本书的调查问卷是在参考了国内外相关文献，充分借鉴现有研究成果，并且多次咨询了相关专家后，在试测问卷（前文的分析表明，其内容效度、结构效度较好）的基础上修订形成的。因此，本书的试测问卷效度分析结果表明，调查问卷具有较好的内容效度。采用试测数据分别进行探索性因素分析和验证性因素分析，结构方程模型拟合度很好，调查问卷具有比较好的结构效度。

以上研究与分析表明，影响城乡家庭高等教育需求的因素包括四个维度，分别是家庭资本、社会、子女和高校维度，家庭资本又可以分为经济资本、社会资本和文化资本。信度、效度分析结果表明，该量表具有良好的信度和内容效度、结构效度，符合测量学的要求，因此，问卷的数据具有参考价值。

第二节　城乡家庭资本与高等教育需求差异分析

随着经济社会的发展，知识经济的到来，人们越来越认识到高等教育的重要性。自1999年高校扩招以来，高中生接受高等教育的机会大大增加，高等教育毛入学率直线上升，城乡家庭希望子女上大学的需求越来越强烈。但是，城乡家庭之间存在户籍、家庭资本与生活环境等方面的差异，导致城乡家庭在高等教育需求方面存在差异，下面基于问卷调查结果对城乡家庭资本及高等教育需求是否存在差异进行分析。

为了达到研究目的，把握城乡家庭资本及其高等教育需求的差异，需要对每一个列联表分别进行三种检验：

首先，需要采用 SPSS 软件进行卡方检验，考察每个列联表中的两个变量之间是否存在显著差异。根据 p 值大小，如果两个变量之间存在显著差异（该部分分析皆以 0.05 水平为例，$p<0.05$ 为差异显著，$p>0.05$ 为差异不显著），可继续进行分析，否则无意义，具体结果见统计及卡方检验表。

其次，再通过 R 语言的自编程序，根据研究目的，对列联表中的每列（或每行，这里的列与行是根据每个研究中第一个列联表的列与行来说的）变量进行卡方检验，以得到每列（或每行）变量间是否存在显著差异。

当 χ^2 对应的 p 值小于临界值 0.05 时，即可获得差异显著的统计结论。根据 p 值大小，如果存在显著差异，可继续对该研究变量的不同水平进行两两比较，否则无意义。结果见卡方检验表（如果只是比较城乡之间在列联表上列的差异，则不需要进行此步检验）。

最后，通过 R 语言的自编程序，按照每个表格的研究目的，在固定列变量的水平上对行变量的不同水平进行两两比较（或在固定行变量的水平上对列变量的不同水平进行两两比较，这里的列变量与行变量是根据每个研究中第一个列联表的列与行来说的），以得到各群体两两比较后是否存在显著差异。Z 的绝对值大于1.96（0.05 水平对应的 Z 值）表示在 0.05 水平上差异显著，否则不存在显著差异（或者看 p 是否小于 0.05）。然后结合统计表格中的百分比，通过两两比较，即可得到这些群体中百分比的高低。①

一、城乡家庭资本差异

家庭资本包括家庭的经济资本、文化资本和社会资本三个方面。家庭经济资本是指家庭成员具有所有权、使用权和经营权的各种资产的总和，本书主要以家庭的年纯收入/支付子女大额学杂费的主要来源，以及城乡家庭经济支出情况作为衡量家庭经济资本的主要指标。社会资本是指家庭的人际关系和信息资源，本书以户主职业、家庭亲戚朋友的职业和文化水平作为衡量家庭社会资本的主要指标。文化资本是指家长所拥有的文化背景、知识和技术，本书以户主的学历作为衡量家庭文化资本的主要指标。家庭的经济资本、社会资本和文化资本的差异是导致城乡家庭高等教育需求不同的主要原因，因此，分析城乡家庭资本差异，有利于找到家庭资本与高等教育区域需求、层次需求、形式需求、类型需求与专业需求之间的关系，从而找到影响城乡家庭高等教育需求差异的家庭资本因素。

1. 城乡家庭经济资本差异

城乡家庭经济资本存在显著差异。伴随着我国改革开放的不断深入，城乡居民的收入水平都得到了显著提高，但不同地区、行业，以及城乡之间的收入水平还存在差异。对城乡家庭年纯收入的实证研究表明，城乡家庭的经济资本存在显著差异。表 5-10、表 5-11 显示，城乡家庭年纯收入在各个组别中均存在显著差异，城市家庭中中、高收入的比例高于农村家庭，农村家庭中低收入的比例高于城市家庭。

表 5-10　城乡家庭的年纯收入差异统计及卡方检验结果（$N=3050$）

家庭年纯收入		户籍		总计
		农村	城市	
低收入组 （$X<4$ 万元）	户数/户 百分比/%	1324 66.8	519 48.6	1843 60.4
中等收入组 （$4\leqslant X<8$ 万元）	户数/户 百分比/%	394 19.9	268 25.1	662 21.7
高收入组 （$X\geqslant 8$ 万元）	户数/户 百分比/%	263 13.3	282 26.4	545 17.9

① 相关计算公式详见：张厚粲、徐建平. 现代心理与教育统计学 [M]. 北京：北京师范大学出版社，2009：255-256，294-295，308-309.

续表

家庭年纯收入		户籍		总计
		农村	城市	
总计	户数/户	1981	1069	3050
	百分比/%	100	100	100
Pearson 卡方检验结果		$\chi^2=113.724$，$p=0.000$		

注：X 表示家庭年纯收入，后同。

表 5-11 城乡家庭的年纯收入差异的 Z 检验（$N=3050$）

	Z	p
低收入组	9.853	0.000
中等收入组	−3.312	0.001
高收入组	−9.013	0.000

尽管城乡家庭年纯收入存在显著差异，但城乡家庭支付子女大额学杂费（1万以上）的差异却不明显。从表 5-12 中城乡家庭支付子女大额学杂费来源差异的卡方检验结果来看，城乡家庭支付子女大额学杂费的来源差异不显著。

表 5-12 城乡家庭支付子女大额学杂费的来源差异统计及卡方检验结果（$N=3050$）

学杂费来源类型		户籍		总计
		农村	城市	
当年收入	户数/户	960	548	1508
	百分比/%	48.5	51.3	49.4
多年的积蓄	户数/户	713	390	1103
	百分比/%	36.0	36.5	36.2
信贷部门贷款	户数/户	83	39	122
	百分比/%	4.2	3.6	4.0
向亲戚朋友借钱	户数/户	176	65	241
	百分比/%	8.9	6.1	7.9
其他	户数/户	49	27	76
	百分比/%	2.5	2.5	2.5
总计	户数/户	1981	1069	3050
	百分比/%	100	100	100
Pearson 卡方检验结果		$\chi^2=8.574$，$p=0.073$		

一般来说，父母拥有的经济资本越丰厚，家庭支付高等教育的能力就越强，子女就可以在优先获得高等教育机会的竞争中占有优势，所以，城乡家庭经济资本的差异对子女的高等教育需求带来重要影响。

2. 城乡家庭社会资本差异

社会资本是城乡家庭在社会生活领域中，与不同的群体和个人在接触、交流的过程中形成的一种关系网络。根据前文的分析，家庭社会资本主要体现为父母的职业、亲戚朋友的职业与学历。通过对城乡家庭的社会资本差异进行卡方检验，发现城乡家庭中的户主职业、亲戚朋友的职业与文化水平均存在显著差异。

城乡家庭间户主的职业存在显著差异。表 5-13、表 5-14 表明，除了"个体户"职业在城乡家庭之间不存在显著差异外，城乡家庭间户主在其他职业均存在显著差异，农村家庭户主的职业为"农民（工）"与"企业员工"的比例均高于城市家庭，其职业为"公务员与事业单位人员"的比例低于城市家庭。

表 5-13　城乡家庭间户主的职业差异统计及卡方检验结果（N=3050）

家庭户主的职业		户籍		总计
		农村	城市	
农民（工）	人数/人	492	25	517
	百分比/%	24.8	2.3	17.0
个体户	人数/人	364	225	589
	百分比/%	18.4	21.0	19.3
企业员工	人数/人	727	246	973
	百分比/%	36.7	23.0	31.9
公务员与事业单位人员	人数/人	202	398	600
	百分比/%	10.2	37.2	19.7
其他（自由职业或无业）	人数/人	196	175	371
	百分比/%	9.9	16.4	12.2
总计	人数/人	1981	1069	3050
	百分比/%	100	100	100
Pearson 卡方检验结果		$\chi^2=532.548$, $p=0.000$		

表 5-14　城乡家庭间户主的职业差异的 Z 检验结果（N=3050）

家庭户主的职业	Z	p
农民（工）	15.8	0.000
个体户	−1.784	0.074
企业员工	7.737	0.000
公务员与事业单位人员	−17.92	0.000
其他（自由职业或无职业）	−5.221	0.000

城乡家庭间亲戚朋友的职业存在显著差异。表 5-15、表 5-16 显示，城乡家庭间亲戚朋友的职业除了"个体户"与"其他（自由职业或无业）"不存在显著差异外，其他职业均存在显著差异，农村家庭亲戚朋友的职业是"农民（工）"的比例

高于城市家庭，其亲戚朋友职业是"公务员与事业单位人员"与"企业员工"的比例低于城市家庭。

表 5-15　城乡家庭间亲戚朋友的职业差异统计及卡方检验结果（N=3050）

家庭亲戚朋友的职业		户籍		总计
		农村	城市	
农民（工）	户数/户	848	112	960
	百分比/%	42.8	10.5	31.5
个体户	户数/户	660	362	1022
	百分比/%	33.3	33.9	33.5
企业员工	户数/户	214	244	458
	百分比/%	10.8	22.8	15.0
公务员与事业单位人员	户数/户	107	259	366
	百分比/%	5.4	24.2	12.0
其他（自由职业或无业）	户数/户	152	92	244
	百分比/%	7.7	8.6	8.0
总计	户数/户	1981	1069	3050
	百分比/%	100	100	100
Pearson 卡方检验结果		$\chi^2=503.302$，$p=0.000$		

表 5-16　城乡家庭间亲戚朋友的职业差异的 Z 检验结果（N=3050）

家庭亲戚朋友的职业	Z	p
农民（工）	18.343	0.000
个体户	−0.305	0.760
企业员工	−8.868	0.000
公务员与事业单位人员	−15.266	0.000
其他（自由职业或无业）	−0.906	0.365

城乡家庭的亲戚朋友文化水平呈显著差异。表 5-17、表 5-18 显示，城乡家庭间亲戚朋友文化水平存在显著差异，农村家庭的亲戚朋友文化水平为"初中及以下"的比例高于城市家庭，其亲戚朋友文化水平为"高中（含中专）"、"专科"、"本科"与"研究生"的比例低于城市家庭。

表 5-17　城乡家庭间亲戚朋友的文化水平差异统计及卡方检验结果（N=3050）

亲戚朋友的文化水平		户籍		总计
		农村	城市	
初中及以下	人数/人	1189	242	1431
	百分比/%	60.0	22.6	46.9
高中（含中专）	人数/人	626	477	1103
	百分比/%	31.6	44.6	36.2

续表

亲戚朋友的文化水平		户籍		总计
		农村	城市	
专科	人数/人	75	148	223
	百分比/%	3.8	13.8	7.3
本科	人数/人	78	181	259
	百分比/%	3.9	16.9	8.5
研究生	人数/人	13	21	34
	百分比/%	0.7	2.0	1.1
总计	人数/人	1981	1069	3050
	百分比/%	100	100	100
Pearson 卡方检验结果		χ^2=484.155，p=0.000		

表 5-18　城乡家庭间亲戚朋友的文化水平差异的 Z 检验结果（N=3050）

家庭亲戚朋友的文化水平	Z	p
初中及以下	19.738	0.000
高中（含中专）	−7.141	0.000
专科	−10.181	0.000
本科	−12.283	0.000
研究生	−3.283	0.001

　　家庭社会资本对子女高等教育需求有重要影响。父母的社会地位越高，家庭所拥有的社会资本也就相对更丰富，可以利用人脉关系等社会资源为子女接受高等教育提供更多的帮助，例如，父母可以通过调动一些社会资源来收集或是优先获得子女选择高校和专业的相关信息，从而大大增加子女接受高等教育的竞争优势。因此，城乡家庭社会资本的差异必然影响高等教育需求差异。

3. 城乡家庭文化资本差异

　　根据前文的分析，家庭文化资本主要体现为户主的学历。表 5-19、表 5-20 显示，城乡家庭间户主的学历存在显著差异，农村家庭户主的学历为"初中及以下"的比例高于城市家庭户主，其学历为"高中（含中专）"、"专科"、"本科"与"研究生"的比例均低于城市家庭。

表 5-19　城乡家庭户主的学历差异统计及卡方检验结果（N=3050）

家庭户主学历		户籍		总计
		农村	城市	
初中及以下	人数/人	1345	282	1627
	百分比/%	67.9	26.4	53.3

续表

家庭户主学历		户籍		总计
		农村	城市	
高中（含中专）	人数/人	553	430	983
	百分比/%	27.9	40.2	32.2
专科	人数/人	43	132	175
	百分比/%	2.2	12.3	5.7
本科	人数/人	32	192	224
	百分比/%	1.6	18.0	7.3
研究生	人数/人	8	33	41
	百分比/%	0.4	3.1	1.3
总计	人数/人	1981	1069	3050
	百分比/%	100	100	100
Pearson 卡方检验结果		$\chi^2=672.082$，$p=0.000$		

表 5-20 城乡家庭间户主的学历差异的 Z 检验结果（$N=3050$）

家庭户主的学历	Z	p
初中及以下	21.928	0.000
高中（含中专）	−6.940	0.000
专科	−11.531	0.000
本科	−16.511	0.000
研究生	−6.139	0.000

根据人力资本代际传递理论可知，文化资本越丰富的家庭，通过资本传承，其子女积累的文化资本也就越多。户主作为一家之主，其学历体现了一个家庭的特征。户主的受教育程度是家庭文化资本的重要体现，户主受教育程度越高，对子女的教育期望值就越高，那么希望子女接受高等教育的意愿就更加强烈。因为户主从自身经历中认识到知识的价值与作用，为了让子女少走弯路，会更加注重对子女的高等教育。但是如果户主自身文化程度不高的话，可能不能很好地指导子女的学业，而且还可能存在"读书无用"的观念，导致子女接受高等教育需求的弱化。户主的学历对子女的高等教育需求具有重要影响。

实证研究表明，城乡家庭之间的经济资本、社会资本和文化资本存在显著差异，分别表现在家庭年纯收入的差异，户主职业、亲戚朋友的职业与文化水平的差异，以及户主的学历差异。家庭资本是影响家庭高等教育需求的重要因素，城乡家庭资本的差异必然会引起家庭高等教育需求的差异。

二、城乡家庭高等教育总体需求差异

城乡家庭高等教育总需求情况见表 5-21。对城乡家庭高等教育总需求进行交又列表的 Pearson 卡方检验，表明城乡家庭在高等教育总需求上不存在显著差异，城乡家庭对高等教育的需求高度一致，均对高等教育有着强烈的需求。

表 5-21 城乡家庭间高等教育总体需求统计及卡方检验结果（N=3050）

高等教育需求		户籍		总计
		农村	城市	
不读大学	人数/人 百分比/%	21 1.1	5 0.5	26 0.9
读大学	人数/人 百分比/%	1960 98.9	1064 99.5	3024 99.1
总计	人数/人 百分比/%	1981 100	1069 100	3050 100
Pearson 卡方检验结果		$\chi^2=2.882$，$p=0.090$		

三、城乡家庭高等教育区域需求差异

根据前文分析，高等教育区域需求分为国内外高校需求、不同经济发展水平地区所在高校需求与不同行政级别地区所在高校需求三个维度。调查分析表明，城乡家庭在这 3 个维度上的需求均存在显著差异。

1. 城乡家庭间国内外高校需求差异显著

伴随着高等教育国际化的发展，以及人们生活水平的提高、思想观念的转变，家庭高等教育区域需求呈现多样化。城乡家庭的国内外高校区域需求情况见表5-22、表 5-23，城乡家庭的"港澳台高校"需求不存在显著差异；城乡家庭在"内地高校"与"国外高校"需求上存在显著差异，农村家庭选择"内地高校"的比例高于城市家庭，选择"国外高校"的比例低于城市家庭。

表 5-22 城乡家庭的国内外高校需求统计及卡方检验结果（N=3024）

国内外高校需求		户籍		总计
		农村	城市	
内地高校	人数/人 百分比/%	1812 92.4	912 85.7	2724 90.1
港澳台高校	人数/人 百分比/%	52 2.7	34 3.2	86 2.8
国外高校	人数/人 百分比/%	96 4.9	118 11.1	214 7.1

续表

国内外高校需求		户籍		总计
		农村	城市	
总计	人数/人	1960	1064	3024
	百分比/%	100	100	100
Pearson 卡方检验结果		$\chi^2=41.552$, $p=0.000$		

表 5-23　城乡家庭高等教育区域需求差异的 Z 检验结果（N：农村=1960，城市=1064）

国内外高校	Z	p
内地高校	5.916	0.000
港澳台高校	−0.857	0.391
国外高校	−6.341	0.000

（1）不同经济资本的城乡家庭在国内外高校需求上存在显著差异

根据表 5-24 的卡方检验结果，对国内外高校需求关系进行卡方检验，其中"港澳台高校"需求的 p 值大于 0.05，表明年纯收入不同的家庭在"港澳台高校"需求上不存在显著差异；"内地高校"需求与"国外高校"需求的 p 值小于 0.05，其 Z 检验的 p 值见表 5-25。

不同年纯收入的家庭在"内地高校"需求上存在显著差异，其中"低收入组"与"中等收入组"家庭在"内地高校"的需求上不存在显著差异，其他经济收入组家庭之间在"内地高校"的需求上存在显著差异，"高收入组"家庭的"内地高校"需求比例低于其他收入组的家庭。

不同年纯收入的家庭在"国外高校"需求上存在显著差异，其中"低收入组"与"中等收入组"家庭在"国外高校"的需求上不存在显著差异，其他家庭收入组之间在"国外高校"的需求上存在显著差异，"高收入组"家庭的"国外高校"需求比例高于其他收入组的家庭。

表 5-24　家庭年纯收入与国内外高校需求关系统计及卡方检验结果（N=3024）

家庭年纯收入		内地高校	港澳台高校	国外高校	合计
低收入组	户数/户	1695	45	86	1826
（X<4 万元）	百分比/%	92.8	2.5	4.7	100
中等收入组	户数/户	595	22	40	657
（4≤X<8 万元）	百分比/%	90.6	3.3	6.1	100
高收入组	户数/户	434	19	88	541
（X≥8 万元）	百分比/%	80.2	3.5	16.3	100
合计	户数/户	2724	86	214	3024
	百分比/%	90.1	2.8	7.1	100
Pearson 卡方检验结果		$\chi^2=89.665$, $p=0.000$			

表 5-25　家庭年纯收入与国内外高校需求关系的 Z 检验结果（N =3024）

比较项	内地高校	p	国外高校	p
1/2	1.858	0.063	−1.381	0.167
1/3	8.562	0.000	−9.046	0.000
2/3	5.117	0.000	−5.675	0.000

注：1：低收入组（X<4 万元）；2：中等收入组（4≤X<8 万元）；3：高收入组（X≥8 万元）。1/2 即低收入组（X<4 万元）与中等收入组（4≤X<8 万元）进行比较，以此类推，下同

（2）不同社会资本的城乡家庭在国内外高校需求上存在显著差异

户主职业、亲戚朋友职业与学历是衡量家庭社会资本的主要指标，调查显示，它们与家庭的国内外高校需求均存在关系。

一是户主职业不同的家庭在国内外高校需求上存在显著差异。根据表 5-26 的卡方检验结果，对国内外高校需求关系进行卡方检验，其中"内地高校"需求的 p 值大于 0.05，表明户主职业不同的家庭在"内地高校"需求上不存在显著差异；"港澳台高校"需求与"国外高校"需求的 p 值小于 0.05，其 Z 检验的 p 值见表 5-27。

户主职业不同的家庭在"港澳台高校"需求上存在显著差异，户主的职业为"农民（工）"与"公务员与事业单位人员"之间、"农民（工）"与"其他（自由职业或无业）"之间、"个体户"与"公务员与事业单位人员"之间、"个体户"与"其他（自由职业或无业）"之间的家庭在"港澳台高校"的需求上存在显著差异，户主为其他职业的家庭之间在"港澳台高校"的需求上不存在显著差异。

表 5-26　户主的职业与家庭国内外高校需求关系统计及卡方检验结果（N=3024）

家庭户主的职业		内地高校	港澳台高校	国外高校	合计
农民（工）	人数/人	479	9	19	507
	百分比/%	94.5	1.8	3.7	100
个体户	人数/人	526	9	51	586
	百分比/%	89.8	1.5	8.7	100
企业员工	人数/人	905	28	36	969
	百分比/%	93.4	2.9	3.7	100
公务员与事业单位人员	人数/人	488	25	83	596
	百分比/%	81.9	4.2	13.9	100
其他（自由职业或无业）	人数/人	326	15	25	366
	百分比/%	89.1	4.1	6.8	100
合计	人数/人	2724	86	214	3024
	百分比/%	90.1	2.8	7.1	100
Pearson 卡方检验结果		χ^2=83.333，p=0.000			

表 5-27 户主的职业与家庭国内外高校需求关系的 Z 检验结果（N=3024）

比较项	港澳台高校	p	国外高校	p
1/2	0.31	0.757	−3.337	0.001
1/3	−1.301	0.193	0.031	0.975
1/4	−2.317	0.021	−5.816	0.000
1/5	−2.071	0.038	−2.055	0.040
2/3	−1.697	0.090	4.147	0.000
2/4	−2.734	0.006	−2.832	0.005
2/5	−2.454	0.014	1.037	0.300
3/4	−1.386	0.166	−7.4	0.000
3/5	−1.116	0.264	−2.432	0.015
4/5	0.073	0.942	3.385	0.001

注：1：农民（工），2：个体户，3：企业员工，4：公务员与事业单位人员，5：其他（自由职业或无业）

户主职业不同的家庭在"国外高校"需求上存在显著差异，户主的职业为"农民（工）"与"企业员工"之间、"个体户"与"其他（自由职业或无业）"之间的家庭在"国外高校"的需求上不存在显著差异，户主为其他职业的家庭之间在"国外高校"的需求上存在显著差异，其中户主职业是"公务员与事业单位人员"家庭的"国外高校"需求比例高于其他家庭。

二是亲戚朋友的职业不同的家庭在国内外高校需求上存在显著差异。根据表 5-28 的卡方检验结果，对国内外高校需求关系进行卡方检验，其中"内地高校"需求、"港澳台高校"需求的 p 值大于 0.05，表明亲戚朋友的职业不同的家庭在"内地高校"需求、"港澳台高校"需求上不存在显著差异；"国外高校"需求的 p 值小于 0.05，其 Z 检验的 p 值见表 5-29。

亲戚朋友的职业不同的家庭在"国外高校"需求上存在显著差异，亲戚朋友的职业为"农民（工）"与"个体户"之间、"农民（工）"与"企业员工"之间、"农民（工）"与"公务员与事业单位人员"之间、"公务员与事业单位人员"与"其他（自由职业或无业）"之间的家庭在"国外高校"的需求上存在显著差异，亲戚朋友为其他职业的家庭之间在"国外高校"的需求上不存在显著差异。

表 5-28 亲戚朋友的职业与家庭国内外高校需求关系统计及卡方检验结果（N=3024）

亲戚朋友的职业		内地高校	港澳台高校	国外高校	合计
农民（工）	人数/人	878	27	43	948
	百分比/%	92.6	2.8	4.5	100
个体户	人数/人	903	26	86	1015
	百分比/%	89.0	2.6	8.5	100
企业员工	人数/人	407	15	35	457
	百分比/%	89.1	3.3	7.7	100

续表

亲戚朋友的职业		内地高校	港澳台高校	国外高校	合计
公务员与事业单位人员	人数/人	313	11	38	362
	百分比/%	86.5	3.0	10.5	100
其他（自由职业或无业）	人数/人	223	7	12	242
	百分比/%	92.1	2.9	5.0	100
合计	人数/人	2724	86	214	3024
	百分比/%	90.1	2.8	7.1	100
Pearson 卡方检验结果		$\chi^2=21.336$, $p=0.006$			

表 5-29　亲戚朋友的职业与家庭国内外高校需求关系的 Z 检验结果（N=3024）

比较项	国外高校	p
1/2	−3.518	0.000
1/3	−2.395	0.017
1/4	−4.006	0.000
1/5	−0.280	0.780
2/3	0.526	0.599
2/4	−1.155	0.248
2/5	1.832	0.067
3/4	−1.416	0.157
3/5	1.356	0.175
4/5	2.421	0.015

注：1：农民（工），2：个体户，3：企业员工，4：公务员与事业单位人员，5：其他（自由职业或无业）

三是亲戚朋友的文化水平不同的家庭在国内外高校需求上存在显著差异。根据表 5-30 的卡方检验结果，对国内外高校需求关系进行卡方检验，其中"港澳台高校"需求的 p 值大于 0.05，表明亲戚朋友的文化水平不同的家庭在"港澳台高校"需求上不存在显著差异；"内地高校"需求、"国外高校"需求的 p 值小于 0.05，其 Z 检验的 p 值见表 5-31。

亲戚朋友的文化水平不同的家庭在"内地高校"需求上存在显著差异，亲戚朋友的文化水平在"初中及以下"与"高中（含中专）"之间、"专科"与"本科"之间的家庭对"内地高校"的需求不存在显著差异，亲戚朋友为其他文化水平的家庭间在"内地高校"的需求上存在显著差异，其中亲戚朋友的文化水平为"研究生"的家庭"内地高校"需求比例低于其他文化水平的家庭。

亲戚朋友的文化水平不同的家庭在"国外高校"需求上存在显著差异，亲戚朋友的文化水平在"初中及以下"与"高中（含中专）"之间、"专科"与"本科"之间的家庭在"国外高校"的需求上不存在显著差异，亲戚朋友的其他文化水平之间的家庭在"国外高校"的需求上存在显著差异，其中亲戚朋友的文化水平为

"研究生"的家庭"国外高校"需求比例高于其他文化水平的家庭。

表 5-30 亲戚朋友的文化水平与家庭国内外高校需求关系统计及卡方检验结果（N=3024）

亲戚朋友的文化水平		内地高校	港澳台高校	国外高校	合计
初中及以下	人数/人	1302	36	70	1408
	百分比/%	92.5	2.6	5.0	100
高中（含中专）	人数/人	1015	28	59	1102
	百分比/%	92.1	2.5	5.4	100
专科	人数/人	184	13	26	223
	百分比/%	82.5	5.8	11.7	100
本科	人数/人	209	9	41	259
	百分比/%	80.7	3.5	15.8	100
研究生	人数/人	14	0	18	32
	百分比/%	43.8	0.0	56.3	100
合计	人数/人	2724	86	214	3024
	百分比/%	90.1	2.8	7.1	100
Pearson 卡方检验结果		$\chi^2=179.437$，$p=0.000$			

表 5-31 亲戚朋友的文化水平与家庭国内外高校需求关系的 Z 检验结果（N=3024）

比较项	内地高校	p	国外高校	p
1/2	0.342	0.732	−0.430	0.667
1/3	4.856	0.000	−3.942	0.000
1/4	5.981	0.000	−6.442	0.000
1/5	9.715	0.000	−11.975	0.000
2/3	4.454	0.000	−3.505	0.000
2/4	5.492	0.000	−5.815	0.000
2/5	9.303	0.000	−11.282	0.000
3/4	0.512	0.608	−1.320	0.187
3/5	4.922	0.000	−6.243	0.000
4/5	4.659	0.000	−5.365	0.000

注：1：初中及以下，2：高中（含中专），3：专科，4：本科，5：研究生

（3）文化资本不同的城乡家庭在国内外高校需求上存在显著差异

户主的学历体现了家庭文化资本，它与家庭国内外高校需求关系密切相关。根据表 5-32 的卡方检验结果，"内地高校"需求、"港澳台高校"需求的 p 值大于 0.05，表明户主学历不同的家庭在"内地高校"需求、"港澳台高校"需求上不存在显著差异；"国外高校"需求的 p 值小于 0.05，其 Z 检验的 p 值见表 5-33。

户主学历不同的家庭在"国外高校"需求上存在显著差异，户主的学历在"初中及以下"与"高中（含中专）"之间、"专科"与"本科"之间的家庭在"国外

高校"需求上不存在显著差异，户主其他学历层次之间的家庭在"国外高校"的需求上存在显著差异，其中户主学历是"研究生"的家庭"国外高校"需求比例高于其他学历的家庭。

表 5-32　户主的学历与家庭国内外高校需求关系统计及卡方检验结果（N=3024）

家庭户主学历		内地高校	港澳台高校	国外高校	总计
初中及以下	人数/人	1476	44	87	1607
	百分比/%	91.8	2.7	5.4	100
高中（含中专）	人数/人	890	24	65	979
	百分比/%	90.9	2.5	6.6	100
专科	人数/人	145	9	21	175
	百分比/%	82.9	5.1	12.0	100
本科	人数/人	189	7	28	224
	百分比/%	84.4	3.1	12.5	100
研究生	人数/人	24	2	13	39
	百分比/%	61.5	5.1	33.3	100
总计	人数/人	2724	86	214	3024
	百分比/%	90.1	2.8	7.1	100
Pearson 卡方检验结果		$\chi^2=70.447$, $p=0.000$			

表 5-33　户主的学历与家庭国内外高校需求关系的 Z 检验结果（N=3024）

比较项	国外高校	p
1/2	−1.285	0.199
1/3	−3.468	0.001
1/4	−4.095	0.000
1/5	−7.212	0.000
2/3	−2.487	0.013
2/4	−2.963	0.003
2/5	−6.146	0.000
3/4	−0.151	0.880
3/5	−3.296	0.001
4/5	−3.310	0.001

注：1：初中及以下，2：高中（含中专），3：专科，4：本科，5 研究生

2. 城乡家庭在不同经济发展水平地区的高校需求上存在显著差异

区域高等教育需求不仅包括国内外高校的需求，也包括对不同经济发展水平地区的高校需求和不同行政级别地区的高校需求。表 5-34、表 5-35 显示，城乡家庭在"经济落后地区的高校"需求上不存在显著差异。

城乡家庭在"经济欠发达地区的高校"需求上存在显著差异，农村家庭的需求比例高于城市家庭。

城乡家庭在"经济发达地区的高校"需求上存在显著差异，城市家庭的需求比例高于农村家庭。

表 5-34　城乡家庭对不同经济发展水平地区的高校需求统计及卡方检验结果（N=3024）

不同经济发展水平地区的高校需求		户籍		总计
		农村	城市	
经济落后地区的高校	户数/户 百分比/%	34 1.7	16 1.5	50 1.7
经济欠发达地区的高校	户数/户 百分比/%	355 18.1	111 10.4	466 15.4
经济发达地区的高校	户数/户 百分比/%	1571 80.2	937 88.1	2508 82.9
总计	户数/户 百分比/%	1960 100	1064 100	3024 100
Pearson 卡方检验结果		$\chi^2=31.821$，$p=0.000$		

表 5-35　城乡家庭对不同经济发展水平地区的高校需求的 Z 检验结果（N：农村=1960，城市=1064）

不同经济发展水平地区的高校	Z	p
经济落后地区的高校	0.476	0.634
经济欠发达地区的高校	5.586	0.000
经济发达地区的高校	−5.522	0.000

（1）经济资本不同的城乡家庭在不同经济发展水平地区的高校需求上存在显著差异

年纯收入不同的家庭在不同经济发展水平地区的高校需求上存在显著差异。根据表 5-36 的卡方检验结果，"经济落后地区的高校"需求、"经济发达地区的高校"需求的 p 值大于 0.05，表明年纯收入不同的家庭在"经济落后地区的高校"需求、"经济发达地区的高校"需求上不存在显著差异；"经济欠发达地区的高校"需求的 p 值小于 0.05，其 Z 检验的 p 值见表 5-37。

年纯收入不同的家庭在"经济欠发达地区的高校"需求上存在显著差异，年纯收入在"低收入组"与"中等收入组"之间的家庭在"经济欠发达地区的高校"需求上不存在显著差异，其他收入组之间的家庭在"经济欠发达地区的高校"需求上存在显著差异，其中"高收入组"家庭对"经济欠发达地区的高校"需求比例低于其他收入组的家庭。

表 5-36　家庭年纯收入与不同经济发展水平地区的高校需求关系统计及卡方检验结果（N=3024）

家庭年纯收入		经济落后地区的高校	经济欠发达地区的高校	经济发达地区的高校	合计
低收入组（$X<4$ 万元）	户数/户	33	322	1471	1826
	百分比/%	1.8	17.6	80.6	100
中等收入组（$4\leqslant X<8$ 万元）	户数/户	10	102	545	657
	百分比/%	1.5	15.5	83.0	100
高收入组（$X\geqslant 8$ 万元）	户数/户	7	42	492	541
	百分比/%	1.3	7.8	90.9	100
合计	户数/户	50	466	2508	3024
	百分比/%	1.7	15.4	82.9	100
Pearson 卡方检验结果		$\chi^2=32.574$，$p=0.000$			

表 5-37　家庭年纯收入与不同经济发展水平地区的高校需求关系的 Z 检验结果（N=3024）

比较项	经济欠发达地区的高校	p
1/2	1.232	0.218
1/3	5.590	0.000
2/3	4.111	0.000

注：1：低收入组（$X<4$ 万元），2：中等收入组（$4\leqslant X<8$ 万元），3：高收入组（$X\geqslant 8$ 万元）

（2）社会资本不同的城乡家庭在不同经济发展水平地区所在高校需求上存在显著差异

一是户主职业不同的家庭在不同经济发展水平地区的高校需求上存在显著差异。根据表 5-38 的卡方检验结果，其中"经济发达地区的高校"需求的 p 值大于 0.05，表明户主职业不同的家庭在"经济发达地区的高校"需求上不存在显著差异；"经济落后地区的高校"需求、"经济欠发达地区的高校"需求的 p 值小于 0.05，其 Z 检验的 p 值见表 5-39。

户主职业不同的家庭在"经济落后地区的高校"需求上存在显著差异，户主职业在"农民（工）"与"个体户"之间、"农民（工）"与"企业员工"之间、"农民（工）"与"公务员与事业单位人员"之间、"个体户"与"其他（自由职业或无业）"之间、"公务员与事业单位人员"与"其他（自由职业或无业）"之间的家庭在"经济落后地区的高校"需求上存在显著差异，户主为其他职业的家庭之间在"经济落后地区的高校"需求上不存在显著差异。

户主职业不同的家庭在"经济欠发达地区的高校"需求上存在显著差异，户主职业在"农民（工）"与"企业员工"之间、"农民（工）"与"其他（自由职业或无业）"之间、"个体户"与"公务员与事业单位人员"之间、"企业员工"与"其他（自由职业或无业）"之间的家庭在"经济欠发达地区的高校"需求上不存在显著差异，户主其他职业之间的家庭在"经济欠发达地区的高校"需求上存在显著差异。

表 5-38　户主的职业与家庭对不同经济发展水平地区的高校需求关系统计及卡方检验结果

（*N*=3024）

家庭户主的职业		经济落后地区的高校	经济欠发达地区的高校	经济发达地区的高校	合计
农民（工）	人数/人	22	104	381	507
	百分比/%	4.3	20.5	75.1	100
个体户	人数/人	4	69	513	586
	百分比/%	0.7	11.8	87.5	100
企业员工	人数/人	11	173	785	969
	百分比/%	1.1	17.9	81.0	100
公务员与事业单位人员	人数/人	4	58	534	596
	百分比/%	0.7	9.7	89.6	100
其他（自由职业或无业）	人数/人	9	62	295	366
	百分比/%	2.5	16.9	80.6	100
合计	人数/人	50	466	2508	3024
	百分比/%	1.7	15.4	82.9	100
Pearson 卡方检验结果		χ^2=71.391，*p*=0.000			

表 5-39　户主的职业与家庭对不同经济发展水平地区的高校需求 Z 检验结果（*N*=3024）

比较项	经济落后地区	*p*	经济欠发达地区	*p*
1/2	3.956	0.000	3.947	0.000
1/3	3.954	0.000	1.243	0.214
1/4	4.002	0.000	5.041	0.000
1/5	1.481	0.139	1.327	0.184
2/3	−0.885	0.376	−3.204	0.001
2/4	0.024	0.981	1.134	0.257
2/5	−2.297	0.022	−2.251	0.024
3/4	0.915	0.360	4.399	0.000
3/5	−1.776	0.076	0.391	0.696
4/5	−2.332	0.020	−3.285	0.001

注：1：农民（工），2：个体户，3：企业员，4：公务员与事业单位人，5：其他（自由职业或无业）

　　二是亲戚朋友的职业不同的家庭在不同经济发展水平地区的高校需求上存在显著差异。根据表 5-40 的卡方检验结果，"经济发达地区的高校"需求的 *p* 值大于 0.05，表明亲戚朋友职业不同的家庭在"经济发达地区的高校"需求上不存在显著差异；"经济落后地区的高校"需求、"经济欠发达地区的高校"需求的 *p* 值小于 0.05，其 Z 检验的 *p* 值见表 5-41。

　　亲戚朋友职业不同的家庭在"经济落后地区的高校"需求上存在显著差异，

亲戚朋友的职业在"农民（工）"与"个体户"之间、"农民（工）"与"公务员与事业单位人员"之间、"农民（工）"与"其他（自由职业或无业）"之间的家庭在"经济落后地区的高校"需求上存在显著差异，亲戚朋友为其他职业的家庭之间在"经济落后地区的高校"需求上不存在显著差异。

亲戚朋友职业不同的家庭在"经济欠发达地区的高校"需求上存在显著差异，亲戚朋友的职业在"农民（工）"与"个体户"之间、"农民（工）"与"企业员工"之间、"农民（工）"与"公务员与事业单位人员"之间的家庭在"经济欠发达地区的高校"需求上存在显著差异，亲戚朋友为其他职业的家庭之间在"经济欠发达地区的高校"需求上不存在显著差异。

亲戚朋友职业不同的家庭在"经济发达地区的高校"需求上不存在显著差异。

表 5-40　亲戚朋友的职业与家庭对不同经济发展水平地区的高校需求关系统计及卡方检验结果（N=3024）

亲戚朋友的职业		经济落后地区的高校	经济欠发达地区的高校	经济发达地区的高校	合计
农民（工）	人数/人	28	192	728	948
	百分比/%	3.0	20.3	76.8	100
个体户	人数/人	16	141	858	1015
	百分比/%	1.6	13.9	84.5	100
企业员工	人数/人	7	53	397	457
	百分比/%	1.5	11.6	86.9	100
公务员与事业单位人员	人数/人	2	41	319	362
	百分比/%	0.6	11.3	88.1	100
其他（自由职业或无业）	人数/人	1	39	202	242
	百分比/%	0.4	16.1	83.5	100
合计	人数/人	54	466	2504	3024
	百分比/%	1.8	15.4	82.8	100
Pearson 卡方检验结果		\multicolumn{4}{c}{$\chi^2=44.211$, $p=0.000$}		

表 5-41　亲戚朋友的职业与家庭对不同经济发展水平地区的高校需求关系 Z 检验结果（N=3024）

比较项	经济落后地区	p	经济欠发达地区	p
1/2	2.06	0.039	3.753	0.000
1/3	1.602	0.109	4.006	0.000
1/4	2.598	0.009	3.779	0.000
1/5	2.288	0.022	1.452	0.146
2/3	0.064	0.949	1.204	0.229
2/4	1.472	0.141	1.237	0.216
2/5	1.408	0.159	−0.888	0.375
3/4	1.335	0.182	0.121	0.904
3/5	1.323	0.186	−1.681	0.093
4/5	0.239	0.811	−1.702	0.089

注：1：农民（工），2：个体户，3：企业员工，4：公务员与事业单位人员，5：其他（自由职业或无业）

　　三是亲戚朋友文化水平不同的家庭在不同经济发展水平地区的高校需求上存在显著差异。根据表 5-42 的卡方检验结果，对不同经济发展水平地区的高校需求关系进行卡方检验表明，"经济落后地区的高校"需求、"经济欠发达地区的高校"需求与"经济发达地区的高校"需求的 p 值小于 0.05，其 Z 检验的 p 值见表 5-43。

　　亲戚朋友文化水平不同的家庭在"经济落后地区的高校"需求上存在显著差异，家庭亲戚朋友的文化水平在"初中及以下"与"研究生"之间、"高中（含中专）"与"研究生"之间、"专科"与"研究生"之间、"本科"与"研究生"之间的家庭在"经济落后地区的高校"需求上存在显著差异，亲戚朋友为其他文化水平的家庭间在"经济落后地区的高校"需求上不存在显著差异。

　　亲戚朋友文化水平不同的家庭在"经济欠发达地区的高校"需求上存在显著差异，家庭亲戚朋友的文化水平在"初中及以下"与"高中（含中专）"之间、"初中及以下"与"专科"之间、"初中及以下"与"本科"之间、"初中及以下"与"研究生"之间的家庭在"经济欠发达地区的高校"需求上存在显著差异，亲戚朋友的其他文化水平之间的家庭在"经济欠发达地区的高校"需求上不存在显著差异，其中亲戚朋友的文化水平为"初中及以下"的家庭对"经济欠发达地区的高校"的需求比例高于其他文化水平的家庭。

　　亲戚朋友文化水平不同的家庭在"经济发达地区的高校"需求上存在显著差异，家庭亲戚朋友的文化水平在"初中及以下"与"高中（含中专）"之间、"初中及以下"与"专科"之间、"初中及以下"与"本科"之间的家庭对"经济发达地区的高校"需求存在显著差异，亲戚朋友为其他文化水平的家庭之间在"经济发达地区的高校"需求上不存在显著差异。

表 5-42　亲戚朋友的文化水平与家庭对不同经济发展水平地区的高校需求关系统计及卡方检验结果（N=3024）

亲戚朋友的文化水平		经济落后地区的高校	经济欠发达地区的高校	经济发达地区的高校	合计
初中及以下	人数/人 百分比/%	30 2.1	295 21.0	1083 76.9	1408 100
高中（含中专）	人数/人 百分比/%	16 1.5	127 11.5	959 87.0	1102 100
专科	人数/人 百分比/%	3 1.3	21 9.4	199 89.2	223 100
本科	人数/人 百分比/%	2 0.8	22 8.5	235 90.7	259 100
研究生	人数/人 百分比/%	3 9.4	1 3.1	28 87.5	32 100
合计	人数/人 百分比/%	54 1.8	466 15.4	2504 82.8	3024 100
Pearson 卡方检验结果		$\chi^2=80.334$，$p=0.000$			

表 5-43　亲戚朋友的文化水平与家庭对不同经济发展水平地区的高校需求关系 *Z* 检验结果
（*N*=3024）

比较项	经济落后地区	*p*	经济欠发达地区	*p*	经济发达地区	*p*
1/2	1.258	0.208	6.267	0.000	−6.451	0.000
1/3	0.774	0.439	4.049	0.000	−4.168	0.000
1/4	1.464	0.143	4.695	0.000	−5.023	0.000
1/5	−2.708	0.007	2.468	0.014	−1.41	0.159
2/3	0.122	0.903	0.911	0.362	−0.909	0.364
2/4	0.862	0.389	1.405	0.160	−1.638	0.102
2/5	−3.442	0.001	1.48	0.139	−0.079	0.937
3/4	0.619	0.536	0.354	0.723	−0.547	0.584
3/5	−2.802	0.005	1.185	0.236	0.294	0.769
4/5	−3.533	0.000	1.062	0.288	0.585	0.558

注：1：初中及以下，2：高中（含中专），3：专科，4：本科，5：研究生

（3）文化资本不同的城乡家庭在不同经济发展水平地区所在高校需求上存在显著差异

根据表 5-44 的卡方检验结果，对不同经济发展水平地区的高校需求关系进行卡方检验，其中"经济落后地区的高校"需求、"经济发达地区的高校"需求的 *p* 值大于 0.05，表明户主学历不同的家庭在"经济落后地区的高校"需求、"经济欠发达地区的高校"需求上不存在显著差异；"经济欠发达地区的高校"需求的 *p* 值小于 0.05，其 *Z* 检验的 *p* 值见表 5-45。

户主学历不同的家庭在"经济欠发达地区的高校"需求上存在显著差异，户主的学历在"初中及以下"与"高中（含中专）"之间、"初中及以下"与"专科"之间、"初中及以下"与"本科"之间、"高中（含中专）"与"专科"之间、"高中（含中专）"与"专科"之间的家庭在"经济欠发达地区的高校"需求上存在显著差异，户主为其他学历的家庭之间在"经济欠发达地区的高校"需求上不存在显著差异。

表 5-44　户主的学历与不同经济发展水平地区的高校需求关系统计及卡方检验结果（*N*=3024）

家庭户主学历		经济落后地区的高校	经济欠发达地区的高校	经济发达地区的高校	总计
初中及以下	人数/人	32	307	1268	1607
	百分比/%	2.0	19.1	78.9	100
高中（含中专）	人数/人	12	132	835	979
	百分比/%	1.2	13.5	85.3	100
专科	人数/人	1	12	162	175
	百分比/%	0.6	6.9	92.6	100
本科	人数/人	4	11	209	224
	百分比/%	1.8	4.9	93.3	100
研究生	人数/人	1	4	34	39
	百分比/%	2.6	10.3	87.2	100

续表

家庭户主学历		经济落后地区 的高校	经济欠发达地区 的高校	经济发达地区 的高校	总计
总计	人数/人	50	466	2508	3024
	百分比/%	1.7	15.4	82.9	100
Pearson 卡方检验结果		$\chi^2=53.992$，$p=0.000$			

表 5-45　户主的学历与不同经济发展水平地区的高校需求关系 Z 检验结果（N=3024）

	经济欠发达地区	p
1/2	3.693	0.000
1/3	4.013	0.000
1/4	5.253	0.000
1/5	1.395	0.163
2/3	2.443	0.015
2/4	3.576	0.000
2/5	0.581	0.561
3/4	0.828	0.408
3/5	−0.730	0.465
4/5	−1.329	0.184

注：1：初中及以下，2：高中（含中专），3：专科，4：本科，5：研究生

3. 城乡家庭不同行政级别地区所在高校需求差异显著

表 5-46、表 5-47 表明，城乡家庭对不同行政级别地区高校的需求存在显著差异，城乡家庭在"地级及以下城市的高校"需求上存在显著差异，其中农村家庭的需求比例高于城市家庭。

城乡家庭在"省会城市的高校"需求上不存在显著差异。

城乡家庭在"首都北京的高校"需求上不存在显著差异。

表 5-46　城乡家庭对不同行政级别地区的高校需求统计及卡方检验结果（N=3024）

不同行政级别地区的高校需求		户籍		总计
		农村	城市	
地级及以下城市的高校	人数/人	109	31	140
	百分比/%	5.6	2.9	4.6
省会城市的高校	人数/人	1477	819	2296
	百分比/%	75.4	77.0	75.9
首都北京的高校	人数/人	374	214	588
	百分比/%	19.1	20.1	19.4
总计	人数/人	1960	1064	3024
	百分比/%	100	100	100
Pearson 卡方检验结果		$\chi^2=11.057$，$p=0.004$		

表 5-47 城乡家庭对不同行政级别地区的高校需求 *Z* 检验结果（*N*=3024）

不同行政级别地区的高校	*Z*	*p*
地级及以下城市的高校	3.309	0.001
省会城市的高校	−0.993	0.321
首都北京的高校	−0.684	0.494

（1）经济资本不同的城乡家庭在不同行政级别地区所在高校需求上存在显著差异

根据表 5-48 的卡方检验结果，"省会城市的高校"需求的 *p* 值大于 0.05，表明年纯收入不同的家庭在"省会城市的高校"需求上不存在显著差异；"地级及以下城市的高校"需求、"首都北京的高校"需求的 *p* 值小于 0.05，其 *Z* 检验的 *p* 值见表 5-49。

年纯收入不同的家庭在"地级及以下城市的高校"需求上存在显著差异，年纯收入为"低收入组"与"中等收入组"之间的家庭在"地级及以下城市的高校"需求上不存在显著差异，其他年纯收入组的家庭之间在"地级及以下城市的高校"需求上存在显著差异，其中"高收入组"的家庭对"地级及以下城市的高校"的需求比例低于其他收入组的家庭。

年纯收入不同的家庭在"首都北京的高校"需求上存在显著差异，年纯收入为"低收入组"与"中等收入组"之间的家庭在"首都北京的高校"需求上不存在显著差异，其他年纯收入组的家庭之间在"首都北京的高校"需求上存在显著差异，其中"高收入组"的家庭对"首都北京的高校"的需求比例高于其他收入组的家庭。

表 5-48 家庭年纯收入与不同行政级别地区的高校需求关系统计及卡方检验结果（*N*=3024）

家庭年纯收入		地级及以下城市的高校	省会城市的高校	首都北京的高校	合计
低收入组 （*X*<4 万元）	户数/户 百分比/%	101 5.5	1382 75.7	343 18.8	1826 100
中等收入组 （4 万≤*X*<8 万元）	户数/户 百分比/%	29 4.4	512 77.9	116 17.7	657 100
高收入组 （*X*≥8 万元）	户数/户 百分比/%	10 1.8	402 74.3	129 23.8	541 100
合计	户数/户 百分比/%	140 4.6	2296 75.9	580 19.4	3024 100
Pearson 卡方检验结果		χ^2=19.737，*p*=0.001			

表 5-49　家庭年纯收入与不同行政级别地区的高校需求关系 Z 检验结果（$N=3024$）

比较项	地级及以下城市的高校	p	首都北京的高校	p
1/2	1.102	0.270	0.639	0.523
1/3	3.559	0.000	−2.587	0.010
2/3	2.490	0.013	−2.643	0.008

注：1：低收入组（$X<4$ 万元），2：中等收入组（$4 \leq X<8$ 万元），3：高收入组（$X \geq 8$ 万元）

（2）社会资本不同的城乡家庭在不同行政级别地区所在高校需求上存在显著差异

一是户主职业不同的家庭在不同行政级别地区的高校需求上存在显著差异。根据表 5-50 的卡方检验结果，"省会城市的高校"需求的 p 值大于 0.05，表明户主职业不同的家庭在"省会城市的高校"需求上不存在显著差异；"地级及以下城市的高校"需求、"首都北京的高校"需求的 p 值小于 0.05，其 Z 检验的 p 值见表 5-51。

户主职业不同的家庭在"地级及以下城市的高校"需求上存在显著差异，户主职业在"个体户"与"企业员工"之间、"个体户"与"其他（自由职业或无业）"之间、"企业员工"与"其他（自由职业或无业）"之间的家庭在"地级及以下城市的高校"需求上不存在显著差异，户主的其他职业之间的家庭在"地级及以下城市的高校"需求上存在显著差异，其中户主职业为"农民（工）"的家庭的"地级及以下城市的高校"需求比例高于其他职业的家庭。

户主职业不同的家庭在"首都北京的高校"需求上存在显著差异，户主职业在"农民（工）"与"公务员与事业单位人员"之间、"个体户"与"公务员与事业单位人员"之间、"企业员工"与"公务员与事业单位人员"之间、"公务员与事业单位人员"与"其他（自由职业或无业）"之间的家庭在"首都北京的高校"需求上存在显著差异，户主的其他职业之间的家庭在"首都北京的高校"需求上不存在显著差异，其中户主职业为"公务员与事业单位人员"的家庭的"首都北京的高校"需求比例高于其他职业的家庭。

表 5-50　户主的职业与家庭对不同行政级别地区的高校需求关系统计及卡方检验结果（$N=3024$）

家庭户主的职业		地级及以下城市的高校	省会城市的高校	首都北京的高校	合计
农民（工）	人数/人	46	362	99	507
	百分比/%	9.1	71.4	19.5	100
个体户	人数/人	28	453	105	586
	百分比/%	4.8	77.3	17.9	100
企业员工	人数/人	40	770	159	969
	百分比/%	4.1	79.5	16.4	100

家庭户主的职业		地级及以下城市的高校	省会城市的高校	首都北京的高校	合计
公务员与事业单位人员	人数/人	11	432	153	596
	百分比/%	1.8	72.5	25.7	100
其他（自由职业或无业）	人数/人	15	279	72	366
	百分比/%	4.1	76.2	19.7	100
合计	人数/人	140	2296	588	3024
	百分比/%	4.6	75.9	19.4	100
Pearson 卡方检验结果		$\chi^2=53.613$，$p=0.000$			

表 5-51　户主的职业与家庭对不同行政级别地区的高校需求 Z 检验结果（N=3024）

比较项	地级及以下城市的高校	p	首都北京的高校	p
1/2	2.818	0.005	0.681	0.496
1/3	3.851	0.000	1.498	0.134
1/4	5.404	0.000	-2.422	0.015
1/5	2.845	0.004	-0.053	0.957
2/3	0.608	0.543	0.768	0.442
2/4	2.822	0.005	-3.226	0.001
2/5	0.491	0.623	-0.677	0.499
3/4	2.469	0.014	-4.454	0.000
3/5	0.024	0.981	-1.406	0.16
4/5	-2.092	0.036	2.134	0.033

注：1：农民（工），2：个体户，3：企业员工，4：公务员与事业单位人，5：其他（自由职业或无业）

　　二是亲戚朋友职业不同的家庭在不同行政级别地区的高校需求上存在显著差异。根据表 5-52 的卡方检验结果，"省会城市的高校"需求的 p 值大于 0.05，表明亲戚朋友职业不同的家庭在"省会城市的高校"需求上不存在显著差异；"地级及以下城市的高校"需求、"首都北京的高校"需求的 p 值小于 0.05，其 Z 检验的 p 值见表 5-53。

　　亲戚朋友职业不同的家庭在"地级及以下城市的高校"需求上存在显著差异，亲戚朋友的职业为"农民（工）"与"个体户"之间、"农民（工）"与"企业员工"之间、"农民（工）"与"公务员与事业单位人员"之间、"个体户"与"企业员工"之间、"企业员工"与"其他（自由职业或无业）"之间的家庭在"地级及以下城市的高校"需求上存在显著差异，亲戚朋友为其他职业的家庭之间在"地级及以下城市的高校"需求上不存在显著差异。

　　亲戚朋友职业不同的家庭在"首都北京的高校"需求上存在显著差异，亲戚朋友的职业为"农民（工）"与"个体户"之间、"个体户"与"企业员工"之间、

"个体户"与"公务员与事业单位人员"之间、"公务员与事业单位人员"与"其他（自由职业或无业）"之间的家庭在"首都北京的高校"需求上存在显著差异，亲戚朋友为其他职业的家庭之间在"首都北京的高校"需求上不存在显著差异。

表 5-52　亲戚朋友的职业与家庭对不同行政级别地区的高校需求关系统计及卡方检验结果（N=3024）

亲戚朋友的职业		地级及以下城市的高校	省会城市的高校	首都北京的高校	合计
农民（工）	人数/人 百分比/%	66 7.0	679 71.6	203 21.4	948 100
个体户	人数/人 百分比/%	43 4.2	807 79.5	165 16.3	1015 100
企业员工	人数/人 百分比/%	8 1.8	353 77.2	96 21.0	457 100
公务员与事业单位人员	人数/人 百分比/%	10 2.8	268 74.0	84 23.2	362 100
其他（自由职业或无业）	人数/人 百分比/%	13 5.4	189 78.1	40 16.5	242 100
合计	人数/人 百分比/%	140 4.6	2296 75.9	588 19.4	3024 100
Pearson 卡方检验结果		χ^2=38.586，p=0.000			

表 5-53　亲戚朋友的职业与家庭对不同行政级别地区的高校需求关系 Z 检验结果（N=3024）

比较项	地级及以下城市的高校	p	首都北京的高校	p
1/2	2.635	0.008	2.926	0.003
1/3	4.097	0.000	0.175	0.861
1/4	2.908	0.004	−0.701	0.483
1/5	0.887	0.375	1.682	0.092
2/3	2.413	0.016	−2.208	0.027
2/4	1.252	0.211	−2.949	0.003
2/5	−0.769	0.442	−0.103	0.918
3/4	−0.981	0.327	−0.754	0.451
3/5	−2.668	0.008	1.423	0.155
4/5	−1.642	0.101	1.99	0.047

注：1：农民（工），2：个体户，3：企业员工，4：公务员与事业单位人，5：其他（自由职业或无业）

三是亲戚朋友文化水平不同的家庭对不同行政级别地区的高校需求存在显著性。根据表 5-54 的卡方检验结果，"省会城市的高校"需求、"首都北京的高校"需求的 p 值大于 0.05，表明亲戚朋友文化水平不同的家庭在"省会城市的高校"需求、"首都北京的高校"需求上不存在显著差异；"地级及以下城市的高校"需求的 p

值小于 0.05，其 Z 检验的 p 值见表 5-55。

亲戚朋友文化水平不同的家庭在"地级及以下城市的高校"需求上存在显著差异，亲戚朋友的文化水平为"初中及以下"与"高中（含中专）"之间、"初中及以下"与"专科"之间的家庭在"地级及以下城市的高校"需求上存在显著差异，亲戚朋友为其他文化水平的家庭之间在"地级及以下城市的高校"需求上不存在显著差异。

表 5-54 亲戚朋友的文化水平与家庭对不同行政级别地区的高校需求关系统计及卡方检验结果（N=3024）

亲戚朋友的文化水平		地级及以下城市的高校	省会城市的高校	首都北京的高校	合计
初中及以下	人数/人	83	1055	270	1408
	百分比/%	5.9	74.9	19.2	100
高中（含中专）	人数/人	37	872	193	1102
	百分比/%	3.4	79.1	17.5	100
专科	人数/人	5	163	55	223
	百分比/%	2.2	73.1	24.7	100
本科	人数/人	13	183	63	259
	百分比/%	5.0	70.7	24.3	100
研究生	人数/人	2	23	7	32
	百分比/%	6.3	71.9	21.9	100
合计	人数/人	140	2296	588	3024
	百分比/%	4.6	75.9	19.4	100
Pearson 卡方检验结果		χ^2=23.216, p=0.003			

表 5-55 亲戚朋友的文化水平与家庭对不同行政级别地区的高校需求关系 Z 检验结果（N=3024）

比较项	地级及以下城市的高校	p
1/2	2.957	0.003
1/3	2.243	0.025
1/4	0.556	0.578
1/5	−0.084	0.933
2/3	0.867	0.386
2/4	−1.279	0.201
2/5	−0.885	0.376
3/4	−1.603	0.109
3/5	−1.298	0.194
4/5	−0.297	0.766

注：1：初中及以下，2：高中（含中专），3：专科，4：本科，5：研究生

（3）文化资本不同的城乡家庭在不同行政级别地区所在高校需求上存在显著差异

根据表 5-56 的卡方检验结果，"省会城市的高校"需求的 p 值大于 0.05，表明户主学历不同的家庭在"省会城市的高校"需求上不存在显著差异；"地级及以下城市的高校"需求、"首都北京的高校"需求的 p 值小于 0.05，其 Z 检验的 p 值见表 5-57。

户主学历不同的家庭在"地级及以下城市的高校"需求上存在显著差异，户主学历为"初中及以下"与"高中（含中专）"之间、"初中及以下"与"专科"之间、"初中及以下"与"本科"之间的家庭在"地级及以下城市的高校"需求上存在显著差异，户主为其他学历的家庭之间在"地级及以下城市的高校"需求上不存在显著差异。

户主学历不同的家庭在"首都北京的高校"需求上存在显著差异，户主学历为"初中及以下"与"专科"之间、"初中及以下"与"本科"之间、"初中及以下"与"研究生"之间、"高中（含中专）"与"专科"之间、"高中（含中专）"与"本科"之间、"高中（含中专）"与"研究生"之间的家庭在"首都北京的高校"需求上存在显著差异，户主为其他学历的家庭之间在"首都北京的高校"需求上不存在显著差异。

表 5-56　户主的学历与不同行政级别地区的高校需求关系统计及卡方检验结果（N=3024）

家庭户主学历		地级及以下城市的高校	省会城市的高校	首都北京的高校	总计
初中及以下	人数/人	94	1210	303	1607
	百分比/%	5.8	75.3	18.9	100
高中（含中专）	人数/人	38	772	169	979
	百分比/%	3.9	78.9	17.3	100
专科	人数/人	3	124	48	175
	百分比/%	1.7	70.9	27.4	100
本科	人数/人	3	166	55	224
	百分比/%	1.3	74.1	24.6	100
研究生	人数/人	2	24	13	39
	百分比/%	5.1	61.5	33.3	100
总计	人数/人	140	2296	588	3024
	百分比/%	4.6	75.9	19.4	100
Pearson 卡方检验结果		χ^2=33.062，p=0.000			

表 5-57　户主的学历与不同行政级别地区的高校需求关系 Z 检验结果（N=3024）

比较项	地级及以下城市的高校	p	首都北京的高校	p
1/2	2.205	0.027	1.017	0.309

续表

比较项	地级及以下城市的高校	p	首都北京的高校	p
1/3	2.290	0.022	−2.708	0.007
1/4	2.823	0.005	−2.015	0.044
1/5	0.190	0.849	−2.268	0.023
2/3	1.427	0.154	−3.170	0.002
2/4	1.892	0.059	−2.529	0.011
2/5	−0.393	0.694	−2.569	0.010
3/4	0.305	0.760	0.651	0.515
3/5	−1.276	0.202	−0.739	0.460
4/5	−1.599	0.110	−1.156	0.248

注：1：初中及以下，2：高中（含中专），3：专科，4：本科，5：研究生

四、城乡家庭高等教育类型需求差异

对于高校的分类，不同的学者可以按照不同的标准进行划分。本书按照高校的人才培养目标定位及学科属性两个维度进行分类。按学科属性分类，是指将高校分为综合类、文科类、理工类等；按高校的人才培养目标定位分类，主要是指按人才培养类型划分，本科层次的高校分为应用型和学术型本科高校两类，专科层次的高校分为高等职业技术学院和高等专科学校两类。城乡家庭高等教育类型需求包括城乡家庭对不同学科类型的高校需求、不同本科类型的需求与专科类型的需求三类。

1. 城乡家庭在不同学科类型的高校需求上不存在显著差异

城乡家庭对不同类型高校的需求如表5-58所示，表明城乡家庭对不同类别高校的需求不存在显著差异。

表5-58　城乡家庭对不同类型的高校需求统计及卡方检验结果（$N=3024$）

不同类别的高校需求		户籍		总计
		农村	城市	
农林类高校	人数/人	26	9	35
	百分比/%	1.3	0.8	1.2
文科类高校	人数/人	708	354	1062
	百分比/%	36.1	33.3	35.1
理工类高校	人数/人	247	147	394
	百分比/%	12.6	13.8	13.0

续表

不同类别的高校需求		户籍		总计
		农村	城市	
医学类高校	人数/人 百分比/%	188 9.6	102 9.6	290 9.6
综合类高校	人数/人 百分比/%	242 12.3	148 13.9	390 12.9
其他（艺术类、军校等）	人数/人 百分比/%	549 28.0	304 28.6	853 28.2
总计	人数/人 百分比/%	1960 100	1064 100	3024 100
Pearson卡方检验结果		$\chi^2=5.136$，$p=0.399$		

2. 城乡家庭对不同类型本科高校的需求存在显著差异

为了进一步了解城乡家庭对不同类型高校的需求，本书又对本科高校和专科高校分别统计分析。表5-59、表5-60显示，城乡家庭在"应用型本科高校"与"学术型本科高校"的需求上存在显著差异，农村家庭的"应用型本科高校"需求比例高于城市家庭，而"学术型本科高校"的需求比例低于城市家庭。

表 5-59　城乡家庭对不同类型的本科高校需求统计及卡方检验结果（N=3024）

本科高校类型需求		户籍		总计
		农村	城市	
应用型本科高校	人数/人 百分比/%	732 37.3	277 26.0	1009 33.4
学术型本科高校	人数/人 百分比/%	1059 54.0	688 64.7	1747 57.8
其他	人数/人 百分比/%	169 8.6	99 9.3	268 8.9
总计	人数/人 百分比/%	1960 100	1064 100	3024 100
Pearson 卡方检验结果		$\chi^2=40.306$，$p=0.000$		

表 5-60　城乡家庭对不同类型的本科高校需求 Z 检验结果（N=3024）

不同类型的本科高校	Z	p
应用型本科高校	6.301	0.000
学术型本科高校	−5.652	0.000
其他	−0.630	0.529

（1）经济资本不同的城乡家庭在不同类型的本科高校需求上存在显著差异

根据表 5-61 的卡方检验结果，"应用型本科高校"需求、"学术型本科高校"需求的 p 值小于 0.05，其 Z 检验的 p 值见表 5-62。

年纯收入不同的家庭在"应用型本科高校"的需求上存在显著差异，年纯收入为"中等收入组"与"高收入组"的家庭在"应用型本科高校"的需求上不存在显著差异，其他年纯收入组的家庭之间在"应用型本科高校"的需求上存在显著差异，其中"低收入组"家庭的"应用型本科高校"需求比例高于其他收入组的家庭。

年纯收入不同的家庭在"学术型本科高校"的需求上存在显著差异，年纯收入为"中等收入组"与"高收入组"的家庭在"学术型本科高校"的需求上不存在显著差异，其他年纯收入组的家庭之间在"学术型本科高校"的需求上存在显著差异，其中"低收入组"家庭的"学术型本科高校"需求比例低于其他收入组的家庭。

表 5-61　家庭年纯收入与不同类型的本科高校需求关系统计及卡方检验结果（N=3024）

家庭年纯收入		应用型本科高校	学术型本科高校	其他	合计
低收入组 （X<4 万元）	户数/户	679	995	152	1826
	百分比/%	37.2	54.5	8.3	100
中等收入组 （4 万≤X<8 万元）	户数/户	180	417	60	657
	百分比/%	27.4	63.5	9.1	100
高收入组 （X≥8 万元）	户数/户	150	335	56	541
	百分比/%	27.7	61.9	10.4	100
合计	户数/户	1009	1747	268	3024
	百分比/%	33.4	57.8	8.9	100
Pearson 卡方检验结果		χ^2=30.867，p=0.000			

表 5-62　家庭年纯收入与不同类型的本科高校需求 Z 检验结果（N=3024）

比较项	应用型本科高校	p	学术型本科高校	p
1/2	4.523	0.000	−3.985	0.000
1/3	4.051	0.000	−3.06	0.002
2/3	−0.127	0.899	0.552	0.581

注：1：低收入组（X<4 万元），2：中等收入组（4 万≤X<8 万元），3：高收入组（X≥8 万元）

（2）社会资本不同的城乡家庭在不同类型的本科高校需求上存在显著差异

一是户主职业不同的家庭在不同类型的本科高校需求上存在显著差异。根据表 5-63 的卡方检验结果，"应用型本科高校"需求、"学术型本科高校"需求的 p 值小于 0.05，其 Z 检验的 p 值见表 5-64。

　　户主职业不同的家庭在"应用型本科高校"的需求上存在显著差异，户主的职业为"个体户"与"公务员与事业单位人员"之间、"个体户"与"其他（自由职业或无业）"之间、"公务员与事业单位人员"与"其他（自由职业或无业）"之间的家庭在"应用型本科高校"的需求上不存在显著差异，户主为其他职业的家庭之间在"应用型本科高校"的需求上存在显著差异，其中户主职业为"农民（工）"家庭的"应用型本科高校"的需求比例高于其他职业的家庭。

　　户主职业不同的家庭在"学术型本科高校"的需求上存在显著差异，户主的职业为"个体户"与"公务员与事业单位人员"之间、"个体户"与"其他（自由职业或无业）"之间、"企业员工"与"其他（自由职业或无业）"之间的家庭在"学术型本科高校"的需求上不存在显著差异，户主为其他职业的家庭之间在"学术型本科高校"的需求上存在显著差异，其中户主职业为"农民（工）"家庭的"学术型本科高校"的需求比例低于其他职业的家庭。

表 5-63　户主的职业与家庭对不同类型本科高校的需求关系统计及卡方检验结果（N=3024）

家庭户主的职业		应用型本科高校	学术型本科高校	其他	合计
农民（工）	人数/人	226	239	42	507
	百分比/%	44.6	47.1	8.3	100
个体户	人数/人	169	362	55	586
	百分比/%	28.8	61.8	9.4	100
企业员工	人数/人	364	536	69	969
	百分比/%	37.6	55.3	7.1	100
公务员与事业单位人员	人数/人	145	400	51	596
	百分比/%	24.3	67.1	8.6	100
其他（自由职业或无业）	人数/人	105	210	51	366
	百分比/%	28.7	57.4	13.9	100
合计	人数/人	1009	1747	268	3024
	百分比/%	33.4	57.8	8.9	100
Pearson 卡方检验结果		$\chi^2=80.748$, $p=0.000$			

表 5-64　户主的职业与家庭对不同类型本科高校的需求 Z检验结果（N=3024）

比较项	应用型本科高校	p	学术型本科高校	p	其他	p
1/2	5.401	0.000	−4.850	0.000	−0.639	0.523
1/3	2.611	0.009	−2.987	0.003	0.805	0.421
1/4	7.093	0.000	−6.697	0.000	−0.163	0.871
1/5	4.774	0.000	−2.986	0.003	−2.670	0.008
2/3	−3.513	0.000	2.499	0.012	1.598	0.110
2/4	1.756	0.079	−1.918	0.055	0.499	0.618
2/5	0.050	0.960	1.348	0.178	−2.171	0.030

比较项	应用型本科高校	p	学术型本科高校	p	其他	p
3/4	5.427	0.000	−4.623	0.000	−1.037	0.300
3/5	3.030	0.002	−0.677	0.498	−3.883	0.000
4/5	−1.497	0.134	3.044	0.002	−2.630	0.009

注：1：农民（工），2：个体户，3：企业员工，4：公务员与事业单位人员，5：其他（自由职业或无业）

二是亲戚朋友职业不同的家庭在不同类型的本科高校需求上存在显著差异。根据表 5-65 的卡方检验结果，"应用型本科高校"需求、"学术型本科高校"需求的 p 值小于 0.05，其 Z 检验的 p 值见表 5-66。

亲戚朋友职业不同的家庭在"应用型本科高校"的需求上存在显著差异，亲戚朋友的职业为"个体户"与"企业员工"之间、"个体户"与"其他（自由职业或无业）"之间、"企业员工"与"其他（自由职业或无业）"之间的家庭在"应用型本科高校"需求上不存在显著差异，亲戚朋友为其他职业的家庭之间在"应用型本科高校"的需求上存在显著差异，其中亲戚朋友的职业为"农民（工）"的家庭的"应用型本科高校"的需求比例高于"公务员与事业单位人员"的家庭。

亲戚朋友职业不同的家庭在"学术型本科高校"的需求上存在显著差异，亲戚朋友的职业为"农民（工）"与"其他（自由职业或无业）"之间、"个体户"与"企业员工"之间的家庭在"学术型本科高校"的需求上不存在显著差异，亲戚朋友为其他职业的家庭之间在"学术型本科高校"的需求上存在显著差异，其中亲戚朋友的职业为"公务员与事业单位人员"的家庭的"学术型本科高校"的需求比例高于其他家庭。

表 5-65　亲戚朋友的职业与家庭对不同类型本科高校的需求关系统计及卡方检验结果（N=3024）

亲戚朋友的职业		应用型本科高校	学术型本科高校	其他	合计
农民（工）	人数/人	409	464	75	948
	百分比/%	43.1	48.9	7.9	100
个体户	人数/人	298	636	81	1015
	百分比/%	29.4	62.7	8.0	100
企业员工	人数/人	146	272	39	457
	百分比/%	31.9	59.5	8.5	100
公务员与事业单位人员	人数/人	83	255	24	362
	百分比/%	22.9	70.4	6.6	100
其他（自由职业或无业）	人数/人	73	120	49	242
	百分比/%	30.2	49.6	20.2	100
合计	人数/人	1009	1747	268	3024
	百分比/%	33.4	57.8	8.9	100
Pearson 卡方检验结果		χ^2=114.320，p=0.000			

表 5-66　亲戚朋友的职业与家庭对不同类型本科高校的需求 Z 检验结果（N=3024）

比较项	应用型本科高校	p	学术型本科高校	p	其他	p
1/2	6.357	0.000	−6.118	0.000	−0.056	0.955
1/3	4.022	0.000	−3.718	0.000	−0.400	0.689
1/4	6.756	0.000	−6.992	0.000	0.785	0.433
1/5	3.671	0.000	−0.178	0.859	−5.606	0.000
2/3	−1.001	0.317	1.147	0.251	−0.359	0.719
2/4	2.348	0.019	−2.660	0.008	0.831	0.406
2/5	−0.247	0.805	3.733	0.000	−5.632	0.000
3/4	2.856	0.004	−3.241	0.001	1.016	0.310
3/5	0.483	0.629	2.517	0.012	−4.442	0.000
4/5	−1.991	0.046	5.177	0.000	−5.031	0.000

注：1：农民（工），2：个体户，3：企业员工，4：公务员与事业单位人，5：其他（自由职业或无业）

三是亲戚朋友文化水平不同的家庭在不同类型的本科高校需求上存在显著差异。根据表 5-67 的卡方检验结果，"应用型本科高校"需求、"学术型本科高校"需求的 p 值小于 0.05，其 Z 检验的 p 值见表 5-68。

亲戚朋友文化水平不同的家庭在"应用型本科高校"的需求上存在显著差异，亲戚朋友的文化水平为"初中及以下"与"研究生"之间、"高中（含中专）"与"专科"之间、"高中（含中专）"与"研究生"之间、"专科"与"研究生"之间的家庭在"应用型本科高校"的需求上不存在显著差异，亲戚朋友为其他文化水平的家庭之间在"应用型本科高校"的需求上存在显著差异。

亲戚朋友文化水平不同的家庭在"学术型本科高校"的需求上存在显著差异，亲戚朋友的文化水平为"初中及以下"与"高中（含中专）"之间、"初中及以下"与"专科"之间、"初中及以下"与"本科"之间、"高中（含中专）"与"专科"之间、"高中（含中专）"与"本科"之间的家庭在"学术型本科高校"的需求上存在显著差异，亲戚朋友为其他文化水平的家庭之间在"学术型本科高校"的需求上不存在显著差异。

表 5-67　亲戚朋友的文化水平与家庭对不同类型本科高校的需求关系统计及卡方检验结果（N=3024）

亲戚朋友的文化水平		应用型本科高校	学术型本科高校	其他	合计
初中及以下	人数/人	533	741	134	1408
	百分比/%	37.9	52.6	9.5	100
高中（含中专）	人数/人	364	647	91	1102
	百分比/%	33.0	58.7	8.3	100
专科	人数/人	60	155	8	223
	百分比/%	26.9	69.5	3.6	100

续表

亲戚朋友的文化水平		应用型本科高校	学术型本科高校	其他	合计
本科	人数/人	41	186	32	259
	百分比/%	15.8	71.8	12.4	100
研究生	人数/人	11	18	3	32
	百分比/%	34.4	56.3	9.4	100
合计	人数/人	1009	1747	268	3024
	百分比/%	33.4	57.8	8.9	100
Pearson 卡方检验结果		$\chi^2=67.708$, $p=0.000$			

表 5-68　亲戚朋友的文化水平与家庭对不同类型本科高校的需求 Z 检验结果（N=3024）

比较项	应用型本科高校	p	学术型本科高校	p	其他	p
1/2	2.503	0.012	−3.042	0.002	1.096	0.273
1/3	3.158	0.002	−4.707	0.000	2.918	0.004
1/4	6.856	0.000	−5.712	0.000	−1.402	0.161
1/5	0.402	0.688	−0.406	0.685	0.027	0.978
2/3	1.788	0.074	−3.008	0.003	2.419	0.016
2/4	5.448	0.000	−3.894	0.000	−2.070	0.038
2/5	−0.159	0.873	0.279	0.780	−0.226	0.821
3/4	2.979	0.003	−0.555	0.579	−3.479	0.001
3/5	−0.882	0.378	1.501	0.133	−1.507	0.132
4/5	−2.583	0.010	1.814	0.070	0.489	0.625

注：1：初中及以下，2：高中（含中专），3：专科，4：本科，5：研究生

（3）文化资本不同的城乡家庭在不同类型的本科高校需求上存在显著差异

根据表 5-69 的卡方检验结果，"应用型本科高校"需求、"学术型本科高校"需求的 p 值小于 0.05，其 Z 检验的 p 值见表 5-70。

户主学历不同的家庭在"应用型本科高校"的需求上存在显著差异，亲戚朋友的文化水平为"初中及以下"与"高中（含中专）"之间、"初中及以下"与"专科"之间、"初中及以下"与"本科"之间、"初中及以下"与"研究生"之间、"高中（含中专）"与"本科"之间的家庭在"应用型本科高校"的需求上存在显著差异，户主为其他学历的家庭之间在"应用型本科高校"的需求上不存在显著差异，其中户主的学历为"初中及以下"的家庭的"应用型本科高校"的需求比例高于其他学历层次的家庭。

户主学历不同的家庭在"学术型本科高校"的需求上存在显著差异，户主的学历为"高中（含中专）"与"研究生"之间、"专科"与"本科"之间、"专科"与"研究生"之间、"本科"与"研究生"之间的家庭在"学术型本科高校"的需

求上不存在显著差异，户主为其他学历的家庭之间在"学术型本科高校"的需求上存在显著差异，其中户主的学历为"初中及以下"的家庭的"学术型本科高校"需求比例低于其他学历层次的家庭。

表 5-69　户主的学历与家庭对不同类型本科高校的需求关系统计及卡方检验结果（N=3024）

家庭户主的学历		应用型本科高校	学术型本科高校	其他	总计
初中及以下	人数/人	593	869	145	1607
	百分比/%	36.9	54.1	9.0	100
高中（含中专）	人数/人	312	578	89	979
	百分比/%	31.9	59.0	9.1	100
专科	人数/人	43	121	11	175
	百分比/%	24.6	69.1	6.3	100
本科	人数/人	54	150	20	224
	百分比/%	24.1	67.0	8.9	100
研究生	人数/人	7	29	3	39
	百分比/%	17.9	74.4	7.7	100
总计	人数/人	1009	1747	268	3024
	百分比/%	33.4	57.8	8.9	100
Pearson 卡方检验结果		$\chi^2=33.865$，$p=0.000$			

表 5-70　户主的学历与家庭对不同类型本科高校的需求关系的 Z 检验结果（N=3024）

比较项	应用型本科高校	p	学术型本科高校	p
1/2	2.602	0.009	−2.466	0.014
1/3	3.233	0.001	−3.809	0.000
1/4	3.753	0.000	−3.638	0.000
1/5	2.430	0.015	−2.514	0.012
2/3	1.927	0.054	−2.519	0.012
2/4	2.278	0.023	−2.189	0.029
2/5	1.838	0.066	−1.912	0.056
3/4	0.107	0.915	0.463	0.644
3/5	0.884	0.377	−0.643	0.520
4/5	0.841	0.400	−0.914	0.361

注：1：初中及以下，2：高中（含中专），3：专科，4：本科，5 研究生

3. 城乡家庭在不同类型的专科高校需求上存在显著差异

城乡家庭在"高等专科学校"与"高等职业技术学院"的需求上存在显著差异（见表 5-71、表 5-72），农村家庭的"高等专科学校"需求比例低于城市家庭，而对"高等职业技术学院"的需求比例高于城市家庭。

表 5-71 城乡家庭对不同类型专科高校的需求统计及卡方检验结果（N=3024）

专科高校类型需求		户籍		总计
		农村	城市	
高等专科学校	人数/人	770	498	1268
	百分比/%	39.3	46.8	41.9
高等职业技术学院	人数/人	957	445	1402
	百分比/%	48.8	41.8	46.4
其他	人数/人	233	121	354
	百分比/%	11.9	11.4	11.7
总计	人数/人	1960	1064	3024
	百分比/%	100	100	100
Pearson 卡方检验结果		$\chi^2=16.750$，$p=0.000$		

表 5-72 城乡家庭对不同类型专科高校的需求的 Z 检验结果（N：农村=1960，城市=1064）

不同类型的专科高校	Z	p
高等专科学校	−4.001	0.000
高等职业技术学院	3.688	0.000
其他	0.421	0.674

（1）经济资本不同的城乡家庭在不同类型的专科高校需求上存在显著差异

根据表 5-73 的卡方检验结果，"应用型本科高校"需求、"学术型本科高校"需求的 p 值大于 0.05。年纯收入不同的城乡家庭在不同类型的专科高校需求上存在显著差异，年纯收入不同的家庭在"高等专科学校"需求、"高等职业技术学院"需求上不存在显著差异。

表 5-73 家庭年纯收入与不同类型的专科高校需求关系统计及卡方检验结果（N=3024）

家庭年纯收入		高等专科学校	高等职业技术学院	其他	合计
低收入组	户数/户	763	872	191	1826
（X<4 万元）	百分比/%	41.8	47.8	10.5	100
中等收入组	户数/户	277	301	79	657
（4≤X<8 万元）	百分比/%	42.2	45.8	12.0	100
高收入组	户数/户	228	229	84	541
（X≥8 万元）	百分比/%	42.1	42.3	15.5	100
合计	户数/户	1268	1402	354	3024
	百分比/%	41.9	46.4	11.7	100
Pearson 卡方检验结果		$\chi^2=11.953$，$p=0.018$			

（2）社会资本不同的城乡家庭在不同类型的专科高校需求上存在显著差异

户主职业不同的家庭在不同类型的专科高校需求上存在显著差异。根据表 5-74 的卡方检验结果，"高等专科学校"需求的 p 值大于 0.05，"高等专科学校"需求与家庭户主的职业不存在显著差异；"高等职业技术学院"需求的 p 值小于 0.05，其 Z 检验的 p 值见表 5-75。

户主职业不同的家庭在"高等职业技术学院"需求上存在显著差异，户主的职业为"农民（工）"与"公务员与事业单位人员"之间、"个体户"与"企业员工"之间、"企业员工"与"公务员与事业单位人员"之间、"公务员与事业单位人员"与"其他（自由职业或无业）"之间的家庭在"高等职业技术学院"的需求上存在显著差异，户主为其他职业的家庭之间在"高等职业技术学院"需求上不存在显著差异。

表 5-74　户主的职业与不同类型的专科高校需求关系统计及卡方检验结果（N=3024）

家庭户主的职业		高等专科学校	高等职业技术学院	其他	合计
农民（工）	人数/人	213	236	58	507
	百分比/%	42.0	46.5	11.4	100
个体户	人数/人	257	251	78	586
	百分比/%	43.9	42.8	13.3	100
企业员工	人数/人	393	497	79	969
	百分比/%	40.6	51.3	8.2	100
公务员与事业单位人员	人数/人	271	241	84	596
	百分比/%	45.5	40.4	14.1	100
其他（自由职业或无业）	人数/人	134	177	55	366
	百分比/%	36.6	48.4	15.0	100
合计	人数/人	1268	1402	354	3024
	百分比/%	41.9	46.4	11.7	100
Pearson 卡方检验结果		χ^2=34.810，p=0.000			

表 5-75　户主的职业与不同人才培养类型的专科高校需求关系的 Z 检验结果（N=3024）

比较项	高等职业技术学院	p	其他	p
1/2	1.232	0.218	−0.934	0.350
1/3	−1.730	0.084	2.067	0.039
1/4	2.042	0.041	−1.312	0.190
1/5	−0.529	0.597	−1.558	0.119
2/3	−3.235	0.001	3.271	0.001
2/4	0.836	0.403	−0.392	0.695
2/5	−1.668	0.095	−0.743	0.457
3/4	4.177	0.000	−3.736	0.000
3/5	0.955	0.340	−3.729	0.000
4/5	−2.407	0.016	−0.400	0.689

注：1：农民（工），2：个体户，3：企业员工，4：公务员与事业单位人员，5：其他（自由职业或无业）

　　亲戚朋友职业不同的家庭在不同类型的专科高校的需求上存在显著差异。根据表 5-76 的卡方检验结果,对不同类型的专科高校需求关系进行卡方检验,"高等专科学校"需求的 p 值大于 0.05,亲戚朋友职业不同的家庭在"高等专科学校"需求上不存在显著差异;"高等职业技术学院"需求的 p 值小于 0.05,其 Z 检验的 p 值见表 5-77。

　　亲戚朋友职业不同的家庭在"高等职业技术学院"需求上存在显著差异,亲戚朋友的职业为"农民(工)"与"个体户"之间、"农民(工)"与"公务员与事业单位人员"之间、"农民(工)"与"其他(自由职业或无业)"之间、"个体户"与"公务员与事业单位人员"之间、"企业员工"与"公务员与事业单位人员"之间的家庭在"高等职业技术学院"需求上存在显著差异,亲戚朋友为其他职业的家庭之间在"高等职业技术学院"需求上不存在显著差异。

表 5-76　亲戚朋友的职业与家庭对不同类型专科高校的需求关系统计及卡方检验结果（N=3024）

亲戚朋友的职业		高等专科学校	高等职业技术学院	其他	合计
农民（工）	人数/人 百分比/%	376 39.7	490 51.7	82 8.6	948 100
个体户	人数/人 百分比/%	441 43.4	454 44.7	120 11.8	1015 100
企业员工	人数/人 百分比/%	186 40.7	214 46.8	57 12.5	457 100
公务员与事业单位人员	人数/人 百分比/%	176 48.6	137 37.8	49 13.5	362 100
其他（自由职业或无业）	人数/人 百分比/%	89 36.8	107 44.2	46 19.0	242 100
合计	人数/人 百分比/%	1268 41.9	1402 46.4	354 11.7	3024 100
Pearson 卡方检验结果		χ^2=39.453, p=0.000			

表 5-77　亲戚朋友的职业与家庭对不同人才培养类型专科高校的需求关系的 Z 检验结果（N=3024）

比较项	高等职业技术学院	p	其他	p
1/2	3.084	0.002	−2.312	0.021
1/3	1.707	0.088	−2.248	0.025
1/4	4.485	0.000	−2.636	0.008
1/5	2.075	0.038	−4.642	0.000
2/3	−0.748	0.454	−0.355	0.723
2/4	2.272	0.023	−0.853	0.394

续表

比较项	高等职业技术学院	p	其他	p
2/5	0.145	0.885	−2.967	0.003
3/4	2.580	0.010	−0.450	0.653
3/5	0.659	0.510	−2.319	0.020
4/5	−1.563	0.118	−1.810	0.070

注：1：农民（工），2：个体户，3：企业员工，4：公务员与事业单位人员，5：其他（自由职业或无业）

亲戚朋友文化水平不同的家庭在不同类型的专科高校的需求上存在显著差异。根据表 5-78 的卡方检验结果，"高等专科学校"需求、"高等职业技术学院"需求的 p 值大于 0.05，表明亲戚朋友文化水平不同的城乡家庭在"高等专科学校"需求与"高等职业技术学院"需求上不存在显著差异。

表 5-78　亲戚朋友的文化水平与家庭对不同类型的专科高校需求关系统计及卡方检验结果
（N=3024）

亲戚朋友的文化水平		高等专科学校	高等职业技术学院	其他	合计
初中及以下	人数/人	551	686	171	1408
	百分比/%	39.1	48.7	12.1	100
高中（含中专）	人数/人	500	506	96	1102
	百分比/%	45.4	45.9	8.7	100
专科	人数/人	103	87	33	223
	百分比/%	46.2	39.0	14.8	100
本科	人数/人	106	108	45	259
	百分比/%	40.9	41.7	17.4	100
研究生	人数/人	8	15	9	32
	百分比/%	25.0	46.9	28.1	100
合计	人数/人	1268	1402	354	3024
	百分比/%	41.9	46.4	11.7	100
Pearson 卡方检验结果		χ^2=39.479，p=0.000			

（3）文化资本不同的城乡家庭在不同类型的专科高校需求上存在显著差异

户主学历不同的家庭在不同类型的专科高校需求存在显著差异。根据表 5-79 的卡方检验结果，"高等专科学校"需求、"高等职业技术学院"需求的 p 值大于 0.05，表明户主学历不同的家庭在"高等专科学校"需求与"高等职业技术学院"需求上不存在显著差异。

表 5-79　户主的学历与不同类型的专科高校需求关系统计及卡方检验结果（N=3024）

家庭户主学历		高等专科学校	高等职业技术学院	其他	总计
初中及以下	人数/人	647	772	188	1607
	百分比/%	40.3	48.0	11.7	100

家庭户主学历		高等专科学校	高等职业技术学院	其他	总计
高中（含中专）	人数/人	443	444	92	979
	百分比/%	45.3	45.4	9.4	100
专科	人数/人	81	69	25	175
	百分比/%	46.3	39.4	14.3	100
本科	人数/人	85	101	38	224
	百分比/%	37.9	45.1	17.0	100
研究生	人数/人	12	16	11	39
	百分比/%	30.8	41.0	28.2	100
总计	人数/人	1268	1402	354	3024
	百分比/%	41.9	46.4	11.7	100
Pearson 卡方检验结果		χ^2=29.575, p=0.000			

五、城乡家庭高等教育形式需求差异

高等教育的形式主要是指高等教育的办学形式，是指举办和经营管理高校的体制机制的特定样式。办学体制强调办学主体，即由谁出资兴办高校，以此为标准，可以把我国高校分为公办和民办两种性质。另外，高等教育的办学形式也是多样化的，包括全日制、业余、函授、脱产、半脱产、不脱产等多种形式。

1. 城乡家庭对不同办学形式的高校需求不存在显著差异

表 5-80 显示，城乡家庭在不同办学形式的高校需求选择上都倾向于全日制的普通高校，比例占到了 83.0% 以上，检验表明城乡家庭在不同办学形式的高校需求上不存在显著差异。

表 5-80　城乡家庭对不同办学形式的高校需求统计及卡方检验结果（N=3024）

不同办学形式的高校需求		户籍		总计
		农村	城市	
成人高校	人数/人	140	60	200
	百分比/%	7.1	5.6	6.6
普通高校	人数/人	1636	895	2531
	百分比/%	83.5	84.1	83.7
无所谓	人数/人	184	109	293
	百分比/%	9.4	10.2	9.7
总计	人数/人	1960	1064	3024
	百分比/%	100	100	100
Pearson 卡方检验结果		χ^2=2.915, p=0.233		

2. 城乡家庭对不同办学性质高校的需求不存在显著差异

表 5-81 显示为城乡家庭对不同办学性质高校的需求的卡方检验结果，表明城乡家庭在不同办学性质的高校需求上不存在显著差异。

表 5-81　城乡家庭对不同办学性质的高校需求统计及卡方检验结果（N=3024）

不同性质的高校需求		户籍		总计
		农村	城市	
民办高校	人数/人 百分比/%	61 3.1	42 3.9	103 3.4
公办高校	人数/人 百分比/%	1681 85.8	878 82.5	2559 84.6
无所谓	人数/人 百分比/%	218 11.1	144 13.5	362 12.0
总计	人数/人 百分比/%	1960 100	1064 100	3024 100
Pearson 卡方检验结果		χ^2=5.621，p=0.060		

六、城乡家庭高等教育层次需求差异

1. 城乡家庭在不同学历层次需求上存在显著差异

高等教育的层次需求包括学历层次需求和高校层次需求两个方面。这里的学历层次需求是指父母希望子女接受高等教育的学历层次是专科、本科还是研究生。至于高校层次，主要分为三类：高职高专、一般本科高校、重点本科高校。城乡家庭对高等教育的学历层次需求差异如表 5-82、表 5-83 所示，城乡家庭在"专科"、"本科"与"研究生"的学历层次需求上均存在显著差异，农村家庭对"专科""本科"学历层次的需求比例高于城市家庭，而对"研究生"的学历层次需求比例低于城市家庭。

表 5-82　城乡家庭对子女不同学历层次的需求统计及卡方检验结果（N=3024）

学历层次需求		户籍		总计
		农村	城市	
专科	人数/人 百分比/%	121 6.2	43 4.0	164 5.4
本科	人数/人 百分比/%	1085 55.4	450 42.3	1535 50.8

续表

学历层次需求		户籍		总计
		农村	城市	
研究生	人数/人	754	571	1325
	百分比/%	38.5	53.7	43.8
总计	人数/人	1960	1064	3024
	百分比/%	100	100	100
Pearson 卡方检验结果		$\chi^2=65.312$，$p=0.000$		

表 5-83　城乡家庭对子女不同学历层次的需求的 Z 检验结果（N：农村=1960，城市=1064）

不同学历层次	Z	p
专科	2.472	0.013
本科	6.862	0.000
研究生	−8.043	0.000

（1）经济资本不同的城乡家庭在不同学历层次需求上存在显著差异

根据表 5-84 的卡方检验结果，"专科"需求、"本科"需求与"研究生"需求的 p 值小于 0.05，其 Z 检验的 p 值见表 5-85。

年纯收入不同的家庭在"专科"学历层次需求上存在显著差异，年纯收入为"中等收入组"与"高收入组"之间的家庭在"专科"学历层次的需求上不存在显著差异，其他年纯收入的家庭之间在"专科"学历层次的需求上存在显著差异，其中"低收入组"的家庭的"专科"学历层次需求比例高于其他收入组的家庭。

年纯收入不同的家庭在"本科"学历层次需求上存在显著差异，年纯收入为"低收入组"与"中等收入组"之间的家庭在"本科"学历层次的需求上不存在显著差异，其他年纯收入的家庭之间在"本科"学历层次的需求上存在显著差异，其中"高收入组"的家庭的"本科"学历层次需求比例低于其他收入组的家庭。

年纯收入不同的家庭在"研究生"学历层次需求上存在显著差异，其中"低收入组"的家庭对其需求比例低于"高收入组"的家庭。

表 5-84　家庭年纯收入与家庭子女学历层次需求关系统计及卡方检验结果（N=3024）

家庭年纯收入		专科	本科	研究生	合计
低收入组	户数/户	120	1005	701	1826
（X<4 万元）	百分比/%	6.6	55.0	38.4	100
中等收入组	户数/户	27	337	293	657
（4 万≤X<8 万元）	百分比/%	4.1	51.3	44.6	100
高收入组	户数/户	17	193	331	541
（X≥8 万元）	百分比/%	3.1	35.7	61.2	100
合计	户数/户	164	1535	1325	3024
	百分比/%	5.4	50.8	43.8	100
Pearson 卡方检验结果		$\chi^2=92.198$，$p=0.000$			

表 5-85　家庭年纯收入与家庭子女学历层次需求关系的 Z 检验结果（N=3024）

比较项	专科	p	本科	p	研究生	p
1/2	2.293	0.022	1.652	0.099	−2.784	0.005
1/3	3.000	0.003	7.912	0.000	−9.390	0.000
2/3	0.886	0.376	5.417	0.000	−5.719	0.000

注：1：低收入组（X<4 万元），2：中等收入组（4≤X<8 万元），3：高收入组（X≥8 万元）

（2）社会资本不同的城乡家庭在不同学历层次需求上存在显著差异

户主职业不同的家庭在子女学历层次需求存在显著差异。根据表 5-86 的卡方检验结果，"专科"需求、"本科"需求与"研究生"需求的 p 值小于 0.05，其 Z 检验的 p 值见表 5-87。

户主职业不同的家庭在"专科"学历层次需求上存在显著差异，户主职业为"农民（工）"与"个体户"之间、"农民（工）"与"公务员与事业单位人员"之间、"个体户"与"企业员工"之间、"企业员工"与"公务员与事业单位人员"之间、"公务员与事业单位人员"与"其他（自由职业或无业）"之间的家庭在"专科"学历层次的需求上存在显著差异，户主为其他职业的家庭之间在"专科"学历层次需求上不存在显著差异。

户主职业不同的家庭在"本科"学历层次需求上存在显著差异，户主职业为"农民（工）"与"企业员工"之间、"个体户"与"企业员工"之间、"个体户"与"其他（自由职业或无业）"之间的家庭在"本科"学历层次需求上不存在显著差异，户主为其他职业之间的家庭在"本科"学历层次需求上存在显著差异，其中户主职业为"公务员与事业单位人员"的家庭的"本科"学历层次需求比例低于其他学历层次的家庭。

户主职业不同的家庭在"研究生"学历层次需求上存在显著差异，户主职业为"农民（工）"与"企业员工"之间、"个体户"与"其他（自由职业或无业）"之间的家庭在"研究生"学历层次的需求上不存在显著差异，户主为其他职业的家庭之间在"研究生"学历层次需求上存在显著差异，其中户主职业为"公务员与事业单位人员"的家庭的"研究生"学历层次需求比例高于其他职业的家庭。

表 5-86　户主的职业与子女学历层次需求关系统计及卡方检验结果（N=3024）

家庭户主的职业		专科	本科	研究生	合计
农民（工）	人数/人	35	304	168	507
	百分比/%	6.9	60.0	33.1	100
个体户	人数/人	24	299	263	586
	百分比/%	4.1	51.0	44.9	100
企业员工	人数/人	64	538	367	969
	百分比/%	6.6	55.5	37.9	100

家庭户主的职业		专科	本科	研究生	合计
公务员与事业单位人员	人数/人	17	217	362	596
	百分比/%	2.9	36.4	60.7	100
其他（自由职业或无业）	人数/人	24	177	165	366
	百分比/%	6.6	48.4	45.1	100
合计	人数/人	164	1535	1325	3024
	百分比/%	5.4	50.8	43.8	100
Pearson 卡方检验结果		$\chi^2=112.208$, $p=0.000$			

表 5-87 户主的职业与子女学历层次需求关系的 Z 检验结果（N=3024）

比较项	专科	p	本科	p	研究生	p
1/2	2.049	0.041	2.963	0.003	−3.962	0.000
1/3	0.218	0.828	1.636	0.102	−1.798	0.072
1/4	3.164	0.002	7.808	0.000	−9.144	0.000
1/5	0.201	0.841	3.400	0.001	−3.586	0.000
2/3	−2.075	0.038	−1.724	0.085	2.727	0.006
2/4	1.168	0.243	5.065	0.000	−5.461	0.000
2/5	−1.689	0.091	0.799	0.424	−0.061	0.952
3/4	3.254	0.001	7.347	0.000	−8.805	0.000
3/5	0.031	0.975	2.340	0.019	−2.400	0.016
4/5	−2.762	0.006	−3.66	0.000	4.737	0.000

注：1：农民（工），2：个体户，3：企业员工，4：公务员与事业单位人员，5：其他（自由职业或无业）

亲戚朋友职业不同的家庭在子女学历层次需求上存在显著差异。根据表5-88的卡方检验结果，"专科"需求、"本科"需求与"研究生"需求的 p 值小于0.05，其 Z 检验的 p 值见表5-89。

亲戚朋友职业不同的家庭在"专科"学历层次需求上存在显著差异，亲戚朋友的职业为"农民（工）"与"企业员工"之间、"农民（工）"与"公务员与事业单位人员"之间、"个体户"与"企业员工"之间、"个体户"与"公务员与事业单位人员"之间的家庭在"专科"学历层次需求上存在显著差异，亲戚朋友为其他职业的家庭之间在"专科"学历层次需求上不存在显著差异。

亲戚朋友职业不同的家庭在"本科"学历层次需求上存在显著差异，亲戚朋友的职业为"农民（工）"与"其他（自由职业或无业）"之间、"个体户"与"企业员工"之间、"个体户"与"其他（自由职业或无业）"之间、"企业员工"与"其他（自由职业或无业）"之间的家庭在"本科"学历层次需求上不存在显著差异，亲戚朋友为其他职业之间的家庭在"本科"学历层次需求上存在显著差异，其中亲戚朋友的职业为"公务员与事业单位人员"的家庭的"本科"学历层次需求比例低于其他学历层次的家庭。

亲戚朋友职业不同的家庭在"研究生"学历层次需求上存在显著差异，亲戚朋友的职业为"农民（工）"与"其他（自由职业或无业）"之间、"个体户"与"企业员工"之间、"个体户"与"其他（自由职业或无业）"之间的家庭在"研究生"学历层次的需求上不存在显著差异，亲戚朋友为其他职业的家庭之间在"研究生"学历层次需求上存在显著差异，其中亲戚朋友的职业为"公务员与事业单位人员"的家庭的"研究生"学历层次需求比例高于其他学历层次的家庭。

表 5-88　亲戚朋友的职业与家庭子女学历层次需求关系统计及卡方检验结果（N=3024）

亲戚朋友的职业		专科	本科	研究生	合计
农民（工）	人数/人	65	547	336	948
	百分比/%	6.9	57.7	35.4	100
个体户	人数/人	62	504	449	1015
	百分比/%	6.1	49.7	44.2	100
企业员工	人数/人	13	225	219	457
	百分比/%	2.8	49.2	47.9	100
公务员与事业单位人员	人数/人	10	125	227	362
	百分比/%	2.8	34.5	62.7	100
其他（自由职业或无业）	人数/人	14	134	94	242
	百分比/%	5.8	55.4	38.8	100
合计	人数/人	164	1535	1325	3024
	百分比/%	5.4	50.8	43.8	100
Pearson 卡方检验结果		χ^2=91.922，p=0.000			

表 5-89　亲戚朋友的职业与家庭子女学历层次需求关系的 Z 检验结果（N=3024）

比较项	专科	p	本科	p	研究生	p
1/2	0.673	0.501	3.571	0.000	−3.974	0.000
1/3	3.077	0.002	2.988	0.003	−4.482	0.000
1/4	2.852	0.004	7.503	0.000	−8.914	0.000
1/5	0.598	0.550	0.653	0.513	−0.983	0.326
2/3	2.635	0.008	0.149	0.881	−1.314	0.189
2/4	2.455	0.014	4.960	0.000	−6.035	0.000
2/5	0.190	0.850	−1.598	0.110	1.522	0.128
3/4	0.071	0.944	4.224	0.000	−4.22	0.000
3/5	−1.919	0.055	−1.545	0.122	2.296	0.022
4/5	−1.864	0.062	−5.072	0.000	5.759	0.000

注：1：农民（工），2：个体户，3：企业员工，4：公务员与事业单位人员，5：其他（自由职业或无业）

亲戚朋友文化水平不同的家庭在子女学历层次需求上存在显著差异。根据表 5-90 的卡方检验结果，"专科"需求的 p 值大于 0.05，表明亲戚朋友文化水平不同的家庭在"专科"学历层次需求上不存在显著差异;"本科"需求与"研究生"需求的 p 值小于 0.05,其 Z 检验的 p 值见表 5-91。

亲戚朋友文化水平不同的家庭在"本科"学历层次需求上存在显著差异,亲戚朋友的文化水平为"专科"与"本科"之间、"专科"与"研究生"之间、"本科"与"研究生"之间的家庭在"本科"学历层次需求上不存在显著差异,亲戚朋友为其他文化水平的家庭之间在"本科"学历层次需求上存在显著差异,其中亲戚朋友文化水平为"初中及以下"的家庭的"本科"学历层次需求比例高于其他学历层次的家庭。

亲戚朋友文化水平不同的家庭在"研究生"学历层次需求上存在显著差异,亲戚朋友的文化水平为"专科"与"本科"之间、"专科"与"研究生"之间、"本科"与"研究生"之间的家庭在"研究生"学历层次的需求上不存在显著差异,亲戚朋友为其他文化水平的家庭之间在"研究生"学历层次需求上存在显著差异,其中亲戚朋友文化水平为"初中及以下"的家庭的"研究生"学历层次需求比例低于其他学历层次的家庭。

表 5-90 亲戚朋友的文化水平与家庭子女学历层次需求关系统计及卡方检验结果（ N=3024 ）

亲戚朋友的文化水平		专科	本科	研究生	合计
初中及以下	人数/人	87	789	532	1408
	百分比/%	6.2	56.0	37.8	100
高中（含中专）	人数/人	60	555	487	1102
	百分比/%	5.4	50.4	44.2	100
专科	人数/人	9	92	122	223
	百分比/%	4.0	41.3	54.7	100
本科	人数/人	7	91	161	259
	百分比/%	2.7	35.1	62.2	100
研究生	人数/人	1	8	23	32
	百分比/%	3.1	25.0	71.9	100
合计	人数/人	164	1535	1325	3024
	百分比/%	5.4	50.8	43.8	100
Pearson 卡方检验结果		χ^2=77.899, p=0.000			

表 5-91 亲戚朋友的文化水平与家庭子女学历层次需求关系的 Z 检验结果（ N=3024 ）

比较项	本科	p	研究生	p
1/2	2.829	0.005	−3.244	0.001
1/3	4.115	0.000	−4.791	0.000
1/4	6.193	0.000	−7.316	0.000
1/5	3.492	0.000	−3.918	0.000
2/3	2.481	0.013	−2.874	0.004
2/4	4.416	0.000	−5.211	0.000

续表

比较项	本科	p	研究生	p
2/5	2.829	0.005	−3.103	0.002
3/4	1.381	0.167	−1.657	0.097
3/5	1.761	0.078	−1.834	0.067
4/5	1.142	0.254	−1.075	0.282

注：1：初中及以下，2：高中（含中专），3：专科，4：本科，5：研究生

（3）文化资本不同的城乡家庭在不同学历层次需求上存在显著差异

根据表 5-92 的卡方检验结果，"专科"需求、"本科"需求与"研究生"需求的 p 值小于 0.05，其 Z 检验的 p 值见表 5-93。

户主学历不同的家庭在"专科"学历层次需求上存在显著差异，户主学历为"初中及以下"与"高中（含中专）"之间、"初中及以下"与"专科"之间、"初中及以下"与"本科"之间、"高中（含中专）"与"本科"之间的家庭在"专科"学历层次需求上存在显著差异，户主为其他学历层次的家庭之间在"专科"学历层次需求上不存在显著差异。

户主学历不同的家庭在"本科"学历层次需求上存在显著差异，户主学历为"专科"与"本科"之间、"本科"与"研究生"之间的家庭在"本科"学历层次需求上不存在显著差异，户主为其他学历层次之间的家庭在"本科"学历层次需求上存在显著差异，其中户主学历为"初中及以下"的家庭的"本科"学历层次需求比例高于其他学历层次的家庭。

户主学历不同的家庭在"研究生"学历层次需求上存在显著差异，户主学历为"专科"与"本科"之间、"本科"与"研究生"之间的家庭在"研究生"学历层次需求上不存在显著差异，户主为其他学历层次之间的家庭在"研究生"学历层次需求上存在显著差异，其中户主学历为"初中及以下"的家庭的"研究生"学历层次需求比例低于其他学历层次的家庭。

表 5-92　户主的学历与子女学历层次需求关系统计及卡方检验结果（N=3024）

家庭户主学历		专科	本科	研究生	总计
初中及以下	人数/人 百分比/%	115 7.2	910 56.6	582 36.2	1607 100
高中（含中专）	人数/人 百分比/%	41 4.2	495 50.6	443 45.3	979 100
专科	人数/人 百分比/%	3 1.7	63 36.0	109 62.3	175 100
本科	人数/人 百分比/%	3 1.3	61 27.2	160 71.4	224 100

家庭户主学历		专科	本科	研究生	总计
研究生	人数/人	2	6	31	39
	百分比/%	5.1	15.4	79.5	100
总计	人数/人	164	1535	1325	3024
	百分比/%	5.4	50.8	43.8	100
Pearson 卡方检验结果		χ^2=161.016, p=0.000			

表 5-93　户主的学历与家庭子女学历层次需求关系的 Z 检验结果（N=3024）

比较项	专科	p	本科	p	研究生	p
1/2	3.075	0.002	3.003	0.003	−4.555	0.000
1/3	2.749	0.006	5.205	0.000	−6.721	0.000
1/4	3.322	0.001	8.258	0.000	−10.057	0.000
1/5	0.487	0.626	5.123	0.000	−5.523	0.000
2/3	1.574	0.116	3.550	0.000	−4.155	0.000
2/4	2.049	0.04	6.318	0.000	−7.069	0.000
2/5	−0.286	0.775	4.309	0.000	−4.203	0.000
3/4	0.305	0.76	1.878	0.06	−1.934	0.053
3/5	−1.276	0.202	2.491	0.013	−2.042	0.041
4/5	−1.599	0.11	1.567	0.117	−1.042	0.298

注：1：初中及以下，2：高中（含中专），3：专科，4：本科，5：研究生

2. 城乡家庭对不同层次高校的需求存在显著差异

表 5-94、表 5-95 表明，城乡家庭在"高职高专"的需求上不存在显著差异，在"一般本科高校"与"重点本科高校"需求上存在显著差异，农村家庭对"一般本科高校"的需求比例高于城市家庭，而对"重点本科高校"的需求比例低于城市家庭。

表 5-94　城乡家庭对不同层次高校的需求统计及卡方检验结果（N=3024）

不同层次的高校需求		户籍		总计
		农村	城市	
高职高专	人数/人	108	46	154
	百分比/%	5.5	4.3	5.1
一般本科高校	人数/人	968	410	1378
	百分比/%	49.4	38.5	45.6
重点本科高校	人数/人	884	608	1492
	百分比/%	45.1	57.1	49.3
总计	人数/人	1960	1064	3024
	百分比/%	100	100	100
Pearson 卡方检验结果		χ^2=40.001, p=0.000		

表 5-95　城乡家庭对不同层次高校的需求的 Z 检验结果（N：农村=1960，城市=1064）

不同层次高校	Z	p
高职高专	1.418	0.156
一般本科高校	5.723	0.000
重点本科高校	−6.325	0.000

（1）经济资本不同的城乡家庭在不同层次的高校需求上存在显著差异

根据表 5-96 的卡方检验结果，"高职高专"需求、"一般本科高校"需求与"重点本科高校"需求的 p 值小于 0.05，其 Z 检验的 p 值见表 5-97。

年纯收入不同的家庭在"高职高专"的需求上存在显著差异，年纯收入为"中等收入组"与"高收入组"之间的家庭在"高职高专"的需求上不存在显著差异，其他年纯收入组的家庭之间在"高职高专"需求上存在显著差异，其中"低收入组"的家庭的"高职高专"需求比例高于其他收入组的家庭。

年纯收入不同的家庭在"一般本科高校"的需求上存在显著差异，年纯收入为"低收入组"与"中等收入组"之间的家庭在"一般本科高校"的需求上不存在显著差异，其他年纯收入组的家庭之间在"一般本科高校"的需求上存在显著差异，其中"高收入组"的家庭的"一般本科高校"需求比例低于其他收入组的家庭。

年纯收入不同的家庭在"重点本科高校"的需求上存在显著差异，其中"低收入组"的家庭对其需求比例低于其他收入组的家庭，"高收入组"的家庭对其需求比例高于其他收入组的家庭。

表 5-96　家庭年纯收入与不同层次的高校需求关系统计及卡方检验结果（N=3024）

家庭年纯收入		高职高专	一般本科高校	重点本科高校	合计
低收入组	户数/户	113	900	813	1826
（X<4 万元）	百分比/%	6.2	49.3	44.5	100
中等收入组	户数/户	27	301	329	657
（4 万≤X<8 万元）	百分比/%	4.1	45.8	50.1	100
高收入组	户数/户	14	177	350	541
（X≥8 万元）	百分比/%	2.6	32.7	64.7	100
合计	户数/户	154	1378	1492	3024
	百分比/%	5.1	45.6	49.3	100
Pearson 卡方检验结果		χ^2=71.888，p=0.000			

表 5-97　家庭年纯收入与不同层次的高校需求关系的 Z 检验结果（N=3024）

比较项	高职高专	p	一般本科高校	p	重点本科高校	p
1/2	1.981	0.048	1.528	0.127	−2.449	0.014
1/3	3.264	0.001	6.798	0.000	−8.243	0.000
2/3	1.442	0.149	4.607	0.000	−5.082	0.000

注：1：低收入组（X<4 万元），2：中等收入组（4≤X<8 万元），3：高收入组（X≥8 万元）

（2）社会资本不同的城乡家庭在不同层次的高校需求上存在显著差异

户主职业不同的家庭在不同层次的高校需求上存在显著差异。根据表 5-98 的卡方检验结果，"高职高专"需求、"一般本科高校"需求与"重点本科高校"需求的 p 值小于 0.05，其 Z 检验的 p 值见表 5-99。

户主职业不同的家庭在"高职高专"的需求上存在显著差异，户主职业为"农民（工）"与"企业员工"之间、"农民（工）"与"其他（自由职业或无业）"之间、"个体户"与"公务员与事业单位人员"之间、"企业员工"与"其他（自由职业或无业）"之间的家庭在"高职高专"的需求上不存在显著差异，户主为其他职业的家庭之间在"高职高专"的需求上存在显著差异。

户主职业不同的家庭在"一般本科高校"的需求上存在显著差异，户主职业为"农民（工）"与"个体户"之间、"农民（工）"与"企业员工"之间、"个体户"与"企业员工"之间的家庭在"一般本科高校"的需求上不存在显著差异，户主为其他职业之间的家庭在"一般本科高校"需求上存在显著差异，其中户主职业为"公务员与事业单位人员"的家庭的"一般本科高校"需求比例低于其他职业的家庭。

户主职业不同的家庭在"重点本科高校"的需求上存在显著差异，户主职业为"农民（工）"与"个体户"之间、"农民（工）"与"企业员工"之间、"个体户"与"其他（自由职业或无业）"之间的家庭在"重点本科高校"的需求上不存在显著差异，户主为其他职业之间的家庭在"重点本科高校"的需求上存在显著差异，其中户主职业为"公务员与事业单位人员"的家庭的"重点本科高校"需求比例高于其他职业的家庭。

表 5-98　户主的职业与家庭对不同层次高校的需求关系统计及卡方检验结果（N=3024）

家庭户主的职业		高职高专	一般本科高校	重点本科高校	合计
农民（工）	人数/人	35	247	225	507
	百分比/%	6.9	48.7	44.4	100
个体户	人数/人	15	288	283	586
	百分比/%	2.6	49.1	48.3	100
企业员工	人数/人	69	497	403	969
	百分比/%	7.1	51.3	41.6	100
公务员与事业单位人员	人数/人	15	197	384	596
	百分比/%	2.5	33.1	64.4	100
其他（自由职业或无业）	人数/人	20	149	197	366
	百分比/%	5.5	40.7	53.8	100
合计	人数/人	154	1378	1492	3024
	百分比/%	5.1	45.6	49.3	100
Pearson 卡方检验结果		$\chi^2=101.884$, $p=0.000$			

表 5-99　户主的职业与家庭对不同层次高校的需求关系的 Z 检验结果（ N=3024）

比较项	高职高专	p	一般本科高校	p	重点本科高校	p
1/2	3.428	0.001	−0.141	0.888	−1.294	0.196
1/3	−0.155	0.877	−0.939	0.348	1.029	0.303
1/4	3.490	0.000	5.287	0.000	−6.674	0.000
1/5	0.863	0.388	2.345	0.019	−2.756	0.006
2/3	−3.856	0.000	−0.819	0.413	2.580	0.010
2/4	0.047	0.963	5.624	0.000	−5.594	0.000
2/5	−2.317	0.021	2.541	0.011	−1.661	0.097
3/4	3.924	0.000	7.052	0.000	−8.775	0.000
3/5	1.082	0.279	3.451	0.001	−4.009	0.000
4/5	−2.371	0.018	−2.403	0.016	3.265	0.001

注：1：农民（工），2：个体户，3：企业员工，4：公务员与事业单位人员，5：其他（自由职业或无业）

亲戚朋友职业不同的家庭在子女学历层次需求上存在显著差异。根据表 5-100 的卡方检验结果，"高职高专"需求、"一般本科高校"需求与"重点本科高校"需求的 p 值小于 0.05，其 Z 检验的 p 值见表 5-101。

亲戚朋友职业不同的家庭在"高职高专"的需求上存在显著差异，户主职业为"农民（工）"与"企业员工"之间、"农民（工）"与"公务员与事业单位人员"之间、"企业员工"与"其他（自由职业或无业）"之间、"公务员与事业单位人员"与"其他（自由职业或无业）"之间的家庭在"高职高专"的需求上存在显著差异，亲戚朋友为其他职业的家庭之间在"高职高专"的需求上不存在显著差异。

亲戚朋友职业不同的家庭在"一般本科高校"的需求上存在显著差异，亲戚朋友的职业为"农民（工）"与"公务员与事业单位人员"之间、"个体户"与"公务员与事业单位人员"之间、"企业员工"与"公务员与事业单位人员"之间、"公务员与事业单位人员"与"其他（自由职业或无业）"之间的家庭在"一般本科高校"的需求上存在显著差异，亲戚朋友为其他职业之间的家庭在"一般本科高校"需求上不存在显著差异，其中亲戚朋友的职业为"公务员与事业单位人员"的家庭的"一般本科高校"的需求比例低于其他职业的家庭。

亲戚朋友职业不同的家庭在"重点本科高校"的需求上存在显著差异，户主职业为"农民（工）"与"个体户"之间、"农民（工）"与"其他（自由职业或无业）"之间、"个体户"与"其他（自由职业或无业）"之间、"企业员工"与"其他（自由职业或无业）"之间的家庭在"重点本科高校"的需求上不存在显著差异，亲戚朋友为其他职业的家庭之间在"重点本科高校"的需求上存在显著差异，其中亲戚朋友的职业为"公务员与事业单位人员"的家庭的"重点本科高校"的需求比例高于其他职业的家庭。

表 5-100　亲戚朋友的职业与家庭对不同层次高校的需求关系统计及卡方检验结果（N=3024）

亲戚朋友的职业		高职高专	一般本科高校	重点本科高校	合计
农民（工）	人数/人	63	454	431	948
	百分比/%	6.6	47.9	45.5	100
个体户	人数/人	49	493	473	1015
	百分比/%	4.8	48.6	46.6	100
企业员工	人数/人	14	200	243	457
	百分比/%	3.1	43.8	53.2	100
公务员与事业单位人员	人数/人	11	121	230	362
	百分比/%	3.0	33.4	63.5	100
其他（自由职业或无业）	人数/人	17	110	115	242
	百分比/%	7.0	45.5	47.5	100
合计	人数/人	154	1378	1492	3024
	百分比/%	5.1	45.6	49.3	100
Pearson 卡方检验结果		χ^2=49.007，p=0.000			

表 5-101　亲戚朋友的职业与家庭对不同层次的高校需求关系的 Z 检验结果（N=3024）

比较项	高职高专	p	一般本科高校	p	重点本科高校	p
1/2	1.735	0.083	−0.302	0.763	−0.505	0.614
1/3	2.764	0.006	1.453	0.146	−2.710	0.007
1/4	2.529	0.011	4.718	0.000	−5.850	0.000
1/5	−0.210	0.833	0.677	0.498	−0.573	0.567
2/3	1.547	0.122	1.710	0.087	−2.334	0.020
2/4	1.431	0.152	4.977	0.000	−5.534	0.000
2/5	−1.377	0.168	0.872	0.383	−0.258	0.797
3/4	0.020	0.984	3.010	0.003	−2.982	0.003
3/5	−2.420	0.016	−0.428	0.669	1.422	0.155
4/5	−2.283	0.022	−2.981	0.003	3.897	0.000

注：1：农民（工），2：个体户，3：企业员工，4：公务员与事业单位人员，5：其他（自由职业或无业）

三是亲戚朋友文化水平不同的家庭在子女学历层次需求上存在显著差异。根据表 5-102 的卡方检验结果，"高职高专"需求的 p 值大于 0.05，表明亲戚朋友文化水平不同的家庭在"高职高专"的需求上不存在显著差异；"一般本科高校"需求与"重点本科高校"需求的 p 值小于 0.05，其 Z 检验的 p 值见表 5-103。

亲戚朋友文化水平不同的家庭在"一般本科高校"的需求上存在显著差异，亲戚朋友的文化水平在"初中及以下"与"高中（含中专）"之间、"专科"与"本科"之间、"本科"与"研究生"之间的家庭在"一般本科高校"的需求上不存在显著差异，亲戚朋友为其他文化水平的家庭之间在"一般本科高校"的需求上存在显著差异。

亲戚朋友文化水平不同的家庭在"重点本科高校"的需求上存在显著差异，亲戚朋友的文化水平在"初中及以下"与"高中（含中专）"之间、"专科"与"本科"之间、"本科"与"研究生"之间的家庭在"重点本科高校"的需求上不存在显著差异，亲戚朋友为其他文化水平的家庭之间在"重点本科高校"的需求上存在显著差异。

表 5-102　亲戚朋友的文化水平与家庭不同层次的高校需求关系统计及卡方检验结果（N=3024）

亲戚朋友的文化水平		高职高专	一般本科高校	重点本科高校	合计
初中及以下	人数/人	80	690	638	1408
	百分比/%	5.7	49.0	45.3	100
高中（含中专）	人数/人	62	523	517	1102
	百分比/%	5.6	47.5	46.9	100
专科	人数/人	6	81	136	223
	百分比/%	2.7	36.3	61.0	100
本科	人数/人	5	79	175	259
	百分比/%	1.9	30.5	67.6	100
研究生	人数/人	1	5	26	32
	百分比/%	3.1	15.6	81.3	100
合计	人数/人	154	1378	1492	3024
	百分比/%	5.1	45.6	49.3	100
Pearson 卡方检验结果		χ^2=73.446，p=0.000			

表 5-103　亲戚朋友的文化水平与家庭不同层次的高校需求关系 Z 检验结果（N=3024）

比较项	一般本科高校	p	重点本科高校	p
1/2	0.769	0.442	-0.799	0.424
1/3	3.525	0.000	-4.355	0.000
1/4	5.490	0.000	-6.585	0.000
1/5	3.737	0.000	-4.033	0.000
2/3	3.045	0.002	-3.833	0.000
2/4	4.944	0.000	-5.983	0.000
2/5	3.559	0.000	-3.833	0.000
3/4	1.353	0.176	-1.506	0.132
3/5	2.316	0.021	-2.227	0.026
4/5	1.752	0.080	-1.580	0.114

注：1：初中及以下，2：高中（含中专），3：专科，4：本科，5：研究生

（3）文化资本不同的城乡家庭在不同层次的高校需求上存在显著差异

根据表5-104的卡方检验结果，"高职高专"需求、"一般本科高校"需求与"重点本科高校"需求的 p 值小于0.05，其 Z 检验的 p 值见表5-105。

表5-104、表5-105中的数据表明，户主学历不同的家庭在"高职高专"的需求上存在显著差异，户主的学历在"初中及以下"与"高中（含中专）"之间、"初中及以下"与"专科"之间、"初中及以下"与"本科"之间、"高中（含中专）"与"本科"之间的家庭在"高职高专"的需求上存在显著差异，户主为其他学历的家庭之间在"高职高专"的需求上不存在显著差异。

户主学历不同的家庭在"一般本科高校"的需求上存在显著差异，户主的学历在"初中及以下"与"高中（含中专）"之间、"专科"与"本科"之间、"专科"与"研究生"之间、"本科"与"研究生"之间的家庭在"一般本科高校"的需求上不存在显著差异，户主为其他学历的家庭之间在"一般本科高校"的需求上存在显著差异。

户主学历不同的家庭在"重点本科高校"的需求上存在显著差异，户主的学历在"专科"与"本科"之间、"专科"与"研究生"之间、"本科"与"研究生"之间的家庭在"重点本科高校"的需求上不存在显著差异，户主为其他学历之间的家庭在"重点本科高校"的需求上存在显著差异，其中户主的学历为"初中及以下"的家庭的"重点本科高校"需求比例低于其他学历层次的家庭。

表5-104 户主的学历与家庭对不同层次高校的需求关系统计及卡方检验结果（ N=3024）

家庭户主学历		高职高专	一般本科高校	重点本科高校	总计
初中及以下	人数/人	108	797	702	1607
	百分比/%	6.7	49.6	43.7	100
高中（含中专）	人数/人	39	464	476	979
	百分比/%	4.0	47.4	48.6	100
专科	人数/人	4	53	118	175
	百分比/%	2.3	30.3	67.4	100
本科	人数/人	2	56	166	224
	百分比/%	0.9	25.0	74.1	100
研究生	人数/人	1	8	30	39
	百分比/%	2.6	20.5	76.9	100
总计	人数/人	154	1378	1492	3024
	百分比/%	5.1	45.6	49.3	100
Pearson 卡方检验结果		χ^2=119.248，p=0.000			

表 5-105 户主的学历与家庭对不同层次高校的需求 Z 检验结果（N=3024）

比较项	高职高专	p	一般本科高校	p	重点本科高校	p
1/2	2.916	0.004	1.086	0.278	−2.445	0.014
1/3	2.296	0.022	4.857	0.000	−5.985	0.000
1/4	3.439	0.001	6.913	0.000	−8.543	0.000
1/5	1.031	0.302	3.590	0.000	−4.127	0.000
2/3	1.092	0.275	4.192	0.000	−4.585	0.000
2/4	2.300	0.021	6.104	0.000	−6.898	0.000
2/5	0.447	0.655	3.301	0.001	−3.467	0.001
3/4	1.134	0.257	1.176	0.240	−1.462	0.144
3/5	−0.104	0.917	1.223	0.221	−1.161	0.246
4/5	−0.907	0.364	0.603	0.547	−0.372	0.710

注：1：初中及以下，2：高中（含中专），3：专科，4：本科，5：研究生

七、城乡家庭高等教育专业需求差异

高等教育是在完成中等教育之后接受的专业教育，所以专业需求是高等教育需求的一个重要方面，它不仅影响着子女的兴趣爱好，而且对子女未来的职业回报也有着越来越重要的影响。本次研究问卷中关于专业需求的调查有两个方面：一是调查家长希望子女就读的专业类别；二是调查同一专业在不同类型的高校，家长会做怎样的专业选择。

1. 城乡家庭在不同专业的需求上存在显著差异

表 5-106、表 5-107 显示，城乡家庭在"工学"专业需求上存在显著差异，其中城市家庭的需求比例高于农村家庭；在"农学专业""文科类专业""理学专业""医学专业""其他专业（艺术类、军事等）"的需求上不存在显著差异。

表 5-106 城乡家庭对不同专业需求的统计及卡方检验结果（N=3024）

专业需求		户籍		总计
		农村	城市	
农学专业	人数/人	23	12	35
	百分比/%	1.2	1.1	1.2
文科类专业	人数/人	885	443	1328
	百分比/%	45.2	41.6	43.9
理学专业	人数/人	175	91	266
	百分比/%	8.9	8.6	8.8
工学专业	人数/人	75	70	145
	百分比/%	3.8	6.6	4.8

续表

专业需求		户籍		总计
		农村	城市	
医学专业	人数/人	286	139	425
	百分比/%	14.6	13.1	14.1
其他专业（艺术类、军事等）	人数/人	516	309	825
	百分比/%	26.3	29.0	27.3
总计	人数/人	1960	1064	3024
	百分比/%	100	100	100
Pearson 卡方检验结果		$\chi^2=15.971$，$p=0.007$		

表 5-107　城乡家庭对子女不同专业的需求 Z 检验结果（N：农村=1960，城市=1064）

专业需求	Z	p
农学专业	0.112	0.911
文科类专业	1.861	0.063
理学专业	0.349	0.727
工学专业	−3.383	0.001
医学专业	1.155	0.248
其他专业（艺术类、军事等）	−1.601	0.109

（1）经济资本不同的城乡家庭在不同专业需求上不存在显著差异

调查结果显示（表 5-108），家庭年纯收入对子女专业的需求选择不存在显著影响，也就是说，经济资本不同的家庭，在子女专业的选择上没有显著差异。

表 5-108　家庭年纯收入与专业的需求关系统计及卡方检验结果（$N=3024$）

家庭年纯收入		农学	文科类	理学	工学	医学	其他（艺术类、军事等）	合计
低收入组	户数/户	24	785	153	81	269	514	1826
（$X<4$ 万元）	百分比/%	1.3	43.0	8.4	4.4	14.7	28.1	100
中等收入组	户数/户	6	291	62	30	96	172	657
（4 万≤$X<8$ 万元）	百分比/%	0.9	44.3	9.4	4.6	14.6	26.2	100
高收入组	户数/户	5	252	51	34	60	139	541
（$X≥8$ 万元）	百分比/%	0.9	46.6	9.4	6.3	11.1	25.7	100
合计	户数/户	35	1328	266	145	425	825	3024
	百分比/%	1.2	43.9	8.8	4.8	14.1	27.3	100
Pearson 卡方检验结果		$\chi^2=11.631$，$p=0.310$						

（2）社会资本不同的城乡家庭在不同专业需求上存在显著差异

户主职业不同的家庭在不同专业需求上存在显著差异。根据表 5-109 的卡方检验结果，"文科类"与"理学"专业的需求 p 值大于 0.05，表明户主职业不同的家庭在"文科类"与"理学"专业的需求上不存在显著差异；"农学"、"工学"、"医学"与"其他（艺术类、军事等）"专业需求的 p 值小于 0.05，其 Z 检验的 p 值见表 5-110。

户主职业不同的家庭在"农学"专业的需求上存在显著差异，户主的职业为"农民（工）"与"企业员工"之间、"农民（工）"与"公务员与事业单位人员"之间、"农民（工）"与"其他（自由职业或无业）"之间的家庭在"农学"专业的需求上存在显著差异，户主为其他职业的家庭之间在"农学"专业的需求上不存在显著差异。

户主职业不同的家庭在"工学"专业的需求上存在显著差异，户主的职业为"农民（工）"与"公务员与事业单位人员"之间、"个体户"与"公务员与事业单位人员"之间、"公务员与事业单位人员"与"其他（自由职业或无业）"之间的家庭在"工学"专业的需求上存在显著差异，户主为其他职业的家庭之间在"工学"专业的需求上不存在显著差异。

户主职业不同的家庭在"医学"专业的需求上存在显著差异，户主的职业为"农民（工）"与"企业员工"之间、"个体户"与"企业员工"之间、"企业员工"与"公务员与事业单位人员"之间、"企业员工"与"其他（自由职业或无业）"之间的家庭对"医学"专业的需求存在显著差异，户主为其他职业之间的家庭在"医学"专业的需求上不存在显著差异。

户主职业不同的家庭在"其他（艺术类、军事等）"专业的需求上存在显著差异，户主的职业为"农民（工）"与"其他（自由职业或无业）"之间、"个体户"与"其他（自由职业或无业）"之间、"企业员工"与"其他（自由职业或无业）"之间、"公务员与事业单位人员"与"其他（自由职业或无业）"之间的家庭在"其他（艺术类、军事等）"专业的需求上存在显著差异，户主为其他职业的家庭之间在"其他（艺术类、军事等）"专业的需求上不存在显著差异。

表 5-109　户主的职业与不同专业的需求关系统计及卡方检验结果（$N=3024$）

户主的职业		农学	文科类	理学	工学	医学	其他（艺术类、军事等）	合计
农民（工）	人数/人	14	233	45	21	65	129	507
	百分比/%	2.8	46.0	8.9	4.1	12.8	25.4	100
个体户	人数/人	8	277	40	23	70	168	586
	百分比/%	1.4	47.3	6.8	3.9	11.9	28.7	100
企业员工	人数/人	7	411	87	49	172	243	969
	百分比/%	0.7	42.4	9.0	5.1	17.8	25.1	100

户主的职业		农学	文科类	理学	工学	医学	其他（艺术类、军事等）	合计
公务员与事业单位人员	人数/人	3	255	69	42	71	156	596
	百分比/%	0.5	42.8	11.6	7.0	11.9	26.2	100
其他（自由职业或无业）	人数/人	3	152	25	10	47	129	366
	百分比/%	0.8	41.5	6.8	2.7	12.8	35.2	100
合计	人数/人	35	1328	266	145	425	825	3024
	百分比/%	1.2	43.9	8.8	4.8	14.1	27.3	100
Pearson 卡方检验结果		$\chi^2=64.996$，$p=0.000$						

表 5-110　户主的职业与不同专业的需求的 Z 检验结果（$N=3024$）

比较项	农学	p	工学	p	医学	p	其他	p
1/2	1.639	0.101	0.182	0.856	0.439	0.661	−1.195	0.232
1/3	3.141	0.002	−0.785	0.432	−2.450	0.014	0.154	0.878
1/4	3.034	0.002	−2.072	0.038	0.457	0.648	−0.276	0.782
1/5	2.049	0.040	1.111	0.267	−0.009	0.993	−3.132	0.002
2/3	1.257	0.209	−1.029	0.303	−3.060	0.002	1.556	0.120
2/4	1.543	0.123	−2.354	0.019	0.017	0.986	0.961	0.336
2/5	0.766	0.444	0.979	0.328	−0.410	0.682	−2.131	0.033
3/4	0.528	0.597	−1.634	0.102	3.096	0.002	−0.484	0.629
3/5	−0.184	0.854	1.843	0.065	2.161	0.031	−3.697	0.000
4/5	−0.605	0.545	2.873	0.004	−0.426	0.670	−2.992	0.003

注：1：农民（工），2：个体户，3：企业员工，4：公务员与事业单位人员，5：其他（自由职业或无业）

亲戚朋友职业不同的家庭在专业需求上存在显著差异。根据表 5-111 的卡方检验结果，"农学""文科类""理学"与"工学"专业的需求 p 值大于 0.05，表明亲戚朋友职业不同的家庭在"农学""文科类""理学""工学"专业的需求上不存在显著差异；"医学""其他（艺术类、军事等）"专业需求的 p 值小于 0.05，其 Z 检验的 p 值见表 5-112。

亲戚朋友职业不同的家庭在"医学"专业的需求上存在显著差异，亲戚朋友的职业为"个体户"与"企业员工"之间、"个体户"与"公务员与事业单位人员"之间的家庭在"医学"专业的需求上存在显著差异，亲戚朋友为其他职业的家庭之间在"医学"专业的需求上不存在显著差异。

亲戚朋友职业不同的家庭在"其他（艺术类、军事等）"专业的需求上存在显著差异，亲戚朋友的职业为"农民（工）"与"其他（自由职业或无业）"之间、"个体户"与"其他（自由职业或无业）"之间、"企业员工"与"公务员与事业单位人员"之间、"公务员与事业单位人员"与"其他（自由职业或无业）"之间的家庭在"其他（艺术类、军事等）"专业的需求上存在显著差异，亲戚朋友为其他职业的家庭之间在"其他（艺术类、军事等）"专业的需求上不存在显著差异。

表 5-111　亲戚朋友的职业与家庭子女专业需求关系的统计及卡方检验结果（N=3024）

亲戚朋友的职业		农学	文科类	理学	工学	医学	其他（艺术类、军事等）	合计
农民（工）	人数/人	15	437	79	38	137	242	948
	百分比/%	1.6	46.1	8.3	4.0	14.5	25.5	100
个体户	人数/人	14	425	91	43	166	276	1015
	百分比/%	1.4	41.9	9.0	4.2	16.4	27.2	100
企业员工	人数/人	2	194	44	31	50	136	457
	百分比/%	0.4	42.5	9.6	6.8	10.9	29.8	100
公务员与事业单位人员	人数/人	1	178	38	23	40	82	362
	百分比/%	0.3	49.2	10.5	6.4	11.0	22.7	100
其他（自由职业或无业）	人数/人	3	94	14	10	32	89	242
	百分比/%	1.2	38.8	5.8	4.1	13.2	36.8	100
合计	人数/人	35	1328	266	145	425	825	3024
	百分比/%	1.2	43.9	8.8	4.8	14.1	27.3	100
Pearson 卡方检验结果		χ^2=46.792，p=0.001						

表 5-112　亲戚朋友的职业与不同专业的需求的 Z 检验结果（N=3024）

比较项	医学	p	其他	p
1/2	−1.166	0.243	−0.836	0.403
1/3	1.815	0.070	−1.676	0.094
1/4	1.611	0.107	1.079	0.281
1/5	0.489	0.625	−3.486	0.000
2/3	2.716	0.007	−1.015	0.310
2/4	2.430	0.015	1.691	0.091
2/5	1.202	0.229	−2.952	0.003
3/4	−0.049	0.961	2.286	0.022
3/5	−0.892	0.372	−1.889	0.059
4/5	−0.808	0.419	−3.776	0.000

注：1：农民（工），2：个体户，3：企业员工，4：公务员与事业单位人员，5：其他（自由职业或无业）

亲戚朋友文化水平不同的家庭在子女的专业需求上存在显著差异。根据表 5-113 的卡方检验结果，对不同专业的需求关系进行卡方检验，"农学""文科类""理学""医学""其他（艺术类、军事等）"专业的需求 p 值大于 0.05，表明亲戚朋友文化水平不同的家庭在"农学""文科类""理学""医学""其他（艺术类、军事等）"专业的需求上不存在显著差异；"工学"专业需求的 p 值小于 0.05，其 Z 检验的 p 值见表 5-114。

亲戚朋友文化水平不同的家庭在"工学"专业的需求上存在显著差异，亲戚朋友的文化水平在"初中及以下"与"专科"之间、"高中（含中专）"与"专科"之间的家庭在"工学"专业的需求上存在显著差异，亲戚朋友为其他文化水平的家庭之间在"工学"专业的需求上不存在显著差异。

表 5-113　亲戚朋友的文化水平与家庭子女的专业需求关系统计及卡方检验结果（$N=3024$）

亲戚朋友的文化水平		农学	文科类	理学	工学	医学	其他（艺术类、军事等）	合计
初中及以下	人数/人	24	623	114	63	214	370	1408
	百分比/%	1.7	44.2	8.1	4.5	15.2	26.3	100
高中（含中专）	人数/人	9	479	105	42	146	321	1102
	百分比/%	0.8	43.5	9.5	3.8	13.2	29.1	100
专科	人数/人	0	92	16	20	36	59	223
	百分比/%	0.0	41.3	7.2	9.0	16.1	26.5	100
本科	人数/人	2	119	31	17	28	62	259
	百分比/%	0.8	45.9	12.0	6.6	10.8	23.9	100
研究生	人数/人	0	15	0	3	1	13	32
	百分比/%	0.0	46.9	0.0	9.4	3.1	40.6	100
合计	人数/人	35	1328	266	145	425	825	3024
	百分比/%	1.2	43.9	8.8	4.8	14.1	27.3	100
Pearson 卡方检验结果				$\chi^2=42.674$, $p=0.002$				

表 5-114　亲戚朋友的文化水平与家庭子女的专业需求的 Z 检验结果（$N=3024$）

比较项	工学	p
1/2	0.824	0.41
1/3	−2.837	0.005
1/4	−1.446	0.148
1/5	−1.311	0.19
2/3	−3.326	0.001
2/4	−1.957	0.05
2/5	−1.589	0.112
3/4	0.989	0.323
3/5	−0.075	0.94
4/5	−0.593	0.553

注：1：初中及以下，2：高中（含中专），3：专科，4：本科，5 研究生

（3）文化资本不同的城乡家庭在不同专业需求上存在显著差异

根据表 5-115 的卡方检验结果，对不同专业的需求关系进行卡方检验，"农学"

"文科类""理学""医学""其他（艺术类、军事等）"专业的需求 p 值大于 0.05，表明户主学历不同的家庭在"农学""文科类""理学""医学""其他（艺术类、军事等）"专业的需求上不存在显著差异；"工学"专业需求的 p 值小于 0.05，其 Z 检验的 p 值见表 5-116。

户主学历不同的家庭在"工学"专业的需求上存在显著差异，户主的学历在"初中及以下"与"专科"之间、"初中及以下"与"本科"之间、"高中（含中专）"与"专科"之间、"高中（含中专）"与"本科"之间的家庭在"工学"专业的需求上存在显著差异，户主为其他学历层次的家庭之间在"工学"专业的需求上不存在显著差异。

表 5-115　户主的学历与不同专业的需求关系统计及卡方检验结果（ N=3024 ）

家庭户主的学历		农学	文科类	理学	工学	医学	其他（艺术类、军事等）	合计
初中及以下	人数/人	23	715	125	59	240	445	1607
	百分比/%	1.4	44.5	7.8	3.7	14.9	27.7	100
高中（含中专）	人数/人	10	427	97	45	125	275	979
	百分比/%	1.0	43.6	9.9	4.6	12.8	28.1	100
专科	人数/人	0	76	17	15	29	38	175
	百分比/%	0.0	43.4	9.7	8.6	16.6	21.7	100
本科	人数/人	2	92	23	24	28	55	224
	百分比/%	0.9	41.1	10.3	10.7	12.5	24.6	100
研究生	人数/人	0	18	4	2	3	12	39
	百分比/%	0.0	46.2	10.3	5.1	7.7	30.8	100
合计	人数/人	35	1328	266	145	425	825	3024
	百分比/%	1.2	43.9	8.8	4.8	14.1	27.3	100
Pearson 卡方检验结果		χ^2=41.836, p=0.003						

表 5-116　户主的学历与不同专业的需求关系 Z 检验结果（ N=3024 ）

比较项	工学	p
1/2	−1.161	0.245
1/3	−3.085	0.002
1/4	−4.747	0.000
1/5	−0.476	0.634
2/3	−2.182	0.029
2/4	−3.552	0.000
2/5	−0.155	0.877
3/4	−0.715	0.474
3/5	0.719	0.472
4/5	1.079	0.281

注：1：初中及以下，2：高中（含中专），3：专科，4：本科，5：研究生

2. 城乡家庭在不同层次高校的同一专业需求上存在显著差异

表5-117、表5-118中数据显示，城乡家庭在"普通高校的重点专业"需求、"重点高校的普通专业"需求上存在显著差异，农村家庭选择"普通高校的重点专业"的比例高于城市家庭，而对"重点高校的普通专业"的需求比例低于城市家庭。

表 5-117　城乡家庭对不同高校同一专业需求统计及卡方检验结果（N=3024）

不同高校的同一专业需求		户籍		总计
		农村	城市	
普通高校的重点专业	人数/人	1091	537	1628
	百分比/%	55.7	50.5	53.8
重点高校的普通专业	人数/人	670	410	1080
	百分比/%	34.2	38.5	35.7
无所谓	人数/人	199	117	316
	百分比/%	10.2	11.0	10.4
总计	人数/人	1960	1064	3024
	百分比/%	100	100	100
Pearson 卡方检验结果		$\chi^2=7.578$，$p=0.023$		

表 5-118　城乡家庭对不同高校同一专业需求 Z 检验结果（N：农村=1960，城市=1064）

不同高校同一专业	Z	p
普通高校的重点专业	2.736	0.006
重点高校的普通专业	-2.384	0.017
无所谓	-0.724	0.469

（1）经济资本不同的城乡家庭在不同层次高校的同一专业需求上存在显著差异

根据表5-119的卡方检验结果，"普通高校的重点专业"需求、"重点高校的普通专业"需求的 p 值小于0.05，其 Z 检验的 p 值见表5-120。

年纯收入不同的家庭在"普通高校的重点专业"需求上存在显著差异，年纯收入在"中等收入组"与"高收入组"之间的家庭在"普通高校的重点专业"的需求上不存在显著差异，其他年纯收入组的家庭之间在"普通高校的重点专业"的需求上存在显著差异，其中"低收入组"的家庭的"普通高校的重点专业"的需求比例高于其他收入组的家庭。

年纯收入不同的家庭在"重点高校的普通专业"需求上存在显著差异，年纯收入在"中等收入组"与"高收入组"之间的家庭在"重点高校的普通专业"的需求上不存在显著差异，其他年纯收入组的家庭之间在"重点高校的普通专业"的需求上存在显著差异，其中"低收入组"的家庭的"重点高校的普通专业"需求比例低于其他收入组的家庭。

表 5-119　家庭年纯收入与不同高校同一专业需求关系统计及卡方检验结果（N=3024）

家庭年纯收入		普通高校的重点专业	重点高校的普通专业	无所谓	合计
低收入组（X<4 万元）	户数/户	1053	603	170	1826
	百分比/%	57.7	33.0	9.3	100
中等收入组（4 万≤X<8 万元）	户数/户	332	247	78	657
	百分比/%	50.5	37.6	11.9	100
高收入组（X≥8 万元）	户数/户	243	230	68	541
	百分比/%	44.9	42.5	12.6	100
合计	户数/户	1628	1080	316	3024
	百分比/%	53.8	35.7	10.4	100
Pearson 卡方检验结果		$\chi^2=31.529$, $p=0.000$			

表 5-120　家庭年纯收入与不同高校同一专业需求 Z 检验结果（N=3024）

比较项	普通高校的重点专业	p	重点高校的普通专业	p
1/2	3.158	0.002	-2.118	0.034
1/3	5.233	0.000	-4.06	0.000
2/3	1.936	0.053	-1.731	0.083

注：1：低收入组（X<4 万元），2：中等收入组（4 万≤X<8 万元），3：高收入组（X≥8 万元）

（2）社会资本不同的城乡家庭在不同层次高校的同一专业需求上存在显著差异

家庭户主的职业与不同高校的专业需求存在显著差异。根据表 5-121 的卡方检验结果，"普通高校的重点专业"需求、"重点高校的普通专业"需求的 p 值小于 0.05，其 Z 检验的 p 值见表 5-122。

户主职业不同的家庭在"普通高校的重点专业"需求上存在显著差异，户主职业为"农民（工）"与"个体户"之间、"农民（工）"与"公务员与事业单位人员"之间、"个体户"与"企业员工"之间、"企业员工"与"公务员与事业单位人员"之间、"公务员与事业单位人员"与"其他（自由职业或无业）"之间的家庭在"普通高校的重点专业"的需求上存在显著差异，户主为其他职业的家庭之间在"普通高校的重点专业"的需求上不存在显著差异。

户主职业不同的家庭在"重点高校的普通专业"需求上存在显著差异，户主职业为"农民（工）"与"公务员与事业单位人员"之间、"个体户"与"公务员与事业单位人员"之间、"企业员工"与"公务员与事业单位人员"之间、"公务员与事业单位人员"与"其他（自由职业或无业）"之间的家庭在"重点高校的普通专业"的需求上存在显著差异，户主为其他职业之间的家庭在"重点高校的普通专业"的需求上不存在显著差异，其中户主的职业为"公务员与事业单位人员"的家庭的"重点高校的普通专业"需求比例高于其他职业的家庭。

表 5-121　户主的职业与家庭对不同高校的同一专业需求关系统计及卡方检验结果（N=3024）

家庭户主的职业		普通高校的重点专业	重点高校的普通专业	无所谓	合计
农民（工）	人数/人	294	177	36	507
	百分比/%	58.0	34.9	7.1	100
个体户	人数/人	301	213	72	586
	百分比/%	51.4	36.3	12.3	100
企业员工	人数/人	557	324	88	969
	百分比/%	57.5	33.4	9.1	100
公务员与事业单位人员	人数/人	277	251	68	596
	百分比/%	46.5	42.1	11.4	100
其他（自由职业或无业）	人数/人	199	115	52	366
	百分比/%	54.4	31.4	14.2	100
合计	人数/人	1628	1080	316	3024
	百分比/%	53.8	35.7	10.4	100
Pearson 卡方检验结果		$\chi^2=35.527$，$p=0.000$			

表 5-122　户主的职业与家庭对不同高校的专业需求关系的 Z 检验结果（N=3024）

比较项	普通高校的重点专业	p	重点高校的普通专业	p	无所谓	p
1/2	2.193	0.028	−0.495	0.621	−2.865	0.004
1/3	0.187	0.852	0.568	0.57	−1.303	0.193
1/4	3.813	0.000	−2.447	0.014	−2.44	0.015
1/5	1.063	0.288	1.079	0.281	−3.442	0.001
2/3	−2.35	0.019	1.17	0.242	2.016	0.044
2/4	1.681	0.093	−2.03	0.042	0.467	0.641
2/5	−0.904	0.366	1.556	0.12	−0.857	0.392
3/4	4.237	0.000	−3.458	0.001	−1.493	0.136
3/5	1.023	0.306	0.699	0.484	−2.727	0.006
4/5	−2.378	0.017	3.317	0.001	−1.275	0.202

注：1：农民（工），2：个体户，3：企业员工，4：公务员与事业单位人员，5：其他（自由职业或无业）

　　亲戚朋友职业不同的家庭在不同高校同一专业的需求上存在显著差异。根据表 5-123 的卡方检验结果，"重点高校的普通专业"需求的 p 值大于 0.05，表明亲戚朋友职业不同的家庭在"重点高校的普通专业"需求上不存在显著差异；"普通高校的重点专业"需求的 p 值小于 0.05，其 Z 检验的 p 值见表 5-124。

　　亲戚朋友职业不同的家庭在"普通高校的重点专业"需求上存在显著差异，亲戚朋友的职业为"农民（工）"与"其他（自由职业或无业）"之间、"个体户"与"公务员与事业单位人员"之间、"个体户"与"其他（自由职业或无业）"之间、"企业员工"与"公务员与事业单位人员"之间的家庭在"普通高校的重点专业"的需求上不存在显著差异，亲戚朋友为其他职业的家庭之间在"普通高校的重点专业"的需求上存在显著差异。

表 5-123　亲戚朋友的职业与家庭对不同高校的同一专业需求关系统计及卡方检验结果（N=3024）

亲戚朋友的职业		普通高校的重点专业	重点高校的普通专业	无所谓	合计
农民（工）	人数/人	560	320	68	948
	百分比/%	59.1	33.8	7.2	100
个体户	人数/人	541	363	111	1015
	百分比/%	53.3	35.8	10.9	100
企业员工	人数/人	216	177	64	457
	百分比/%	47.3	38.7	14.0	100
公务员与事业单位人员	人数/人	173	147	42	362
	百分比/%	47.8	40.6	11.6	100
其他（自由职业或无业）	人数/人	138	73	31	242
	百分比/%	57.0	30.2	12.8	100
合计	人数/人	1628	1080	316	3024
	百分比/%	53.8	35.7	10.4	100
Pearson 卡方检验结果		$\chi^2=35.405$，$p=0.000$			

表 5-124　亲戚朋友的职业与家庭对不同高校的同一专业需求关系的 Z 检验结果（N=3024）

比较项	普通高校的重点专业	p	无所谓	p
1/2	2.575	0.010	-2.894	0.004
1/3	4.169	0.000	-4.112	0.000
1/4	3.678	0.000	-2.585	0.010
1/5	0.577	0.564	-2.834	0.005
2/3	2.144	0.032	-1.683	0.092
2/4	1.802	0.072	-0.346	0.729
2/5	-1.045	0.296	-0.828	0.408
3/4	-0.149	0.881	1.017	0.309
3/5	-2.456	0.014	0.438	0.661
4/5	-2.225	0.026	-0.446	0.655

注：1：农民（工），2：个体户，3：企业员工，4：公务员与事业单位人员，5：其他（自由职业或无业）

　　亲戚朋友文化水平不同的家庭在不同高校同一专业的需求上存在显著差异。根据表 5-125 的卡方检验结果，"普通高校的重点专业"需求、"重点高校的普通专业"需求的 p 值大于 0.05，表明亲戚朋友文化水平不同的家庭在"普通高校的重点专业"需求、"重点高校的普通专业"需求上不存在显著差异。

表 5-125　亲戚朋友的文化水平与家庭对不同高校的同一专业需求关系统计及卡方检验结果（N=3024）

亲戚朋友的文化水平		普通高校的重点专业	重点高校的普通专业	无所谓	合计
初中及以下	人数/人	794	478	136	1408
	百分比/%	56.4	33.9	9.7	100
高中（含中专）	人数/人	592	392	118	1102
	百分比/%	53.7	35.6	10.7	100
专科	人数/人	106	91	26	223
	百分比/%	47.5	40.8	11.7	100
本科	人数/人	125	103	31	259
	百分比/%	48.3	39.8	12.0	100
研究生	人数/人	11	16	5	32
	百分比/%	34.4	50.0	15.6	100
合计	人数/人	1628	1080	316	3024
	百分比/%	53.8	35.7	10.4	100
Pearson 卡方检验结果		$\chi^2=15.594$，$p=0.049$			

（3）文化资本不同的城乡家庭在不同层次高校同一专业的需求上存在显著差异

根据表 5-126 的卡方检验结果，对不同高校同一专业需求关系进行卡方检验，"普通高校的重点专业"需求的 p 值大于 0.05，表明户主学历不同的家庭在"普通高校的重点专业"需求上不存在显著差异；"重点高校的普通专业"需求的 p 值小于 0.05，其 Z 检验的 p 值见表 5-127。

户主学历不同的家庭在"重点高校的普通专业"需求上存在显著差异，户主的学历为"初中及以下"与"本科"之间、"高中（含中专）"与"本科"之间、"专科"与"本科"之间、"本科"与"研究生"之间的家庭在"重点高校的普通专业"的需求上存在显著差异，户主为其他学历的家庭之间在"重点高校的普通专业"的需求上不存在显著差异，其中户主学历为"本科"的家庭的"重点高校的普通专业"需求比例高于其他学历层次的家庭。

表 5-126　户主的学历与不同高校同一专业需求关系统计及卡方检验结果（N=3024）

家庭户主学历		普通高校的重点专业	重点高校的普通专业	无所谓	总计
初中及以下	人数/人	911	532	164	1607
	百分比/%	56.7	33.1	10.2	100
高中（含中专）	人数/人	521	357	101	979
	百分比/%	53.2	36.5	10.3	100
专科	人数/人	87	68	20	175
	百分比/%	49.7	38.9	11.4	100

续表

家庭户主学历		普通高校的重点专业	重点高校的普通专业	无所谓	总计
本科	人数/人	89	113	22	224
	百分比/%	39.7	50.4	9.8	100
研究生	人数/人	20	10	9	39
	百分比/%	51.3	25.6	23.1	100
总计	人数/人	1628	1080	316	3024
	百分比/%	53.8	35.7	10.4	100
Pearson 卡方检验结果		$\chi^2=36.103,\ p=0.000$			

表 5-127　户主的学历与不同高校的专业需求关系的 Z 检验结果（$N=3024$）

比较项	重点高校的普通专业	p	无所谓	p
1/2	−1.745	0.081	−0.091	0.928
1/3	−1.529	0.126	−0.505	0.614
1/4	−5.09	0.000	0.178	0.859
1/5	0.980	0.327	−2.590	0.010
2/3	−0.604	0.546	−0.442	0.658
2/4	−3.869	0.000	0.221	0.825
2/5	1.381	0.167	−2.517	0.012
3/4	−2.307	0.021	0.519	0.604
3/5	1.551	0.121	−1.922	0.055
4/5	2.865	0.004	−2.369	0.018

注：1：初中及以下，2：高中（含中专），3：专科，4：本科，5：研究生

八、调查结论

通过前文的调查分析，可以归纳出城乡家庭资本及其高等教育需求差异的基本结论。

（一）城乡家庭资本存在显著差异

城乡家庭的经济资本存在显著差异。城市家庭中中、高收入的比例高于农村家庭，农村家庭中低收入的比例高于城市家庭。

城乡家庭的社会资本存在显著差异。农村家庭户主的职业为"农民（工）"与"企业员工"的比例均高于城市家庭，其职业为"公务员与事业单位人员"的比例低于城市家庭；农村家庭亲戚朋友的职业是"农民（工）"的比例高于城市家庭，其亲戚朋友职业是"公务员与事业单位人员"与"企业员工"的比例低于城市家庭；农村家庭的亲戚朋友文化水平为"初中及以下"的比例高于城市家庭，其亲

戚朋友文化水平为"高中（含中专）"、"专科"、"本科"与"研究生"的比例低于城市家庭。

城乡家庭的文化资本存在显著差异。农村家庭户主的学历为"初中及以下"的比例高于城市家庭户主，其学历为"高中（含中专）"、"专科"、"本科"与"研究生"的比例均低于城市家庭。

（二）城乡家庭高等教育总体需求不存在显著差异

对城乡家庭高等教育总体需求的调查表明，99.1%的城乡家庭有高等教育需求，愿意子女接受高等教育，其中农村家庭为98.9%，城市家庭为99.5%。卡方检验结果显示 p 值大于 0.05，表明城乡家庭在高等教育总需求上不存在显著差异，它们对高等教育需求一致且强烈。

（三）城乡家庭高等教育需求差异

1. 城乡家庭的高等教育区域需求存在显著差异

城乡家庭对国内外高校需求存在显著差异。农村家庭选择"内地高校"的比例高于城市家庭，选择"国外高校"的比例低于城市家庭。"高收入组"家庭对"内地高校"的需求比例低于其他收入组的家庭，对"国外高校"的需求比例高于其他收入组的家庭；户主的职业是"公务员与事业单位人员"的家庭对"国外高校"的需求比例高于其他职业的家庭；亲戚朋友的文化水平为"研究生"的家庭对"内地高校"的需求比例低于其他文化水平的家庭，对"国外高校"的需求比例高于其他文化水平的家庭；户主学历是"研究生"的家庭对"国外高校"的需求比例高于其他学历层次的家庭。

城乡家庭对不同经济发展水平地区所在高校需求存在显著差异。农村家庭对"经济欠发达地区的高校"的需求比例高于城市家庭，对"经济发达地区的高校"的需求比例低于城市家庭；"高收入组"家庭对"经济欠发达地区的高校"的需求比例低于其他收入组的家庭；亲戚朋友的文化水平为"初中及以下"的家庭对"经济欠发达地区的高校"的需求比例高于其他文化水平的家庭。

城乡家庭对不同行政级别地区所在高校需求存在显著差异。农村家庭对"地级及以下城市的高校"的需求比例高于城市家庭；"高收入组"的家庭对"地级及以下城市的高校"的需求比例低于其他收入组的家庭，对"首都北京的高校"的需求比例高于其他收入组的家庭；户主职业为"农民（工）"的家庭对"地级及以下城市的高校"的需求比例高于其他职业的家庭，而"公务员与事业单位人员"

家庭对其的需求比例低于其他职业的家庭。

2. 城乡家庭高等教育类型需求差异

城乡家庭对不同学科类型的高校需求不存在显著差异。

城乡家庭对不同类型的本科高校需求存在显著差异。农村家庭对"应用型本科高校"的需求比例高于城市家庭，对"学术型本科高校"的需求比例低于城市家庭；"低收入组"家庭、户主职业为"农民（工）"的家庭、户主学历为"初中及以下"的家庭对"应用型本科高校"的需求比例均高于其他学历层次的家庭，对"学术型本科高校"的需求比例均低于其他学历层次的家庭；亲戚朋友的职业为"农民（工）"的家庭对"应用型本科高校"的需求比例高于其他职业的家庭，亲戚朋友的职业为"公务员与事业单位人员"家庭对其的需求比例低于其他职业的家庭；亲戚朋友的职业为"公务员与事业单位人员"的家庭对"学术型本科高校"的需求比例高于其他职业的家庭。

城乡家庭对不同类型的专科高校需求存在显著差异。农村家庭对"高等专科学校"的需求比例低于城市家庭，"高等职业技术学院"的需求比例高于城市家庭。

3. 城乡家庭高等教育形式需求不存在显著差异

城乡家庭对不同办学形式、办学性质的高校需求不存在显著差异。

4. 城乡家庭高等教育层次需求存在显著差异

城乡家庭对不同学历层次需求存在显著差异。农村家庭对"专科""本科"学历层次的需求比例高于城市家庭，对"研究生"学历层次需求的比例低于城市家庭；"低收入组"家庭对"专科"学历层次需求的比例高于其他收入组的家庭，对"研究生"学历层次需求的比例低于其他收入组的家庭，"高收入组"家庭对"研究生"学历层次需求的比例高于其他收入组的家庭；户主职业为"公务员与事业单位人员"的家庭对"研究生"学历层次需求比例高于其他职业的家庭；亲戚朋友的职业为"公务员与事业单位人员"的家庭对"研究生"学历层次需求的比例高于其他职业的家庭；亲戚朋友文化水平为"初中及以下"的家庭对"研究生"学历层次需求的比例低于其他文化水平的家庭；户主学历为"初中及以下"的家庭对"研究生"学历层次需求的比例低于其他学历层次的家庭。

城乡家庭对不同层次的高校需求存在显著差异。农村家庭对"一般本科高校"的需求比例高于城市家庭，对"重点本科高校"的需求比例低于城市家庭；"低收入组"的家庭对"高职高专"的需求比例高于其他收入组的家庭，对"重点本科高校"的需求比例低于其他收入组的家庭；"高收入组"家庭对"重点本科高校"

的需求比例高于其他收入组的家庭；户主职业为"公务员与事业单位人员"的家庭对"重点本科高校"需求的比例高于其他职业的家庭；亲戚朋友的职业为"公务员与事业单位人员"家庭对"重点本科高校"需求的比例高于其他职业的家庭；户主的学历为"初中及以下"的家庭对"重点本科高校"需求的比例低于其他学历层次的家庭。

5. 城乡家庭高等教育专业需求存在显著差异

城乡家庭对不同专业的需求存在显著差异。城市家庭对"工学"专业的需求比例高于农村家庭；

城乡家庭对在不同层次高校的同一专业需求存在显著差异。农村家庭选择"普通高校的重点专业"的比例高于城市家庭，选择"重点高校的普通专业"的比例低于城市家庭；"低收入组"家庭对"普通高校的重点专业"需求的比例高于其他收入组的家庭，对"重点高校的普通专业"需求的比例低于其他收入组的家庭；户主的职业为"公务员与事业单位人员"的家庭对"重点高校的普通专业"需求的比例高于其他职业的家庭；户主学历为"本科"的家庭对"重点高校的普通专业"需求的比例高于其他学历层次的家庭。

基于本书的研究目的，在后面的分析中笔者集中研究城乡家庭高等教育需求差异的高等教育区域需求、层次需求、类型需求和专业需求四个方面，对高等教育形式需求不再进行分析讨论。

第三节 城乡家庭高等教育需求差异的影响因素

由于高等教育属于非义务教育，接受高等教育需要一笔较大的经济支出，同时又能够带来价值增值的经济回报，因此，接受高等教育也就成了诸多家庭的选择。但是，由于家庭高等教育需求的多样性与高等教育供给的有限性之间的矛盾，导致高等教育无法满足所有家庭的需求。自然，哪些家庭能够获得优质高等教育资源是受诸多因素影响的，而且这些影响因素在城乡家庭之间是否存在差异，或是轻重缓急，这是需要解决的问题。

一、"家庭高等教育需求"影响因素的城乡差异

家庭高等教育需求首先受到家庭因素的影响，主要是家庭的经济资本、社会资本和文化资本制约高等教育需求，此外，还受到子女学习能力和学习成绩、高校的综合实力和培养质量，以及社会的人才观和经济发展水平对人才的需求等很多复杂因素的影响。因此，课题组在问卷设计时把影响家庭高等教育需求的因素概括为六个方面：家庭经济资本因素、家庭社会资本因素、家庭文化资本因素、子女因素、高校因素和社会因素，共设计了 20 道题（见附录第三部分），以调查家长认为这六个因素对其家庭高等教育需求的影响程度。下面就这六个方面对家庭高等教育需求的影响进行分析。

表 5-128 是家庭资本因素的城乡差异 t 检验结果。通过调查家庭经济资本、社会资本与文化资本因素对其高等教育需求影响程度的分析表明，城乡家庭经济资本影响因素（主要是指家庭经济状况）之间存在显著差异，家庭经济资本因素对农村家庭高等教育需求的影响程度平均数是 3.348，其对城市家庭高等教育需求的影响程度平均数是 3.113，很明显，家庭经济资本因素对农村家庭高等教育需求影响程度更大；城乡家庭社会资本影响因素（主要是指家长职业、人脉关系等）之间存在显著差异，家庭社会资本因素对农村家庭高等教育需求的影响程度平均数是 3.627，其对城市家庭高等教育需求的影响程度平均数是 3.506，可见家庭社会资本因素对农村家庭高等教育需求影响程度更大；城乡家庭文化资本影响因素（主要是指家长的学历、对高等教育价值的认知等）之间存在显著差异，家庭文化资本因素对农村家庭高等教育需求的影响程度平均数是 3.620，其对城市家庭高等教育需求的影响程度平均数是 2.998，很明显家庭文化资本因素对农村家庭高等教育需求影响程度超过城市家庭高等教育需求的影响程度。通过对家庭经济资本因素、家庭社会资本因素和家庭文化资本因素做城乡差异的 t 检验，发现农村家庭认为家庭经济资本因素、家庭社会资本因素和家庭文化资本因素对家庭高等教育需求的影响程度高于城市家庭。

表 5-128　家庭资本因素的城乡差异 t 检验结果（N=3024）

检验变量	户籍	频次	平均数	标准差	t
家庭经济资本因素	农村	1 960	3.348	0.909 72	6.478**
	城市	1 064	3.113	0.975 42	
家庭社会资本因素	农村	1 960	3.627	0.758 39	3.995**
	城市	1 064	3.506	0.811 72	
家庭文化资本因素	农村	1 960	3.620	0.924 10	16.412**
	城市	1 064	2.998	1.032 55	

注：*表示 $p<0.05$，**表示 $p<0.01$，下同

表 5-129 是子女因素、高校因素和社会因素的城乡差异 t 检验结果。通过调查子女因素、高校因素与社会因素对高等教育需求影响程度，发现城乡家庭子女因素（主要是指子女的学习能力、学习兴趣与学习成绩等）对高等教育需求的影响存在显著差异，子女因素对农村家庭高等教育需求的影响程度平均数是 4.034，其对城市家庭高等教育需求的影响程度平均数是 4.147，很明显，子女因素对城市家庭高等教育需求的影响程度更大；城乡家庭高校因素（主要是指高校所处区域、办学条件、就业情况等）对高等教育需求的影响存在显著差异，高校因素对农村家庭高等教育需求的影响程度平均数是 3.814，其对城市家庭高等教育需求的影响程度平均数是 3.955，这表明，高校因素对城市家庭高等教育需求的影响程度更大；城乡家庭社会因素（主要是指社会对人才的重视、经济社会发展对人才的需求等）对高等教育需求的影响存在显著差异，社会因素对农村家庭高等教育需求的影响程度平均数是 3.910，其对城市家庭高等教育需求的影响程度平均数是 4.069，由此可见，社会因素对城市家庭高等教育需求的影响程度更大。通过对子女因素、高校因素和社会因素做城乡差异 t 检验，可以发现，子女因素、高校因素和社会因素对城乡家庭高等教育需求的影响程度存在显著差异，城市家庭高等教育需求受子女因素、高校因素和社会因素的影响程度大于农村家庭。

表 5-129　子女因素、高校因素和社会因素的城乡差异 t 检验结果（N=3024）

检验变量	户籍	频次	平均数	标准差	t
子女因素	农村	1 960	4.034	0.596 11	−4.974**
	城市	1 064	4.147	0.605 25	
高校因素	农村	1 960	3.814	0.614 07	−6.029**
	城市	1 064	3.955	0.621 31	
社会因素	农村	1 960	3.910	0.670 34	−6.252**
	城市	1 064	4.069	0.663 88	

二、家庭资本与"家庭高等教育需求"影响因素的关系

1. 家庭经济资本与家庭高等教育需求影响因素的关系

城乡家庭之间的经济资本差异主要体现在家庭年纯收入不同，城市家庭的年纯收入要明显高于农村家庭，因此，要对年纯收入水平不同家庭的高等教育需求的影响因素进行差异分析，首先要对多变量方差同质性进行检验，BOX's M 值等于 795.335，转换成的 F 统计量为 18.864，显著性检验 $p<0.01$，达到显著性水平，因此，事后比较采用基于方差非同质性的 Dunnett's C 检验。

　　表 5-130、表 5-131 显示，家庭经济资本因素、家庭社会资本因素、家庭文化资本因素、子女因素、高校因素和社会因素在年纯收入水平不同的 3 个家庭组别中都存在显著差异。结合事后比较的结果来看，在家庭经济资本因素和家庭文化资本因素层面，"高收入组"的平均数均低于其他收入组，说明"低收入组"的家庭认为经济资本和文化资本对高等教育需求的影响大于其他因素（前文已把影响因素归纳为 6 个方面，下同），"高收入组"的家庭认为经济资本和文化资本对高等教育的需求影响小于其他因素；在家庭社会资本因素层面，"低收入组"的平均数均高于其他收入组，说明"低收入组"的家庭认为社会资本对高等教育的需求影响大于其他因素；在子女因素和高校因素层面，"低收入组"的平均数均低于其他收入组，说明"低收入组"的家庭认为子女因素和高校因素对家庭高等教育需求的影响小于其他因素。在社会因素层面，"高收入组"的平均数均高于其他收入组，说明"高收入组"的家庭认为社会因素对家庭高等教育需求的影响大于其他因素；"低收入组"的平均数均低于其他收入组，说明"低收入组"的家庭认为社会因素对家庭高等教育需求的影响小于其他因素。

表 5-130　年纯收入水平不同家庭的高等教育需求的 6 个影响因素的描述性统计结果

影响因素	年纯收入水平	平均数	标准差	人数/人
家庭经济资本因素	低收入组（A）	3.627	0.682 69	1 826
	中等收入组（B）	3.427	0.758 25	657
	高收入组（C）	1.849	0.434 15	541
家庭社会资本因素	低收入组（A）	3.626	0.760 69	1 826
	中等收入组（B）	3.521	0.758 31	657
	高收入组（C）	3.524	0.856 55	541
家庭文化资本因素	低收入组（A）	3.529	0.959 66	1 826
	中等收入组（B）	3.297	1.036 60	657
	高收入组（C）	3.097	1.054 66	541
子女因素	低收入组（A）	3.966	0.654 42	1 826
	中等收入组（B）	4.224	0.454 76	657
	高收入组（C）	4.258	0.477 27	541
高校因素	低收入组（A）	3.745	0.658 30	1 826
	中等收入组（B）	4.018	0.502 82	657
	高收入组（C）	4.078	0.508 97	541
社会因素	低收入组（A）	3.829	0.712 07	1 826
	中等收入组（B）	4.137	0.540 82	657
	高收入组（C）	4.221	0.545 29	541

表5-131 年纯收入水平不同的家庭在高等教育需求的6个影响因素层面的单变量方差分析结果

变异来源	因素名称	平方和（SS）	自由度（df）	平均平方和（MS）	F	事后比较（Dunnett's C）
年纯收入水平（组间）	家庭经济资本因素	1341.199	2	670.599	1523.762**	A>B、A>C B>C
	家庭社会资本因素	7.742	2	3.871	6.392*	A>B、A>C
	家庭文化资本因素	87.029	2	43.514	44.020**	A>B、A>C B>C
	子女因素	54.166	2	27.083	78.652**	C>A、B>A
	高校因素	66.242	2	33.121	91.242**	C>A、B>A
	社会因素	88.453	2	44.226	104.562**	C>A、C>B、B>A
误差	家庭经济资本因素	1 329.525	3021	0.440		
	家庭社会资本因素	1 829.441	3021	0.606		
	家庭文化资本因素	2 986.272	3021	0.989		
	子女因素	1 040.253	3021	0.344		
	高校因素	1 096.631	3021	0.363		
	社会因素	1 277.794	3021	0.423		

2. 家庭社会资本与家庭高等教育需求影响因素的关系

城乡家庭之间的社会资本差异主要体现在户主职业、家庭亲戚朋友的职业与文化水平不同。前文的统计分析已表明，城市家庭的社会资本要比农村家庭的社会资本更丰厚，社会关系网络更广泛，因此，下面就不同户主职业、不同亲戚朋友的职业和文化水平家庭的高等教育需求的影响因素进行分析。

（1）不同户主职业家庭的高等教育需求的影响因素分析

首先对多变量方差同质性进行检验，BOX's M值等于335.836，转换成的F统计量为3.979，显著性检验$p<0.01$，达到显著性水平，因此，事后比较采用基于方差非同质性的Dunnett's C检验。

表5-132、表5-133表明，家庭经济资本因素、家庭社会资本因素、家庭文化资本因素、子女因素、高校因素和社会因素在五个不同户主职业类别的家庭组别中都存在显著差异。结合事后比较的结果来看，在家庭经济资本因素、家庭社会资本因素和家庭文化资本因素层面，户主的职业为"农民（工）"的家庭的平均数均高于其余四个职业类别的家庭，说明户主的职业为"农民（工）"的家庭认为

经济资本、文化资本和社会资本对高等教育需求的影响更大。因此，在影响家庭高等教育需求的 6 个因素中，户主的职业为"农民（工）"的家庭认为家庭的经济资本、社会资本和文化资本的影响程度大于子女因素、高校因素和社会因素。

表 5-132　不同户主职业家庭的高等教育需求的 6 个影响因素的描述性统计结果

影响因素	户主的职业	平均数	标准差	人数/人
家庭经济资本因素	农民（工）（A）	3.617	0.795 60	507
	个体户（B）	3.071	1.009 58	586
	企业员工（C）	3.413	0.845 19	969
	公务员与事业单位人员（D）	2.866	1.001 53	596
	其他（E）	3.352	0.847 76	366
家庭社会资本因素	农民（工）（A）	3.906	0.618 50	507
	个体户（B）	3.399	0.795 23	586
	企业员工（C）	3.580	0.751 76	969
	公务员与事业单位人员（D）	3.501	0.846 58	596
	其他（E）	3.585	0.782 51	366
家庭文化资本因素	农民（工）（A）	3.870	0.759 75	507
	个体户（B）	3.265	1.049 16	586
	企业员工（C）	3.584	0.932 19	969
	公务员与事业单位人员（D）	2.841	1.010 00	596
	其他（E）	3.400	0.975 88	366
子女因素	农民（工）（A）	3.964	0.637 54	507
	个体户（B）	4.140	0.539 90	586
	企业员工（C）	4.058	0.586 18	969
	公务员与事业单位人员（D）	4.134	0.612 53	596
	其他（E）	4.068	0.643 82	366
高校因素	农民（工）（A）	3.779	0.612 51	507
	个体户（B）	3.943	0.558 09	586
	企业员工（C）	3.801	0.614 80	969
	公务员与事业单位人员（D）	3.966	0.634 01	596
	其他（E）	3.855	0.679 34	366
社会因素	农民（工）（A）	3.870	0.677 23	507
	个体户（B）	4.050	0.634 27	586
	企业员工（C）	3.894	0.674 52	969
	公务员与事业单位人员（D）	4.074	0.669 37	596
	其他（E）	3.977	0.684 53	366

表 5-133　不同户主职业的家庭在高等教育需求的 6 个影响因素层面的单变量方差分析结果

变异来源	因素名称	平方和（SS）	自由度（df）	平均平方和（MS）	F	事后比较（Dunnett's C）
户主的职业（组间）	家庭经济资本因素	203.545	4	50.886	62.268**	A>B、A>C、A>D、A>E、B>D、C>B、C>D、E>B、E>D
	家庭社会资本因素	76.683	4	19.171	32.875**	A>B、A>C、A>D、A>E、C>B、E>B
	家庭文化资本因素	341.548	4	85.387	94.366**	A>B、A>C、A>D、A>E、B>D、C>B、C>D、C>E、E>D
	子女因素	11.077	4	2.769	7.717**	B>A、B>C、C>A、D>A
	高校因素	17.325	4	4.331	11.415**	B>A、B>C、D>A、D>C
	社会因素	20.790	4	5.198	11.663**	B>A、B>C、D>A、D>C、D>E、E>A、E>C
误差	家庭经济资本因素	2467.179	3019	0.817		
	家庭社会资本因素	1760.500	3019	0.583		
	家庭文化资本因素	2731.752	3019	0.905		
	子女因素	1083.342	3019	0.359		
	高校因素	1145.548	3019	0.379		
	社会因素	1345.456	3019	0.446		

（2）亲戚朋友不同职业的家庭高等教育需求的影响因素分析

首先要对多变量方差同质性进行检验，BOX's M 值等于 746.482，转换成的 F 统计量是 8.836，显著性检验 $p<0.01$，达到显著性水平，因此，事后比较采用基于方差非同质性的 Dunnett's C 检验。

表 5-134、表 5-135 显示，家庭经济资本因素、家庭社会资本因素、家庭文化资本因素、子女因素、高校因素和社会因素在 5 个不同亲戚朋友职业类别的家庭组别中都存在显著差异。结合事后比较的结果来看，在家庭经济资本因素层面，亲戚朋友的职业为"农民（工）"的家庭平均数均高于其余四个职业类别的家庭，说明亲戚朋友的职业为"农民（工）"的家庭认为经济资本对家庭高等教育需求的影响大于其他因素；亲戚朋友的职业为"公务员和事业单位人员"的家庭平均数均低于其余四个职业类别的家庭，说明亲戚朋友的职业为"公务员和事业单位人员"的家庭认为经济资本对家庭高等教育需求的影响小于其他因素。在家庭文化资本因素层面，亲戚朋友的职业为"农民（工）"的家庭平均数均高于其他职业类别的家庭，说明亲戚朋友的职业为"农民（工）"的家庭认为文化资本对家庭高等教育需求的影响大于其他因素。

表 5-134 不同亲戚朋友职业家庭的高等教育需求的 6 个影响因素的描述性统计结果

影响因素	亲戚朋友的职业	平均数	标准差	人数/人
家庭经济资本因素	农民（工）（A）	3.512	0.792 26	948
	个体户（B）	3.180	0.962 14	1 015
	企业员工（C）	3.185	1.005 20	457
	公务员与事业单位人员（D）	2.952	1.029 95	362
	其他（E）	3.276	0.888 61	242
家庭社会资本因素	农民（工）（A）	4.029	0.463 31	948
	个体户（B）	3.291	0.788 23	1 015
	企业员工（C）	3.318	0.855 22	457
	公务员与事业单位人员（D）	3.331	0.832 93	362
	其他（E）	3.958	0.482 59	242
家庭文化资本因素	农民（工）（A）	3.785	0.807 33	948
	个体户（B）	3.354	1.009 11	1 015
	企业员工（C）	3.099	1.096 19	457
	公务员与事业单位人员（D）	2.904	0.990 90	362
	其他（E）	3.412	1.014 32	242
子女因素	农民（工）（A）	4.005	0.617 59	948
	个体户（B）	4.082	0.576 39	1 015
	企业员工（C）	4.197	0.535 41	457
	公务员与事业单位人员（D）	4.149	0.581 73	362
	其他（E）	3.973	0.726 99	242
高校因素	农民（工）（A）	3.782	0.656 36	948
	个体户（B）	3.870	0.580 19	1 015
	企业员工（C）	3.954	0.609 97	457
	公务员与事业单位人员（D）	4.006	0.596 59	362
	其他（E）	3.777	0.631 80	242
社会因素	农民（工）（A）	3.857	0.710 49	948
	个体户（B）	3.987	0.654 17	1 015
	企业员工（C）	4.076	0.638 35	457
	公务员与事业单位人员（D）	4.102	0.608 99	362
	其他（E）	3.895	0.673 59	242

表5-135 不同亲戚朋友职业的家庭在高等教育需求的6个影响因素层面的单变量方差分析结果

变异来源	因素名称	平方和（SS）	自由度（df）	平均平方和（MS）	F	事后比较（Dunnett's C）
亲戚朋友的职业（组间）	家庭经济资本因素	103.632	4	25.908	30.469**	A>B、A>C、A>D、A>E、B>D、C>D、E>D
	家庭社会资本因素	363.792	4	90.948	186.354**	A>B、A>C、A>D、E>B、E>C、E>D
	家庭文化资本因素	273.132	4	68.283	73.619**	A>B、A>C、A>D、A>E、B>C、B>D、E>C、E>D
	子女因素	16.079	4	4.020	11.254**	B>A、C>A、C>B、C>E、D>A、D>E
	高校因素	19.218	4	4.805	12.683**	B>A、C>A、C>E、D>A、D>B、D>E
	社会因素	25.227	4	6.307	14.198**	B>A、C>A、C>E、D>A、D>B、D>E
误差	家庭经济资本因素	2 567.092	3019	0.850		
	家庭社会资本因素	1 473.391	3019	0.488		
	家庭文化资本因素	2 800.168	3019	0.928		
	子女因素	1 078.341	3019	0.357		
	高校因素	1 143.655	3019	0.379		
	社会因素	1 341.020	3019	0.444		

（3）不同亲戚朋友文化水平家庭的高等教育需求的影响因素分析

首先要对多变量方差同质性进行检验，BOX's M值等于304.694，转换成的 F 统计量为3.542，显著性检验的 p 值<0.01，达到显著性水平，因此，事后比较采用基于方差非同质性的Dunnett's C检验。

表5-136、表5-137表明，家庭经济资本因素、家庭社会资本因素、家庭文化资本因素、子女因素、高校因素和社会因素在5个不同亲戚朋友文化水平类别的家庭组别中都存在显著差异。结合事后比较的结果来看，在家庭经济资本因素和家庭文化资本因素方面，亲戚朋友的文化水平为"初中及以下"的家庭平均数均高于其他类别的家庭，说明亲戚朋友的文化水平为"初中及以下"的家庭认为经济资本和文化资本对高等教育需求的影响大于其他因素。在高校因素方面，亲戚朋友的文化水平为"研究生"的家庭平均数均高于其他类别的家庭，说明亲戚朋友的文化水平为"研究生"的家庭认为高校因素对家庭高等教育需求的影响大于其他因素。

表 5-136　不同亲戚朋友文化水平家庭的高等教育需求的 6 个影响因素的描述性统计结果

影响因素	亲戚朋友的文化水平	平均数	标准差	人数/人
家庭经济资本因素	初中及以下（A）	3.413	0.878 75	1 408
	高中（含中专）（B）	3.247	0.908 18	1 102
	专科（C）	2.969	1.078 74	223
	本科（D）	2.871	1.036 25	259
	研究生（E）	2.646	1.100 46	32
家庭社会资本因素	初中及以下（A）	3.708	0.702 35	1 408
	高中（含中专）（B）	3.482	0.815 14	1 102
	专科（C）	3.378	0.812 99	223
	本科（D）	3.486	0.874 95	259
	研究生（E）	3.945	0.761 30	32
家庭文化资本因素	初中及以下（A）	3.794	0.805 02	1 408
	高中（含中专）（B）	3.154	1.044 28	1 102
	专科（C）	2.871	1.006 20	223
	本科（D）	2.858	1.035 39	259
	研究生（E）	2.740	0.841 29	32
子女因素	初中及以下（A）	4.030	0.616 62	1 408
	高中（含中专）（B）	4.075	0.589 09	1 102
	专科（C）	4.184	0.562 93	223
	本科（D）	4.206	0.582 24	259
	研究生（E）	4.167	0.548 70	32
高校因素	初中及以下（A）	3.826	0.613 89	1 408
	高中（含中专）（B）	3.857	0.629 10	1 102
	专科（C）	3.966	0.596 06	223
	本科（D）	3.968	0.598 53	259
	研究生（E）	4.203	0.688 14	32
社会因素	初中及以下（A）	3.896	0.693 97	1 408
	高中（含中专）（B）	3.977	0.653 73	1 102
	专科（C）	4.175	0.578 05	223
	本科（D）	4.103	0.649 42	259
	研究生（E）	4.094	0.646 10	32

表 5-137　不同亲戚朋友文化水平的家庭在高等教育需求的 6 个影响因素层面的
单变量方差分析结果

变异来源	因素名称	平方和（SS）	自由度（df）	平均平方和（MS）	F	事后比较（Dunnett's C）
亲戚朋友的文化水平（组间）	家庭经济资本因素	103.231	4	25.808	30.346**	A>B、A>C、A>D、A>E、B>C、B>D、B>E
	家庭社会资本因素	49.341	4	12.335	20.829**	A>B、A>C、A>D、E>B、E>C、E>D
	家庭文化资本因素	437.532	4	109.383	125.287**	A>B、A>C、A>D、A>E、B>C、B>D
	子女因素	10.222	4	2.556	7.116**	C>A、C>B、D>A、D>B
	高校因素	10.913	4	2.728	7.150**	C>A、C>B、D>A、D>B、E>A、E>B、E>C、E>D
	社会因素	22.177	4	5.544	12.453**	B>A、C>A、C>B、D>A、D>B
误差	家庭经济资本因素	2567.493	3019	0.850		
	家庭社会资本因素	1787.842	3019	0.592		
	家庭文化资本因素	2635.768	3019	0.873		
	子女因素	1084.197	3019	0.359		
	高校因素	1151.961	3019	0.382		
	社会因素	1344.070	3019	0.445		

3. 家庭文化资本与家庭高等教育需求影响因素的关系

城乡家庭之间的文化资本差异主要体现在家庭户主学历不同。前文的统计分析表明，城市家庭的文化资本优于农村家庭。下面就不同户主学历家庭的高等教育需求的影响因素进行分析。

首先要对多变量方差同质性进行检验，BOX's M 值等于 753.125，转换成的 F 统计量为 8.779，显著性检验 $p<0.01$，达到显著性水平，因此，事后比较采用基于方差非同质性的 Dunnett's C 检验。

表 5-138、表 5-139 显示，家庭经济资本因素、家庭社会资本因素、家庭文化资本因素、子女因素、高校因素和社会因素在 5 个不同户主学历层次的家庭组别中都存在显著差异。结合事后比较的结果来看，在家庭经济资本因素层面，户主的学历为"初中及以下"的家庭平均值均高于户主为其他四种学历水平的家庭，说明户主学历为"初中及以下"的家庭认为经济资本对家庭高等教育需求的影响大于其他因素，户主的学历为"研究生"的家庭平均值均低于户主为其他四种学

历水平的家庭，说明户主学历为"研究生"的家庭认为经济资本对家庭高等教育需求的影响小于其他因素。在家庭文化资本因素层面，户主的学历为"初中及以下"的家庭平均值均高于户主为其他四种学历水平的家庭，说明户主学历为"初中及以下"的家庭认为文化资本对家庭高等教育需求的影响大于其他因素。

表 5-138　不同户主学历家庭的高等教育需求的 6 个影响因素的描述性统计结果

影响因素	户主的学历	平均数	标准差	人数/人
家庭经济资本因素	初中及以下（A）	3.403	0.880 42	1 607
	高中（含中专）（B）	3.244	0.952 54	979
	专科（C）	2.895	0.992 22	175
	本科（D）	2.823	0.971 90	224
	研究生（E）	2.342	0.803 82	39
家庭社会资本因素	初中及以下（A）	3.624	0.755 52	1 607
	高中（含中专）（B）	3.559	0.775 04	979
	专科（C）	3.436	0.827 73	175
	本科（D）	3.535	0.905 69	224
	研究生（E）	3.571	0.782 10	39
家庭文化资本因素	初中及以下（A）	4.040	0.519 43	1 607
	高中（含中专）（B）	2.772	0.971 36	979
	专科（C）	2.758	0.976 36	175
	本科（D）	2.283	0.626 93	224
	研究生（E）	2.214	0.564 48	39
子女因素	初中及以下（A）	4.033	0.607 19	1 607
	高中（含中专）（B）	4.079	0.603 66	979
	专科（C）	4.196	0.557 30	175
	本科（D）	4.244	0.542 16	224
	研究生（E）	4.111	0.618 12	39
高校因素	初中及以下（A）	3.809	0.613 07	1 607
	高中（含中专）（B）	3.874	0.619 88	979
	专科（C）	4.034	0.573 83	175
	本科（D）	4.094	0.596 73	224
	研究生（E）	3.814	0.806 47	39
社会因素	初中及以下（A）	3.884	0.689 08	1 607
	高中（含中专）（B）	3.994	0.640 57	979
	专科（C）	4.225	0.558 48	175
	本科（D）	4.216	0.638 86	224
	研究生（E）	4.051	0.715 49	39

表 5-139　不同户主学历的家庭在高等教育需求的 6 个影响因素层面的单变量方差分析结果

变异来源	因素名称	平方和（SS）	自由度（df）	平均平方和（MS）	F	事后比较（Dunnett's C）
户主的学历（组间）	家庭经济资本因素	131.995	4	32.999	39.241**	A>B、A>C、A>D、A>E、B>C、B>D、B>E、C>E、D>E
	家庭社会资本因素	7.608	4	1.902	3.139*	A>C
	家庭文化资本因素	1451.570	4	362.893	675.558**	A>B、A>C、A>D、A>E、B>D、B>E、C>D、C>E
	子女因素	11.821	4	2.955	8.241**	C>A、D>A、D>B
	高校因素	22.037	4	5.509	14.579**	C>A、C>B、D>A、D>B
	社会因素	37.638	4	9.410	21.381**	B>A、C>A、C>B、D>A、D>B
误差	家庭经济资本因素	2538.729	3019	0.841		
	家庭社会资本因素	1829.575	3019	0.606		
	家庭文化资本因素	1621.730	3019	0.537		
	子女因素	1082.599	3019	0.359		
	高校因素	1140.837	3019	0.378		
	社会因素	1328.608	3019	0.440		

　　上述分析表明，城乡家庭的高等教育需求均受家庭经济资本因素、家庭社会资本因素、家庭文化资本因素、子女因素、高校因素和社会因素 6 个方面的影响，其中农村家庭认为家庭经济资本因素、社会资本因素和文化资本因素对家庭高等教育需求的影响程度显著高于城市家庭，城市家庭认为子女因素、高校因素和社会因素对家庭高等教育需求的影响程度大于农村家庭。相对城市家庭来说，农村家庭的年纯收入偏低、社会资源不丰富、文化水平偏低，所以相比子女因素、高校因素和社会因素，家庭资本因素更是农村家庭做出高等教育需求选择时首要考虑的问题。城市家庭的年纯收入偏高，社会人际关系广泛、文化水平较高，在其子女接受高等教育时不需要过多地考虑家庭的经济状况、社会关系和文化资源，因此，城市家庭在做出高等教育需求选择时倾向于子女因素、高校因素和社会因素，突出周围外在环境的变化。由此可见，城乡家庭的高等教育需求差异是城乡家庭的经济资本、文化资本和社会资本差异引起的，城乡家庭高等教育需求的影响因素差异也与城乡家庭的经济资本、文化资本和社会资本息息相关。

第四节　城乡家庭高等教育需求差异的原因分析

前文的实证研究表明，城乡家庭高等教育需求存在差异，城市家庭高等教育需求质量明显优于农村家庭，其原因在于家庭经济资本、社会资本、文化资本，以及基础教育之间存在的城乡差异，归根结底是我国长期实行的城乡二元体制。通过城乡户籍制度及其附着在户籍上的相关制度，实行城市优先发展的一系列政策和制度，把城乡家庭资本及其子女接受优质教育资源的距离拉大。

一、城乡二元结构

城乡二元结构是通过制度安排，将整个社会划分为城市和农村两大社会形态，城乡之间在身份、地位、收入、生存环境、价值观念等领域均存在差异。城市与乡村是人类社会发展到一定阶段的产物。自从城市诞生以来，就存在着城乡二元结构，我国也不例外。我国是一个农业大国，长期处于小农经济发展之中，形成了特有的农业社会与工业社会并存的二元结构，形成城乡二元体制的分割。我国的资源集中于城市，结果造成城乡发展的差异越来越大，这种非均衡的优先发展策略导致农村发展处于相对落后阶段。我国实行城乡分割的户籍制度，分别属于非农业户口、农业户口，他们的居住条件与工作性质不同，身份差异很大，不仅是空间结构的不同，而且是两种不同的人生道路，两个不同的生存环境。作为个体而言，其出生于城市还是农村差别很大，因为作为社会人，其户籍身份决定了生存状况、所受教育的优劣，通过附着在户籍上的相关制度影响一个人的方方面面。正如美国学者罗斯坦（Rothstein）所言："个体在出生以前，在进入学校以前，在进入劳动市场以前，就已经获得了他的阶级身份……这决定他住在哪儿，上什么学校，将来可能从事什么工作等。"[1]

城乡二元体制的实施使城市与农村在政治、经济、文化等领域的差距日益扩大。政治上城市居民享有优先权，农村人难以享受到同等待遇。经济上，一个是现代工业，一个是传统农业，两者差异很大。1954年美国经济学家威廉·阿瑟·刘

---

[1]　Rothstein S W. Identity and Ideology: Sociocultural Theories of Schooling. New York: Greenwood Press, 1991: 121.

易斯（William Arthur Lewis）发表了《劳动力无限供给条件下的经济发展》一文，他首次提出了二元经济结构理论，认为发展中国家的经济结构具有典型的二元特征。①文化上，城市文化处于领导地位，农村文化相对落后、贫乏，被城市文化所引领。城乡二元体制带来了城市与农村在各个领域的差异，这也是为什么农村人千方百计、不惜代价让子女接受高等教育，摆脱农村，成为城里人的主要原因。

城乡二元体制导致以城市发展为中心。国家的政策和制度以城市为中心，城市是地方政治、经济与文化发展的中心，农村处于边缘地位。具有农村户籍的农民，由于户籍限制，不能享受城市市民享受的诸多社会优惠政策，城乡之间不仅家庭经济收入差距大，在入学、医疗、住房、社会保障与就业等方面均存在差异，农民福利保障不健全，医疗条件与生活环境等无法与城市相比，造成较大的城乡差异。城乡之间的这种差别具有代际传递性，城市居民由于雄厚的家庭资本与优越的学习、生活、工作条件，其子女能够得到优先发展，占据有利地位，享受优质资源。而农村家庭由于条件限制，其子女的发展环境无法与城市家庭子女相媲美，处于劣势地位，要跳出农村，走向城市，需要面临巨大的挑战，付出艰辛的劳动。

农村为什么缺乏人才，特别是优秀人才，这是城乡二元体制带来的必然结果，因为农村工作的环境无法与城市相比。不要说是城市人不愿意到农村工作，就是农村生源的大学生毕业后都不愿意回农村工作。他们生长于农村，对农村的生存状况有着深刻的了解和认识，城市是他们的梦想与追求，考取大学的目的是为了脱离农村，过上城里人的生活。农村优秀人才流向城市，农村需要的人才不愿来，也留不住，导致农业发展缺乏后劲和潜力。随着我国改革开放的深入，农村经济得到了快速发展，农业科技发展迅猛，但农村科技人才的缺乏是不争的事实。尽管近几年全国每年有700多万大学毕业生，而且就业竞争激烈，但他们宁可选择待业、创业，也不愿意到农村就业。就这个角度而言，高考制度变成了城市筛选工具，通过高考选拔农村优秀人才接受高等教育，毕业后服务城市，由此可见，城乡二元体制进一步加剧了城乡差异和二元分离。

回顾中华人民共和国成立以来二元结构的发展历程，建国之初，百废待兴，经济发展水平低下，经济基础薄弱，主要依靠传统农业，为了改革这种落后状况，促进经济社会发展，国家选择了优先发展重工业，以城市为中心，出台了一系列政策法规，通过行政手段，将农业户口与非农业户口区分开来，形成两种不同身份；将城乡生产要素进行分割，形成基于工业经济的城市经济体制和传统农业基础上的农村经济体制，城乡二元经济体制完全割裂。此外，还出台了分割城乡、

---

① 转引自：靳占忠，孙健敏. 城乡二元结构：我国高等教育发展的隐忧 [J]. 高等农业教育，2016，（5）：12-15.

不利于农民的相关制度，形成了城市与农村相互阻隔的社会结构，农民与市民处于不同的社会体制之中。国家把城市发展作为重中之重，在此背景下，城市工业得到了快速发展，城市居民的生活水平得到提高，但它建立在对农业和农民的依赖基础上，其结果是农业发展相对迟缓，农村生活水平低下，工业与农业关系不协调。

此外，国家还实行粮食统购统销政策。[①] 统购统销，就是借助政权的强制力量，让农民把生产的粮食卖给国家，全社会所需的粮食全由国家供应，农民自己食用的数量和品种也得由国家批准后才能留下。城镇家庭每家一个粮本，凭粮本领取粮食。此外，国家还严格控制粮食市场，禁止粮食自由买卖。1953年，国家发布的《中共中央关于粮食统购统销的决议》规定：所有收购量和供应量，收购标准和供应标准，收购价格和供应价格等，都必须由中央统一规定或经中央批准。国家还先后出台了《关于在全国实行计划收购油料的决定》《关于实行棉布计划收购和计划供应的命令》《关于棉花计划收购的命令》，对油料、棉布实行统购统销，对棉花实行统购。这样，粮、棉、油等比较重要的农产品退出了自由市场，由国家垄断经营。国家"对城市居民和工业企业低价统销，用以维持与保证城市居民的计划供给和工业生产的原料来源。显然，城市居民的利益是以农民的直接损失为代价的。这种不平等的城乡交换和投资政策，限制了农村的发展，造成了农民的贫困和经济上的弱势，这是造成城乡经济不平等的重要制度因素"[②]。统购统销加剧了城乡分割，拉大了城乡差距。正是中国农民的"牺牲"，为国家工业建设提供了原始积累，从而建立了初步的工业基础。1992年底，全国各地的库存粮食多，库存粮食占压不少资金，这时放开粮食价格，不仅不会出现抢购，还会给粮食部门减轻负担，于是，全国放开了粮食价格，粮食市场形成，统购统销真正退出了历史舞台。

随着改革开放的深入，市场经济体制逐步完善，现代农业得到发展，农业、工业与第三产业的关系逐步理顺，2014年以来，国家均以"中央一号文件"的方式发布"三农"改革文件，凸显了国家对农业、农村与农民的重视。户籍制度取消了，农民的生活水平发生了巨大变化。但是，农业地位偏低、投入不足、技术落后、人才缺乏、效率不高的状况并没有根本改善，城乡之间的差异也没有发生根本变化，国家政策在城乡之间还是存在不平等，城市公共设施之完善是农村无法企及的，此外，城乡之间在就业、医保、社保等方面均存在较大差距。正是由

---

① 共和国辞典：粮食统购统销政策. http://news.qq.com/zt2011/ghgcd/51.htm.［2016-10-08］.
② 谌红桃. 女性高等教育入学机会城乡差异研究——以南京市高校为个案［D］. 南京：南京师范大学硕士学位论文. 2005：18-19.

于国家城市中心的价值取向，导致农民与市民相比，经济贫困、社会地位不高、文化水平有待提升，影响其高等教育需求。正如克尔克霍夫所言："社会阶级地位较高家庭的子女更有能力去追求并重视更高的教育。""社会等级关系与市场经济本身有不断扩大城乡收入差距的趋势，而国家执行扶强扶优的政策，使国家宏观调控烫平城乡差距的政策发生错位与缺位，加快了城乡收入差距的扩大。"① 在此背景下，优质高等教育资源被家庭资本丰厚的城市家庭占有也就在情理之中。

二、城乡家庭经济资本存在差异

前文的统计分析表明，城市家庭的经济资本优于农村家庭，城乡二元体制导致城乡经济发展水平不均衡，存在较大差异。改革开放以前，国家实行计划经济，通过计划配置资源，重城市工业发展。国家通过计划手段配置人、财、物，城市居民的收入较高，稳定又有保障。农民被限制在以种植业为主的传统农业上，缺乏自由流动，农村生产水平较低、经济发展落后，农民靠天吃饭、经济贫困、收入水平低、购买力不强。改革开放后，国家逐步实行商品经济、有计划的市场经济，农村产业结构得到调整，农村经济得到发展，农民收入增长较快，生活水平得到提高。随着我国改革开放的逐步深入，城乡居民的收入都在增加，但城乡绝对差距在扩大，城乡收入比也在拉大，农村居民的收入增加幅度赶不上城市市民。制约农村发展的瓶颈并没有根本解决，农业与农村发展还面临诸多困境，农村基础设施薄弱的状况仍然存在，一些深层次的体制机制障碍还没有消除，统筹城乡发展的体制机制尚未形成，农民缺乏经济收入持续增长的有效机制，而且考虑到城乡之间在医保、社保与子女入学等方面的差异，城乡家庭收入差距更大。

接受高等教育是有利可图的人力资本投资，正如美国经济学家贝克尔所言："唯一决定人力资本投资量的最重要因素可能是这种投资的有利性或收益率。就一般而言，教育投资的收益率要大于物质资本的收益率。"② 但毕竟高等教育属于非义务教育，接受高等教育需要交纳学费，还要支付杂费、生活费等，还存在机会成本，故对家庭来说是一笔不小的开支，对一些农村贫困家庭而言是巨大的经济投入，更是沉重的经济负担。而且接受高等教育回报具有延时性和不确定性，这不是任何一个家庭都能担负得起的。一般而言，在经济水平发达地区，家庭消费能力强，高等教育需求旺盛，相反，家庭消费能力低下，则高等教育需求弱化。

---

① 张继平，董泽芳. 优质高等教育入学机会不公平的多向度分析 [J]. 华中师范大学学报（人文社会科学版），2012，（2）：141-145.

② 加里·贝克尔. 人力资本：特别是关于教育的理论经验分析 [M]. 梁小民译. 北京：北京大学出版社，1987：42.

家庭经济资本对其子女接受高等教育入学机会的影响是非常明显的。一个家庭的经济状况首先决定了子女所接受基础教育的质量，经济资本丰厚的家庭子女可以享受优质基础教育，上好的学校，参加校内外各种辅导班和兴趣班，培养广泛的兴趣爱好；相反，一般农村家庭只能在农村学校接受教育，其办学条件与教育质量无法与城市学校相比，他们接受教育的起点存在差异。因此，尽管国家对贫困大学生进行了经济资助，但仍然难以摆脱其经济困境，正如查尔斯·赫梅尔（Charles Hummel）所言：“不应忘记，提供奖学金制或贷款往往不能解决贫困家庭所面临的经济问题，因为贫困家庭的孩子上学就不能挣钱。”[①] 鉴于经济因素，选择中西部高校学费较低的一般高校就读是一些农村贫困家庭的首选，有的甚至放弃就读大学的机会，直接就业，外出打工；而对城市富裕家庭而言，由于有经济作支撑，经济负担较小，学生选择经济发达地区的重点高校就读，未来人生发展之路将更为顺畅。戴维·波普诺（David Popenoe）指出：“受教育机会是一个受到社会阶级地位强烈影响的生活机会。”他对大约 9000 名学生的经典研究发现，那些家庭社会经济地位很高的人，中学毕业后获得继续教育的机会几乎是那些社会经济地位较低家庭出身的人的 2.5 倍。[②] 克里斯坦森（Christensen）等在比较家庭社会经济地位、求学成本和个人能力对高等教育个人选择行为影响的重要程度时发现，“与求学成本相比，家庭经济地位对高等教育行为选择的影响更为重要”。“经济增长不仅仅伴随着经济不平等……还伴随着教育的增长和教育的不平等，而且目前无论在各国内部还是各国之间，后一种情况似乎都在增长”[③]。这一结论是联合国教科文组织教育统计处对 86 个国家的教育水平和教育机会的分配情况深入研究之后得出来的。

国内相关的调查研究已表明，经济资本雄厚的家庭子女能够取得更好的学业成就，目前我国重点高校来自农村的学生比例较低且呈下降趋势就是例证。我国的北京、上海、广州等地区经济发达，也是高等教育发达的城市，学生就读大学的成本高于欠发达地区。作为一般农村家庭，需要考虑高等教育的成本投入，进行教育成本与收益之间的权衡比较；而富裕家庭更多关注高校的声誉与人才培养质量。一些富裕家庭子女出国留学呈现出低龄化趋势，学生在中学阶段就开始去国外留学，享受优质教育，如果没有雄厚的经济支撑是不可想象的。此外，接受高等教育还有学业风险问题，即能否顺利毕业。就业存在竞争压力，即能否找到理想的工作。这些问题对不同经济资本的家庭来说，其风险与压力是不一样的。在

① 　查尔斯·赫梅尔. 今日的教育是为了明日的世界 [M]. 北京：中国对外翻译出版公司，1983：102.

② 　戴维·波普诺. 社会学 [M]. 李强，等译. 北京：中国人民大学出版社，1999：276.

③ 　余秀兰. 国外高等教育大众化过程中的机会均等问题 [J]. 江苏高教，1999，（1）：102-104.

信息不完全的情况下，高等教育的收益率无法准确预测，一些大学生毕业即失业，高等教育投资无法及时得到回报，甚至在一些农村家庭出现教育致贫的现象。严峻的就业形势促使农村贫困家庭仔细权衡，尽量规避风险；而城市富裕家庭由于有经济做支撑，他们具有抗风险的经济资本，因而考虑得更为长远，愿意选择发达地区的重点大学就读。

三、城乡家庭社会资本存在差异

家庭高等教育需求不仅受家庭经济资本的制约，社会资本也发挥着重要作用。美国社会学家科尔曼（Coleman）认为，社会资本是指在孩子的成长过程中，对他们有价值的成人与孩子之间的规范、社会网络和相互关系。[①] 正如林南（N. Lin）所言："社会资本是从嵌入社会网络的资源中获得的，它根植于社会网络和社会关系中"[②]。因此，完整意义上的社会资本概念内在地包括三方面内容：结构（嵌入性）、机会（可涉取性）和行动导向（运用）。首先，家庭所具有的社会资本必须镶嵌在社会网络之中，即具有一定的结构性，社会网络是社会资本转换为可利用或能利用资本的基础；其次，家庭资本必须能够被提取才具有价值，即应具有可涉取性，而提取的通道就是社会关系网络；再次，严格意义上的家庭社会资本，是指在现实中被提取、被运用的资本，如果家庭社会资本不借助社会关系网络释放出来，或者只是一味地镶嵌在社会网络之中，而没有具体的行动导向，则其并没有真正发挥社会资本的实际功用，因此，不具有行动导向性的家庭社会资本，即使再丰富，也只是"静止"资本，无法实现增益。[③] 按照前面的理论界定，社会资本是指户主的职业、家庭的亲朋好友的学历与职业以及在此基础上形成的网络资源和社会关系，这些是影响家庭高等教育需要的重要因素。

马克思对社会关系进行了生动的说明："一定的社会关系同麻布、亚麻一样，也是人们生产出来的。随着新生产力的获得，人们改变自己的生产方式也即谋生的方式，随之人们也就会改变自己的一切社会关系。"[④] 人是社会人，需要与外界进行物质、信息与能量的交换，形成社会关系网络。我国是一个人情社会，讲究人际关系，需要社会资源助推其目标的达成，因此，家庭社会资本的丰富与否也就决定了其目标的实现程度。我国长期以来形成的城乡二元体制，导致城乡之间

① Coleman J S. Equality and Achievement in Education [M]. Boulder: Westview, 1990: 334.

② Lin N. Building a network theory of social capitd [J]. Connections, 1999, (1): 28-51.

③ 魏玉梅. 全面建成小康社会目标下中国西部高等教育入学机会公平研究 [D]. 兰州：兰州大学博士研究生学位论文. 2016: 171-172.

④ 马克思, 恩格斯. 马克思恩格斯选集（第一卷）[M]. 卷. 北京：人民出版社，1995: 56, 141-142.

的社会资本差异很大。前文的实证调查已表明，城市家庭的社会资本普遍优于农村家庭，城市家庭户主职业是"公务员与事业单位人员"的比例高于农村家庭，农村家庭职业是"农民（工）"的比例高于城市家庭；与农村家庭相比，城市家庭的亲戚朋友的学历更高、职业更稳定、收入更高。农村家庭限于工作环境与生活圈子，其交往对象主要是农民（工），学历层次较低，大多是初中及其以下，基于工作压力与生存条件，与外界联系非常有限，也没有时间参与社会活动，这些对家庭高等教育需求具有重要影响。例如，高考各种类别的加分、保送生制度、特长生的招生、高校的自主招生、艺术类的单独考试、高校新专业的设置情况、高校各专业的就业信息及其优劣、如何选择高校和报考专业等，这些都会影响到考生和家长对高等教育需求的决策。自然，社会资本丰厚的城市家庭具有优势，占有先机，优先获得有关高考的资讯，在各种信息相对完善的情况下做出取舍；而农村家庭由于信息和资源的缺乏，只能是跟着感觉走，在信息量非常有限的情况下做出高等教育需求的决策，甚至受到外界各种因素的干扰，做出非理性行为。此外，在大学生就业时，城市家庭能够利用社会资源为子女就业提供信息及其便利，甚至提供直接帮助，谋得理想职业；而农村家庭获取社会资源的能力非常有限，大部分只能顺其自然。

社会阶层还存在"代际传递"效应，城市家庭深切体会到社会资源丰富所带来的好处，并且将其传递给下一代，使之从中受益。他们也认识到接受高等教育的益处，因而希望子女接受更高层次的学历教育，而不是仅局限于大学本科学历教育。而农村家庭对子女的最大希望就是能够跳出"农门"，脱离农村。

社会资源丰富的城市家庭不仅在子女接受高等教育时能够获得优势，在基础教育阶段同样如此。他们更愿意加强与学校的联系与沟通，与任课老师和班主任进行交流，了解子女学业情况及其在校表现，及时掌握相关信息。农村家庭整天忙于生计，为生活奔波，很少顾及这些方面。

四、城乡家庭文化资本存在差异

父母的学历层次、家庭氛围以及家庭所在社区作为文化资本，其形成需经历长期积累的过程，它们在不同家庭与不同社区是存在差异的。尽管文化资本不像物质资本那样可以用来买卖或是赠予，但却可以通过言传身教，对家庭子女进行教化与引导，促其成长，因此，不同家庭由于文化资本不同，其对家庭高等教育需求的影响也就随之不同。我国长期以来实行的城乡二元结构，各自具有不同的文化内涵和特点，导致城乡家庭文化资本存在差异，家庭教育方式不同。城市文化引领社会文化，农村文化总是处于追赶、学习的过程之中，国家重视程度不够，农村居民的文化素质还有待提升。文化资本对家庭的影响具有代际传递性，文化资本越丰厚的家庭，其代际传递性越强。父母受教育程度高有利于开展家庭教育，加强对子女的学业指导，激发子女学习热情和求学动机，同时通过价值观念、生活方式、思维模式等进行渗透，实现文化资本在父代与子代之间的传递，父母所拥有的文化优势传递给了下一代，转化为子女的学习能力与学业成绩，以便在高等教育中占得先机和优势，使家庭文化资本优势得以延续。而农村教育由于文化资本的弱势，传递下去的仍然是弱势文化资本，城乡文化资本差异显现。文化资本的这种代际传递现象印证了布尔迪厄的文化再生产理论：正是通过教育系统，父亲将其拥有的精英文化传递给了下一代，而这一精英文化遗产可以在子女身上转化为天资或个人学习成绩，以使其子女易于或更有可能拥有较多的入学机会（相对于那些没有多少文化资源的家庭子女而言）。这样，父辈文化方面的非均衡状态通过教育这一中介，以更隐蔽、更间接的方式传递给了子女，从而不中断地维护着文化方面的非均衡状态。[①]

不同文化资本的家庭，对子女的教育期望值是不同的，它影响到子女接受教育的程度及未来的人生发展之路。具有文化资本优势的家庭将这种优势转化为对子女的期待和理想，故其教育期望值高，受其影响，子女的学习积极性提高，学习愿望更为强烈，学习热情更为持久，自我认知意识增强，获得成功的机率大增，这就是"皮格马利翁效应"。处于文化资本劣势的农村家庭，尽管高等教育需求强烈，但基于自身实际情况，缺乏将期望转化为现实的途径与手段，因而对子女的教育期望值相对较低，他们对子女的要求是能够脱离农村，在城里有份稳定的工作和收入。当然，也有一些农村家长急于实现家庭祖辈希望脱离农村的美好愿望，不顾子女学业的实际情况，提出了过高的教育期望值，并采取不合实际的家庭教育方法，其结果适得其反。此外，农村家庭对子女的教育期望值还存在性别差异，几千年来形成的重男轻女现象在农村并没有完全消除，有的居民认为，女孩早晚要嫁出去，最终是别人家的人，因而对其期望值明显偏低，能够满足生产、生活需要即可。城市家庭父母利用自身文化优势及其对子女个性特征的了解，因材施教，营造良好的学习氛围，端正子女学习态度，激发其学习兴趣，提高他们的自我效能感；他们对子女的引导，不仅在学业方面，还注重其思维训练、素质提升、人际交往与特长发挥，提高综合素养。

家庭文化资本影响子女学业成绩。美国教育人类学家斯宾格勒说过，"一定社会特有的文化传统渗透于社会生活的各个方面，强烈地制约着教育过程的进行和

---

① 王伟宜，谢作栩. 家庭文化背景对高等教育入学机会的影响 [J]. 高教理论，2005，（4）：21-24.

人们养育子女的方式"①。有高学历家长的城市家庭，父母一般重视子女的早期教育，注重学习兴趣与学习方法的培养，帮助他们树立学习目标、人生理想，使之从小就有人生规划和努力方向。父母学历较低的农村家庭，父母一年到头忙于农活，加上自身文化水平有限，缺乏时间、精力和水平对子女进行教育，更不要说是长远规划了，即使想辅导子女，也是心有余而力不足。当然，也有一些农村父母教育观念陈旧落后，认为学习是子女自身的事，作为家长的职责是当好"后勤部长"，提供物质保障。这种思想观念上的差异，比经济上的差异危险性更大，使子女在接受教育的起点上就存在分化。美国著名教育家爱德华（Edward）说过，孩子成才的关键在父母；父母教子成才的关键在方法。不同文化资本的家庭，家庭教育方法不同，取得的教育效果不同。学历层次越高的家长，对子女的教育方法更为科学、民主，呈现出人性化特点。他们乐于开展亲子活动，主动关心子女身心发展，指导其学业，善于与子女交流，提供充足的文化学习资源和优良的学习环境，子女也乐意把家长作为人生导师，听从家长安排，家长的一言一行都对子女产生潜移默化的影响。

家庭文化资本影响子女高考录取结果。城市家庭父母对子女的学习兴趣有着更为深刻的认识，对高校的办学实力与声誉比较了解，对专业发展的前景有着合理的预测，因此，对子女高考后的学校和专业填报能够提供有益的指导。农村家庭父母整天忙于农活，对高等教育的情况知之甚少，获得并判别有关高考相关信息的能力有限，很难给子女提出有益的建议。所以，高考录取结果在一定程度上是家庭文化资本的反应，高考录取情况与家庭文化资本有密切联系。

总之，相关调查研究已表明，城市家庭的文化资本优越于农村家庭。随着家庭户主文化层次的提高，子女的学业成绩越好，接受高等教育机会的可能性越大，考取重点高校的比例越高；反之，学历较低的农村家庭父母，其子女的学业成绩一般的概率加大，更多的是集中于普通院校，就读一般专业。父母的文化程度与子女的学业成绩呈正相关，家庭文化资本状况影响高等教育需求。

五、城乡教育存在差距

基础教育、中等教育与高等教育是一个相互联系的整体，高等教育人才的选拔是建立在中小学教育基础之上的，所以说，学生所受基础教育的质量影响他们在高考中的竞争力，影响到他们能否接受高等教育、接受什么样的高等教育。教育是政治经济的产物，中小学教育同样如此。我国存在的城乡二元结构、以城市

---

① 焦瑶光. 区域教育研究的兴起和区域教育学的创建 [J]. 西北师大学报（社会科学版），2005，（2）：36-39.

为中心的价值取向，反映在学校教育中，同样存在城乡二元结构，以城市学校为中心，教育政策和制度的制定根据城市居民的利益诉求，忽视农村教育需求与实际情况，农村教育边缘化，其结果是城乡学校之间、普通学校与重点学校之间存在不平等，差异显著，发展失衡，所以，城市学生享受优质教育资源，造成城乡家庭子女在教育上的不公平对待，影响到获得高等教育入学机会的不平衡。分数面前人人平等的高考录取制度看似公平，但由于城乡家庭子女因所接受教育的不公平，造成高考制度的城乡不平等。

中华人民共和国成立后，为了多出人才、快出人才、出好人才，为国家经济建设提供优秀人才，国家提出对一些学校进行重点建设，实行重点学校制度，因而也就有了重点学校与一般学校的区别，国家的优质教育资源流向了重点学校、城市学校，农村学校办学条件艰苦。经费投入与优秀师资都流向了重点学校，体现出国家政策重城市学校教育，轻农村学校教育的状况。按照当时的户籍管理制度，农村家庭子女只能在户籍所在地接受教育，他们没有机会到重点学校就读，其实质是拉大了城乡之间的教育差距。尽管目前国家取消了义务教育阶段重点学校与非重点学校的分法，但事实上学校之间的现实差异还存在，不会因为取消这种做法，学校之间的差异就消失了。目前义务教育阶段就近入学的制度，致使农村家庭子女无法享受这些优质资源，自然，因为义务教育的不平等，导致他们在就读重点高中的竞争中处于不利地位，拉大了与城市学生的差距。

城乡教育在教育资源分配上存在严重不均。经济是基础，教育资源配置的多寡在一定程度上决定了教育的质量。我国教育资源配置城市优先，向城市中小学倾斜，农村学校教育资源比较匮乏，城乡之间在经费投入、师资队伍、教学条件等方面均存在明显差异。教育经费投入差异显著，"今天中央的教育拨款的92%是用于占人口30%的城市，而占人口70%的农村教育只得到8%的中央财政支持"[①]。由于农村学校教育经费投入不足，教学设施、实验设备、运动场馆、图书资料、网络信息资源短缺；农村学校师资队伍在数量与质量上无法与城市学校相比，而且城市学校的教师公开招聘制度，将农村学校的优秀教师吸引到城市学校，使城乡学校师资水平的差异日益明显，造成城乡学校专任教师的学历合格率及高学历教师的比例有较大差距；全国中小学有统一的教学大纲、统一的教材以及课程标准，其制定依据是按照城市学生的学习能力，体现城市化倾向，课程内容题材的选择多是来源于城市生产生活中的事例，城市学生有着切身感受，耳濡目染，更容易理解，其内容的广度、深度与难度适合城市学生，农村学生由于缺乏这种文化背景而增加了理解教材的难度，需要付出更多的时间与精力；在高考各科目的

---

① 中国（海南）改革发展研究院. 中国农民权益保护 [M]. 北京：中国经济出版社，2004：286.

考试中，一些题目内容同样体现了城市文化，城市考生因了解其背景而容易获得高分。

从 2006 年起，国家逐步将农村义务教育全面纳入公共财政保障范围，建立起中央和地方分项目、按比例分担的农村义务教育经费保障机制。近年来，各级财政不断加大投入力度，农村义务教育经费保障水平逐年提高。2014 年，全国约 1.1 亿名农村义务教育阶段学生全部享受免杂费和免费教科书政策，向小学一年级新生免费提供正版学生字典；中西部地区约 1240 万名家庭经济困难寄宿生继续享受生活费补助政策，年补助标准达到小学 1000 元、初中 1250 元。农村中小学普通学生年生均公用经费基准定额达到中西部地区小学 600 元、初中 800 元，东部地区小学 650 元、初中 850 元；在此基础上，进一步提高了农村寄宿制学校公用经费，切实解决寄宿制学校运转困难，并继续落实北方地区取暖费补助和不足 100 人学校按 100 人核定公用经费等政策。从 2014 年起，单独核定农村义务教育阶段特殊教育学校和随班就读的残疾学生公用经费补助资金预算，并大幅度提高生均公用经费补助标准，达到年生均 4000 元。同时，农村中小学校舍安全长效保障机制逐步健全，中小学教师到乡村学校和教学点任教工作正稳步推进。2006～2014 年，中央财政共安排农村义务教育经费保障机制资金约 5929 亿元。2008 年，国家又启动实施免除城市义务教育阶段学生学杂费政策，并切实保障进城务工农民工随迁子女接受义务教育的权力。2008～2014 年，中央财政共安排城市义务教育补助资金约 567 亿元。[①] 尽管如此，农村教育经费短缺的问题并没有得到完全解决。总之，办学条件的薄弱与优秀师资的缺乏导致农村基础教育发展缓慢，农村学生所受教育相对落后，而城市学生成长于优越的城市环境之中，享受着优质教育资源，在起点上就领先于农村学生。农村初中教育、高中教育的毕业率、升学率及其培育质量，与城市学校相比均有较大差距，城乡学生的学业成绩与综合素质的差距不言而喻。农村家庭子女在基础教育阶段处于劣势地位，与城市学生不在同一条起跑线上，城乡高中阶段的教育分化随之延续，相关调查研究表明，在城市重点高中，城镇学生是农村学生的三倍之多。这种分化的结果，体现在高等教育阶段的入学机会不平等。城乡教育的二元体制是城乡政治、经济与文化二元体制在教育领域的延续，造成城乡教育失衡，导致了城乡学生的高等教育入学机会差异，这种差异不仅体现在数量上，更体现在质量上的差距。这种制度安排导致农村学生更多只能就读一般的本专科院校，城市学生则就读重点高校和重点专业的比例较高，农村子女考入重点大学的机会较低，而且需要比城市学生进入重点大学付出

---

① 中央财政下达 2015 年义务教育补助经费预算 697.2 亿. 中国新闻网. http://www.chinanews.com/edu/2014/11-19/6791111.shtml. 2014 年 11 月 19 日.

更多的努力。

六、家庭高等教育有效需求不足

在知识经济时代，高等教育的价值日益凸显，接受高等教育，有利于提升个人素养，掌握专业知识和能力，为今后的人生发展之路打下坚实的基础，有利于经济收入的增加和社会地位的提升，促进社会阶层的向上流动。因此，一些家庭不顾自身实际情况，忽视子女的兴趣爱好和学习潜能，对高等教育过度追求，特别是一些农村家庭，深切体会到祖祖辈辈在家务农，面朝黄土背朝天的窘况，迫切希望子女接受高等教育，能够跳出"农门"，光宗耀祖，满足几代人的夙愿，以至于一些家庭对高等教育发展的现实情况置若罔闻，盲目追求高学历，希望就读重点大学，选择有就业前景的优势专业，追求优质高等教育资源成为一些家庭盲目追求的选择，而对高等职业技术教育、民办高等教育、成人高等教育等则敬而远之，缺乏需求。家长追求优质高等教育资源的心情可以理解，但在现实选择的过程中不计成本、不惜代价的盲目追求就不符合现实了，因为这种稀有资源总是有限的，不可能满足所有人的需求。优质高等教育资源是稀缺的，在任何国家都是如此，况且我国是一个发展中的农业大国，社会各行各业需要大量掌握生产技术、从事第一线工作的劳动者。谁都想读名牌大学的想法既不可能，也不符合现实需要，高等教育是为社会培养高级专门人才，服务经济社会发展。从子女的学业情况来看，也不是每个孩子都适应并且愿意接受高等教育，有的兴趣不在这个方面，家长一味地强求子女接受高等教育，既压抑了子女的个性，不利于他们的成长，也浪费了高等教育资源。

随着我国经济社会的发展，国家综合实力显著增加，人们对高等教育的需求更为强烈。为了满足人们对高等教育日益增长的需求，1999 年以来，国家扩大高等教育招生规模，但无论怎样，其速度总是有限的，是在保障教育质量前提下的扩招，而且扩招的主体是普通高校，不可能满足所有家庭的高等教育需求。我国目前的经济发展正处于转型时期，大学生就业难是一个很严峻的现实问题，一些贫困家庭缺乏理性思考，盲目追求高等教育，结果造成大学生毕业即失业，家庭高等教育的经济投入无法收回，给家庭带来沉重的经济负担和精神压力。

总之，影响城乡家庭高等教育需求差异的各个因素是相互联系的，它们综合在一起，相互促进，共同发挥作用。

第六章

高等教育供给现状分析

　　城乡家庭高等教育需求决定了高等教育供给，高等教育供给影响高等教育需求。前文归纳了江西省城乡家庭高等教育的需求差异，本章对我国和江西省高等教育的供给状况进行分析，以便找出供需矛盾所在，为满足城乡家庭高等教育需求提供有效依据，促进高等教育发展。进入21世纪以来，我国高等教育事业得到了快速发展，极大地满足了个体和社会的需求，但面对家庭日益增长的高等教育需求，显现出下列问题：高等教育供给数量不足；供给结构有待完善，城乡之间、区域之间不平等，层次结构与专业结构有待调整；供给质量有待提升。

第一节　全国高等教育供给状况

一、高等教育总体规模

随着我国经济社会的快速发展，高等教育也得到了迅猛的发展，特别是1999年实施高考扩招以来，全国普通高校数量逐年增加，成人高校数量逐步递减（表6-1），高校毛入学率显著提升，扩招前1998年的毛入学率为9.8%，2008年为23.3%，2017年为42.7%，1998～2015年，中国高校录取人数由108万增加到700万，录取率由33.8%提高到了74.3%，平均每10万人口的在校大学生数量达到了2524人。研究生招生规模快速扩张（表6-2），有效地满足了家庭的高等教育需求。

表6-1　2011～2016年全国高校数　　　　单位：所

截止时间	全国高校	普通高校（不含独立学院）	民办普通高校	成人高校
2011年5月23日	2455	2101	386	354
2012年4月24日	2486	2138	403	348
2013年6月21日	2496	2198	424	298
2014年7月9日	2542	2246	444	296
2015年5月21日	2845	2553	447	292
2016年5月30日	2879	2595	—	284

资料来源：根据教育部规划司网站信息整理获得

2015年，全国各类高等教育在学总规模达到3647万人，高等教育毛入学率达到40.0%。普通高等教育本专科共招生737.85万人，比2014年增加16.45万人；在校生2625.30万人，比2014年增加77.60万人；毕业生680.89万人，比2014年增加21.52万人。成人高等教育本专科共招生236.75万人，比2014年减少28.86万人；在校生635.94万人，比2014年减少17.19万人；毕业生236.26万人，比2014年增加15.03万人。全国共有研究生培养机构792个，其中，普通高校575个，科研机构217个；研究生招生64.51万人，比2014年增加2.37万人，其中，博士生招生7.44万人，硕士生招生57.06万人；在学研究生191.14万人，比2014年增

表 6-2 2007～2015 年全国研究生数（总计）

年份	学校（机构）数/所	毕业生数/人			招生数/人			在校生数/人			预计毕业生数/人		
		合计	博士	硕士	合计	博士	硕士	合计	博士	硕士	合计	博士	硕士
2007		311 839	41 464	270 375	418 612	58 022	360 590	1 195 047	222 508	972 539	407 184	95 171	312 013
2009	796	371 273	48 658	322 615	510 953	61 911	449 042	1 404 942	246 319	1 158 623	470 660	117 978	352 682
2010	797	383 600	48 987	334 613	538 177	63 762	474 415	1 538 416	258 950	1 279 466	522 191	125 153	397 038
2011	755	429 994	50 289	379 705	560 168	65 559	494 609	1 645 845	271 261	1 374 584	595 688	132 384	463 304
2012	811	476 019	48 138	427 881	575 438	64 118	511 320	1 719 818	283 810	1 436 008	630 437	139 411	491 026
2013	830	513 626	53 139	460 487	611 381	70 462	540 919	1 793 953	298 283	1 495 670	665 984	146 941	519 043
2014	788	535 863	53 653	482 210	621 323	72 634	548 689	1 847 689	312 676	1 535 013	693 629	149 190	544 439
2015	792	551 522	53 778	497 744	645 055	74 416	570 639	1 911 406	326 687	1 584 719	715 144	154 102	561 042

资料来源：根据教育部规划司网站整理获得（无 2008 年数据）

加 6.37 万人，其中，在学博士生 32.67 万人，在学硕士生 158.47 万人；毕业研究生 55.15 万人，比 2014 年增加 1.57 万人，其中，毕业博士生 5.38 万人，毕业硕士生 49.77 万人。[①] 高校招生规模的持续扩张，尽管与家庭高等教育总体需要还有一定差距，但这些年来的扩招，有效地缓解了家庭高等教育的数量需求，使家庭由数量需求转向质量需求。

2012～2014 年，通过实施"农村贫困地区定向招生专项计划"，重点高校招收的农村贫困地区学生人数从 2012 年的增加 1 万人上升到 2014 年的增加 6.9 万人。2012～2014 年，"211 工程"高校、"985 工程"高校的新生中，2014 年每万名学生中农村学生人数比 2013 年分别增加 200 人、220 人，有效地促进了教育公平。

二、高等教育区域供给

按照高校的隶属关系与管理权限，我国高校分为教育部直属高校、中央部委所属管理的高校和地方高校，地方院校主要由地方政府主办、投入和管理，部属院校由国家主办，而且高校的办学水平和综合实力明显高于地方高校。我国高校布局存在区域差异，主要是部属院校布局的区域差异，其招生指标的分配倾向于所在地，导致部属院校相对集中在北京市、上海市、湖北省、江苏省等省市，其高等教育入学机会高于其他省份，出现部属高校入学机会区域供给差异。

王志根对教育部直属高校属地化的情况进行了统计分析。[②] 75 所教育部直属高校分布在全国 18 个省份，2014 年在 31 省份共招生 330 804 人，其中中央音乐学院、中央戏剧学院、中央美术学院在全国招生数量为 390 人、500 人、835 人，但因三所学校皆属于自主招生，各省无固定计划，因此在分析教育部直属高校招生属地化问题时并不包含这三所高校。2014 年，教育部直属高校属地化比例如表 6-3 所示。浙江大学 2014 年的本科招生中，浙江省的生源占到了 52.35%；北京市、上海市、江苏省等教育部直属高校较多，而且属地化比例又较高，故这些省份的考生相对容易进入这些高校就读。

表 6-3　2014 年教育部直属高校属地化比例一览表　　单位：%

学校	属地化比例	学校	属地化比例	学校	属地化比例
北京大学	13.06	华东师范大学	26.22	电子科技大学	21.52
清华大学	11.84	上海财经大学	24.66	西南财经大学	29.46
中国人民大学	6.74	华东理工大学	18.28	山东大学	36.41

① 教育部发展规划司网站. http://www.moe.gov.cn/srcsite/A03/s180/moe_633/201607/t20160706_270976.html.
② 王志根. 教育部直属高校招生名额分配公平性研究 [D]. 烟台：鲁东大学硕士学位论文. 2016：18.

续表

学校	属地化比例	学校	属地化比例	学校	属地化比例
北京科技大学	11.57	东华大学	17.05	中国海洋大学	30.72
中国农业大学	8.83	上海外国语大学	24.43	中国石油大学	26.34
北京化工大学	4.48	南京大学	27.52	中山大学	45.17
北京师范大学	6.55	东南大学	21.10	华南理工大学	51.98
北京邮电大学	9.08	河海大学	24.90	南开大学	20.68
中央财经大学	10.41	中国矿业大学	11.95	天津大学	26.89
北京外国语大	11.21	中国药科大学	20.44	重庆大学	23.11
中国政法大学	5.55	江南大学	23.01	西南大学	21.21
中国传媒大学	17.65	南京农业大学	19.57	大连理工大学	29.47
对外经济贸易大学	15.43	武汉大学	31.71	东北大学	21.70
北京交通大学	5.72	华中科技大学	27.34	中南大学	14.47
北京中医药大学	21.75	中国地质大学	23.59	湖南大学	13.26
中国地质大学	4.49	中南财经政法大学	29.78	吉林大学	25.92
北京语言大学	12.21	华中师范大学	29.61	东北师范大学	20.07
中国石油大学	4.71	武汉理工大学	29.06	浙江大学	52.35
华北电力大学	3.82	华中农业大学	26.43	东北林业大学	18.95
中国矿业大学	4.55	西安交通大学	26.85	合肥工业大学	25.96
北京林业大学	11.53	西北农林科技大学	28.54	兰州大学	26.48
复旦大学	25.64	西安电子科技大学	22.11	厦门大学	28.09
上海交通大学	23.25	陕西师范大学	34.40	四川大学	26.86
同济大学	15.03	长安大学	26.04	西南交通大学	27.48

资料来源：王志根. 教育部直属高校招生名额分配公平性研究 [D]. 烟台：鲁东大学硕士学位论文. 2016：18-19

　　王志根还以 2014 年为基准，以各省的人口数量、高考报名人数、教育部直属高校在各省份的招生名额为依据进行实证研究。Ehat 是该省份人口数量在全国总人口中所占的比重，Ehar 是指 75 所教育部直属高校在该省的招生人数与该省份的高考报名人数之比，教育部直属高校的计划录取率即为高校招生名额分配的绝对指数，数值越大，录取率越高。2014 年各省份教育部直属高校入学机会绝对分布状况如表 6-4 所示。[①] 上海市考生就读教育部直属高校的比例为 12.53%，广东省为 1.9%，两者相差 5.6 倍，由此可见，教育部直属高校的入学机会在省（自治区、直辖市）之间存在巨大差异，区域供给不均衡，导致各省份的高等教育入学机会的不平等。

---

① 王志根. 教育部直属高校招生名额分配公平性研究 [D]. 烟台：鲁东大学硕士学位论文. 2016：12-14.

表 6-4　2014 年各省（自治区、直辖市）教育部直属高校入学机会绝对分布状况

序号	省（自治区、直辖市）	人口数量/万人	占全国总人口的比重（Ehat 近似值）/%	高考报名人数/人	教育部直属高校招生人数	教育部直属高校计划录取率（Ehar 近似值）/%
1	北京	1 423	1.12	84 517	7 761	9.18
2	天津	1 007	0.79	79 080	6 880	8.70
3	河北	6 735	5.28	418 290	15 053	3.60
4	山西	3 294	2.58	341 690	10 948	3.20
5	内蒙古	2 379	1.88	194 787	6 857	3.52
6	辽宁	4 203	3.29	239 830	11 281	4.70
7	吉林	2 699	2.12	160 280	9 674	6.04
8	黑龙江	3 813	2.99	204 180	7 659	3.75
9	上海	1 625	1.27	53 291	6 677	12.53
10	江苏	7 381	5.79	425 770	15 402	3.62
11	浙江	4 647	3.64	308 660	12 769	4.14
12	安徽	6 338	4.97	527 347	14 540	2.76
13	福建	3 466	2.72	297 892	8 648	2.90
14	江西	4 222	3.31	325 972	9 972	3.06
15	山东	9 082	7.12	657 958	20 814	3.16
16	河南	9 613	7.54	724 867	19 058	2.63
17	湖北	5 988	4.70	512 700	20 778	4.05
18	湖南	6 629	5.19	378 764	13 408	3.54
19	广东	7 859	6.16	756 951	14 684	1.90
20	广西	4 822	3.78	325 670	8 647	2.66
21	海南	803	0.63	61 500	2 561	4.16
22	重庆	3 107	2.44	250 609	11 579	4.62
23	四川	8 673	6.80	571 789	19 271	3.37
24	贵州	3 837	3.01	292 712	7 887	2.70
25	云南	4 333	3.39	255 967	8 074	3.15
26	西藏	267	0.21	19 634	989	5.04
27	陕西	3 674	2.88	353 457	14 516	4.11
28	甘肃	2 593	2.03	297 682	9 227	3.10
29	青海	529	0.42	39 737	2 971	7.48
30	宁夏	572	0.45	64 169	3 686	5.74
31	新疆	1 905	1.50	162 638	7 003	4.31
32	其他	—	—	—	6 910	—
	合计	127 518	100	9 388 390	336 184	100

　　表 6-5 是各省高考一本录取率，在 2013 年排名第一的北京与最后一名的西藏自治区相差 4 倍多，可见各省（自治区、直辖市）之间差距较大，凸显了高等教育入学机会巨大的区域差异，反映了高等教育的不公平。

表6-5 2013～2014年全国各省（自治区、直辖市）高考一本录取率①

省（自治区、直辖市）	2013年			2014年		
	高考人数/万人	一本计划录取人数/万人	录取率/%	高考人数/万人	一本计划录取人数/万人	录取率/%
北京	6.3	1.5447	24.52	7.05	1.7494	24.81
天津	7.27	1.7686	24.33	6	1.455	24.25
上海	5.3	1.2	22.64	5.2	1.14	21.92
宁夏	5.87	1.001	17.05	6	1.1242	18.74
青海	3.6733	0.6837	18.61	3.6	0.6469	17.97
内蒙古	19.3	2.163	11.21	14.15	2.3184	16.38
福建	25.5	3.6186	14.19	25.5	3.5952	14.10
浙江	31.3	4.1887	13.38	30.86	4.2	13.61
陕西	36.65	4.8422	13.21	35.3	4.707	13.33
新疆	15.87	2.05	12.92	16.26	2.0813	12.80
山东	50.9	9.351	18.37	55.8	6.7255	12.05
安徽	51.1	5.1692	10.12	52.7	5.9952	11.38
湖北	43.8	3.5923	8.20	40.27	4.2942	10.66
湖南	37.3	3.5789	9.59	37.8	3.9193	10.37
吉林	15.5	2.2435	14.47	16.02	1.6543	10.33
河北	44.98	4.0602	9.03	41.82	4.2768	10.23
海南	5.6	0.6396	11.42	6.1	0.5787	9.49
江苏	45.1	4.5085	10.00	42.57	3.9912	9.38
黑龙江	20.8	1.9931	9.58	20.4	1.8704	9.17
江西	27.43	2.4891	9.07	32.5	2.9522	9.08
云南	23.6	3.0179	12.79	25.59	2.2782	8.90
重庆	23.5	2.195	9.34	25.05	2.1891	8.74
广东	72.7	4.3092	5.93	75.6	6.1	8.07
贵州	24.78	3.4369	13.87	28.5	2.1236	7.45
广西	29.8	2.3	7.72	32	2.3	7.19
河南	71.63	4.8655	6.79	72.4	5.0167	6.93
西藏	1.89	0.0904	4.78	1.96	0.1264	6.45
甘肃	28.3	2.9598	10.46	29.7	1.8704	6.30
辽宁	25.4	1.4583	5.74	23.9	1.505	6.30
山西	35.8	2.1091	5.89	34.16	2.1091	6.17
四川	54	2.849	5.28	57.17	3.1221	5.46

此外，城乡之间在高等教育入学机会上存在差异。一是城乡家庭子女高考成绩存在差距。有学者对某省2006～2014年高考生的平均分进行比较，②发现城乡

① 2013年全国各省高考一本录取率[J]. 高中生之友，2013，（21）：48.
② 李金波，杨军. 高考成绩的城乡差异及其发展趋势分析[J]. 中国考试，2015，（12）：19-23.

之间存在差距，不论是文科还是理科，城镇高考生的平均分均高于农村高考生，其他学者的研究同样证明了这一客观事实。二是城乡家庭高等教育毛入学率存在差异[①]，1978～2010 年，全国城市家庭高考毛入学率显著高于农村家庭，城乡之间高等教育毛入学率差异越来越大。三是城乡家庭子女就读重点高校比例差异明显，有学者对福建省城乡家庭子女考取重点高校的录取率进行统计分析[②]，发现城乡之间存在差距，城镇家庭在"211 工程"高校的比例高于农村家庭，一般公办高校比例低于农村家庭；通过对广东省、河南省 4 所高中的 2544 名考生所录取高校的情况分析表明[③]，城乡家庭子女就读重点高校的比例存在差异，城市重点高中考取重点大学的比例远高于乡镇高中。

三、高等教育形式结构供给

随着我国经济社会的发展，高等教育的形式结构一直处于变化之中，2015 年全国有普通高校 2560 所（其中中央部门举办的有 118 所，地方部门举办的有 1709 所，民办高校 733 所），成人高校 292 所，民办的其他高等教育机构 813 所。在校研究生 191 万余人，普通本专科在校生 2625 万余人，成人本专科在校生近 636 万人，网络本专科在校生 628 万余人，在职人员攻读硕士学位在校生近 59 万人，自考助学班在校生近 17 万人，研究生课程进修班在校生 3.4 万余人，进修及培训在校生 622 万余人，留学生在校生 21 万余人。民办高校在校学生 610 万人，民办高校其他学生数 31 万余人，具体情况见表 6-6、表 6-7、表 6-8、表 6-9。我国高等教育办学形式多样化，公办高校、民办高校、全日制高校与非全日制高校等多种形式并存，有效地满足了家庭高等教育需求。

表 6-6　2015 年全国高等教育学校（机构）数　　　　　单位：所

类型 \ 数目	合计	中央部门			地方				民办
		小计	教育部门	其他部门	小计	教育部门	其他部门	地方企业	
（一）研究生培养机构	792	287	76	211	500	439	60	1	5
1. 普通高等学校	575	110	76	34	460	438	22	—	5
2. 科研机构	217	177		177	40	1	38	1	
（二）普通高等学校	2560	118	76	42	1709	1078	586	45	733
1. 本科院校	1219	113	76	37	683	616	67		423

---

① 刘畅. 中国高等教育入学机会城乡失衡问题探析 [J]. 延安大学学报（社会科学版），2012，（6）：121-125.

② 王志丰，谭敏集. 福建省城乡高等教育入学机会差异的实证研究 [J]. 集美大学学报，2016，（4）：66-71.

③ 王香丽. 我国高等教育入学机会的城乡差异研究——高中阶段教育的视角 [J]. 高教探索，2011，（1）：55-59.

续表

类型 \ 数目	合计	中央部门			地方				民办
		小计	教育部门	其他部门	小计	教育部门	其他部门	地方企业	
其中：独立学院	275	—	—	—	—	—	—	—	275
2. 高职（专科）院校	1341	5	—	5	1026	462	519	45	310
（三）成人高等学校	292	13	1	12	278	94	145	39	1
（四）民办的其他高等教育机构	813	—	—	—	—	—	—	—	813

资料来源：根据教育部规划司网站信息整理获得

表 6-7 2015 年民办高等教育基本情况

类型 \ 数目	学校数/所	毕业生数/人	招生数/人	在校生数/人	另有其他学生数/人
一、民办高校	734	1 512 964	1 779 676	6 109 013	315 265
硕士	—	170	275	509	—
本科学生	—	884 434	966 489	3 833 316	
专科学生	—	628 360	812 912	2 275 188	
其中：独立学院	275	642 713	632 935	2 594 243	39 467
本科学生	—	603 134	595 617	2 476 834	
专科学生	—	39 579	37 318	117 409	—
二、民办其他高等教育机构	813	—	—	—	777 416

资料来源：根据教育部规划司网站信息整理获得

表 6-8 2015 年全国高等教育非学历教育学生情况 单位：人

类型 \ 数目	结业生数	注册学生数
总计	9 075 383	7 258 406
（一）研究生课程进修班	31 260	34 799
（二）自考助学班	130 855	289 818
（三）普通预科生	—	50 048
（四）进修及培训	8 913 268	6 883 741
其中：资格证书培训	2 426 509	2 303 440
岗位证书培训	2 768 653	1 883 342

资料来源：根据教育部规划司网站信息整理获得

表 6-9 2015 年全国高等教育学校（机构）学生数　　　　　单位：人

数目／类型	毕（结）业生数	授予学位数	招生数				在校生数	预计毕业生数
			合计	其中				
				应届生	春季招生	预科生转入		
研究生	551 522	546 572	645 055	438 012			1 911 406	715 144
博士	53778	52 654	74 416	37 865	—	—	326 687	154 102
硕士	497 744	493 918	570 639	400 147			1 584 719	561 042
普通本专科	6 808 866	3 503 230	7 378 495	6 889 370	1 962	41 161	26 252 968	7 254 599
本科	3 585 940	3 503 230	3 894 184	3 552 688	1 793	39 895	15 766 848	3 879 845
专科	3 222 926	—	3 484 311	3 336 682	169	1 266	10 486 120	3 374 754
成人本专科	2 362 593	151 117	2 367 455	—	—		6 359 352	2 622 233
本科	962 495	151 117	1 014 675	—	—		2 793 354	1 065 045
专科	1 400 098	—	1 352 780	—	—		3 565 998	1 557 188
网络本专科生	1 799 757	51 985	2 034 032		1 065 105		6 284 671	
本科	649 086	51 985	748 660	—	392 516		2 294 807	—
专科	1 150 671	—	1 285 372		672 589		3 989 864	
在职人员攻读硕士学位	—	109 202	127 858				587 508	
自考助学班	73 638	—	—				169 228	
普通预科生							50 048	
研究生课程进修班	31 260						34 799	
进修及培训	8 228 526						6 226 915	
留学生	102 245	19 619	124 896		35 915		214 345	

资料来源：根据教育部规划司网站信息整理获得

　　另外，通过梳理我国高等教育办学形式的变化发现（表 6-10），普通高校数量大幅度增加，从 1998 年到 2015 年增加了 1.5 倍，本专科学生数量增加了 6.7 倍，而成人高校的数量则是减少了近 70%，本专科学生数量增加了 1.25 倍；民办高校本专科在校学生数由 2003 年的 81 万增加到 2015 年的 610 万，增加了 6.5 倍，这种变化既是我国经济社会发展综合实力增强的必然结果，也是家庭高等教育需求变化的必然结果。

表 6-10 1998～2015 年我国各类高校数量及其本专科在校生数

年份／年	普通高校数量／所	成人高校数量／所	民办高校数量／所	普通高校本专科在校生／万人	民办高校本专科在校生／万人	成人高校本专科在校生／万人	自学考试学历教育报考人数／万人
1998	1022	962	—	340.87	—	282.22	1091.09
1999	1071	871	—	413.42		305.49	1305.16

续表

年份/年	普通高校数量/所	成人高校数量/所	民办高校数量/所	普通高校本专科在校生/万人	民办高校本专科在校生/万人	成人高校本专科在校生/万人	自学考试学历教育报考人数/万人
2000	1041	772	—	556.09	—	353.64	1369.13
2001	1225	686	—	1175.05	—	455.98	1339.43
2002	1396	607	—	1462.52	—	559.16	1267.7
2003	1552	558	173	1108.56	81	—	—
2004	1731	505	228	1333.50	139.75	419.80	—
2005	1792	481	547	1561.78	212.63	436.07	—
2006	1867	444	596	1738.84	280.49	524.88	—
2007	1908	413	615	1884.90	349.69	524.16	956.27
2008	2263	400	640	2021.02	401.3	548.29	988.82
2009	2305	384	658	2144.66	446.14	541.35	1042
2010	2358	365	676	2231.79	476.69	536.04	965
2011	2409	353	698	2308.51	505.07	547.50	922.67
2012	2442	348	707	2391.32	533.17	583.11	853.90
2013	2491	297	718	2468.07	557.49	626.41	766.30
2014	2529	295	728	2547.70	587.11	653.12	703.37
2015	2560	292	734	2625.30	610.85	635.94	—

资料来源：根据教育部网站统计数据整理，其中1998～2002年的全国教育事业发展统计公报中没有单列民办高校情况

四、高等教育类型结构供给

1953年全国院系调整后，有183所高校，其中综合性大学14所，工业院校38所，师范院校31所，农林院校29所，医药院校29所，财经院校6所，政法院校4所，语文院校8所，艺术院校15所，体育院校4所，少数民族院校4所，其他院校1所。[①] 2006年，我国有普通高等学校1867所，其中，综合性大学417所（占22.33%），理工院校666所（占35.67%），农业院校75所（占4.01%），林业院校18所（占0.96%），医药院校128所（占6.86%），师范院校178所（占9.53%），语言院校36所（占1.93%），财经院校172所（占9.21%），政法院校67所（占3.59%），体育院校27所（占1.45%），艺术院校68所（占3.64%），其中职业技术院校981所（占52.54%）。[②] 根据教育部对外公布的数据，截至2016年5月30日，

---

① 刘光. 新中国高等教育大事记 [M]. 长春：东北师范大学出版社，1990：57-59.
② 杨香香，郑艳芳. 中国高等教育科类结构自身纵向比较研究 [J]. 内蒙古师范大学学报（教育科学版），2009，（3）：25-28.

全国有 2595 普通高校。从现有文献资料来看，目前缺乏对综合类、师范类、理工类、财经类、农林类、外语类、医学类、民族类、军校类等高校分类的数据统计，而且从现实情况来看，各种类型的高校都是多学科的，如许多师范院校，其非师范专业及在学人数都多于师范专业及其人数；财经类高校同样存在大量的非财会类专业，故高等教育类型结构的供给最终还是落实到专业供给（表 6-11、表 6-12）。由此可见，人文学科、理学、农学与师范所占比例逐年下降，即这些专业的招生供给减少，社会科学与工学的招生人数增加。

表 6-11　1955～2000 年七大学科毕业生比例[1]（平均值）　　　单位：%

年份/年	教育占比	人文占比	社会占比	自然占比	工学占比	医学占比	农学占比
1955	15.8	18.8	20.7	7.3	16.9	17.1	7.1
1960	15.2	18.2	19.8	7.4	16.2	16.0	6.3
1965	19.8	18.6	18.8	9.4	14.8	12.8	4.9
1970	18.7	19.9	22.2	9.8	15.9	11.0	4.0
1975	18.7	14.3	23.6	6.9	17.7	11.4	4.3
1980	18.0	10.7	23.9	6.6	17.9	13.7	5.3
1985	18.9	10.5	24.6	6.9	18.8	12.2	5.0
1990	16.6	10.0	27.7	7.5	17.2	13.3	3.7
1995	11.7	12.6	32.5	9.6	16.9	12.7	2.8
2000	13.4	11.2	31.7	7.8	14.5	13.8	2.5

表 6-12　1998～2015 年我国七大学科毕业生比例[2]　　　单位：%

年份/年	人文学科占比	其中艺术占比	社会科学占比	理学占比	工学占比	农学占比	医学占比	师范占比	毕业生数
1998	16.3	—	24.5	11.2	37.2	3.5	7.4	18.8	829 833
2000	17.0	—	25.8	10.3	37.3	3.2	6.3	16.1	949 767
2005	13.9	4.0	36.3	5.4	35.6	2.3	6.6	14.7	3 067 956
2010	14.8	5.7	34.2	4.7	36.8	1.8	7.7	9.1	5 754 245
2012	12.1	6.3	35.3	4.7	38.8	1.8	7.3	8.2	6 247 338
2013	12.3	6.7	34.6	3.9	39.4	1.8	7.8	8.1	6 387 210
2015	12.5	6.8	34.3	5.1	38.7	1.7	7.7	7.4	6 714 173

资料来源：根据中国统计年鉴整理，本专科进行了合并；2015 年数据根据 2011 年本科招生数和 2012 年专科招生数预测；人文学科包括哲学、文学、艺术、历史，社会科学包括经济学、法学、教育学、管理学；师范占比为占毕业生总数之比，与其他学科有交叉

随着我国高等教育的改革发展，一些高校处于升格、更名过程中，其高校类

---

[1]　闫亚林. 高等教育层次和科类结构研究 [D]. 上海：华东师范大学博士学位论文. 2005：73.

[2]　何万国等. 我国高校分类发展对策研究 [J]. 中国高教研究，2016，（2）：60-66.

型也就处在变化之中。据不完全统计，自 20 世纪 90 年代以来在"共建、调整、合作、合并"的政策引导下，我国有 1/3 高校进行了更名、升格，有的甚至更名两三次。一些高校更改校名，纷纷更改为科技、理工与财经类高校，去掉师范、农林、地质、化工、煤炭等字眼。一些高校更名是为了吸引高考生源，这在一定程度上是迎合了家庭高等教育需要。所以，在填报高考志愿时，就出现一些家长查找高校的"来龙去脉"，了解其发展历史，以便有效决策。对于高校更名，教育部有一套规范的程序，采取谨慎的态度，如教育部教师工作司司长王定华于 2017 年 1 月 15 日明确表示，"十三五"期间，中国现有的 181 所师范院校一律不更名、不脱帽，聚焦教师培养主业，教育部党组已经通过这个意见。①

五、高等教育层次结构供给

表 6-19 表明，2015 年我国在校研究生 1 911 406 人，其中硕士 1 584 719 人、博士 326 687 人，硕博人数比是 4.85∶1；普通本专科在校生 26 252 968 人，其中专科 10 486 120 人、本科 15 766 848 人，专科本科人数比是 0.67∶1。从其学历层次结构来看，在校普通专科生少于本科生。我国高等教育的层次结构，一直处于调整之中，各个层次人数增长较快（表 6-13）。在校博士生由 1982 年的 536 人，增加到 2015 年的 326 687 人，增长了 608 倍；在校硕士生由 1982 年的 25 311 人，增加到 2015 年的 1 584 719 人，增长了近 62 倍；在校普通本科生由 1978 年的 458 548 人，增加到 2015 年的 15 766 848 人，增长了 33 倍；在校普通专科生由 1978 年的 379 586 人，增加到 2015 年的 10 486 120 人，增长了近 27 倍。由此可见，我国高等教育层次结构增长较快的是博士研究生，由于经济社会发展，迫切需要大量的高端人才，故博士、硕士研究生发展较快。上述数据表明，我国高等教育的专科、本科与研究生各个层次在校生人数的层次结构不是金字塔形，而是纺锤形，本科层次的在校生人数大于专科在校生人数。我国是一个发展中国家，也是一个农业大国，迫切需要掌握相应技术的应用型人才，应该以发展专科、本科教育为基础，逐步发展研究生教育，但事实是专科教育一直以来不受重视，相比而言没有得到大力发展，特色不够明显，缺乏竞争力。这与我国的经济发展对人才的需要不相吻合，也与家庭对高等教育的需求有偏差，大多数家庭，特别是农村家庭希望子女能够掌握一门技术。此外，高等教育的层次结构体现在不同的区域，由于经济和科技发展水平的不同，对人才需求的层次就会存在差异，中西部欠发达

---

① 胡浩. 教育部："十三五"期间我国 181 所师范院校一律不更名. 新华网. http://edu.gmw.cn/2017-01/16/content_23481236.htm. 2017 年 1 月 16 日.

地区需要大量的操作性、技术性、应用型的专门人才，需要大力发展专科教育，提高专科生的比重；而一些发达地区，要走科技自主创新之路，需要大力发展本科与研究生教育。

表 6-13 1978～2015 年我国普通高等教育各个层次的在校学生人数　单位：人

年份/年	在校博士生	在校硕士生	在校普通本科生	在校普通专科生
1978	10 934		458 548	379 586
1979	18 830		671 474	348 476
1980	21 604		891 926	281 786
1981	18 848		1 060 645	218 827
1982	536	25 311	928 901	225 053
1983	737	36 429	929 319	277 504
1984	1 243	56 323	1 007 721	387 935
1985	3 639	75 167	1 122 643	580 472
1986	5 654	93 309	1 204 727	675 267
1987	8 969	104 483	1 277 805	680 920
1988	8 697	88 346	1 335 220	730 703
1989	10 998	87 948	1 321 190	760 921
1990	11 345	80 685	1 320 124	742 571
1991	12 331	75 542	1 320 004	723 658
1992	14 558	79 417	1 329 427	854 949
1993	17 570	88 835	1 417 357	1 118 160
1994	22 660	104 991	1 516 871	1 281 768
1995	28 752	116 396	1 638 202	1 268 229
1996	35 203	126 832	1 794 630	1 226 449
1997	39 927	135 702	1 986 125	1 188 237
1998	45 246	153 110	2234647	1 174 117
1999	54 038	178 525	2 724 421	1 361 453
2000	67 293	233 144	3 400 181	2 160 719
2001	85 885	306 479	4 243 744	2 946 914
2002	108 738	392 136	5 270 845	3 762 786
2003	136 687	514 115	6 280 547	4 368 273
2004	148 561	630 847	7 362 854	5 483 019
2005	191 317	787 293	8 467 136	6 593 215
2006	208 038	896 615	9 433 395	7 955 046
2007	222 508	972 539	10 230 332	8 194 161
2008	236 617	1 046 429	11 042 207	9 168 042
2009	246 319	1 158 623	11 798 511	9 648 059
2010	258 950	1 279 466	12 656 132	9 661 797
2011	271 261	1 374 584	13 496 577	9 588 501
2012	283 810	1 436 008	14 270 888	9 642 267
2013	298 283	1 495 670	14 944 353	9 736 373

续表

年份/年	在校博士生	在校硕士生	在校普通本科生	在校普通专科生
2014	312 676	1 535 013	15 410 653	10 066 346
2015	326 687	1 584 719	15 766 848	10 486 120

注：表中 1978～1981 年的研究生数据是硕士和博士总和，1978～1988 年的数据来源于《中国教育年鉴》，1989～2007 年数据来源于《中国教育统计年鉴》，2008～2015 年数据根据教育部网站统计数据整理

六、高等教育专业结构供给

改革开放以来，我国于 1987 年、1993 年、1998 年、2012 年先后进行了四次大的本科专业目录修订，我国高等学校专业设置一直处于动态的调整之中。根据《国务院对确需保留的行政审批项目设定行政许可的决定》（国务院令第 412 号）和《高等学校本科专业设置规定》等文件精神，2016 年 2 月教育部公布了高校本科专业调整情况。2016 年各个高校的硕士、博士学位点也进行了动态调整，全国170 余所高校共计撤销 576 个学位点。从省份看，北京最多，共有 71 个学位点被撤销；湖南撤销 55 个、江西撤销 43 个（涉及 11 所高校，同时也增加了 31 个学位点）、浙江撤销 42 个、湖北撤销 39 个、山东撤销 33 个、辽宁撤销 33 个、江苏撤销 29 个、吉林撤销 29 个。从学科看，软件工程最多，共有 35 个，其后是工程（项目管理）（21 个）、工程（工业工程）（13 个）、生态学、统计学、系统科学、工程（物流工程）、应用化学等均超过 10 个。

1981 年 5 月经国务院批准，共划分了 10 个学科：哲学、经济学、法学、教育学、文学、历史学、理学、工学、农学、医学；1983 年 12 月经国务院批准，共划分了 11 个学科，增加了军事学；1997 年 6 月经国务院批准，共划分了 12 个学科，增加了管理学；2011 年 4 月经国务院批准，共划分了 13 个学科，增加了艺术学。总之，高校专业布局随着社会的需要而调整变化，其高校招生人数随之变化。2015年全国普通高校各专业毕业生数、招生数、在校生数与预计毕业生数如表 6-14 所示，1994～2013 年全国高等教育分学科本科毕业生数如表 6-15[①]所示，各专业人数差异很大，而且在其发展过程中，各个专业的招生人数变化明显，如哲学专业，1994年的毕业生是 1394 人，2013 年是 2034 人，增加了 46%；理学专业 1994 年的毕业生是 36 726 人，2013 年是 248 790 人，增加了 577%，这种变化实质上是经济社会发展的需要，也是家庭高等教育专业需求的反应。

---

① 赵子鑫. 我国高等教育学科结构规模调整研究——基于产业结构、人口就业结构的演化 [D]. 兰州：兰州大学硕士学位论文. 2016：20.

表6-14 2015年全国普通高校分学科研究生数

单位：人

学科	毕业生数			招生数			在校生数			预计毕业生数		
	合计	博士	硕士	合计	博士	硕士	合计	博士	硕士	合计	博士	硕士
总计	544 227	52 453	491 774	636 961	72 524	564 437	1 885 789	319 318	1 566 471	705 545	150 841	554 704
其中：女	280 273	22 090	258 183	330 903	28 982	301 921	940 137	121 218	818 919	337 410	56 348	281 062
学术型学位	345 161	50 324	294 837	374 993	70 601	304 392	1 217 025	311 781	905 244	458 444	147 620	310 824
专业型学位	199 066	2 129	196 937	261 968	1 923	260 045	668 764	7 537	661 227	247 101	3 221	243 880
哲学	3 923	572	3 351	4 057	763	3 294	13 857	3 797	10 060	5 475	1 985	3 490
经济学	25 673	1 995	23 678	29 216	2 605	26 611	78 904	12 412	66 492	31 213	6 488	24 725
法学	38 562	2 488	36 074	41 449	3 569	37 880	122 443	16 406	106 037	46 366	8 411	37 955
教育学	30 488	978	29 510	35 046	1 434	33 612	92 249	6 256	85 993	36 444	3 120	33 324
文学	30 816	1 777	29 039	32 612	2 385	30 227	93 297	10 891	82 406	36 043	5 631	30 412
历史学	4 873	662	4 211	5 753	944	4 809	18 209	4 425	13 784	6 889	2 331	4 558
理学	48 349	10 862	37 487	62 931	15 299	47 632	194 602	58 817	135 785	67 930	24 908	43 022
工学	192 206	18 346	173 860	224 400	27 942	196 458	680 293	132 444	547 849	248 941	62 394	186 547
农学	19 503	2 371	17 132	23 451	3 010	20 441	65 539	12 731	52 808	26 718	6 331	20 387
医学	61 977	8 586	53 391	74 656	9 600	65 056	213 177	34 214	178 963	71 642	14 165	57 477
军事学	203	30	173	177	27	150	687	165	522	302	112	190
管理学	71 127	3 360	67 767	83 050	4 338	78 712	254 435	24 309	230 126	108 155	13 845	94 310
艺术学	16 527	426	16 101	20 163	608	19 555	58 097	2 451	55 646	19 427	1 120	18 307

资料来源：根据教育部规划司网站整理获得 http://www.moe.gov.cn/s78/A03/ghs_lefl/s182/

表 6-15　1994～2013 年全国高等教育分学科本科毕业生数　单位：人

年份/年	哲学	经济学	法学	教育学	文学	历史学	理学	工学	农学	医学
1994	1 394	29 622	8270	13 084	28 232	6 509	36 726	141 654	15 445	29 355
1995	1 261	32 075	9393	14 019	29 835	6 385	38 029	148 844	16 365	29 278
1996	1 164	35 726	10 501	14 482	32 296	6 241	39 319	160 435	17 443	29 587
1997	682	50 134	12 471	13 751	36 216	5 735	39 113	175 439	16 559	31 547
1998	780	58 095	14 832	14 611	38 885	5 808	40 213	181 890	16 525	33 027
1999	852	67 611	16 363	15 479	44 285	6 097	42 351	195 354	17 453	35 090
2000	775	78 205	19 806	17 939	53 826	6 755	49 214	212 905	19 154	37 045
2001	873	106 065	30 326	17 965	62 956	6 101	63 517	219 563	19 005	41 468
2002	858	116 624	36 332	22 885	77 710	7 022	72 526	252 024	22 462	47 320
2003	1 127	169 229	52 756	30 977	126 087	8 791	103 409	351 537	29 758	55 927
2004	1 239	220 836	63 334	40 164	168 738	10 176	134 164	442 463	34 078	81 098
2005	1 275	288 701	76 140	50 342	226 903	10 694	163 076	517 225	35 419	96 011
2006	1 417	363 521	91 596	61 740	283 404	10 605	194 807	575 634	36 740	107 210
2007	1 325	430 220	105 964	72 408	345 792	12 316	228 090	633 744	43 270	122 815
2008	1 610	497 490	116 100	80 937	406 946	12 732	251 610	704 604	45 649	139 105
2009	1 652	550 147	117 182	86 705	458 761	13 544	264 494	763 635	46 847	152 392
2010	1 952	589 321	114 588	90 327	487 520	13 713	269 053	813 218	48 442	162 401
2011	2 167	645 359	117 923	95 140	537 958	14 309	279 101	884 542	51 148	168 582
2012	2 038	716 614	121 634	103 884	588 198	15 588	294 060	964 583	53 789	178 085
2013	2 034	768 682	122 676	104 691	627 206	15 773	248 790	1 058 768	58 752	192 344

资料来源：《中国统计年鉴》（1996～2014 年），其中 2001～2013 年经济学科类包含管理学，2013 年文学科类包含艺术学

总之，全国高等教育的供给总体上能够满足城乡家庭需求，但在高等教育的区域供给，特别是优质高等教育的区域供给上出现不公平，高等教育的层次结构供给中本专科层次不平衡，专科招生人数与本科相比过低，难以满足城乡家庭的高等教育需求差异。

第二节　江西省高等教育供给状况

一、总体供给情况

1. 招生情况

2016 年江西省报名参加普通高考的考生总数为 36.06 万人（男生占比 56.94%，

女生占比 43.06%），比 2015 年的 354 641 人增加了 5959 人，同比增加 1.68%。报考全国普通高考考生 353 815 人（含报考少年班 583 人），占考生总数 98.10%，同比增加 1.70；报考"三校生"对口招生考生（职业高中、中专、技校应届毕业生）6838 人，占考生总数的 1.90%，比 2015 年增加了 38 人。普通考生中报本科兼报高职（专科）的考生 181 719 人，占比 51.36%，较上年上升了 11.07 个百分点，同比增加了 41 578 人。单报本科的考生为 147 078 人，占比 41.57%，较上年下降了 8.64 个百分点。单报高职（专科）考生 25 018 人，占比 7.07%，较上年下降了 2.43 个百分点。

普通考生中兼报艺术类 27 492 人，占比 7.77%，较 2015 年增加了 476 人。其中报考美术与设计学类专业 18 290 人、音乐学类专业 2676 人、舞蹈学类专业 1383 人、戏剧与影视学类专业 4627 人（不含专业间相互兼报的人数），另有报考特殊类专业 516 人。普通考生中兼报体育类 10 420 人，占比 2.95%，较上年增加了 672 人。在 6838 名"三校生"考生中，兼报艺术类 25 人，兼报体育类 17 人。

除去保送生、高职单招录取考生不参加高考外，共 33.72 万人参加了统一高考。在 353 815 名普通考生中，文史类考生 143 350 人，占比 40.52%；理工类考生 210 465 人（含报考少年班 583 人），占比 59.48%。

2016 年江西高考共录取考生 293 219 人，其中本科（含三本独立学院）138 807 人；高职（专科）院校 154 412 人，录取率为 81.31%，较 2015 年的 78.81% 上升了 2.5 个百分点。2013～2016 年江西高考生及其录取情况如表 6-16 所示。近几年来，江西省高考报名人数逐年增加，录取人数也逐年递增，但录取的增长比例低于报考人数的增幅。

表 6-16　2013～2016 年江西高考生及其录取情况

年份/年	高考报名人数/人	录取人数/人	录取率/%
2013	274 393	230 390	83.96
2014	325 972	240 620	73.82
2015	354 641	279 493	78.81
2016	360 600	293 219	81.31

资料来源：江西省教育厅网站 http://www.jxedu.gov.cn/jytj/index.html

按层次划分，2016 年江西高考录取情况：提前批本科院校 11 885 人，国家专项院校 2748 人，一本院校 33 392 人；二本院校（含独立学院）90 254 人；其他本科 528 人；高职（专科）院校 154 412 人；其中，"三校生"单招录取本科 1048 人，高职（专科）3171 人。

按科类划分，2016 年江西高考录取情况为，文史类 85 555 人，理工类 155 842

人，艺术类 20 626 人，体育类 3313 人，"三校生" 4219 人，高职单招、保送生等 23 664 人。

2015 年江西省研究生招生 10 313 人（含博士生 296 人，硕士生 10 017 人），在校研究生 28 868 人（其中博士生 1127 人、硕士生 27 741 人）。普通高等教育本专科共招生 31.00 万人（本科 12.63 万人、高职专科 18.37 万人）；在校生 98.46 万人（本科 50.68 万人、高职专科 47.78 万人）。成人高等教育本专科共招生 5.73 万人，在校生 19.21 万人。在职攻读学位研究生 1.18 万人。

2. 总体规模

截至 2015 年年底，江西省共有高等学校 104 所，其中普通高等学校 96 所（含 13 所独立学院）、成人高等学校 8 所，普通本科高校 42 所（含 13 所独立学院）、普通高职（高专）院校 54 所。各类高等教育在学人数总规模 126.14 万人。全省 18～22 周岁人口约 345.56 万人，高等教育毛入学率 36.5%，2015～2016 学年初江西省每十万人口高校平均在校生数 2654 人，全国平均数是 2524 人，位列全国第 10 位（表 6-17）。

表 6-17 2015～2016 学年初全国每十万人口高校平均在校生数   单位：人

地区	高等教育	地区	高等教育	地区	高等教育
合计	2524	浙江	2414	重庆	3071
北京	5218	安徽	2309	四川	2312
天津	4185	福建	2508	贵州	1819
河北	2141	江西	2654	云南	1819
山西	2504	山东	2516	西藏	1766
内蒙古	2035	河南	2293	陕西	3628
辽宁	2876	湖北	3038	甘肃	2194
吉林	3169	湖南	2215	青海	1275
黑龙江	2518	广东	2434	宁夏	2244
上海	3330	广西	2178	新疆	1759
江苏	2896	海南	2290		

资料来源：江西省教育厅网站 http://www.jxedu.gov.cn/jytj/index.html

二、层次结构供给

2015 年江西省研究生、本科生与专科生各个层次结构人数情况见表 6-18，博士、硕士、普通本科与专科的招生人数分别为 296 人、10 017 人、126 326 人、183 666

人，层次结构较为合理，但博士研究生招生人数过低，导致高端人才不足。

表 6-18　2015 年江西省高等教育各学历层次学生情况

类型＼数目	学校数/所	毕业生数/人	招生数/人	在校生数/人	毕业班学生数/人
研究生	16	8 829	10 313	28 868	9 903
博士	9	171	296	1 127	569
硕士	16	8 658	10 017	27 741	9 334
普通高等教育	97	234 541	309 992	984 489	261 369
本科	42	114 970	126 326	506 759	124 130
专科	55	119 571	183 666	477 730	137 239
成人高等教育	8	57 398	57 319	192 087	59 634

资料来源：江西省教育厅网站 http://www.jxedu.gov.cn/jytj/index.html

三、专业结构供给

随着经济社会的发展以及产业结构的调整，高校专业优化大势所趋，在这种背景下，高校自主进行了专业调整。2015 年有 12 所高校申请停办/停招专业 57 个，2016 年又有 20 所高校 102 个专业申请停办/停招。2015 江西省普通本科分形式、分学科学生数如表 6-19 所示，哲学专业招生人数最少，历史与农学专业次之，工学、管理学、艺术学与文学专业招生人数较多。

表 6-19　2015 年江西省普通本科分学科学生数　　　　单位：人

类型＼数目		普通高校			
		毕业生数	招生数	在校生数	预计毕业生数
总计		114 970	126 326	506 759	124 130
其中：女		54 698	63 262	245 762	55 564
按学科分	哲学	62	70	220	50
	经济学	6 336	6 881	27 144	6 896
	法学	35 345	3 572	13 926	3 532
	教育学	3 801	4 544	18 274	4 331
	文学	12 093	11 306	45 789	11 885
	其中：外语	7 494	6 671	27 284	7 326
	历史学	397	606	2 138	462
	理学	6 535	6 573	26 141	6 488

续表

类型	数目	普通高校			
		毕业生数	招生数	在校生数	预计毕业生数
按学科分	工学	39 118	40 993	166 474	42 177
	农学	1 325	1 737	6 343	1 360
	医学	8 903	9 194	42 218	9 357
	管理学	22 276	25 358	99 848	25 167
	艺术学	10 669	15 492	58 244	12 425
总计中：师范生		11 893	11 418	49 091	12 314

资料来源：江西省教育厅网站 http://www.jxedu.gov.cn/jytj/index.html

2015 年江西省普通专科分学科学生数如表 6-20 所示，招生人数最少的专业是环保、气象与安全大类，财经大类、文化教育大类、土建大类、制造大类等专业招生人数较多。专业招生情况既反映了社会的需要，也是家庭需求的体现。

四、区域、类型与形式结构供给

1. 区域结构

按照高校的区域布局，2015 年江西省 96 所普通高校校址在各地市的分布情况如表 6-21 所示，南昌市 52 所、赣州市 8 所、九江市 7 所、新余市 5 所、宜春市 5 所、景德镇市 5 所、抚州市 4 所、萍乡市 3 所、上饶市 3 所、吉安市 2 所、鹰潭市 2 所。高校本科招生数，南昌市 23 667 人、赣州市 14 979 人、九江市 5927 人、新余市 1974 人、宜春市 4043 人、景德镇市 5466 人、抚州市 6215 人、萍乡市 844 人、上饶市 3184 人、吉安市 4095 人、鹰潭市 0 人；高校专科招生数，南昌市 25 805 人、赣州市 12 035 人、九江市 23 759 人、新余市 12 046 人、宜春市 9359 人、景德镇市 5332 人、抚州市 6531 人、萍乡市 6760 人、上饶市 5716 人、吉安市 1403 人、鹰潭市 3483 人。从高校的区域布局结构来看，各地市高校之间的招生数差异较大，南昌市遥遥领先，而鹰潭市没有本科高校，只招收了专科生 3483 人，存在区域差异。

此外，城乡区域之间在不同层次类型高校就读的人数比例不同，农村家庭子女就读重点高校的比例偏低，前文的实证研究已经证实。有学者对江西省几所省属重点大学的学生来源情况的统计分析表明（表 6-22），农村学生进入农业类、师范类高校就读的比例较高，进入财经类高校的比较较低，凸显了城乡差距。

表6-20 2015年江西省高校普通专科分学科学生数

单位：人

类型	数目	合计				普通高校				成人高校			
		毕业生数	招生数	在校生数	预计毕业生数	毕业生数	招生数	在校生数	预计毕业生数	毕业生数	招生数	在校生数	预计毕业生数
总计		119 571	183 666	477 730	137 239	117 829	179 762	468 319	134 947	1 742	3 904	9 411	2 292
其中：女		54 407	85 383	221 935	62 607	53 284	82 906	215 922	61 209	1 123	2 477	6 013	1 398
按学科分	农林牧渔大类	1 173	2 093	5 059	1 249	1 173	2 093	5 059	1 249	—	—	—	—
	交通运输大类	4 336	7 649	20 060	5 322	4 325	7 565	19 660	5 108	11	64	400	214
	生化与药品大类	753	1 191	2 699	824	753	1 191	2 699	824	—	—	—	—
	资源开发与测绘大类	1 349	1 522	4 541	1 537	1 349	1 522	4 541	1 537	—	—	—	—
	材料与能源大类	2 335	3 340	8 567	2 160	2 335	3 340	8 567	2 160	—	—	—	—
	土建大类	16 153	21 185	66 933	20 655	15 897	21 047	66 291	20 413	256	138	642	242
	水利大类	161	744	1 861	449	161	744	1 861	449	—	—	—	—
	制造大类	13 080	20 440	52 276	13 723	13 080	20 440	52 276	13 723	—	—	—	—
	电子信息大类	9 165	18 332	42 396	10 223	9 113	18 053	41 676	10 096	52	279	720	127
	环保、气象与安全大类	491	533	1 599	544	491	533	1 599	544	—	—	—	—
	轻纺食品大类	2 403	2 634	7 978	2 435	2 403	2 634	7 978	2 435	—	—	—	—
	财经大类	27 357	43 316	109 936	29 646	26 413	41 143	105 310	28 621	944	2 173	4 626	1 025
	医药卫生大类	12 351	17 870	46 280	14 894	12 351	17 870	46 280	14 894	—	—	—	—
	旅游大类	2 966	3 433	9 398	2 943	2 900	3 382	9 247	2 893	66	51	151	50
	公共事业大类	902	1 184	3 522	1 060	892	1 142	3 394	1 030	10	42	128	30
	文化教育大类	17 636	26 370	64 694	21 205	17 233	25 246	61 990	20 616	403	1 124	2 704	589
	艺术设计传媒大类	4 179	8 758	21 481	5 653	4 179	8 758	21 481	5 653	—	—	—	—
	公安大类	955	904	2 682	995	955	904	2 682	995	—	—	—	—
	法律大类	1 826	2 168	5 768	1 722	1 826	2 155	5 728	1 707	—	13	40	15
总计中：师范生		11 556	17 973	43 586	14 335	11 556	17 973	43 586	14 335	—	—	—	—

资料来源：江西省教育厅网站 http://www.jxedu.gov.cn/jytj/index.html

表 6-21 2015年江西省普通高等教育大学生数据统计表 单位：人

校名	校址	毕业生数		招生数		在校学生数		预计毕业生数	
		合计	其中：专科	合计	其中：专科	合计	其中：专科	合计	其中：专科
合计	—	234 541	119 571	309 992	183 666	984 489	477 730	261 369	137 239
综合大学 35 所	—	—	—	—	—	—	—	—	—
南昌大学	南昌市	14 409	4 248	13 683	3 849	54 217	13 124	14 974	4 595
宜春学院	宜春市	5 663	1 913	5 452	1 409	20 973	4 063	6 183	2 175
井冈山大学	吉安市	4 455	539	4 746	651	17 683	1 223	4 424	484
江西科技学院	南昌市	9 091	4 644	9 184	4 007	35 843	14 016	10 846	4 920
景德镇学院	景德镇市	1 720	1 720	2 961	2 249	8 634	6 491	2 036	2 036
萍乡学院	萍乡市	1 476	1 476	3 469	2 625	9 580	7 057	2 078	2 078
江西科技师范大学	南昌市	5 934	1 882	6 260	1 783	22 726	5 765	6 191	1 989
九江职业大学	九江市	2 351	2 351	4 736	4 736	11 857	11 857	3 642	3 642
新余学院	新余市	3 570	2 550	3 894	2 565	13 436	8 071	4 757	3 078
九江职业技术学院	九江市	3 524	3 524	6 291	6 291	15 643	15 643	4 183	4 183
九江学院	九江市	10 868	5 330	9 528	4 485	34 747	14 138	10 730	5 206
江西陶瓷工艺美术职业技术学院	景德镇市	768	768	2 332	2 332	5 387	5 387	1 330	1 330
鹰潭职业技术学院	鹰潭市	1 439	1 439	1 866	1 866	6 465	6 465	2 052	2 052
江西应用科技学院	南昌市	1 738	1 738	5 661	4 414	13 778	11 663	2 602	2 602
江西工业工程职业技术学院	萍乡市	1 037	1 037	2 944	2 944	5 963	5 963	1 037	1 037
江西科技职业学院	南昌市	399	399	2 375	2 375	4 717	4 717	1 335	1 335
南昌职业学院	南昌市	2 241	2 241	4 134	4 134	10 943	10 943	2 575	2 575
江西工业贸易职业技术学院	南昌市	1 348	1 348	2 604	2 604	8 025	8 025	2 129	2 129
宜春职业技术学院	宜春市	2 353	2 353	4 910	4 910	11 685	11 685	3 818	3 818
抚州职业技术学院	抚州市	397	397	1 362	1 362	2 269	2 269	442	442
南昌大学科学技术学院	南昌市	3 018	—	2 154	—	10 589	—	2 918	—
南昌大学共青学院	九江市	1 262	—	884	—	4 456	—	1 383	—
江西师范大学科学技术学院	南昌市	1 612	—	1 730	—	6 845	—	1 697	—
江西科技师范大学理工学院	南昌市	868	—	1 152	—	4 722	—	1 167	—
江西工程职业学院	南昌市	1 089	1 089	2 127	2 127	5 053	5 053	1 012	1 012
江西青年职业学院	南昌市	562	562	1 337	1 337	3 553	3 553	829	829
赣西科技职业学院	新余市	1 499	1 499	2 258	2 258	5 376	5 376	1 466	1 466
江西枫林涉外经贸职业学院	九江市	167	167	879	879	1 342	1 342	174	174
江西泰豪动漫职业学院	南昌市	979	979	2 582	2 582	5 148	5 148	780	780

续表

校名	校址	毕业生数		招生数		在校学生数		预计毕业生数	
		合计	其中:专科	合计	其中:专科	合计	其中:专科	合计	其中:专科
江西传媒职业学院	南昌市	430	430	1 242	1 242	2 782	2 782	640	640
江西工商职业技术学院	南昌市	284	284	1 149	1 149	2 237	2 237	392	392
吉安职业技术学院	吉安市	—	—	752	752	996	996	—	—
江西洪州职业学院	宜春市	—	—	619	619	649	649	—	—
江西师范高等专科学校	鹰潭市	—	—	1 617	1 617	1 617	1 617	—	—
南昌影视传播职业学院	南昌市	—	—	202	202	202	202	—	—
理工院校 31 所	—	—	—	—	—	—	—	—	—
华东交通大学	南昌市	5 219	459	5 480	559	21 656	1 918	5 404	553
东华理工大学	抚州市	6 104	1 836	6 670	2 102	22 566	4 865	6 148	1 687
南昌航空大学	南昌市	5 187	350	5 354	39	20 457	213	5 005	77
江西理工大学	赣州市	5 496	1 152	5 719	256	21 469	657	4 884	102
景德镇陶瓷学院	景德镇市	2 994	—	3 385	—	12 666	—	3 141	—
江西工业职业技术学院	南昌市	2 600	2 600	3 817	3 817	9 595	9 595	2 334	2 334
南昌工程学院	南昌市	4 997	1 657	4 614	1 057	17 673	3 619	4 843	1 491
江西工程学院	新余市	2 834	2 834	4 927	4 282	13 554	11 957	2 679	2 679
南昌理工学院	南昌市	7 111	3 058	8 265	4 442	33 664	15 266	9 194	4 634
江西电力职业技术学院	南昌市	790	790	698	698	2 149	2 149	665	665
江西信息应用职业技术学院	南昌市	1 366	1 366	1 981	1 981	5 266	5 266	1 561	1 561
江西交通职业技术学院	南昌市	1 699	1 699	3 189	3 189	8 672	8 672	2 312	2 312
江西应用技术职业学院	赣州市	2 465	2 465	4 118	4 118	9 531	9 531	2 419	2 419
江西现代职业技术学院	南昌市	4 034	4 034	4 947	4 947	14 168	14 168	4 781	4 781
江西机电职业技术学院	南昌市	1 743	1 743	2 864	2 864	6 790	6 790	1 461	1 461
南昌工学院	南昌市	2 764	2 206	5 355	2 507	18 821	7 341	4 021	1 758
江西应用工程职业学院	萍乡市	275	275	1 191	1 191	2 544	2 544	609	609
江西建设职业技术学院	南昌市	1 980	1 980	3 096	3 096	10 395	10 395	3 738	3 738
华东交通大学理工学院	南昌市	3 151	—	3 176	—	12 632	—	3 488	—
东华理工大学长江学院	抚州市	1 910	—	1 647	—	7 094	—	2 054	—
南昌航空大学科技学院	南昌市	1 476	—	1 694	—	6 592	—	1 616	—
江西理工大学应用科学学院	赣州市	2 475	—	1 795	—	8 052	—	2 545	—
景德镇陶瓷学院科技艺术学院	景德镇市	1 518	—	1 369	—	5 642	—	1 565	—
江西先锋软件职业技术学院	南昌市	791	791	2 941	2 941	5 010	5 010	993	993
江西制造职业技术学院	南昌市	995	995	2 567	2 567	5 833	5 833	878	878
上饶职业技术学院	上饶市	345	345	1 154	1 154	2 056	2 056	367	367
江西航空职业技术学院	南昌市	760	760	1 415	1 415	3 412	3 412	916	916

续表

校名	校址	毕业生数		招生数		在校学生数		预计毕业生数	
		合计	其中:专科	合计	其中:专科	合计	其中:专科	合计	其中:专科
江西新能源科技职业学院	新余市	618	618	1 802	1 802	3 824	3 824	701	701
江西冶金职业技术学院	新余市	380	380	1 139	1 139	2 314	2 314	436	436
共青科技职业学院	九江市	182	182	1 983	1 983	5 424	5 424	1 052	1 052
江西水利职业学院	南昌市	—	—	1 009	1 009	2 004	2 004	243	243
农业院校 3 所	—	—	—	—	—	—	—	—	—
江西农业大学	南昌市	4 337	—	4 827	—	19 045	—	4 617	—
江西生物科技职业学院	南昌市	728	728	2 504	2 504	5 796	5 796	1 078	1 078
江西农业工程职业学院	宜春市	673	673	1 743	1 743	2 718	2 718	442	442
林业院校 1 所	—	—	—	—	—	—	—	—	—
江西环境工程职业学院	赣州市	2 114	2 114	3 624	3 624	8 813	8 813	2 446	2 446
医药院校 6 所	—	—	—	—	—	—	—	—	—
江西中医药大学	南昌市	2 885	436	2 803	348	11 750	1 049	2 789	347
赣南医学院	赣州市	2 700	562	2 907	532	12 022	1 576	2 930	509
江西医学高等专科学校	上饶市	2 024	2 024	2 936	2 936	7 263	7 263	2 221	2 221
江西中医药大学科技学院	南昌市	1 501	—	1 678	—	7 531	—	1 767	—
江西中医药高等专科学校	抚州市	1 630	1 630	3 067	3 067	7 303	7 303	2 182	2 182
江西卫生职业学院	南昌市	1 905	1 905	2 981	2 981	7 062	7 062	2 131	2 131
师范院校 8 所	—	—	—	—	—	—	—	—	—
江西师范大学	南昌市	7 111	100	6 918		28 733	50	7 205	49
上饶师范学院	上饶市	4 627	1 433	4 810	1 626	16 847	3 640	4 886	1 522
赣南师范学院	赣州市	5 428	1 068	4 371	9	17 797	9	4 578	2
赣南师范学院科技学院	赣州市	922	—	975	—	3 821	—	947	—
南昌师范高等专科学校	南昌市	2 235	2 235	2 822	2 822	7 424	7 424	2 531	2 531
南昌师范学院	南昌市	2 191	2 191	2 372	1 487	7 568	5 079	1 854	1 854
赣州师范高等专科学校	赣州市	779	779	3 505	3 505	7 065	7 065	2 317	2 317
宜春幼儿师范高等专科学校	宜春市	—	—	678	678	1 073	1 073	—	—
财经院校 7 所	—	—	—	—	—	—	—	—	—
江西财经大学	南昌市	5 775	852	5 467	—	21 618	908	6 076	905
江西旅游商贸职业学院	南昌市	3 663	3 663	4 213	4 213	13 203	13 203	4 366	4 366
江西财经职业学院	九江市	4 448	4 448	5 385	5 385	15 315	15 315	4 824	4 824
江西外语外贸职业学院	南昌市	3 926	3 926	4 379	4 379	12 434	12 434	4 127	4 127
江西农业大学南昌商学院	南昌市	1 621	—	1 641	—	6 878	—	1 680	—
江西财经大学现代经济管理学院	南昌市	1 654	—	1 949	—	7 069	—	1 679	—

续表

校名	校址	毕业生数		招生数		在校学生数		预计毕业生数	
		合计	其中:专科	合计	其中:专科	合计	其中:专科	合计	其中:专科
江西经济管理职业学院	南昌市	907	907	—	—	1 551	1 551	688	688
政法院校 2 所	—	—	—	—	—	—	—	—	—
江西警察学院	南昌市	1 781	849	1 414	304	5 843	1 630	1 846	827
江西司法警官职业学院	南昌市	1 665	1 665	2 314	2 314	5 470	5 470	1 547	1 547
艺术院校 3 所	—	—	—	—	—	—	—	—	—
江西艺术职业学院	南昌市	264	264	606	606	1 336	1 336	368	368
江西服装学院	南昌市	2 230	1 630	4 011	2 447	11 477	6 619	2 760	1 898
景德镇陶瓷职业技术学院	景德镇市	265	265	751	751	1 590	1 590	320	320
成人高校 2 所	—	—	—	—	—	—	—	—	—
南昌教育学院	南昌市	474	474	1 114	1 114	2 770	2 770	618	618
江西经济管理干部学院	南昌市	1 268	1 268	2 790	2 790	6 641	6 641	1 674	1 674

资料来源:江西省教育厅网站 http://www.jxedu.gov.cn

表 6-22　江西省三所不同类型高校在校生家庭居住地的城乡分布①

家庭居住地		学校类型		
		江西农业大学	江西师范大学	江西财经大学
农村		56.5	53.0	38.3
城镇	镇	8.7	13.7	9.7
	县城	14.1	18.2	15.4
	小城市	7.6	8.7	15.4
	中等城市	10.9	4.4	13.1
	大城市	2.2	2.0	8.0
	合计	43.5	47.0	61.7

2. 类型结构

2015 年江西省 96 所普通高校,按照类型结构划分,综合类高校 35 所,理工院校 31 所,农业院校 3 所,林业院校 1 所,医药院校 6 所,师范院校 8 所,财经院校 7 所,政法院校 2 所,艺术院校 3 所。高校本科招生数分别为:综合类高校 42 721 人、理工院校 44 206 人、农业院校 4827 人、林业院校 0 人、医药院校 6508

---

① 蒋国河. 当前我国高等教育入学机会的城乡差异——基于对江西、天津高校的实证调查分析 [J]. 现代大学教育,2007,(6):57-62.

人、师范院校 16 433 人、财经院校 9057 人、政法院校 1110 人、艺术院校 1564 人；高校专科招生数，综合类高校 76 355 人、理工院校 55 155 人、农业院校 4247 人、林业院校 3624 人、医药院校 9864 人、师范院校 11 232 人、财经院校 16 767 人、政法院校 2618 人、艺术院校 3804 人，具体情况如表 6-27 所示。江西作为农业大省，其录取的本科生，农业院校 4827 人、林业院校 0 人；其录取的专科生，农业院校 4247 人、林业院校 3624 人，显然不能满足社会需求，同时也反映了家庭对农林院校需求的冷遇。同时，师范院校过多［除 8 所师范类高校外，还有一些高校设有教育学院（系）］，其本、专科招生人数在江西省各类型高校中分列第 3 位、第 4 位，人才供给远大于农林类高校所培养的人才，也远大于社会需求。

3. 形式结构

2015 年江西省有公办高校 65 所、民办高校 31 所，公办高校招收普通本科生 89 178 人，民办高校招收普通本科生 37 148 人（表 6-23），占公办高校的 41.65%，说明江西省民办高校发展速度较快。成人高校招收普通本科生为 0 人，招收普通专科生为 3904 人。

表 6-23　2015 年江西省普通本科分形式学生数　　　单位：人

类型	数目	普通高校			
		毕业生数	招生数	在校生数	预计毕业生数
总计		114 970	126 326	506 759	124 130
其中：女		54 698	63 262	245 762	55 564
按形式分	高中起点	110 959	123 830	499 966	120 187
	专科起点	4 011	2 496	6 793	3 943
按举办者	2. 地方	82 324	89 178	354 561	86 013
	教育部门	81 392	88 068	350 348	84 994
	其他部门	932	1 110	4 213	1 019
	3. 民办	32 646	37 148	152 198	38 117

资料来源：江西省教育厅网站 http://www.jxedu.gov.cn/jytj/index.html

注：因为江西省没有部属高校，故没有 1

2015 年江西省成人高等教育共招收本科生 24 086 人、专科生 33 233 人，合计 57 319 人，其中 8 所成人高校，招收成人本科生 517 人、专科生 6830 人；64 所普通高校举办成人教育，招收成人本科生 23 569 人（其中函授 14 058 人、业余 9511 人）、招收专科生 26 403 人（其中函授 21 448 人、业余 4955 人），具体情况如表 6-24 所示。

表 6-24　2015 年江西省成人高等教育概况　　　　单位：人

院校名称	校址	毕业生数		招生数		在校学生数		预计毕业生数	
		合计	其中：专科	合计	其中：专科	合计	其中：专科	合计	其中：专科
总计		57 398	30 960	57 319	33 233	192 087	111 046	59 634	37 392
成人高校举办	8 所	4 063	3 258	7 347	6 830	15 201	13 723	7 354	6 602
昌河职工工学院	景德镇市	0	0	0	0	0	0	0	0
南昌钢铁有限责任公司职工大学	南昌市	0	0	0	0	0	0	0	0
南昌市业余大学	南昌市	51	51	82	82	161	161	66	66
南昌市职工科技大学	南昌市	730	730	756	756	1 795	1 795	910	910
江西行政管理干部学院	南昌市	113	65	16	0	31	1	15	1
江西经济管理干部学院	南昌市	1 836	1 079	0	0	390	70	127	16
南昌教育学院	南昌市	731	731	4 404	4 404	8 904	8 904	4 405	4 405
江西广播电视大学	南昌市	602	602	2 089	1 588	3 920	2 792	1 831	1 204
普通高校举办	64 所	53 335	27 702	49 972	26 403	176 886	97 323	52 280	30 790
函授	41 所	32 903	17 886	35 506	21 448	123 611	72 679	39 577	24 753
业余	20 所	11 998	4 305	14 466	4 955	52 701	24 243	12 229	5 636

资料来源：江西省教育厅网站 http://www.jxedu.gov.cn/jytj/index.html

2015 年江西省成人本、专科分形式、分学科学生数如表 6-25、表 6-26 所示。本科哲学专业，普通高校与成人高校的招生数均为 0 人，普通高校中的医学、管理学、工学等专业的招生人数较多，成人高校中的管理学、工学录取人数多。专科哲学专业，普通高校与成人高校的招生数均为 0 人。普通高校中的财经大类、文化教育大类、医药卫生大类等专业的招生人数较多，成人高校中的文化教育大类与财经大类录取人数多。

表 6-25　2015 年江西省成人本科分形式、分学科学生数　　　　单位：人

	数目 类型	合计				普通高校				成人高校			
		毕业生数	招生数	在校生数	预计毕业生数	毕业生数	招生数	在校生数	预计毕业生数	毕业生数	招生数	在校生数	预计毕业生数
	总计	26 438	24 086	81 041	22 242	25 633	23 569	79 563	21 490	805	517	1 478	752
	其中：女	15 410	14 529	48 353	12 979	15 056	14 304	47 563	12 554	354	225	790	425
按形式分	函授	15 024	14 058	51 035	14 841	15 017	14 058	50 932	14 824	7	0	103	17
	高中起点	1 752	1 733	10 938	1 881	1 752	1 733	10 938	1 881	0	0	0	0
	专科起点	13 272	12 325	40 097	12 960	13 265	12 325	39 994	12 943	7	0	103	17

续表

类型	数目	合计				普通高校				成人高校			
		毕业生数	招生数	在校生数	预计毕业生数	毕业生数	招生数	在校生数	预计毕业生数	毕业生数	招生数	在校生数	预计毕业生数
按形式分	业余	7 693	9 511	28 459	6 593	7 693	9 511	28 458	6 593	0	0	1	0
	高中起点	941	1 946	7 605	770	941	1 946	7 605	770	0	0	0	0
	专科起点	6 752	7 565	20 854	5 823	6 752	7 565	20 853	5 823	0	0	1	0
	脱产	3 721	517	1 547	808	2 923	0	173	73	798	517	1 374	735
	高中起点	83	0	389	167	22	0	173	73	61	0	216	94
	专科起点	3 638	517	1 158	641	2 901	0	0	0	737	517	1 158	641
按学科分	哲学	0	0	0	0	0	0	0	0	0	0	0	0
	经济学	389	292	1 406	535	367	292	1 402	535	22	0	4	0
	法学	1 138	481	2 259	763	995	467	2 233	754	143	14	26	9
	教育学	2 455	1 609	4 651	1 166	2 455	1 523	4 466	1 067	0	86	185	99
	文学	2 599	1 646	4 931	1 297	2 587	1 646	4 929	1 297	12	0	2	0
	其中：外语	904	383	1 336	372	900	383	1 335	372	4	0	1	0
	历史学	39	14	45	12	39	14	45	12	0	0	0	0
	理学	953	688	1 890	475	953	688	1 890	475	0	0	0	0
	工学	4 444	4 037	14 167	4 067	4 417	3 901	13 926	3 969	27	136	241	98
	农学	302	661	1 941	472	302	661	1 941	472	0	0	0	0
	医学	7 435	9 482	29 794	7 666	7 435	9 445	29 726	7 635	0	37	68	31
	管理学	6 088	4 789	17 922	5 203	5 487	4 545	16 970	4 688	601	244	952	515
	艺术学	596	387	2 035	586	596	387	2 035	586	0	0	0	0
总计中：师范生		5 161	3 014	8 400	2 224	5 161	3 014	8 400	2 224	0	0	0	0

资料来源：江西省教育厅网站 http://www.jxedu.gov.cn/jytj/index.html

表6-26　2015年江西省成人专科分形式、分学科学生数　　单位：人

类型	数目	合计				普通高校				成人高校			
		毕业生数	招生数	在校生数	预计毕业生数	毕业生数	招生数	在校生数	预计毕业生数	毕业生数	招生数	在校生数	预计毕业生数
总计		30 960	33 233	111 046	37 392	27 702	26 403	97 323	30 790	3 258	6 830	13 723	6 602
其中：女		19 374	22 906	72 651	23 203	17 582	17 677	62 801	18 900	1 792	5 229	9 850	4 303
按形式分	函授	17 978	21 540	72 889	24 818	17 886	21 448	72 679	24 753	92	92	210	65
	高中起点	17 721	21 533	72 504	24 561	17 629	21 441	72 294	24 496	92	92	210	65
	专科第二学历	257	7	385	257	257	7	385	257	0	0	0	0
	业余	4 526	4 975	24 537	5 813	4 305	4 955	24 243	5 636	221	20	294	177
	高中起点	4 526	4 975	24 537	5 813	4 305	4 955	24 243	5 636	221	20	294	177

类型	数目	合计				普通高校				成人高校			
		毕业生数	招生数	在校生数	预计毕业生数	毕业生数	招生数	在校生数	预计毕业生数	毕业生数	招生数	在校生数	预计毕业生数
按形式分	专科第二学历	0	0	0	0	0	0	0	0	0	0	0	0
	脱产	8 456	6 718	13 620	6 761	5 511	0	401	401	2 945	6 718	13 219	6 360
	高中起点	8 456	6 718	13 620	6 761	5 511	0	401	401	2 945	6 718	13 219	6 360
	专科第二学历	0	0	0	0	0	0	0	0	0	0	0	0
按学科分	农林牧渔大类	752	1 589	5 582	1 815	752	1 589	5 582	1 815	0	0	0	0
	交通运输大类	389	522	1 881	794	386	522	1 881	794	3	0	0	0
	生化与药品大类	30	134	395	103	30	134	388	101	0	0	7	2
	资源开发与测绘大类	181	68	605	320	181	68	605	320	0	0	0	0
	材料与能源大类	179	14	1 132	820	179	14	1 132	820	0	0	0	0
	土建大类	1 942	1 751	6 327	2 134	1 557	1 637	6 097	2 030	385	114	230	104
	水利大类	236	252	1 362	607	236	252	1 362	607	0	0	0	0
	制造大类	922	1 294	5 104	1 209	790	1 241	4 878	1 133	132	53	226	76
	电子信息大类	1 283	1 985	5 662	2 026	983	1 546	4 827	1 691	300	439	835	335
	环保、气象与安全大类	10	16	44	1	10	16	44	1	0	0	0	0
	轻纺食品大类	81	41	154	73	81	41	154	73	0	0	0	0
	财经大类	10 242	9 325	26 748	10 734	8 675	6 996	21 905	8 279	1 567	2 329	4 843	2 455
	医药卫生大类	4 443	4 893	27 286	6 043	4 376	4 746	27 130	6 034	67	147	156	9
	旅游大类	436	561	1 649	570	413	517	1 584	549	23	44	65	21
	公共事业大类	1 607	817	2 621	976	1 555	686	2 447	933	52	131	174	43
	文化教育大类	6 991	9 064	20 235	7 293	6 504	5 731	13 751	4 195	487	3 333	6 484	3 098
	艺术设计传媒大类	688	688	2 430	1 056	512	482	1 777	610	176	206	653	446
	公安大类	147	27	847	293	147	27	847	293	0	0	0	0
	法律大类	401	192	982	525	335	158	932	512	66	34	50	13
总计中：师范生		5 537	5 016	10 978	3 107	5 459	4 714	10 492	2 923	78	302	486	184

资料来源：江西省教育厅网站 http://www.jxedu.gov.cn/jytj/index.html

从江西省高等教育供给状况来看，高等教育的毛入学率低于全国平均水平，招生规模有待扩大；布局结构有待调整，全省高校聚焦于南昌市，有的地市没有本科高校；层次结构不合理，博士招生人数太少，要加快扩大博士研究生招生规模；农林院校对农林专业的本、专科招生人数不足，与江西农业大省对农林人才的需求不吻合。

第三节　高等教育供给存在的问题

高等教育的有效供给，是指能够与经济社会发展相适应，满足、适应与引导教育需求的供给，反之，就是高等教育有效供给不足，不能满足、适应与引导主体的高等教育需求。高等教育供给是否有效，主要是高等教育供给的数量、质量与结构上是否有效。需求主体包括政府、社会、家庭与学生等诸多主体，由于不同主体的价值标准不同，故对高等教育供给问题的认识也就随之不同。一般商品供给是否有效的标准，以消费者的需求是否满足为尺度，满足了需求就是有效的，否则就无效。但高等教育供给具有公共产品属性，主要由政府提供，不会是无效供给，更多的是在数量与质量方面的有效供给不足。基于本书的研究需要，仅从家庭高等教育需求的视角探究我国高等教育供给存在的问题。

一、高等教育供给数量不足

随着我国改革开放的逐步深入，高等教育事业得到了快速发展，高考录取人数、录取率、毛入学率显著增加。2015 年全国高考录取率为 74.3%，毛入学率达到 40%，在校学生规模世界第一，很好地满足了人们对高等教育的热切期盼。但是，随着人们生活水平的提高，以及社会各行各业对人才素质要求的提升，家庭高等教育需求得到了空前的发展，需求不断扩大，呈现出多样性、差异性，据此考量高等教育供给，表明能够满足家庭高等教育有效需求的供给不足。第五章的实证研究表明，99.1%的高中学生的家庭有高等教育需求，由此可见，目前我国高等教育入学机会供给的绝对量不足，需要在保障高等教育质量的前提下，稳步扩大高校招生规模。

当然，家庭高等教育需求也需要正确引导，在国家综合实力有限的情况下，所有人都希望接受高等教育既不现实，也无必要。尽管人力资本投资能够带来价值增值，家庭高等教育需求日益旺盛，但是，一个国家的经济发展决定了所需要的劳动力数量、素质及层次，并非任何行业和工作岗位都需要大学毕业生；国家投入高等教育的资源总是有限的，况且我国人口基数大，适龄人口多，故其高等教育供给与需求的矛盾将长期存在，因此，对家庭高等教育需求正确引导，形成有效需求是当务之急。

二、高等教育供给结构有待调整

我国高等教育供给结构与家庭和社会对高等教育的需求不吻合，需要调整。

1. 高等教育供给存在城乡不均

我国现行的高考制度，实行分数面前人人平等，看似公平，但实质是城乡的基础教育质量存在差异，城乡家庭子女从出生的那一刻起，其户籍制度就决定了所受教育的差异，自然会导致高考录取的不公平，前文的数据已经充分证明了城市考生的高考录取率、就读重点大学和一本高校的比例均远高于农村考生。教育部时任副部长杜玉波认为，"从目前录取情况看，农村学生考上大学的比例，包括本、专科学校，与城市学生大体相当。但由于城乡基础教育水平存在差距等多种因素，农村学生上重点高校的比例相对较低"[①]。尽管目前国家采取了一些特殊的招生政策，提高农村考生就读重点高校的比例，但问题并没有得到根本解决，因为从基础教育到高等教育，其优质教育资源主要被城市学生享有，农村学生处于边缘化地位，体现了城乡教育的不公平，反映了城乡教育供给结构的不合理，只有消除了城乡教育差距，问题才能得到有效解决。

2. 高等教育供给存在区域不均

我国高校布局存在区域差异，国家在高等教育入学指标的分配上，按照"地缘化""属地性"的原则进行分配，采取分省定额、划线录取，各地录取定额并不是按照各省份参加高考人数平均分配指标。重点高校较多的区域，所在地的高考招生指标较多，因而不同区域的录取人数与录取分数线不同，导致高等教育供给区域不均。东部、中部、西部地区高考录取分数线、录取率与就读重点大学的比例差异很大，前文的数据分析提供了有力证明。尽管国家采取了一些有效措施，

---

① "要让优秀的农村孩子上好学". 成都商报. http://e.chengdu.cn/html/2014-09/05/content_487276.htm. 2014 年 9 月 5 日.

东部、中部、西部地区高等教育供给的差异在缩小，提高了中西部地区和人口大省高考录取率，但由于经济、文化与历史等原因，区域之间高校办学水平与人才培养质量的差距在短期内难以消除，高等教育区域供给不均的状况也就难以改观。

3. 高等教育层次结构供给有待调整

2015 年全国普通高校招收本科生 3 894 184 人、专科生 3 484 311 人，在校本科生 15 766 848 人、专科生 10 486 120 人，可见，无论是当年的招生数、还是在校生数，本科生均多于专科生。我国是一个发展中的农业大国，各行各业生产第一线迫切需要掌握实用操作技能的技术人才，因此，专科学历人才的供给应该大于本科专业的人才。世界大多数国家的人才供给结构均为金字塔型，我国的纺锤形的人才供给结构既不符合我国的现实需要，也与国际惯例相违背。可见，调整层次结构供给，加大专科人才的供给是当务之急。就江西省而言，2015 年江西省研究生招生人数为 10 313 人，其中博士研究生 296 人、硕士研究生 10 017 人；全国研究生招生人数为 645 055 人，其中博士研究生 74 416 人、硕士研究生 570 639 人，分别是江西省博士、硕士招生人数的 251 倍、57 倍，与江西省本专科高考录取率高于全国的 4.51%不对称，与第五章实证调查的家庭对研究生学历层次需求比例为 43.8%相距甚远，这表明江西省研究生教育供给严重不足，特别是博士研究生的招生人数太少，需要加大高端人才的招生比例，协调层次结构。

4. 高等教育专业结构供给需要调整

我国高校的专业设置要与经济社会发展对人才的需求密切结合，以满足家庭高等教育需求，但由于人才成长的周期性，人才培养的滞后性，导致两者难以吻合。从前文的数据分析来看，城乡家庭均对农林专业兴趣不足，从高等教育专业供给来看，高校专业之间的在校人数差异很大。高校扩招以来，哲学、历史学、文学与农学等专业的招生增长幅度较小，经济学、理学、法学与工学等专业的招生人数大幅增长，满足了市场和家庭需求；从大学毕业生的就业状况来看，专业之间差异很大，一些传统专业就业困难，如哲学、历史等专业，经济学、工学、医学与法学等专业就业前景好；一些新材料、新能源、生物技术、现代医药、节能环保等专业的人才缺乏，不能有效满足家庭和社会的需求，因此，高校的专业供给需要动态调整，以满足家庭高等教育需求。

三、高等教育供给质量有待提高

我国高等教育的培养质量如何？2016 年《中国高等教育质量报告》表明，579

所普通高校的抽样结果显示，学生对教师教学水平总体认可，高校学生评教的"优占比"达70%以上。高校普遍坚持以用户需求为导向，社会用人单位对毕业生综合素质和专业能力表示认可，对院校提供的就业服务质量满意度较高。该报告同时指出，高校创新人才培养力度不够，就业与所学专业相关性不高。

高等教育供给质量的评判属于价值判断，不同需求主体因价值取向不同，其评判依据也不同，但大学生的创新创业能力是否得到提升、就业状况及其吻合度可以作为判断的主要依据。在"大众创业，万众创新"的背景下，高校注重大学生创新创业能力的培养，并以此作为改革的核心和突破口，但实事求是地说，还没有取得突破。大学生的就业状况同样不能令人满意，大学生不能充分就业，其就业难是社会共识，而且就业岗位与所学专业脱节的现象比较普遍，大学毕业生在劳动力市场不能形成有效配置，另外，一些用人单位又招聘不到合适的人才，供需脱节，其实质是高等教育供给与市场需求脱节，有效供给不足，属于教育质量的问题，出现相对过剩，一旦质量得到提高，满足了社会需求，也就转化为有效供给了。由此可见，高等教育质量供给还不能满足家庭需求，我国出国留学人数的不断增加，从另一个层面也反映了家庭对国内教育质量的担忧，因而出国接受优质高等教育。

第七章

高等教育有效供给理论

要解决城乡家庭高等教育需求差异，需要根据高等教育的供需状况，提出有效供给理论，确定有效供给标准及其供求关系，以此为依据，才能对症下药，达到事半功倍的效果，满足城乡家庭高等教育的需求差异。高等教育供给包括潜在供给、实际供给和有效供给。高等教育政策、高等教育资源、高等教育规模、高等教育需求、高校师资队伍状况等影响高等教育供给。在供求均衡点上的供给是有效供给，供求标准、效率标准与公平标准是评判高等教育供给是否有效的依据。高等教育有效供给不足的表现是高等教育供给不足、高等教育供给过剩与高等教育不良供给。

第一节　有效供给概念

高等教育有效供给是基于经济学中的有效供给理论提出的。因此，必须先了解经济学中的有效供给理论。

在经济学中，供给与需求相对应，最早正式使用供给与需求概念的是詹姆斯·斯图亚特，亚当·斯密、萨伊、詹姆斯·穆勒、大卫·李嘉图等都对其概念进行了研究和探讨，使供给与需求概念得到了快速发展，人们对供给与需求关系的认识更为客观。供给与需求是一个事物的两个方面，它们之间相互联系、相互作用、相互依存，缺一不可。有需求就会有供给，有供给才能满足需求，需求制约供给，供给也制约需求，当两者出现矛盾时，可能是有效需求不足，也可能是有效供给不足。需求是建立在有支付能力基础上的需要，是"市场上出现的对商品的需要"，供给是"处在市场上的产品，或者能够提供给市场的产品"，包括数量和质量。①供给受商品价格的影响，一旦商品价格上升，利润增加，商品的供给量就会随之增加，因为获得利润是商品生产者的动力，因此，决定供给的关键要素就是生产成本。与市场价格相比，只要商品生产者的成本较低，他们就会增加商品供给，以获取更多利润；相反，一旦生产成本相对于价格来说较高时，为了回避风险，商品生产者就会减少商品供应量，甚至转行生产其他商品。在市场经济条件下研究供给与需求问题，鉴于生产资源的有限性、稀缺性，而需求又是无限的，因此就需要通过市场机制调节生产什么、怎么生产、为谁生产。市场经济条件下的供给通过价格调节需求，分配资源。价格是供给与需求双方利益的平衡机制，特别是供给方利益的调节机制，市场供给会由价格波动信号的引导自然调节而趋于均衡一致。供给方、需求方均为理性经济人，通过等价交换追求各自利益的最大化，他们之间的地位是平等的。按照西方经济学主流观点，在完全竞争状态下，通过竞争来激励生产者的积极性，通过价格调节供需双方，因而供给者总是通过技术革新来降低成本，满足市场需求。

因为市场需求是一种有货币支付能力的需求，需求的无限性就转变为市场需

---

① 中共中央马克思恩格斯列宁斯大林著作编译局. 资本论（第3卷）[M]. 北京：人民出版社，1975：202-211.

求的有限性了。同时，供给的绝对有限性转变为相对无限性。这样，市场总供给与市场总需求的不平衡性就成为市场经济的常态。经济学家和厂商的努力就是要尽可能最大限度缩小两者之间的差距，求其在坐标上高位平衡。市场供给与市场需求失衡的原因是双方的，既有市场有效需求不足的问题，也有市场有效供给不足的问题。一个明明白白的事实是市场上的供给并不都是有效供给，有的是无效供给。[①]

供给与需求是一对矛盾统一体，如何解决它们之间的矛盾是经济学的重要任务。不同经济学家从不同视角进行解读。法国经济学家萨伊强调供给对经济运行的主导作用，他试图建构一个完满的供给-需求对应体系，因此，萨伊提出应该对供给进行限制，指出并非任何供给都有需求与之对应，这样，供给就要强调有效性。具体地说，只要产品品种品质好，价格低廉，性价比高，那么产品就必定受到市场的需求。经济学家凯恩斯则批判了萨伊"供给创造自己的需求"理论，认为有效需求不足是导致经济恐慌和失业不可避免的真正原因。凯恩斯主张以政府行为取代"投资诱导"微弱的个人投资，要求政府实行扩张性财政政策，鼓励扩大有效需求，从而拉动生产和经济发展。[②]

供给能创造需求，也能抑制需求。需求能创造供给，也能抑制供给。能创造需求适应需求的供给是有效供给，而抑制需求相悖需求的供给则是无效供给。[③]供给并不总是有效的，评判其是否有效的依据需要根据需求者的满足程度，以他们的利益诉求为标准，满足了需求者的供给即是有效供给，反之就是有效供给不足，甚至是无效供给，体现在产品的品质、价格与服务等方面存在缺陷，无法满足需求者的意愿。例如，人们在日常生活中购买商品时，常常会遇到其价格很高、品质拙劣、款式陈旧、信用缺乏等问题，具体表现为供给绝对量不足、供给结构失衡以及供给质量低劣，这种情况自然会造成有效需求下降。因此，无效供给包括三种类型，一是供过于求，供给超过了有效需求，产品供给超出了社会对人才的实际需求，属于过剩供给；二是供不应求，产品供给不能满足有效需求，属于供给不足；三是供给不良，供给本身不符合有效需求，表现为产品供给结构不合理，导致供给过剩，或是需求得不到满足，还有可能是供给的产品本身有瑕疵或问题，不能满足家庭和社会的需求。当然，在西方经济学理论中，一些经济学家认为供给事实上是有效的，否则就会被市场淘汰。概括起来，西方学者从产品或劳务供给、要素供给、能力供给三个角度，从供给意愿和供给能力两个方面对有效供给

① 叶忠. 试论教育有效供给的含义 [J]. 淮北煤师院学报（哲学社会科学版），2000，（4）：102-105.
② 约翰·梅纳德·凯恩斯. 就业、利息和货币通论 [M]. 北京：商务印书馆，1999：176.
③ 刘涛. 关于我国有效需求不足与有效供给不足的辨证关系研究 [D]. 郑州：郑州大学硕士学位论文. 2003：9.

进行界定。

随着供求研究的逐步深入，经济学家提出了有效供给概念。亚当·斯密在解释供求矛盾的时候引入了有效需求的概念。在市场上供给的商品有两种价格，一种是自然价格，另一种是实际价格。亚当·斯密所说的自然价格就是指价值，实际价格就是市场价格。市场价格可以高于或低于自然价格。他以商品能否按自然价格被需求者接收来划分有效需求和绝对需求。他说"每一个商品的市场价格，都受支配于它的实际供售量和愿支付它的自然价格（或者说愿支付它出售前所必须支付的地租、劳动工资和利润的全部价值）的人的需要量这二者的比例。愿支付商品自然价格的人，可称为有效需求者，而他们的需求，可称为有效需求。因为这种需求也许使商品的出售得以实现"①。绝对需求实质上就是指不具备购买力的一种需要，每个人都有对奢侈品的需要，但只有具备了购买力的需要才是有效需求，这也是一种市场性的需求。

马克思在关于经济学的论述当中，尽管没有对"有效供给"进行明确界定，但其相关理论为人们理解有效供给提供了指导和借鉴。生产者生产的产品是否是社会分工的组成部分只有在市场上才能体现出来，产品能否销售出去，这是有条件的，一是商品必须具有使用价值，是社会所需要的，因为具有社会需要的所用价值的产品才会被人们购买；二是产品生产所耗费的劳动量必须控制在社会必要劳动的界限内，如果超过了社会必要劳动时间，其产品就会因价格过高而无法出售，只有在必要时间内，价格合理，人们才愿意购买。形成有效供给的商品在品质上要能够满足市场需求，在价格上与其社会价值相一致。马克思在《资本论》中提出了社会总产品的有效供给问题，一是社会产品的总供给量和总需求量相均衡，二是各类产品的供给与相应的市场需求相均衡，即商品的供求结构均衡。马克思还提出"生产就要发现、创造和满足尽可能多的新需要，与生产体系的不断扩大和日益广泛相适应的是需要的一个不断扩大和日益丰富的体系"②。这就表明，有效供给不仅仅是满足社会需求，还需要不断引导与创造需求。

国内的许多学者从不同视角对有效供给概念进行了界定，华桂宏教授认为，有效供给的实质是指经济发展中生产可能性边界的持续扩张，以及与收益递增趋势并存的供给机制，它是一个动态的、广义性的、多层次的范畴。③有效供给是指在现有资源充分利用的前提下，在一定生产关系基础上和一定经济体制中，生产力合成的实际能力。类似的观点还有周建明的供给效率论，即有效供给是指供给

---

① 亚当·斯密. 国民财富的性质和原因的研究（上卷）[M]. 郭大力，王亚南译. 北京：商务印书馆，1997：50.

② 马克思，恩格斯. 马克思恩格斯全集第30卷 [M]. 北京：人民出版社，1995：389.

③ 华桂宏. 有效供给与经济发展 [M]. 南京：南京师范大学出版社，2000：76-82.

是不是有效率,生产要素所利用的结果,产出是达到还是小于生产的可能性边界。[①]有效供给是指由各个微观主体生产和提供的能最大限度地适应各类购买者需求的总供给和供给结构,它包括产品总量、类别结构、各类产品的数量。[②]有效供给就是指供给能够出清、需求能够得到恰当满足、资源环境的承载能力能够得以充分考虑、政府的政策法规能够得到很好贯彻的,包括产品与劳务供给、要素供给及供给效率在内的三位一体式全方位互动的可持续型供给。[③]也有学者认为有效供给就应该从总产品和供给结构的角度来分析和定义,可以说,它是指最大限度地与社会总需求相适应的、适销对路的总产品结构,包括产品总量、类别结构、各类产品的数量。上述供给结构意味着产品总量与总需求相均衡,即总量的均衡;各类别产品供给与各类别的市场需求相均衡,即供求结构均衡与协调。保持总量均衡和供求结构协调,是社会再生产顺利进行和经济稳定运行的前提条件。[④]在市场经济条件下,生产厂家总是试图通过有效提供,避免无效供给,以达到效益最大化。特别是随着科学技术的不断发展变化,产品类型与质量不断优化,人们的消费观念与选择也随之转变,昨天的畅销品,明天也许可能就无人问津了,这就要求产品供应者必需根据市场需求,进行产品更新,调整产品结构,提升产品品质,提供消费者需要的产品,实现有效供给。

第二节　高等教育有效供给理论

一、高等教育有效供给界定

高等教育有效供给及其供求关系是基于经济学中的有效供给理论衍生而来的。在经济学领域,通过市场机制调配资源,由价格波动信号引导进行调节,达到供需平衡。经济学是在资源有限但人的需求无限的情况下进行资源配置,以最大限度地满足人的需要,通过扩大有效供给来提高经济资源利用效率,最大限度

---

① 周建明. 有效供给不足——对传统公有制经济体制的考察 [M]. 上海:上海社会科学院出版社, 1992:5.
② 刘诗白. 我国转轨期经济过剩运行研究 [M]. 成都:西南财经大学出版社, 2000:179.
③ 陈端计. 我国市场经济中的供给问题研究 [D]. 厦门:厦门大学博士学位论文. 2003:25.
④ 刘涛. 关于我国有效需求不足与有效供给不足的辩证关系研究 [D]. 郑州:郑州大学硕士学位论文. 2003:10-11.

地获得经济效益。在人们需求的无限性与供给的有限性矛盾运动中，需求大于供给是社会发展的永恒现象，也给供给提供了巨大的发展空间。在市场经济条件下，供给与需求通过市场机制进行调节。教育作为人类社会一种有目的、有意识的活动，是为了满足自身的需求，促进人类社会的发展，这种活动需要一定的资源投入才能顺利实施，自然也就存在着供给与需求的问题。从高等教育活动来看，它是培养人的事业，但在市场经济条件下又具有商品的部分属性，属于准公共产品，高等教育的准公共产品性质主要表现在三个方面：第一，在高等教育的生产方面，具有明显的外部性；第二，从高等教育的消费上，具有一定的非竞争性和排他性；第三，在高等教育的提供方式上，政府、私人、第三部门之间既存在着单独供给，也存在着交叉合作供给。[①]高等教育与纯粹的商业活动存在区别，它不是一种纯粹的经济活动，其供给与需求都是在政府公共政策引导下的产物，并不是市场自由调节的产物，自然，其供求关系不能完全按照市场的供求原则，高等教育有效供给与经济学中的有效供给存在差异。在市场经济条件下，高等教育同其他任何商品生产部门一样，都有供给与需求的问题，需要保持两者的协调与平衡，这是它们的共性。区别在于，高等教育活动的投入与产出不是简单的经济活动，而是培养人才，具有特殊性，而且目前高等教育资源是一种稀缺性资源，不同高校与专业之间在人才培养的质量上存在差异，有高低和优劣之分，促使人们对其做出取舍，在这种情况下不能完全由市场调节，赢利不是教育的目的，其供给与需求需要政府公共政策的介入与引导，市场机制自由发挥的作用有限。由于教育需求涉及家庭、用人单位与国家等，它们既有经济性需求，也有非经济性需求，其需求具有多样性、差异性，需求本身之间也存在矛盾，个人对教育的需求和经济社会发展对教育的需求往往并不一致。满足了个人需求的高等教育供给，不一定是符合社会需求的高等教育供给，反之亦然。因此，高等教育供给是否有效，程度如何，更多的是一种价值判断，不同需求主体之间各自具有自己的评判标准，导致有效供给的复杂性，因而高等教育供给的有效与无效是一个相对概念。

其实在理论界学者对教育供给概念的理解存在差异，可谓是仁者见仁，智者见智，至今也没有一个统一的定义。有一种观点认为，教育供给是指一定社会为了培养各种熟练的劳动力和专门人才，促进经济、社会和个体的发展，而由各级各类教育机构在一定时期内提供给学生受教育的机会。[②]也有学者从教育经济学视角出发，认为要使教育机会供给有效，其教育供给必须满足教育机会需求者和教育产品需求者的需要，这样的供给才是有效供给，否则，只是满足了其中任何一

---

① 李江，关立新. 高等教育供给：基于经济学视角的分析 [J]. 黑龙江高教研究，2009，（4）：14-17.
② 范先佐. 教育经济学 [M]. 北京：人民教育出版社，1999：141.

方的需求，另外一方的需求没有得到满足，也是无效供给。吴开俊认为，教育有
效供给意指某一时间内，一个国家的各级各类教育机构所提供的教育机会，不仅
为它的直接"消费者"个人所需求，而且同时满足国家经济社会发展对各种熟练
劳动力和专门人才的需要，从而既能使教育资源得到充分利用，又能促进整个国
家的现代化进程。这种观点将教育需求分为三类，即国家对教育的需求，生产单
位企业对教育的需求，以及个人对教育的需求。个人对教育的需求属于教育机会
需求，生产单位和国家对教育的需求则属于教育产品的需求，实质上是对具有较
高教育程度的人才的需求。要使教育机会供给有效，则教育供给必须同时符合教
育机会需求者和教育产品需求者两方面的需要，这样，才能形成有效供给。[①] 也有
学者从供求关系来界定有效供给，从需求角度出发，以需求者利益的满足与否为
衡量标准，只有满足了教育需求的教育供给才是有效供给，反之为有效供给不足。
但由于教育需求主体的多样性、差异性，导致教育需求与教育供给不可能完全达
到平衡，只有尽量接近平衡，因此，在一定的条件下，教育供给只有最大限度地
去适应、满足与引导教育需求。教育供给总量要满足社会教育需求的总量，教育
供给结构与社会的教育需求结构相适应。教育供给要在兼顾满足与引导家庭和社
会教育需求的基础上，要优先引导和满足家庭教育需求。家庭教育需求在一定程
度上决定和影响社会教育需求，社会教育需求又反过来制约和影响家庭教育需求，
一旦两者需求不一致时，需要教育供给引导其需求，使之趋于一致。当两者的教
育需求难以调和时，在不同的教育阶段，要有所侧重，基础教育阶段尽量满足社
会需求，因为基础教育是国家强制性的义务教育，提供其均等的教育机会是国家
的责任和义务；对非义务教育阶段，则需要优先满足家庭的教育需求，同时兼顾
社会需求。教育有效供给不能仅局限于被动地去适应和满足主体的教育需求，还
要根据社会发展的需要，主动引导教育需求，使之进行实时调整，与社会需求相
协调。

　　其实，教育需求主体获得教育入学机会，满足其需求，不是其最终目的，只
是实现其目的的开端，教育主体接受教育在于提升个人素养，获得专业能力，为
未来谋得理想的职业岗位，增加经济收入，提高社会地位。获得学历教育文凭只
是他们进入职场的敲门砖，最终通过市场和社会来体现其价值。但是，鉴于教育
资源，特别是优质教育资源的有限性，也就造成教育主体对优质教育资源孜孜以
求，竞争非常激烈，有的甚至不顾自身的实际情况，盲目追求优质教育资源。城
乡家庭教育需求主体对教育入学机会的需求更为强烈，这就给教育供给带来了压
力，因为劳动力市场变化多端，学校教育难以预测和及时跟进社会需求的变化而

---

① 吴开俊. 教育有效供给与教育结构关系刍议 [J]. 广州大学学报（综合版），2000，（5）：24-28.

进行调整，况且教育受社会政治经济文化的影响较大，具有自身的惯性，很难及时对社会需求的变化做出迅速的反应。

由此可见，随着教育事业的日益发展，其功能越来越强大，对经济社会发展和家庭的影响日益突出。在此背景下，家庭与社会的教育需求越来越强烈，也越来越丰富多样，具有个性特征，因此，教育供给要满足各个层次和类别的教育需求变得更为困难，只能最大限度地去适应和满足，其供给的有效性也就具有相对性。现实的教育供给很难既满足了家庭需求，又满足了社会需求，很好地促进经济社会发展；能够满足其职业岗位需求的教育供给，又不一定能够满足家庭的教育需求，对此，教育供给的有效性需要辩证地看待。

有的学者认为，高等教育供给是"在一定的单位教育成本下，高等教育机构所能提供的教育，表现为教育机构培养一定数量、质量、结构劳动者的能力"[1]。该观点是将高等教育供给指向培养劳动力，强调高等教育供给的核心价值是为社会提供生产者和劳动力，满足社会对高等教育的需求；另一种观点认为，高等教育供给指在某一时期内，一国或一地区高等教育机构所能提供给受教育者的机会。[2] 该观点将高等教育供给指向受教育者，认为高等教育供给的存在意义在于满足个人对高等教育的需求。这两种观点的差异在于供给对象的不同，其实质是体现不同利益集体的价值诉求。要科学地对高等教育有效供给进行界定，需要评判其供给能否满足主体的入学机会需求，以及提供的产品是否符合家庭和社会的需求。高等教育需要提供一定年限和数量的教育机会，通过几年的大学教育和培养，大学生走向工作岗位能够适应和满足用人单位的需要，成为熟练的劳动者和专门人才。因此，高等教育供给可以分为有效供给与有效供给不足两种类型。

高等教育供给可以分为教育机会供给与教育产品供给，自然，高等教育的有效供给包括高等教育机会供给有效与高等教育产品供给有效。家庭对高等教育入学机会的需求，基于能够提升子女的综合素质，获得某种专业能力，成为社会所需要的高级专门人才，以便在择业过程中找到自己理想的工作岗位。个体的入学机会需求是基于社会经济科技文化发展的需要，不可能脱离现实情况凭空产生，不是主观臆断的产物，是与经济社会发展需求相一致的。可以说，入学机会需求是高等教育产品需求的前提和基础，它主要源于用人单位对人才的需求，促使个体产生接受高等教育入学机会，其实质就是高等教育的产品需求引发了高等教育的入学机会需求，高等教育的产品供给激发了高等教育的机会供给。所以，高等

---

① 王善迈. 教育投入与产出研究 [M]. 石家庄：河北教育出版社，1995：321.

② 陈仲常，谢曼，张薇. 我国教育机会性别均等与教育结果性别差异分析 [J]. 高等工程教育研究，2003，（2）：19-22.

教育机会供给的有效是高等教育产品供给有效的基础。高等教育机会供给有效，成为潜在的高等教育产品供给，如果高等教育的入学机会供给无效，其产品供给不可能有效。

　　本书探究城乡家庭在高等教育入学机会方面的需求状况及其差异，将高等教育有效供给的概念界定为：高等学校为了培养熟练的劳动者和专门人才，促进经济社会发展而提供的能够满足主体高等教育需求的供给。高等教育供给是否有效以对高等教育需求的满足程度为判断依据，且具有一定的相对性。高等教育的有效供给应该与经济社会发展相适应，满足、适应和引导主体的高等教育需求，从而提高高等教育资源利用效率，增进高等教育供给的各种效用。因此，高等教育有效供给要满足和适应家庭高等教育需求，其程度要与经济发展所能提供的物质条件相适应。社会所能提供的人力、物力与财力决定了高等教育的供给状况，因为经济社会的发展对高等教育供给提出了要求，需要高等教育为其提供服务，培养出它们所需要的人才。

　　高等教育供给主体与需求主体一样，是多层次、多类型的。高等学校作为人才培养机构，是产品的生产车间，是高等教育供给的主体，它们接受政府和社会的委托培养人才。高等教育的机会供给受诸多因素的影响，既不能按照自己的主观意志随意而为，也不能脱离实际，一味地满足主体需求。高等教育的机会供给受社会政治、经济与文化的影响和制约。经济社会发展的水平决定了社会对人才的需求，以及对高等教育所能提供的财力与物力支持，社会人口状况决定了需要接受高等教育的人数，政府的教育政策影响着高等教育发展的规模和速度，教育经费投入多少，以及教育资源在教育内部层次之间如何配置等，都需要政府做出选择。各级各类教育都需要改善办学条件，增加经费投入，其经费短缺是共性问题，任何一个国家都不可能提供充足的教育经费。这就表明高等教育供给受一系列因素影响，甚至是决策者的个人偏好等人为因素。这在一定程度上表明，高等教育的有效供给是相对的，要完全做到高等教育公平只能是理论探讨，因为高等教育有效供给与社会政治经济文化等诸多因素密切相关，人们很难找到一种能够满足各个主体高等教育需求的最佳分配方案。就现状而言，我国的高等教育供给是一个相对的变量，影响这一变量的因素是教育资源的投入及其使用效率。目前来说，整个社会对高等教育提供的资源是有限的，要大幅度地增加资源投入的可能性也不大，因此，只有合理配置高等教育资源，提高其资源的使用效率，才能加大高等教育有效供给。

　　有学者基于高等教育供给与高等教育需求视角来界定高等教育有效供给概念，认为完全满足了高等教育需求方的供给才是有效供给。由于高等教育需求主体的多样性及其差异性，导致高等教育供给既要满足家庭需求又要满足社会需求变得困难重重，这就需要通过高等教育供给引导高等教育需求，协调两者之间的平衡，使其需求相一致，一旦无法调节或是缓和它们之间的关系，就应该优先满足家庭高等教育需求，因为高等教育采取成本分担机制，家庭接受高等教育需要支付学费，其供给自然应该优先满足他们的教育需求。也有学者认为，在高等教育的实践活动中，其需求与供给无法完全达到均衡，只有最大限度地去满足、适应与引导高等教育需求，而无法达到两者的协调与平衡。在教育供给与教育需求既定的情况下考察高等教育供给，只有在教育供求均衡点的供给才是有效的高等教育供给。还有学者认为，经济学中的有效供给理论可以引用到高等教育领域，高等教育的有效供给包括其产品在供给总量与总需求之间的均衡，各种类别的产品供给与各类需求达到均衡状态，也就是供求结构均衡。

高等教育有效供给不足是其对立面，即未能满足和适应主体高等教育需求的教育供给。高等教育有效供给不足表现为满足有效需求的高等教育供给不足、不良供给及供给过剩。高等教育供给不足就是指提供的高等教育满足不了学生及家庭的需求，高等教育提供的人才产品满足不了用人单位的实际需要。高等教育不良供给，表现为提供的高等教育与学生的需求不对接，两者出现差异；所培养出来的人才与社会需要不吻合，一方面是毕业生找不到合适的工作岗位，另一方面是一些岗位出现人才空缺，产品质量不能满足学生与社会的需求，其实质是高等教育的有效供给不足。供给过剩就是提供的高等教育机会多于学生的入学需求，其培养的人才多于社会的实际需求，是明显的供过于求。

高等教育产品的有效供给需要处理好两个问题，一是需要满足多样化的教育需求，能够满足市场需求和家庭需求；二是要提高教育资源的使用效率，只有既满足了需求又具有效率的供给才是有效供给。因此，当一定的高等教育投入所形成的教育供给满足了主体的教育需求，而且效率较高，预期收益大于成本支出，这样的供给就是有效供给。相反，一旦高等教育投入所形成的教育供给满足不了主体的教育需求，而且运行效率不高，这种供给是无效供给或低效供给。由此可见，高等教育供给的有效程度是以教育主体需求的满足程度及供给效率为依据的。

二、高等教育供给的类型

根据上述概念界定，高等教育供给包括高等教育机会供给和高等教育产品供给。高等教育机会供给是指在一定的教育资源投入情况下，高等教育在一定时期内为家庭和社会提供的接受高等教育机会的数量，即高校招生总数，既包括为个体提供接受高等教育的入学机会，满足个体需求，也包括为社会培养高级专门人才，满足社会需求。高等教育产品供给为社会提供高级专门人才，是指高等教育在一定的单位成本下，为社会培养的高级专门人才的数量、质量与结构。对高等教育供给的类型，按照不同的标准有不同的分类方法，根据供给的效果，可以分为高等教育潜在供给、实际供给和有效供给。

1. 高等教育潜在供给

在经济学中的潜在供给常被理解为充分就业状况下的产出（full-employment output）。[①]高等教育潜在供给是指一定时期内在正常的教育条件下，高等教育可能提供的人才培养的能力，其能力的强弱由高等教育资源决定，在资源一定的情况下，如何配置高等教育资源决定了其潜在供给的状况。当然，除了资源以外，其供给能力的强弱还与高等教育的管理体制、管理水平与办学效率等密切相关。在目前我国高等教育发展过程中，教育资源短缺是高校普遍面对的共性问题，因此，如何获得更多的高等教育资源是高校的重点工作。利用高校自身的科技优势，加强与企业的合作办学是获取高等教育资源的有效途径。当然，高校内部的机构调整、资源整合，以及高校之间的合作、教育资源共享也有利于增加高等教育的潜在供给。

2. 高等教育实际供给

高等教育实际供给是高等教育在一定时期内为个体所提供的高等教育机会及向社会所提供的人才总量，体现了高等教育人才培养的能力。高等教育潜在供给与实际供给之间的差额即是未实现的供给。高等教育实际供给反映了高校的综合实力和办学水平，办学规模大，教育质量好，实际供给成效就明显。要减少高等教育潜在供给与实际供给之间的差额，需要针对高等教育的机会需求，协调好家庭与社会需求之间的差异，使之趋于一致；高等教育提供的人才产品，在生产过程中要根据社会需求，调整好高等教育的层次结构、科类结构与区域结构，使培养出来的人才与社会需求对接。

3. 高等教育有效供给

高等教育有效供给是在办学资源既定的情况，能够实现教育目的，培养出社会所需要的高级专门人才，满足家庭和社会的高等教育需求，达到供需均衡。高等教育所提供的人才产品，与经济社会发展的需要相适应，形成有效对接。当然，高等教育的有效供给是一种理想状态，因为现实的高等教育供求关系总是处于矛

---

① 钱伯海. 供需平衡经济学［M］. 北京：中国经济出版社，1992：119-122.

盾之中，正是这种矛盾的不统一、不协调，促使高等教育的改革和发展。从需求主体来看，家庭需求与社会需求本身是发展变化的，而且这两者之间的需求也并不完全统一；同样，高等教育所提供的人才与社会的需要不完全吻合，人才培养的周期较长，而社会对人才的需求变化快，故高等教育所培养的人才具有滞后性，难以满足用人单位的需求，甚至不符合劳动力市场的需求，不被社会所接纳，成为无效供给。例如，20 世纪 50~60 年代，印度大力发展高等教育，其发展速度和规模远远超出了经济社会发展的需要，结果导致大量的大学毕业生就业困难，出现了供大于求的状况。所以说，高等教育有效供给是高等教育供给追求的目标。

按照高等教育供求关系是否均衡，可以将教育供求分为三种类型，即教育供求的"点平衡""域平衡""不平衡"。高等教育供求的"点平衡"是高等教育供给与高等教育需求完全对接，它是一种绝对均衡，高等教育供给全部实现，有支付能力的高等教育需求得到满足，经济社会发展所需要的人才不存在短缺或过剩。高等教育供求的"域平衡"指高等教育供给略大于高等教育需求或高等教育需求略大于高等教育供给时的状态，在这种供求状态下，高等教育供给与高等教育需求基本适应，高等教育活动稳步推进，社会不会出现人才过剩或短缺的剧烈变化。高等教育供求的"不平衡"或"失衡"是指高等教育供求差异较大，超过了一定的比率，高等教育活动出现较大波动，影响经济社会发展对人才的需要。如果高等教育供求比率持续扩大，会使高等教育活动进入无序状态，对经济社会发展带来重要影响。因此，高等教育供求相对均衡是高等教育健康发展的前提和基础。在现实的高等教育供求关系中，"点平衡"是理想状态，绝对的供求均衡难以实现，而"域平衡"和"不平衡"是高等教育供求的常态，不是教育供给大于教育需求，就是教育需求大于教育供给。"但这并不能够影响以教育供求的'点平衡'为轴心来考虑围绕这一轴心上下波动的'域平衡'和远离这一轴心的'不平衡'的状态，从而判断与衡量教育供给与教育需求的状况。"① 高等教育供求失衡，是高等教育供给小于高等教育需求，或是高等教育需求大于高等教育供给，这种失衡，可能是供给不足所致，也可能是需求旺盛所致，或者是供求双方共同作用的结果。

三、影响高等教育供给的因素

高等教育供给的数量、质量与结构等受诸多因素的影响，经济社会发展水平决定了对高等教育的经费投入及其对人才的吸纳能力，就其内部因素而言，高等教育政策、经济发展水平、高等教育资源、高等教育需求、高等教育规模等是重

① 吴宏超. 我国义务教育有效供给研究 [D]. 武汉：华中师范大学博士学位论文. 2007：45.

要因素。

1. 高等教育政策

高等教育政策是国家政策的重要组成部分，其政策走向决定了高等教育的发展方向，影响高等教育供给。政府的财政政策是影响高等教育供给的关键因素，它决定了对高等教育经费投入的多少。政府通过拨款、立法等手段来调节高等教育供给，甚至是直接采取行政手段，干预或是限制教育行为，保障高等教育有效供给。遵循高等教育发展规律、科学合理的高等教育政策有利于保障高等教育供给的连续性、合理性，相反，多变的、不符合现实需要的高等教育政策则影响高等教育供给，甚至造成不良供给。不同国家具有不同的高等教育政策，同一国家在不同的历史时期，教育政策也不一样。中华人民共和国成立以来高等教育的供给深受高等教育政策影响。"大跃进"时期高等教育的迅猛发展，正是高等教育政策作用的产物。1999 年高校的扩招，同样是国家政策作用的结果，国家要求高校扩大招生规模，增加高等教育机会供给，以拉动内需，扩大消费。

2. 经济发展水平

经济基础决定上层建筑。经济发展水平决定了国家举办高等教育的支付能力。举办高等教育是一项昂贵的事业，需要巨大的经费投入，没有经济作支撑，高等教育事业寸步难行。一般而言，一个国家的经济发展水平越高，物质资源越丰富，用于高等教育的投入就多，高等教育供给也就越有保障。经济社会发展水平对于教育供给的影响还体现为对教育的"带动效应"（promoting effect），经济发展水平高的国家一般会较重视教育事业发展，经济发展水平较低的国家，由于对教育的重要性存在认识上的不足及自身经济条件的限制，教育供给赶不上社会其他生产力供给。[1] 发展经济学认为，经济发展水平和发展阶段是影响公共产品供给制度的根本性因素。我国教育经济学研究的结果也表明，以高等教育入学率为衡量指标的高等教育规模随着以人均国民生产总值衡量的经济发展水平变动而同方向变动。[2] 经济发展水平与人才需求成正比例关系，经济发展水平越高，对高端人才的需求越旺盛，对高校人才需求越强烈，自然也就促进了高等教育扩大规模，加大高等教育供给。随着我国经济的发展，体现经济发展水平的人均国民生产总值不断提高，高学历与高收入成正比，导致高等教育需求不断增强，高等教育规模不断扩大，以加强高等教育有效供给。

---

① 何丽萍. 民办高等教育供给机制及其选择研究 [D]. 武汉：华中科技大学硕士学位论文. 2011：16.

② 秦宛顺. 教育投资决策研究 [M]. 北京：北京大学出版社，1992：119-122.

3. 高等教育资源

众所周知，高等教育属于准公共产品，需要政府的公共财政投入。无论一个国家的经济发展状况如何，其高等教育资源总是稀缺和有限的，而高等教育资源的多寡又直接决定了高等教育的供给状况。高等教育资源丰富，投入大，有利于扩大高等教育规模，增加高等教育供给。要使高等教育供给满足、适应与引导教育需求，形成有效供给，必须要有充足的教育资源，否则，缺乏教育资源投入，高等教育供给就是无源之水，无本之木，造成高等教育供给不足。当然，高等教育资源的投入并非越多越好、多多益善，过量的教育资源投入可能会导致资源浪费，高等教育供给过剩。合理的高等教育资源投入是保障教育供给的有效前提。

4. 高等教育需求

高等教育供给的最终目的是为了满足需求，因此，需求决定供给，有什么样的需求就会提供什么样的供给，没有需求的供给是无效供给。家庭和社会对高等教育的需求状况在一定程度上决定了高等教育供给。随着人们物质生活水平的提高，支付能力的增强，他们对高等教育的需求呈现出多样化、个性化的特点，进而促使高等教育供给做出相应调整，以满足主体需求。经济和社会的迅速发展，对高级专门人才的需求量增加，从而促进高等教育供给，正如联合国教育、科学及文化组织编著的《学会生存——教育世界的今天和明天》所言，"巨大的经济运动总是伴随着教育上的扩展的。今天的许多事实证明，经济发展的要求和新的就业机会的出现强烈地激起了教育上的扩张"[①]。随着我国经济社会的快速发展，高层次人才需求增加，促进了高等教育需求的相应增加，推动了高等教育扩张，增加了高等教育供给，满足了人们对高等教育日益增长的需求。

5. 高等教育规模

高等教育规模的大小决定了它所能提供的人才数量及接受高等教育机会的多少，因此，高等教育规模决定了高等教育供给数量。当然，一个国家高等教育的规模不是随心所欲的产物，而是经济社会发展的必然要求，经济社会的发展水平决定了所需要的人才数量、规格与层次，否则，与之不相适应的高等教育规模是高等教育资源的浪费。前文提到，印度独立后过度发展高等教育事业，导致教育质量下降，教育经费紧张，人才外流严重，其原因就在于高等教育发展规模超出经济社会发展的需要，高等教育供给过剩。高等教育规模基于经济社会发展状况

---

① 联合国教育、科学及文化组织. 学会生存——教育世界的今天和明天 [M]. 北京：教育科学出版社，1996：55.

以及高等教育需求，经济发展强劲，高等教育需求增加，自然促进高等教育扩大规模，增加高等教育供给。

上述影响高等教育供给的各个因素所发挥的作用是不同的，但它们之间相互联系、相互作用，形成合力，从整体上影响高等教育供给。

四、高等教育有效供给的评判标准

1. 供求标准

前文的界定表明，高等教育的有效供给与经济社会发展相适应，能够满足、适应与引导高等教育需求。由于高等教育需求具有多主体性，导致主体需求具有多样性，需求内容与需求层次均存在差异。在知识经济时代，高等教育的功能日益强大，人们对高等教育重要性的认识更为深刻，对高等教育的需求日益强烈。主体的差异性导致他们对高等教育的需求存在差异，家庭与社会对高等教育的需求不完全一致。满足了社会需求的高等教育供给不一定满足了家庭的高等教育需求，相反，满足了家庭高等教育需求的供给不一定符合社会的需求。从这个意义上来说，高等教育有效供给的评判标准具有多样性。长期以来，在高等教育供给实践中，由于缺乏一个规范的标准来衡量高等教育供给状况，导致高等教育实际供给是否有效难以衡量。

按照上述高等教育供求关系的三种类型，只有在供求均衡点上的供给才是有效供给，"域均衡"或"失衡"均不是有效供给。要对高等教育有效供给进行评判，需要制定一个规范、合理的评价标准和尺度。有学者提出，评判高等教育供给是否有效的客观标准是从数量、质量与结构三个层次进行分析。

数量上的有效供给是指高等教育提供的入学机会是否满足家庭需求，高等教育培养出来的人才数量能否满足经济社会发展对高级专门人才的需求，高等教育的数量供给只有满足了这两方面的需求，才能被认为是数量供给有效。高等教育入学机会的供给，是其产品供给的前提，它具有投资价值，还具有消费意义，家庭高等教育需求，并非完全是为了未来职业发展的需要，还有提升自我素养的需要。

高等教育供给不仅要满足数量需求，其质量是否满足需求更为重要，质量高了，家庭和社会作为高等教育的需求者，自然也就满意，高等教育资源的配置效率也就高。特别是在需求主体对高等教育需求质量多样化阶段，其质量标准存在差异，需求标准也就随之提高。只有质量满足了学生及其家庭需求，其高等教育质量供给才是有效的，反之则是低效或是无效的。

高等教育在整个社会系统中的供给，不仅是总体上数量与质量满足家庭与社会需求，其供给的有效性还需要考虑到高等教育的层次、类型与社会需求对接的问题。正如顾明远所言，"教育的供求问题不单是要求受教育和社会能提供多少的问题，还包括提供什么样的教育问题"[1]。高等教育供给现状表明，许多大学生毕业后找不到理想的工作岗位，而有些用人单位则是找不到工作岗位所需要的毕业生，这就是高等教育供给结构带来的问题，高等教育供给结构与社会需求结构不均衡，培养人才的层次、科类结构与社会需要脱节。所以，高等教育供给的结构有效是衡量高等教育有效供给的主要依据。高等教育有效供给的衡量标准需要从数量、质量、结构三个层面去考察是否满足了高等教育需求。

2. 效率标准

高等教育作为一项需要巨大经济投入的社会活动，与其他经济社会活动一样，需要提高效率，实现产出的最大化，故其高等教育的有效供给，也应该是追求教育效率的供给。有学者就认为，要形成教育有效供给，提高教育供给的效率，教育供给形成过程中资源的使用水平必须符合下列两个条件：一是教育总净效益（TNSB）为非负数，即：$TNSB=TSB-TSC \geqslant 0$，其中，TSB为教育总效益，TSC为教育总成本。这个标准条件的运用，称为效率检验，就是把教育供给形成后所得的利益与为了形成教育供给而进行的投入以及放弃的机会损失进行对比，如果所得超过了投入和损失，那么，教育供给就是有效的活动。效率检验只能说明教育资源的配置是否"有效"，但不能说明效率水平。二是教育总效益与教育总成本的差异最大化，即：$TSB-TSC=TNSB \rightarrow max$。这个标准说明效率水平，用教育总效益与教育总成本的差异最大化作为指标，称为总值检验。因为只有当教育的边际效益（MSB）等于教育边际成本（MSC）时，才能达到上述差异最大化的条件，因此也可以用教育边际效益等于边际成本作为指标，称为边际检验，即$MSB=MSC$。[2] 当然，还要考虑到高等教育供给所产生的外在效益，因为除了受教育者个体和用人单位收益外，高等教育还有利于促进整个社会文化水平的提高、人们生活质量的提升，以及社会政治文明的推进。

3. 公平标准

教育公平是社会公平的重要组成部分，追求高等教育公平是人类社会的永恒追求，是教育领域迫切需要解决的实际问题。正如有学者所言："若干年以来，无

---

[1]　顾明远. 教育与需求——现代教育发展中的主要矛盾（上）[J]. 比较教育研究，1995，（3）：1-4.

[2]　叶忠. 论教育供给有效性的衡量 [J]. 河北师范大学学报（教育科学版），2001，（2）：53-58.

论在国内还是在国际上，就教育问题进行的政策讨论中，'平等'已变成一个关键词。"[1] 高等教育公平问题与高等教育有效供给密切相关。教育供给是否公平是衡量教育供给有效的重要指标。高等教育的有效供给就是要满足主体的教育需求，使个体和社会得到发展，其需求满足的过程就是体现教育公平的过程。针对不同教育主体，尽量提供多样化的需求，满足每一个主体的需求，凸显教育公平。特别是高等教育入学机会供给，既要体现家庭需求的多样性与差异性，还要考虑到他们的家庭经济状况，不因经济困难而无法接受高等教育，要提供灵活多样的入学机会。反之，没有满足主体需求的高等教育供给，既不是有效供给，也无法体现高等教育公平。美国学者詹姆斯·科尔曼在其著名的调查报告《教育机会均等的观念》中提出了教育公平的四条标准：一是进入教育系统的机会均等，即提供一个免费教育，使劳动力的教育程度达到入职要求；为所有儿童，不问背景，提供一个共同课程；并让这些来自不同背景的儿童在同一所学校学习。二是参与教育机会均等，是指不同社会出身的组别，有相同比例的人数，得到同样的教育机会。他们无论在数量上和质量上都得到相等的教育参与。三是教育结果均等，指每一性别每一社会阶层都有一定量和比例的人，从教育进程和教育经验中得到相似的教育成效，既指教育基础的共同性，又强调教育系统的个别化，为每个儿童提供使每个人在入学时存在的天赋得以发展的各种机会。四是教育对生活前景机会的影响均等，指通过教育克服人的出身、性别等本来的差别，取得同样的社会成就，要求对具有先天不足或后天不足的学生实施补偿性教育。"为了事实上的平等，形式的平等要被打破，因为对事实上不同等的个人使用同等的尺度必然会造成差距"[2]。这四条标准可以作为衡量教育公平的标准，符合其标准就是公平的，也是有效的，否则就是不公平，当然也就无效了。

　　当然，由于教育公平属于价值判断，建立在其高等教育需求（本书讨论基于城乡家庭高等教育需求差异基础上的有效供给，故主要聚焦于其高等教育需求满足的差异程度来评判供给的有效性）基础上的评判标准，不同的社会主体对教育供给的有效程度有着自己的评价标准。需求具有多维性、差异性、个体性，导致了其需求标准的复杂性，家庭与社会的高等教育需求是否得到满足，其满足的程度如何在一定程度上很难准确度量。而且家庭的高等教育需求与社会的高等教育需求之间并不完全吻合，家庭与社会的高等教育需求差异是常态，在这种背景下，其有效供给应该是优先满足、适应和引导家庭的高等教育需求，因为高等教育属于非义务教育，接受教育者需要承担相应的教育成本，自然，高等教育供给应尽

① 胡森. 社会环境与学业成就 [M]. 张人杰译. 昆明：云南教育出版社，1988：1.
② 约翰·罗尔斯. 正义论 [M]. 何怀宏，等译. 北京：中国社会科学出版社，1988：25.

量满足他们的需求，尊重他们的教育选择权。当然，家庭的高等教育需求不是凭空产生的，他们是基于社会对高级专门人才的需求而做出的理性选择，关注高等教育的投入成本与接受高等教育的回报。社会需求制约和影响家庭的高等教育需求，从这个角度出发，满足了家庭的高等教育需求，也就在一定程度上满足了社会的高等教育需求。高等教育的有效供给还肩负着协调家庭与社会需求之间的矛盾，引导他们的需求趋于一致。

第三节　高等教育供求关系

在经济学领域，供求关系是现实问题，也是永恒的主题。有需求才会有供给，有供给就能刺激需求，需求制约供给，供给制约需求，需求与供给密切联系。因此，教育领域的供求关系是从经济学领域借鉴而来的，但毕竟教育活动与企业的生产性活动存在差异，活动性质不同，其供求特征与经济学中的供求特征不一样。经济学重视市场机制调配资源，解决生产什么、为谁生产、怎么生产的问题。经济学中的供求平衡，是由市场价格波动来引导供需关系的。但高等教育有别于纯粹的商业性活动，尽管它同任何商品生产部门一样，存在着供给与需求，而且需要两者之间的均衡，这是共性，但差异在于高等教育不仅仅具有培养人才的功能，它还肩负着促进社会阶层流动的作用，自然，判断高等教育的供求关系，不能局限于经济学视角，还要包含体现社会公平的价值判断。因此，教育价格不是由其供给者和需求者在市场中通过竞争决定，而是由国家指导价格；高等教育生产要素的投入不是由供求价格决定，而是由国家采取计划分配的方式；教育需求不是完全由市场决定，而是由教育供给引导，教育供给又是由国家计划决定；高等教育供给价格不能完全反映教育成本，学费收入只是其中的一小部分，国家投入占主体，学费不等同于教育服务的价格。在高等教育的供求关系中价格很难发挥调节作用，市场机制、竞争机制、价格机制的作用有限。由此可见，经济学中的供求均衡理论并不完全适用于高等教育领域，高等教育的特殊属性不适应用经济学观点予以解释说明。随着市场经济体制的逐步建立和完善，高等教育供求关系越来越受到市场的影响。按照市场经济规律，在消费上具有排他性而又无外在效益的产品为私人产品，由市场解决；高等教育作为非义务教育，尽管具有消费上的排他性，但同时又有外部社会效益，属于准公共产品，需要市场调节。在市场经济机制下，无论是高等教育的供求结构，还是高等教育的供求体制都发生了变化。市场调节作用的发挥需要建立在一系列严格的假设条件之上，如明确的教育价格、较大的教育需求弹性等，而且，即使这些条件都具备，教育供求的均衡也不能仅靠市场的调节就能形成。这是因为，首先，市场机制存在着固有的缺陷，在某些情况下会出现调节不力即"市场失灵"的情况。其次，教育市场只是相对独立的市场，教育市场的均衡只是一种局部均衡，这种局部均衡会因某些外生变量（如经济体制）的影响而破坏。因此，市场在调节教育供求时是存在局限性的。如果仅靠市场来调节教育的供求，可能会造成教育投资不足、投资方向错误，以及教育资源分配不公平等后果，而这些都会导致教育资源的不充分利用和不合理的配置。为了弥补市场对教育供求调节的不足，政府就有必要发挥其宏观调控作用对教育市场上的供求施加影响。[①] 在市场经济条件下，政府要对教育供求进行宏观调控，主要采用行政、法律、经济和信息等手段。

一、高等教育供求均衡

均衡一般是指经济领域中有关变量在一定条件下通过相互作用所达到的一种相对静止的状态。"供求均衡"就是来自经济学领域的概念，是指在市场经济条件下，供给与需求两种相反的力量相互作用而达到的一种平衡，此时的供给量与需求量相等，也称之为均衡数量，其市场价格就是均衡价格。经济学上的均衡，正如马克思所认为的，供求均衡是相对的、偶然的，而不平衡才是绝对的。高等教育的供求均衡就是指高等教育的供给量与其需求量相等，高等教育供给满足了高等教育需求，供求双方的意愿得到满足，形成了高等教育供给与高等教育需求的均衡，亦即供求均衡，其教育价格就是均衡的教育价格。从几何意义上说，教育市场的均衡出现在教育供给曲线和教育需求曲线的交点上，该交点被称为均衡点。均衡点上的价格和相等的供给量分别被称为教育均衡价格和均衡数量。在教育供求的均衡点处，教育的供给全部实现，不多也不少；对教育的需求全部得到满足；教育活动正常稳定。社会生活中不存在人才过剩或短缺，并能够人尽其才。[②] 理论上说，高等教育供求处于均衡点状态下，其投入与产出活动按照一定比例进行分配，使其供给与需求保持平衡，高等教育需求得到满足，高等教育供给有效，社会上不存在人才过剩或不足，人尽其才，供给与需求达到均衡状态。这种均衡主

① 林文达. 教育经济学 [M]. 台北：三民书局，1984：353，358.
② 申燕玲. 我国普通高等教育个人需求结构优化 [D]. 武汉：华中科技大学硕士学位论文. 2007：31.

体体现在家庭和社会对高等教育的入学机会需求与高校所提供的学额之间的均衡，高等教育所培养的人才与社会需求相均衡。

　　经济学理论告诉我们，在市场经济条件下，总体上供求关系应该保持均衡，但事实是高等教育需求主体在做出需求选择时，由于信息不对策，对高等教育需求不能做出合理的判断，甚至出现偏颇。特别是家庭高等教育需求，缺乏理性选择，有的是盲目追求热门专业，或是基于面子心理，追求名校，追求高学历，选择体面专业，对学生自身的需要及其兴趣爱好置若罔闻，所以也就出现了热门专业门庭若市，冷门专业则门前冷落。自然，完全按照需求决定供给的理论来发展高等教育，将可能导致高等教育供给出现无序状态，高等教育供给无效，浪费高等教育资源。莱文在分析过度教育的弊端时，分析了它对经济社会的影响。他指出，教育程度高于工作需要的人士，对工作容易产生不满，表现出不利于工作场所的行为。因此，过度教育可能降低工作积极性，导致生产成本增加和生产力下降。[①] 由此可见，高等教育供给不能完全按照市场这只看不见的手，按照市场需求亦步亦趋，而是要客观分析市场需求，去除不合理成分，达到供求平衡。

　　在社会化大生产条件下，高等教育领域的投入与产出活动，其最终目的是促使高等教育供给与高等教育需求达到均衡状态，但在具体的历史发展阶段，其社会所能够投入到高等教育领域的资源总是一定的、有限的，不可能无限增加，自然也就决定了高等教育供给总量。鉴于高等教育需求是建立在有支付能力的基础之上，经济社会发展的水平决定了其支付能力的有限性，故高等教育供给的总量应以社会对高等教育有支付能力的需求为限，教育供给满足教育需求，两者之间达到供求平衡。

　　高等教育需求与高等教育供给的平衡是相对的，主要体现在高等教育供给的数量、质量与结构等方面与其需求相适应。高等教育所供给的数量、质量与结构等是由高等教育需求的数量、质量与结构所决定的，超过需求、小于需求或是质量不符合需求的供给都是无效供给。

二、高等教育供求失衡

　　从高等教育供求的现实情况来看，高等教育供给与高等教育需求基于不同主体，需求的多样性、差异性与变化性导致高等教育供给难以及时满足高等教育需求，出现两者之间的失衡，高等教育供给大于或小于高等教育需求，这种失衡可能是供给不足或是需求过旺导致的，也有可能是双方共同作用的结果。

---

① 申燕玲. 我国普通高等教育个人需求结构优化 [D]. 武汉：华中科技大学硕士学位论文. 2007：32.

　　高等教育的供求关系，首先要提供接受高等教育的机会，也就是机会供给。在不同的经济社会发展水平条件下，教育机会供给的数量与分配方式是不同的。在任何国家的任何时代，教育资源，特别是优质教育资源总是有限的，而教育需求却是无限的，因此，作为稀缺资源，不可能提供给任何有需要的受教育者，如何分配稀缺的教育机会是保障教育供给公平的前提和基础。自然，要解决好高等教育供求矛盾，关键在于高等教育供给要满足教育需求，提供有效供给。经济学中的有效供给基于扩大个人和社会利益，强调通过满足与引导需求，扩大有效供给来实现经济效益最大化，在这个方面，高等教育同样遵循这一逻辑。高等教育是一种投入、产出活动，需要满足、适应与引导家庭和社会的高等教育需求，其高等教育供给的类型和规格决定教育需求的类型和规格。高等教育供给决定着高等教育需求实现的程度。同时，高等教育需求也影响和促进高等教育供给。随着科学技术的发展变化，人们接受高等教育的价值观念及其需求均发生变化，这种变化引导和促进高等教育供给随之改变。高等教育供给和高等教育需求紧密联系、相互制约、互为条件、缺一不可，它们处于矛盾的运动之中。高等教育供给是否有效是相对的，是对高等教育需求主体的满足程度而言的。高等教育供给能创造高等教育需求，也能抑制高等教育需求。适应、创造教育需求的高等教育供给是教育有效供给，违背、抑制教育需求的教育供给是高等教育无效供给。

　　高等教育供求矛盾是客观存在的，能否实现两者之间的平衡、如何实现它们之间的平衡是供需矛盾中迫切需要解决的一个紧迫问题。随着社会的发展变化，高等教育功能呈现出多样化的特征，导致家庭和社会对高等教育的需求越来越强烈，越来越复杂多样，其需求本身在不同的主体之间存在着矛盾和冲突，如高等教育供给可能满足了家庭需求，但未必满足了经济社会发展的需求；反之，高等教育供给满足了经济社会发展对高层次人才的需求，但不一定满足了家庭的教育需求。一旦出现不同主体的高等教育需求存在差异时，高等教育供给应该发挥调节作用，引导各种教育需求趋于一致。作为高等教育，当家庭与社会的教育需求出现矛盾时，高等教育的有效供给应优先满足与引导个人教育需求。高等教育供给不能消极被动地满足教育需求，追随教育需求，亦步亦趋，而应该是走在教育需求的前面，通过调查研究，把握高等教育需求的现状和发展趋势，主动适应并引导教育需求。一旦高等教育需求得不到满足或是需求过旺时，高等教育供给就需要及时调整，对教育需求做出预测，强化有效需求，并对不合理需求进行引导，改革供给状况，弱化或是转移无效教育需求。高等教育需求的多样化使之与高等教育供给永远处于矛盾运动之中，它们之间的平衡是相对的，不平衡是绝对的。高等教育供给只能是最大限度地去适应和满足家庭与社会的教育需求。只有根据高等教育的需求，合理配置教育资源，扩大教育有效供给，才能缓解教育供求矛盾。能满足、适应需求，并能创造需求的供给是有效供给，这就表明，高等教育的有效供给等于有效需求，因为满足高等教育需求的供给才是有效供给，使高等教育有效供给得以实现的需求才是高等教育的有效需求。高等教育的有效供给是等于或小于高等教育的实际供给，因为在多数情况下，高等教育的实际供给不可能都是有效的，可能存在实际供给不足或过剩，它们两者之间的关系反映了高等教育需求的满足状况以及高等教育的供给质量。高等教育的类型、层次、专业、区域与形式结构如果与高等教育主体的需求相一致，高等教育供给就能够满足需求。

三、高等教育有效供给不足的表现形式

从理论上讲，高等教育供给与高等教育需求应该保持一致，两者之间相对平衡，需求促进供给，供给满足需求。但现实的高等教育供求关系却常常处于失衡状态，高等教育有效供给不足，不能很好地适应、满足与引导高等教育的需求。高等教育有效供给不足主要有以下三种类型。

1. 高等教育供给不足

主要表现在高等教育机构提供的高等教育入学机会不能满足受教育者的需求，高等教育所培养的人才不能满足经济社会发展对人才的需求，在高等教育的供求关系中，高等教育供给的绝对量不足，高等教育供不应求。

2. 高等教育供给过剩

这种供给过剩包括高等教育供给的绝对过剩和相对过剩。绝对过剩表现为高等教育机构提供的高等教育入学机会超过了受教育者的有效需求，高等教育机构所培养的人才大于经济社会发展所需要的人才，造成大学生就业困难，高才低用，属于高等教育过度发展，在高等教育供求关系中，高等教育供给的绝对量过剩，高等教育供过于求。高等教育的相对过剩又称之为结构性过剩，是指高等教育的层次、类型、专业、区域与形式结构等一方面或多方面出现供给过剩，使高等教育的供给与需求不适应，高等教育的供给结构存在一定的缺陷，无法满足家庭和社会的高等教育需求。20 世纪 50～60 年代，一些发展中国家由于高等教育规模过大，大学生的毕业人数远超过经济和社会发展的需要，导致社会消化不了这些高级专门人才，出现大学毕业生供过于求的"过度教育"现象，即高等教育供给过剩。

3. 高等教育不良供给

高等教育不良供给是指高等教育提供的教育机会过剩或是不足，学生接受高等教育的入学需求得不到满足；高等教育所提供的产品质量不能满足学生和社会的需求；高等教育所培养的人才找不到合适的工作岗位，但用人单位又出现岗位空缺，造成人力资源浪费，其实质是高等教育供给结构和质量无法满足学生和社会的需求，高等教育供给效率低下，有效供给不足，属于无效供给。

前文已经归纳了高等教育供求的三种形态：点均衡、域均衡与失衡。点均衡是理想状态，域均衡是高等教育供求基本平衡，失衡则是高等教育的供求严重失衡。按照高等教育有效供给的供求标准，其失衡主要表现在数量失衡、结构失衡与质量失衡三种形式，这也是高等教育有效供给不足的表现。

数量失衡，是指高等教育的供给与需求失衡，高等教育供给的数量与高等教育需求数量之间不均衡，可能是供给数量小于需求数量，或者供给数量大于需求数量，两者之间在数量上失衡，出现供过于求或供不应求。供不应求的原因可能是高等教育需求的过度增长，或是高等教育供给下降；供过于求则可能是需求下降，或是供给增长过快，或是供给的增长速度大于需求的增长速度，导致两者不平衡，产生供需矛盾。

结构失衡，是高等教育的供给结构与高等教育的需求结构失衡，主要表现在高等教育供给的层次结构、类型结构、科类结构、形式结构和区域结构，与家庭和社会的高等教育层次需求结构、类型需求结构、科类需求结构与区域需求结构不相适应，其实是高等教育机会供求矛盾和高等教育产品供求矛盾两者的综合反映。高等教育结构失衡的实质在于高等教育供给与经济社会发展的需求不适应，由于科学技术的不断发展，社会产业结构随之不断调整和变化，引起高等教育的产品供给结构发生变化，而高等教育产品供给又具有滞后性，在此情况下，如果高等教育供给不及时进行结构调整，必然引起供给结构与需求结构的失衡与矛盾。当然，高等教育决策失误与高等教育决策的偏好都有可能造成结构失衡，如高等教育发展的速度与规模过快或过慢，侧重或轻视高等教育某一结构的发展，政府对高等教育投入的多少等，均会造成高等教育供给与高等教育需求的结构失衡。

质量失衡，是指高等教育的供给质量与需求质量之间的不平衡，高等教育质量满足不了受教育者和社会的需求，其实质是高等教育质量供给无法满足高等教育需求的多样化，带来结构性矛盾。对质量失衡，首先存在着质量观与质量标准的问题，不同主体、个人偏好以及所处环境与条件的差异，导致他们具有不同的高等教育质量观，呈现出个体差异性。其次是高等教育供给质量与需求质量之间存在差异，供给质量不能满足需求质量，两者出现失衡。

当然，从辩证的观点来看，高等教育供求失衡的上述三种表现形式是相互联系、相互影响、相互渗透的，并不是在孤立地发生作用，数量、质量与结构方面的任何一方出现失衡，都会引起其他方面的失衡，甚至是几种失衡同时并存，只不过是某种形式的失衡处于高等教育供求失衡的主导地位。

长期以来，由于我国高等教育发展水平低下，高等教育毛入学率较低，高等教育供给严重不足，导致高等教育供求矛盾突出。目前我国高等教育供求失衡的主要原因在于高等教育需求的旺盛与高等教育有效供给不足的矛盾日益突出。为了缓解这一矛盾，我国政府在 1999 年实行高校扩招政策，连续十多年的高校扩招，在一定程度上满足了家庭和社会的高等教育需求，缓解了高等教育供求矛盾和压力。特别是随着高等教育的发展，在高等教育入学机会需求方面，优质高等教育入学需求仍然旺盛，与高等教育供给的有限性形成鲜明的对比；高等教育质量还难以满足家庭和社会需求；高等教育供给结构与经济社会发展对人才的需求存在脱节，两者不对应。因此，形成高等教育有效需求，加大高等有效供给，是解决城乡家庭高等教育需求差异的有效举措。

第八章

形成有效需求　加大有效供给

　　保障教育公平，促进社会和谐发展，是政府的职责和使命。但调查分析表明，城乡家庭高等教育需求存在差异，影响教育公平；高等教育有效供给不足，城乡家庭高等教育需求没有得到有效满足。家庭高等教育需求差异源于城乡二元体制，导致家庭资本存在差异，因而需要推进城乡一体化，提高农民经济收入；加强农村社区教育，提高农民的文化水平；一些家庭对高等教育价值缺乏客观认识，需求过度，需要构建有效需求；城乡基础教育差距是高等教育需求差异产生的基础，需要缩小城乡基础教育差距；加强高等教育有效供给，实现城乡家庭高等教育入学机会平等，提高教育质量，满足家庭高等教育需求差异。

第一节　推进城乡一体化，缩小城乡家庭资本差异

前文对城乡家庭高等教育需求差异的原因分析表明，城乡家庭在经济资本、社会资本与文化资本领域存在差异，这种差异不是先天形成的，造成这种差异的根本原因是城乡二元结构体制，只有消除城乡二元结构，实行城乡一体化，才能提高农村家庭资本，消除城乡差异，实现教育公平。当然，完全消除城乡差异，既不现实，也不可能，只能逐步缩小差距，这是一个长期的过程。

一、城乡一体化及其必要性

改革开放以来，我国社会的经济科技与文化等各行各业都得到了快速发展，综合国力显著提升，人民生活水平极大改善，但其发展背后显示城乡差异日益扩大，城乡发展不协调，城乡布局不合理，城乡公共服务体系不均衡，城乡基础设施差异明显，农村发展远远落后于城市，导致城乡在经济收入、就业保障、教育质量、医疗保险与公共福利等方面存在较大差异，影响社会的公平正义。城乡一体化就是要消除城乡二元体制。十八届三中全会指出，城乡二元结构是制约城乡发展一体化的主要障碍。当然，我国是一个发展中国家，也是一个农业大国，不仅城乡之间存在差异，地域之间差异也显著，因此，城乡一体化建设是一个系统工程，涉及方方面面，需要稳步推进，找到一条具有中国特色的一体化发展道路。

何为城乡一体化，不同学者有不同的解读。从社会学角度来看，就是打破城乡壁垒，实现城乡公平，没有等级和差别，社会地位平等；经济学的观点则是城乡经济协调发展，统筹分工，效益明显。城乡一体化是指在生产力高度发达的基础上，城乡之间通过资源和生产要素的自由流通和优化配置，相互协作，优势互补，以城带乡，以乡促城，互为市场，互相服务，城乡经济、社会、文化和生态日益融合、持续趋优的动态发展过程。其实质是破除城乡分割和对立的主客观障碍，加强城乡联系，推进城乡的平等与融合，实现城乡经济、社会与环境的和谐发展，使城乡共享现代文明。城乡一体化的基本内容如下：一是城乡规划的一体化；二是改革城乡分割的旧的制度体系，创立促进城乡一体化的新制度，如户籍

制度、劳动就业制度、社会保障制度等；三是城乡基础设施建设的一体化；四是城乡社会事业发展的一体化；五是城乡政策措施的一体化。[①] 按照马克思主义经典理论，所谓"城乡一体化"，即"通过消除旧的分工，进行生产教育，变换工种，共同享受大家创造出来的福利，以及城乡融合，使全体成员的才能得到全面的发展"[②]。城乡一体化不是要把城市变为农村，更不是把农村变为城市，而是要消除城乡之间存在的政治、经济与文化等方面的制度障碍，通过城市带动农村、工业带动农业，促进农村经济社会的发展，使城乡之间政治、经济与文化协调发展，缩小城乡差距。城乡一体化既是手段，又是目的。

目前我国农村生产力发展水平较低，现代化程度不高，以农户为单位，小规模种植，生产效率不高，只有实行城乡一体化，通过工业扶植农业，引进现代科学技术，才能改变农业发展落后的局面。同时，随着农业现代化的发展，生产效率的提高，城乡一体化又有利于农村剩余劳动力脱离农村，服务城市，提高劳动生产率。构建社会主义和谐社会是我们的发展目标，其主要内容之一就是城乡和谐，否则城乡二元结构将导致城乡之间的经济、文化与生活等各个方面差异过大，影响社会稳定，是产生不和谐的主要因素。只有实行城乡一体化，才能促进城乡协同发展、共同发展，逐步缩小城乡差异，最终实现共同富裕。2017 年中央 1 号文件提出，2017 年农业农村工作，要坚持新发展理念，协调推进农业现代化与新型城镇化，以推进农业供给侧结构性改革为主线，围绕农业增效、农民增收、农村增绿，加强科技创新引领，加快结构调整步伐，加大农村改革力度，提高农业综合效益和竞争力，推动社会主义新农村建设取得新的进展，力争为农村全面小康建设迈出更大步伐。

二、改革城乡户籍制度，促进城乡和谐发展

我国长期以来形成的城乡二元户籍制度，是隔在城乡之间的一道藩篱，成为农村流向城市的一道障碍，使城市与农村缺乏自由流动，造成了城乡之间的等级差异。改革开放以来，一些地区对户籍制度改革进行了有益的探索，也取得了一些成效，但由于户籍制度涉及面广，需要多部门整体推进，不是一蹴而就的过程。要实现城乡一体化，首先需要进行户籍制度改革，打破城乡户籍差异，建立全国统一的户籍制度。2014 年国务院印发的《关于进一步推进户籍制度改革的意见》

---

① 王红辉. 当代中国城乡一体化研究 [D]. 济南：山东师范大学硕士学位论文. 2008：3.
② 马克思，恩格斯. 马克思恩格斯选集（第一卷）[M]. 北京：人民出版社，1972：243.

指出①，进一步推进户籍制度改革，落实放宽户口迁移政策。统筹推进工业化、信息化、城镇化和农业现代化同步发展，推动大中小城市和小城镇协调发展、产业和城镇融合发展。统筹户籍制度改革和相关经济社会领域改革，合理引导农业人口有序向城镇转移，有序推进农业转移人口市民化。进一步调整户口迁移政策，统一城乡户口登记制度，全面实施居住证制度，加快建设和共享国家人口基础信息库，稳步推进义务教育、就业服务、基本养老、基本医疗卫生、住房保障等城镇基本公共服务覆盖全部常住人口。到 2020 年，基本建立与全面建成小康社会相适应，有效支撑社会管理和公共服务，依法保障公民权利，以人为本、科学高效、规范有序的新型户籍制度，努力实现 1 亿左右农业转移人口和其他常住人口在城镇落户。2016 年 1 月 1 日，《居住证暂行条例》施行。2016 年 2 月，国务院印发《关于深入推进新型城镇化建设的若干意见》，2016 年 9 月印发《推动 1 亿非户籍人口在城市落户方案》。农业、国土、教育、人社、卫生计生、住建、财政、发改等有关部门出台了一系列配套政策措施，着力解决广大农业转移人口最为关心的教育、就业、医疗、养老、住房保障以及农村"三权"等方面的实际问题。农村"三权"改革稳步推进，"人地钱"挂钩机制初步建立，城镇基本公共服务全覆盖有序推进。一系列改革政策的相继出台，有力调动了地方政府推动户籍制度改革、农业转移人口和其他常住人口在城镇落户的"两个方面的积极性"。随着户籍制度改革的不断深入，全国城乡统一的户口登记制度全面建立。各地取消了农业户口与非农业户口性质区分和由此衍生的蓝印户口等户口类型，统一登记为居民户口，不再以农业户口与非农业户口为依据区分农村人与城里人。公安部部署各地取消了暂住证制度，全面实施居住证制度，深入清理与暂住证制度相关的地方性法规政策，积极开展居住登记和居住证办理工作。②

户籍制度捆绑了诸多社会福利待遇，如教育、医疗、就业与社会保障等，致使人们非常向往一些资源丰富的大城市，想拥有其城市居民户口，因此，也就出现一些特大城市通过制定政策，建立积分落户制度，有序推进户籍制度改革，实行人员的有序流动，优化人口结构。目前我国的户籍制度改革正处于攻坚期，特别是要简化农村户口流动城市的落户手续。一些落户政策过于复杂，缺乏灵活性，而且转户门槛高，农民进城后又面对高昂的房价及就业困难的压力，定居城市的经济成本较高，压力较大，因此，在这个转型过程中，要引导农民有序进入城市，正确处理好他们在农村的土地，他们对土地有割舍不断的情结，要有过渡性政策

---

① 国务院关于进一步推进户籍制度改革的意见. 中国政府网. http://news.xinhuanet.com/politics/2014-07/30/c_1111860799.htm. 2014 年 7 月 30 日.

② 我国户籍制度改革取得重大进展. 新华网. http://news.xinhuanet.com/politics/2017-02/11/c_1120448026.htm. 2017 年 2 月 11 日.

解决相关问题。

我国的户籍制度与城市福利待遇密切相关，不同区域因为户籍不同而形成了差异，特别是城乡户籍之间差异较大，城市户口家庭在子女入学、就业、医保社保、生存环境等方面拥有诸多的便利条件，农村家庭享受不到这些优惠待遇，即使能够享受，与城市户籍家庭也存在较大差距，所以，尽管取消了农业户口与非农业户口有利于居民的自由流动，但并没有触及城乡居民之间的根本利益，就是因为户口绑定了太多的福利待遇与社会保障，这也是农业户口流向城市户口的原因所在，是一种单向度的流动，鲜有城市户口流向农业户口。北京、上海等大城市之所以是人们的向往之地，不仅是由于就业发展机会多，更重要的是汇集了全国优质的教育资源，因此，人们为了子女的学业，为了子女有个好的未来发展前景，纷纷涌入北京，拥有北京户口也就成了人们的梦想与追求。

城市的发展是建立在农村基础上的，农村、农民、农业对城市的发展做出了巨大的贡献，没有农民的积极参与，没有农业的大力支持，城市不可能得到发展，甚至难以生存，因此，城市所取得的改革成果应该与农民共享，互惠互利。但现实是城市居民在就业、教育、补贴、社会保险等方面所享受的优惠，农民可望而不可即，对此，必须取消对农民的不公平待遇，打破目前的社会利益分配格局，实现城乡居民享受同样的公民待遇。户籍制度改革的关键是要逐步消除城市居民与农村居民之间在福利待遇方面存在的巨大差异，逐步实现农民享有与城市居民相同的社会保障体系服务，消除城乡教育差异，大力发展农村教育，特别是薄弱学校的发展；建立城乡统一的就业制度，城乡居民享有相同的就业、创业优惠政策；合理配置农村医疗机构，提升农村医疗服务水平；改善农村生活环境，提高农民的生活质量，最终使农村人与城里人享受相同的福利待遇，实现共同富裕，达到城乡平等。

对进城的农民工来说，要取消诸多的限制和规定，甚至是歧视性的就业政策，应该让他们享有与城市居民同等的社会待遇，在子女就学、社会保障等方面一视同仁，将其纳入城市社会福利保障体系之中。

户籍制度改革，不仅是户口落在哪里的问题，更关键的是要体现公平，要消除附着在户口上的许多不平等，去掉捆绑在户口上的社会福利资源。要在全社会形成共识，各区域所有户籍人口，无论性别和年龄、不分城乡家庭，享受同等的社会福利待遇，同等的国民对待，并且落到实处。政府要提升服务农村的能力，发展农村经济，提高农民收入；完善农村公共服务体系，加大对农村教育、医疗卫生与社会保障的支持力度；通过户籍制度改革，让农村居民享受到与城市居民相同的权益、等同的基础设施、基本公共服务，实现城乡公共服务均等化，缩小城乡差异。

三、深化农村土地制度改革

1. 农村土地制度改革的必要性

我国是一个农业大国，农村的土地问题是"三农"问题的核心和关键。土地制度是农村基本的经济制度，土地改革是农村改革的核心。土地是农民的命根子，他们的生产生活都是依靠土地，农民离开了土地就离开了根，土地问题牵涉农民的切身利益，也牵涉社会的和谐与稳定。长期以来，城乡土地实行分而治之，十一届三中全会实行的家庭联产承包经营为基础的农村土地改革，其土地所有权属于集体，农民具有土地的承包权、经营权，激发了农民的生产积极性，农村生产力得到提高，解决了农民的温饱问题。但随着城镇化的不断推进及农业机械化程度的提升，这个制度的局限性日益明显，土地呈分散化、碎片化，规模小、效益低，不符合现代农业生产的需要，农民收入也难以提高，迫切需要进行土地改革。农村土地属于集体所有，但农民又缺乏话语权；农村集体土地产权不清，不能交易和抵押；农村土地制度阻碍了土地的自由流转，不利于规模化生产；农民土地权益不能得到有效保护，矛盾和冲突时有发生；失地农民缺乏保障和经济来源。因此，十八届三中全会提出了建立城乡统一的建设用地市场，要求农村土地的所有权、承包权、经营权"三权分置"，经营权可以流转、抵押和担保等，这符合农村未来发展的需要，也有利于提高土地的利用效率，为我国今后的农村土地制度改革指明了方向、明确了要求。

2. 土地制度改革政策

《中共中央关于制定国民经济和社会发展第十三个五年规划的建议》提出要深化农村土地制度改革，稳定农村土地承包关系，完善土地所有权、承包权、经营权分置办法，依法推进土地经营权有序流转，构建培育新型农业经营主体的政策体系。坚持最严格的耕地保护制度，坚守耕地红线，实施藏粮于地、藏粮于技战略，提高粮食产能，确保谷物基本自给、口粮绝对安全。

2014 年 12 月 2 日，中央全面深化改革领导小组会议审议了《关于农村土地征收、集体经营性建设用地入市、宅基地制度改革试点工作的意见》[①]，这标志着我国农村土地制度改革即将进入试点阶段。该意见在农村土地征收改革方面，提出了要探索缩小土地征收范围；规范制定征收目录，健全矛盾纠纷调处机制，全面

---

① 农村土地制度三项改革试点意见出台 2017 年底完成. 中国证券网. http://caijing.chinadaily.com.cn/2015-01/12/content_19293718.htm. 2015 年 1 月 12 日.

公开土地征收信息；完善对被征地农民合理、规范、多元保障机制等。该意见坚持土地公有制性质不改变、耕地红线不突破、农民利益不受损三条底线，在试点基础上有序推进，防止犯颠覆性错误。

2015 年 11 月，中共中央办公厅、国务院办公厅印发的《深化农村改革综合性实施方案》明确提出①，深化农村土地制度改革，坚守"三条底线"，防止犯颠覆性错误，实行"三权分置"。方案强调，以土地集体所有为基础的农村集体所有制，是社会主义公有制的重要形式，是实现农民共同富裕的制度保障。深化农村土地制度改革的基本方向是：落实集体所有权，稳定农户承包权，放活土地经营权。落实集体所有权，就是落实"农民集体所有的不动产和动产，属于本集体成员集体所有"的法律规定，明确界定农民的集体成员权，明晰集体土地产权归属，实现集体产权主体清晰；稳定农户承包权，就是要依法公正地将集体土地的承包经营权落实到本集体组织的每个农户；放活土地经营权，就是允许承包农户将土地经营权依法自愿配置给有经营意愿和经营能力的主体，发展多种形式的适度规模经营。该方案就深化农村土地制度改革提出了三方面要求：一是开展农村土地征收、集体经营性建设用地入市、宅基地制度改革试点；二是深化农村土地承包经营制度改革；三是健全耕地保护和补偿制度。

2016 年 8 月 30 日，中央全面深化改革领导小组会议指出②，深化农村土地制度改革，实行所有权、承包权、经营权"三权分置"，是继家庭联产承包责任制后农村改革的又一大制度创新，是农村基本经营制度的自我完善。要围绕正确处理农民和土地关系这一改革主线，不断探索农村土地集体所有制的有效实现形式。农村土地农民集体所有必须牢牢坚持。要严格保护农户承包权，任何组织和个人都不能取代农民家庭的土地承包地位，都不能非法剥夺和限制农户的土地承包权。要放活土地经营权，在依法保护集体所有权和农户承包权的前提下，平等保护经营主体依流转合同取得的土地经营权，保障其有稳定的经营预期。农村土地制度改革，就是要建立城乡统一的建设用地市场，在符合规划和用途管制前提下，允许农村集体经营性建设用地出让、租赁、入股，实行与国有土地同等入市、同权同价；缩小征地范围，规范征地程序，完善对被征地农民合理、规范、多元保障机制；扩大国有土地有偿使用范围，减少非公益性用地划拨；建立兼顾国家、集体、个人的土地增值收益分配机制，合理提高个人收益。完善土地租赁、转让、抵押二级市场。国家提出的这次农村土地制度改革，是在总结家庭联产承包责任

---

① 周怀龙. 农村土地制度改革：坚守"三条底线"实行"三权分置". 中国国土资源报. http://www.mlr.gov.cn/xwdt/jrxw/201511/t20151104_1386833.htm. 2015 年 11 月 4 日.

② 中央深改组会议：深化农村土地制度改革. 上海证券报·中国证券网. http://money.163.com/16/0830/18/BVO58TME002580S6.html. 2016 年 8 月 30 日.

制基础上的制度创新，有利于深化农村综合改革，促进土地资源的优化配置和生产要素的相互结合，推进城镇化建设，实现城乡统筹发展，全面建设小康社会。农村土地制度改革是全面深化农村改革的"牛鼻子"，抓住了它，就盘活了农村土地资源，达到效益最大化。

3. 完善农村土地制度内容

（1）明确农村集体产权归属

农村土地集体所有是农村享有的一项土地权利，是土地承包权与经营权的基础，有利于保障农民的基本权利。农村土地确权是土地改革的基本要求，通过土地确权，将农民的承包权、经营权与宅基地使用权以法律的形式固定下来，明晰集体土地产权归属，主权清晰，建立责权明确的土地管理制度。要毫不动摇地坚持农村土地的集体所有权，确保农民对农村土地的集体所有权不受侵犯，其实质就是给农民的土地发"身份证"，使农民的财产权得到保护。

（2）创新农村宅基地管理制度

随着我国城镇化的逐步推进，一方面大量农村人口流向城市，农村出现了诸多的空置房屋；另一方面是城市建设用地日益紧张，压力越来越大，因而农村空置宅基地的价值增值。但根据现有的法律法规，农民的宅基地价值没有得到充分体现，不利于城乡资源的优化配置，而且农村宅基地获取困难，闲置严重、效率不高、退出不畅。对此，国家应该在保障农民权益的基础上，改革宅基地审批制度，完善宅基地的取得方式，尝试制定农村宅基地的流转机制，农民根据需要，可以进行宅基地的抵押、担保与转让，使其在城乡居民之间进行流转，实行城乡一体化的土地利用机制。科学制定农民宅基地的有偿退出机制，保障其退出后的生活能够得到基本保障，特别是对那些已在城镇购买了商品房并居住在城镇的居民，他们主动把闲置宅基地退还给村集体的公民，地方政府要给予相应的经济补偿。

（3）建立规范有序的农村土地流转市场

目前，土地流转市场的不健全导致土地流转效率极低。这一方面导致了中央的政策落实不到位，另一方面与城镇化快速发展的背景不相适应。因此，当前必须要进一步完善农村土地流转市场，在确保所有权和承包权不被侵害的基础上，建立健全土地使用权的市场化流转机制、管理机制、利益机制和风险机制。[①] 在农民土地实施所有权、承包权、经营权"三权分置"后，可以充分尊重农民的意愿，引导农民流转承包土地的经营权，将土地以转包、出租、入股、托管的方式参与

---

① 蒋永穆，安雅娜. 我国农村土地制度变迁的路径依赖及其创新 [J]. 经济学家，2003，(3)：54-59.

经营，获得土地收益。不得强制农民流转承包地，或是对外招租。土地通过流转后实现规模经营，达到规模化、集约化，构建新型农业经营体系。要出台相应的保障农村土地流转的相关政策法规，建立土地流转组织机构，加强监管，提供服务。

（4）推进农村土地承包经营权改革

土地是农民的生存之本，土地承包权关系到他们最基本的生存保障，实现农村土地资源优化配置是关键。要赋予农民长久而稳定的承包经营权，强调承包经营权长久不变，并且允许承包经营权抵押、担保。将集体土地的承包经营权落实到集体组织的每个农户，允许承包农户将土地经营权依法自愿配置给有经营意愿和经营能力的主体，发展多种形式的适度规模经营。以土地为股份进行合作，农户之间进行土地的联耕联种，依托专业合作社托管、半托管土地等多种共享土地经营权的合作形式，有力地提高了农业生产的组织化和社会化经营水平，一定程度上促进农业新型社会化服务能力和农业生产经营企业的经营水平，解决了落后地区怎么种好地的问题，推动农村土地承包农户有效实现土地的规模化运行。[①] 通过经营权改革，实现土地集中，规模化生产，有效地解决作坊式的格局，转变传统的农业经营方式。

（5）完善农村土地保障的法律法规

目前我国现有的土地管理法律法规主要有《宪法》《土地法》《土地管理法》《农村土地承包法》等，为保障农民的合法权益提供了保障。但是，随着社会的发展变化，现有的这些法律和规章制度滞后于现实需求，而且农民土地权益经常受到侵害。因此，要做好立法工作，加大执法力度，严惩侵犯农民土地的违法行为，保护农民的合法权益，做到"执法必严，违法必究"。

深化农村土地制度改革，主要是发挥土地的经济效应，激发农民的积极性，保障农民的合法权益，其实质是提高农民的土地收入，缩小城乡之间的经济资本差异。

四、推进农业现代化，提高农民收入

前面的调查分析表明，城乡家庭高等教育需求差异在于他们之间的资本差异，主要是经济收入的差异，因此，城乡一体化发展是提高农民经济收入，缩小城乡差距的有效举措，其根本是要破解城乡二元经济结构，繁荣农村经济。目前我国农业还是自给自足占主导地位的个体分散的农业经济，规模小、科技含量低、效益差。解决城乡二元经济体制，不能采取简单的城镇化做法，农民不可能都进城，不仅城市容纳不了，也影响农业的发展。我国是一个农业大国，现实国情决定了

---

① 董芳. 供给侧改革视角下的农村土地制度改革问题研究 [J]. 现代农业，2016，（4）：72-76.

以农村人口为主，因此，只有大力发展农业，促进农村经济发展，实现城乡经济协调发展，资源互补，才能真正使农民富裕起来。对此，国家"十三五"规划明确指出，农业是全面建成小康社会和实现现代化的基础，必须加快转变农业发展方式，着力构建现代农业产业体系、生产体系、经营体系，提高农业质量效益和竞争力，走产出高效、产品安全、资源节约、环境友好的农业现代化道路。要增强农产品安全保障能力，需要加快推进农业结构调整，推进农村第一产业、第二产业、第三产业融合发展，促进农业可持续发展，开展农业国际合作；构建现代农业经营体系，需要发展适度规模经营，培育新型农业经营主体，健全农业社会化服务体系；提高农业技术装备和信息化水平，完善农业支持保护制度。

1. 加强农村基础设施建设，改善农村条件

政府作为公共物品的提供者，应大力加强农村基础设施建设，按照"以工促农、以城带乡、城乡互动、共同发展"的基本思路，将其纳入城乡发展的总体规划之中，同步提升，推动城乡公共服务一体化。实现城乡规划一体化，把农村发展纳入总体规划之中，突破传统的城乡发展分割模式，对城乡经济发展整体谋划，统筹安排。实行工业支持农业、城市扶植农村，将城市基础设施延伸到农村，加快农村道路、供水、供气、防火、垃圾、污水处理与通信等基础设施建设。道路交通是推进城乡一体化的重要载体，要加强农村道路建设，构建便捷的交通网络；改造农田水利基本建设，保护水资源，保障农民生活用水干净卫生；实施农村电网升级改造，满足用户需要；深化医疗卫生体制改革，完善县（市）、乡（镇）、村三级基本医疗卫生服务体系，提高农村医疗服务水平。通过逐步推进城乡基本公共服务均等化，改善农村居住环境，确保道路畅通、出行方便、用水用电便捷、医疗保障完善、公共设施健全，最终实现城乡统一。

2. 调整农业产业结构，实行优化升级

随着经济社会的发展，人们的物质生活水平和消费观念发生了变化，对农产品的质量与特性有了更高的要求。促进农业产业结构调整优化，有利于满足市场需求，增加农民收入。农业产业结构的调整，需要各地方结合自身的历史传统与特色，资源优势与环境条件，确定生产与加工的农产品。通过土地流转，实行规模化、集约化经营，使产业结构更为合理。推动粮经饲统筹、农林牧渔结合、种养加一体发展。调整农业种植结构，发展农村畜牧业，提高规模化养殖业，优化农产品特色工艺。积极发展农产品加工业和农业生产性服务业。拓展农业多种功能，推进农业与旅游休闲、教育文化、健康养生等深度融合，发展观光农业、体验农业、创意农业等新业态。加快发展都市现代农业，激活农村要素资源，增加

农民财产性收入。

3. 鼓励农民自主创业，提供条件保障

随着产业结构的调整及服务业的提升，迫切需要农民通过自主创业，提升经营能力，拓宽创业渠道，提高经济收入。各级地方政府要加大对农民创业的政策扶持力度，建构农民创业平台，提供创业服务；宽松贷款政策，政府财政贴息，提供创业基金；加大对农民创业技能培训，提高创业能力；放宽农民创业准入门槛，取消创业限制；鼓励创业能手带动村民共同创业，一同致富；宣传创业典型事例，营造创业的良好氛围。

4. 大力发展非农产业，增加农民收入

从农民收入来看，农业收入仅能满足基本的生产需要，解决温饱问题，要脱贫致富还需要大力发展非农产业。要提高农民收入，不能仅局限于农业领域，依赖传统农业，要开拓新的渠道，转变发展方式，加强非农产业的发展，转移农村劳动力。大力发展具有活力与潜力的农村中小企业、服务业和小微企业，特别是要发展休闲农业与农业旅游。我国是一个历史悠久的农业大国，地域辽阔，自然资源丰富，旅游景观优美，乡村民俗风情浓厚，具有发展休闲旅游农业的优势和条件，因而可以发展农业观光、农事体验、娱乐餐饮等非农产业，增加农民参与第三产业的比例，转移农村剩余劳动力，拓宽农民就业渠道，增加农民收入来源。

5. 实施惠民政策，支持农业发展

与城市相比，无论在经济领域，还是在科技、文化，以及生存环境和社会保障等领域，农村一直处于弱势地位，要实现共同富裕，就必须大力发展农业，深化农村改革，加大对农村的政策倾斜与支持力度。随着"三农"问题持续推进，制约农村改革的一些体制机制障碍还没有得到有效解决，"三农"投入不足，"三农"直补和新农保政策有待完善，农业发展资金短缺，贷款困难，这些问题都需要政府部门进行政策引导和支持，在经费投入与补贴上进行倾斜。加大农业科技投入和金融支农力度，扩大补贴范围，除粮食直补、良种补贴、农机购置补贴、畜牧良种补贴和农资综合补贴外，要增加化肥、农药、农膜、燃料等农业产品营销贷款补贴。政府要通过政策引导，将资金、科技与劳动力引导到农村的非农产业，促进农村产业结构调整。随着农村经济体制改革的逐步深入，农村经济发展将碰到许多新情况、新问题，需要通过实施惠民政策予以解决，以加快发展农村经济，提高农民收入。

建构城乡一体化、解构城乡二元结构是一个长期的过程，除了上述户籍制度、

土地制度与农业发展的改革之外，还需要思想上重视，消除"重城轻农、先城后农"的落后观念，坚持城乡同步发展的理念，统筹城乡规划建设、统筹城乡经济发展、统筹城乡社会进步。党的十八大明确提出，加大统筹城乡发展力度，加快完善城乡发展一体化体制机制，着力在城乡规划、基础设施、公共服务等方面推进一体化，促进城乡要素平等交换和公共资源均衡配置，形成以工促农、以城带乡、工农互惠、城乡一体的新型工农、城乡关系。

当然，城乡一体化发展，不是城乡均衡发展，不可能步骤一致，完全统一。环境与条件决定了城市是政治、经济与文化的中心，是工业和第三产业发展的聚焦点，农村是农业、农产品加工业的汇集地，城乡之间分工合作，功能互补、优势互补、产业互补、生态互补，协调发展，最终实现共同富裕。随着城乡一体化的逐步推进，城乡家庭之间的资本差异也随之缩小，影响高等教育需求差异的因素自然减弱，这样有利于满足家庭高等需求，实现教育公平。

第二节 发展农村社区教育，提升农村文化资本

前文的实证分析已表明，城乡家庭的文化资本差异影响高等教育需求，文化资本具有代际传递效应，因此，只有消除文化资本带来的差异，才能实现高等教育公平。尽管目前国家对农村贫困家庭的高等教育入学机会建立了补偿机制，以缩小差距，但这种补偿并没有从根本上消除城乡家庭的文化差异，其本质还是在于农村家庭文化资本的提升。当然，农村家庭文化资本的提升是一个缓慢的积累过程，需要通过文化建设发展农村社区教育，提高农民素质。

一、农村社区教育及其必要性

一般意义上，社区教育是指将教育置于一定区域背景中所形成的学校、家庭、社会一体化的教育体系和活动。我国的社区教育专家厉以贤认为，社区教育是以提高社区全体成员素质和生活质量，以及实现社区发展的一种社区性的教育活动过程。[1] 自然，农村社区教育就是为了提高农民的素质和生活质量而开展的教育活

---

[1] 鲁洁，吴康宁. 教育社会学 [M]. 北京：人民教育出版社，2002：331.

动，它是农民发家致富、提升素质、改变生活方式的重要平台，也是新农村建设的有效载体，是社会主义新农村建设的重要组成部分。从家庭高等教育需求来看，他们之间需求的差异，与他们的文化资本差异密切相关，城市家庭父母的学历普遍高于农村家庭父母，农村家庭父母学历以初中及以下为主，文化层次较低，影响到对子女的教育水平和方式，以及对高等教育作用与功能的认识，最终导致家庭高等教育需求的差异。

农村社区教育是与城市社区教育相对应的一个概念，其教育对象是辖区的农民，具有教育对象的广泛性；教育内容要根据农民的需求，缺什么补什么，具有教育内容的针对性；教育方法要针对农民工作的实际情况和闲暇时间，采取多种多样的方法，具有教育方法的灵活性，因而区别于城市社区教育，自然与学历教育也不一样。我国是一个农业大国，农村人口所占比例较高，经济发展落后，与城市居民相比，农村居民受教育程度较低，文化水平不高，与社会主义新农村建设的要求还有很大差距。随着科学技术的迅猛发展，科技竞争日益剧烈，信息传递快捷，农村迫切需要懂得科技文化的劳动者。因此，通过发展农村社区教育是提高农民素质的有效途径，它有利于培养新型农民，推进新农村建设，提高农村生产力。它对于促进经济社会发展，消除城乡差异具有重要的现实意义，可以说是一项功在当代、利在千秋的事业。《国家中长期教育改革和发展规划纲要（2010—2020年）》明确提出，广泛开展城乡社区教育，加快各类学习型组织建设，基本形成全民学习、终身学习的学习型社会。加强城乡社区教育机构和网络建设，开发社区教育资源。党的十八大报告明确提出，教育是民族振兴和社会进步的基石。积极发展继续教育，完善终身教育体系，建设学习型社会。这为我国继续教育发展指明了方向，制定了基调。

1. 有利于提升家长的家庭教育能力

家庭是孩子的第一所学校，家长是孩子的第一任老师，对子女的成长影响最大，因此，家长的素质及其家庭教育水平、教育观念及方法影响着子女的成长与发展。相关研究已表明，父母的文化水平、个性特征、兴趣爱好、思维方式等对子女成长与学习具有重要影响。总体而言，父母的文化层次越高，子女获得高等教育入学资格的概率就越大，低学历层次的农村父母导致子女高等教育入学机会处于劣势地位。面对科技进步对社会生产生活等各个方面带来的巨大变化，一些农村家庭难以适应，特别是如何教育子女缺乏有效的方法，显得束手无策，力不从心。家长文化资本的获得是后天形成的，是一种后天资本，通过教育可以得到提升，因此，社区教育是提升农村家长家庭教育能力的有效途径。通过专家指导，更新家庭教育观念，懂得如何营造良好的家庭教育氛围，学会教育子女的方法，提升教育子女的能力。

2. 有利于提升农民的农业科技水平

随着农业现代化的逐步推进，农业科技发生了巨大的变化，操作机械化，管理科学化。据统计，每年我国有大量的农业科技成果面世，但推广应用到实践中的却很少，其主要原因就是农民的科技文化水平有限，而且农村的科技推广渠道不足。大多数进城务工人员，由于缺乏专业知识和技能，在城市主要从事体力劳动，成为城市中的弱势群体，在劳动力市场上缺乏竞争力。通过社区教育，聘请企业熟练技工和专家现场教学，开展有针对性的技能培训，培养农民的科技素养和职业技能，掌握生产知识和科学技术，由经验型农民变为技能型农民。2016 年 1 月《中共中央国务院关于落实发展新理念加快农业现代化　实现全面小康目标的若干意见》中指出，加快培育新型职业农民，将职业农民培育纳入国家教育培训发展规划，基本形成职业农民教育培训体系，把职业农民培养成建设现代农业的主导力量。

3. 有利于提升农民的文化素质

我国是一个农业大国，传统的自给自足的生产方式形成了封闭、保守的生活方式，培养了农民勤劳、朴实与善良的优良品质。随着现代农业的发展，需要懂技术、会经营的现代农民。尽管农村经济发展了，农民的生活水平提高了，但农民文化素养的提升却没有与经济发展同步。农村现代化的建设，不仅是物质生活的现代化，还有精神文明的现代化，没有精神文化和民主政治的现代化，物质现代化的建设就不能长久，也缺乏根基。农民一些不好的生活习惯、习俗与陈旧观念，对政治、道德和法制的理解与遵守等，都迫切需要通过社区教育予以扭转，提升他们的文化素养。

二、发展农村社区教育面临的问题

1. 农民参与意识不强

有些农民受自身文化水平的限制，对社区教育的重要性认识不够深入，有功利思想，重眼前利益，认为接受社区教育不能带来实惠，而且浪费时间和精力，因而缺乏动力。另外，农村地区人口居住分散，有的交通不便，他们长期过着单调、贫乏的生活，安于现状，不愿意接受新生事物，影响参与的积极性。农村地区物质贫困与精神贫困、道德贫困相伴随。马斯洛的需求层次理论很好地诠释了农民在生存需求、安全需求没有解决好之前，不太可能有更高层次的需求。

2. 教师素质有待提升

农村社区教育的特殊性决定了需要双师型教师队伍，既要有实践经验，传授操作技能，又要有教学经验，能够胜任教学工作。但由于农村教育办学条件有限，难以吸引到优质师资到校任教。

3. 办学条件有待改善

发展农村社区教育，仅靠当地村委会的经费投入无法保障其正常运行。多媒体教室、图书资料、教学用房，以及操作技能的演示平台、网络资源等是办学的基本条件。但由于经费的缺乏，致使办学条件不能满足教学的需要。

4. 管理体制不健全

农村社区教育缺乏统一规划，没有专门的管理机构和人员，政出多门，各自为政，缺乏协调机制，没有发挥综合效应，导致培训项目盲目设置，培训内容重复，浪费培训资源。没有将社会组织机构吸纳进来，利用社会力量举办社区教育。

5. 效果不明显

农民的学习基础参差不齐，学习需求因人而异，但课程设置的针对性不强，教学内容陈旧，缺乏实用性，教学方法简单，照本宣科，毫无新意可言。一些教育培训项目脱离实际，流于形式，走过场，只是为了应付上级的检查，将培训效果置之度外，严重影响了农民参与的积极性。

三、农村社区教育内容

建设社会主义新农村，是全面建设农村小康的重要内容。而社会主义新农村的建设，迫切需要能够推进农业现代化的新型农民，新型农民的培育关键在于农村社区教育，通过社区教育有利于提高农民的文化资本。社区教育内容决定了农村居民的素质。

1. 培养农民的家庭教育能力

学校、家庭与社会是影响学生发展的主要因素，其中家庭对子女的发展起到非常重要的作用。农村家长由于自身文化水平有限，难以胜任家庭教育工作，需要通过接受社区教育提高其家庭教育能力。农村社区教育主要是引导家长树立正确的家庭教育观念，掌握有效的家庭教育方法。相关研究已表明，父母对子女的期望值越高，子女的学业成绩越好，这就是著名的"皮格马利翁效应"。期望水平与社会阶层密切相关，家长的文化水平越高，对子女的期望值越合理，反之则教育期望值偏低。因此，提升农村家庭教育能力应通过农村社区教育，改变家长陈旧的教育思想和观念，改变"男主外、女主内"的传统习惯，秉持合理的教育期望值；加强与子女的沟通，把握子女身心发展的规律，掌握子女的学业情况、兴趣爱好和个性特点，正确引导，激发学习动机；营造良好的家庭教育氛围，家庭和睦，民主和谐。父母的言谈举止、行为习惯、为人处世的方式等都对子女发展有重要影响。好的家庭教育方法有利于帮助子女养成好的学习习惯、思维方式和生活作息规律，同样也影响到未来高等教育需求的选择。

2. 提高农民素质

社会主义新农村建设需要的新型农民，应该具有较高的素养。在大力发展农村经济的同时，农民的文化素质、精神素养迫切需要提高，以达到物质文明和精神文明同步发展，而不是一手硬一手软。因此，农村社区教育就是要培养有素质、有内涵的新型农民。有学者指出，个人或群体的受教育程度会对社会流动的速度、类型和方向等产生影响，通过接受教育提高个人的受教育程度可以增加社会流动尤其是向上流动的几率。[①]这其实表明通过社区教育可以提高农民的素质。前面的调查分析表明，农村家长的文化水平大多在初中及其以下，这很难适应新农村建设的需要，因此，迫切需要加强社区教育，开展遵纪守法与公民道德品质教育，提高他们的社会公德、职业道德、个人素养，使他们讲文明、守法纪、讲卫生，有环保意识，相信科学，反对迷信，尊老爱幼，遵守伦理道德规范，知法、懂法、守法，形成良好的村风、民风。

3. 培养农民职业技能

新农村建设所需要的新型农民，与传统农民不同，他们需要懂得农业种植技术、农产品储存与加工技术，学会经营和管理。传统的农业生产方式适应不了现代农业的发展需要，农民原有的劳动技能难以适应新的工作岗位，现代劳动技能需要通过社区教育进行培训。一些农民在农闲时期通过职业技能培训，掌握一定的劳动技能，进行再就业或创业。随着农业现代化的推进，农村剩余劳动力人口大量增加，他们需要通过技能培训进行人口的合理流动和转移；随着农业产业结构的调整，农民原有的操作技能难以满足农业现代化的需求，需要进行技能培训，以适应农业发展需要。

---

① 何爱霞. 成人教育社会学研究 [M]. 青岛：中国海洋大学出版社，2007：137.

4. 提升农民生活品质

随着社会的发展进步，生产方式发生改变，人们的生活方式随之变化，农民需要紧跟时代步伐，与时俱进，不再过着日出而作、日落而息的单调、乏味的生活，需要从忙于生计到学会享受生活、享受人生，因此，其消费观念、卫生习惯、传统的礼仪风俗都需要改变，生活方式从被动、消极中转变为主动、积极，要正确处理好物质追求与精神生活的关系，处理好邻里关系，科学安排闲暇生活。农民通过社区教育，学习相关的文化习俗、社会主义核心价值观、社会规范，以及卫生健康保健知识，学习跳舞、烹饪、美容、钓鱼、唱歌等，追求高雅的生活情趣，提升文明程度，体现人生价值。当然，基于农村的现实情况，提高农民的生活质量是一个长期过程，但农村社区教育是最有效的选择。

四、加强农村社区教育的有效举措

农村社区教育如何发展，绝不能照搬全日制普通学校的办学模式，而是要根据农民的现实需求，采取灵活多样的教学方式，实行"量身定做"，以提高农民的文化资本，提升教育子女的能力。

1. 加大宣传力度

农民是很现实、很实际的，在他们看来，没有用的东西不值得关心，也不愿意参与。对农村社区教育，他们并不是很了解，因此，县、乡（镇）、村各级组织要做好宣传工作，通过宣讲会、宣传栏、海报与广播等方式，帮助他们了解社区教育的性质、功能、地位与作用，以改变他们的传统偏见，树立终身学习的理念，了解现代农民需要的素质。通过社区教育可以掌握农业科技知识和能力，提升生活品质，提高个人素养，促使他们从内心深处接受社区教育，认识到社区教育的重要性，由要"我"学变为"我"要学。

2. 完善运行机制

社区教育要健康发展，需要建立健全县、乡（镇）二级管理组织机构及其管理体制，建立专门的管理机构，配备专门工作人员，明确管理职责，制定相应的规章制度以及社区教育发展规划，建立目标考核机制，加强组织协调工作，做到管理的规范化、制度化。在乡（镇）、行政村设立社区教育教学点，具体开展本社区的教育工作。农村社区教育的发展涉及众多行业与部门，需要形成合力，而不是某个部门单打独斗，需要建立多元合作的运行机制，加强社区内人社、民政、财政、妇联、计生等部门的沟通协调，整合资源。

3. 提供经费保障

经济基础决定上层建筑。社区教育活动的开展离不开充足的经费投入。农村社区教育发展面临的最大问题就是经费投入，办学经费的不足，影响办学条件的改善、教学设备的更新、优秀师资的引进以及教学质量的提升。农村社区教育相对而言具有投资周期短、见效快的特点，而且社区教育属于公益事业，因此，需要建立县、乡（镇）二级财政管理，制定财政性经费拨款制度，编制经费预算，确保经费稳定增长。要多渠道筹措教育经费，形成以政府投入为主、企业和社会组织机构投入为辅的多元投入机制，鼓励社会力量积极参与农村社区教育，改善办学条件，使农民免费接收社区教育和培训。在加大经费投入的同时，要加强经费监管，专款专用，使用规范。

4. 加强师资建设

要建立一支素质较高、结构合理、人员稳定的社区教师队伍，加大其在职培训与进修访学力度，提高其专业水平。社区教育师资队伍来源要多样化，要从各行各业生产第一线中聘请具有实践经验的专家来校任教，成为学校教学的主力军；还可以在离退休人员中聘请经验丰富的专业人员作为志愿者，兼职授课，作为社区教育师资队伍的有益补充。要重视社区教育的教师工作，与其他各级各类教师处于同等地位，保障他们的福利待遇，在职务晋升等方面建立绿色通道，以对教师起到激励作用，调动其积极性，提高社区教育的培养质量。

5. 整合教育资源

农村教育资源分散，使用效率不高，需要整合。农村社区教育内容广泛，形式多样，涉及技能培训、知识传授、理念灌输等，不仅有课堂讲授，还有实践操作，需要配备现代化的教学手段与设施，包括实践实训基地、多媒体教室、图书室、计算机房等硬件设施。农村社区教育要充分利用这些场地设施、实训设备与课程资源等进行有效整合，实现资源共享，达到资源效益最大化。将农村的电视广播教学点、自考工作站、文化活动中心、技能培训学校等各类教育资源统一合并到农村社区学校，加强教学基础设施建设，将网络教育、电化教育、函授教育等有机结合。财力有限的乡镇之间加大教育资源共享，提高资源使用效率。随着科学技术的发展，网络信息技术日益发达，要充分利用"互联网+"为社区教育供给服务，及时发布信息，提供学习资源，通过网络平台进行交流、学习与指导，通过信息化带动教育现代化，促进社区教育发展。

6. 丰富教学方式

农村社区教育要针对农民的需要及其实际情况，采取灵活多样的教学方式方法，创新教育活动载体。农民需要什么、缺什么就教什么，农民需要在哪里学，就在哪里教。为广大农民提供多形式、多层次的"菜单式"的文化知识、科普知识和技能培训等方面的教育，为农村群众提高素质提供全方位服务，使区域内的农民都能获得所需要的教育培训和相关专业技能证书，成为农村群众终身学习的重要基地。[①] 随着网络信息的发展，除了传统的课堂教学之外，还可以建立网络教育平台，利用网络教育资源，让农民在家学习、在线学习，进行网上交流，接受指导。丰富网络平台功能，加强网上互动，实行线上线下指导。还可以是在田间地头，组织农业技术人员现场培训指导，与实践紧密结合，提高农民的种植、养殖技术水平。实行课堂教学、网络学习与自主学习相结合。开展形式多样的专题讲座，如开展技能培训，学到一技之长；开展卫生保健知识讲座，学会养生，讲究卫生，预防疾病；开展各种普法类专题讲座，知法、懂法、守法；开展体育健康活动，健体、健心、健脑；开展环保知识专题讲座与图片展，引导农民树立正确的环保意识，了解大气污染防治，养成良好的环保习惯。总之，通过社区教育，培养农民掌握养殖、种植、维修的操作技能，提升家庭教育能力，提高社会公德及个人素养。

在加强农村社区教育的同时，还要大力发展农村公共文化设施，如免费的社区图书馆、文化宫、影剧院、报刊亭等公共设施，广泛地开展群众文化活动。城市要加强对农村的文化支援，实施文化惠民工程，送教下乡，只有这样才能真正缩小城乡家庭文化资本差异，保障高等教育公平。

第三节　加大农村教育扶持力度，缩小城乡差距

城乡家庭高等教育需求存在差异，其高等教育入学机会明显不公平，城市家庭子女享受优质高等教育资源的机会远远多于农村家庭子女，造成这种状况的原因除了前文分析的城乡二元体制差异之外，城乡家庭子女在基础教育阶段受到不

---

① 王兆康. 加强农村社区教育加快培养新型农民 [N]. 嘉兴日报，2007-07-08（3）.

平等待遇，城乡教育发展与城乡经济、社会、文化发展一样，存在显著差异，城市学校的办学条件与师资水平等好于农村学校，造成城乡基础教育的不平等，城乡家庭子女在接受教育的起点上不公平。城乡基础教育的差异是城乡二元体制的产物，在此基础上形成了城乡二元教育体制。基础教育，特别是义务教育具有强制性，应该公平、公正，否则，自然会影响到高等教育公平，造成事实上的城市家庭子女在接受高等教育上占有优势，就读重点大学的热门专业，而农村家庭子女大多就读高职院校、一般本科院校，选择一般专业，甚至是冷门专业。因此，要实现高等教育公平，满足城乡家庭高等教育需求，需要基础教育阶段的公平为保障，满足农村家庭对优质基础教育资源的需求。

要缩小城乡家庭高等教育需求差异，保障高等教育公平，必须从基础教育着手，因为高等教育是基础教育的延伸和发展，没有基础教育的公平作保障，高等教育就难以公平。高等教育的不平等是基础教育差距的必然结果。要缩小基础教育的差异，实现教育公平，必须统筹城乡教育协调发展。当然，教育作为政治、经济与文化的产物，没有城乡经济、文化的协调发展，城乡教育的协调发展就缺乏根基和条件。对如何协调城乡经济、文化的发展，缩小城乡经济、文化发展水平的差异，前文已有分析，故这里仅就如何扶持、促进农村基础教育发展进行探究。

城乡经济、文化与教育的二元体制客观存在，差异明显，城乡家庭教育差异是不争的事实，要在短期内消除这些差异，既不现实，也无可能，但也不能任其发展，进一步加大城乡基础教育的差异，而是要采取有效举措，大力扶持农村基础教育，实现城乡教育一体化发展。近年来，国家提出了城乡教育统筹发展，并加大了对农村教育的倾斜力度，贯彻落实好这些制度，有利于加快发展农村教育，缩小城乡差异。

一、树立城乡教育统筹发展的理念

长期以来，在以城市为中心的发展理念下，实行效率优先、兼顾公平的价值取向，因而出现与城市经济优先发展一样，城市教育也优先得到了发展，教育资源配置城乡失衡，经费投入和优秀师资向城市学校、重点学校倾斜，忽视了农村学校和贫困家庭的利益诉求，导致城乡学校的办学质量与社会声誉差异显著，城乡学生的培养质量和素质存在差异。这种发展理念在当时的历史背景下具有一定的合理性，有利于集中资源办大事，有效地解决了国家对人才的迫切需求。随着我国的改革开放，经济社会的快速发展，其发展理念与社会需求相脱节，不利于社会的公平公正。对教育效率的过分追求影响了教育公平。基础教育是国民素质教育，重在提高文化素质，对一个人的成长具有基础性作用，它与其他消费品不同，强调公益性和公平性。办人民满意的教育，不是少数人满意，而是以农民和农村学生为主体的大多数人的满意，因此，不应该是效率优先，而应该是公平优先。接受义务教育是公民的基本权利和义务，任何人都不能剥夺，任何人不因户籍或身份的不同而接受有差异的教育质量。教育公平是社会公平的重要体现，保障公民接受平等的基础教育，是政府的职责所在，义不容辞，责无旁贷。政府有责任和义务保护弱势阶层和群体的受教育权。为了维护基础教育的公平，需要更新城乡教育发展理念，抛弃以城市为中心、追求效率、优先发展城市教育的理念，树立效率与公平并重、城乡教育协调发展的理念。尽管义务教育的实施解决了农村贫困家庭的经济负担，促进了基础教育的发展，但城乡学校的差异并没有随之改变。基于农村基础教育的现状，要加大对农村教育的补偿和扶持力度，教育资源向农村倾斜，向贫困地区倾斜。党的十八大报告对大力促进教育公平提出了明确要求，主要体现在以下四个方面：一是合理配置教育资源，重点向农村、边远、贫困、民族地区倾斜；二是加强薄弱环节，支持特殊教育、民族教育；三是扶持困难群体，提高家庭经济困难学生资助水平，积极推动农民工子女平等接受教育；四是大力发展民办教育，为学生提供更多的选择。只有这样，才能从根本上促进农村学校的发展，缩小城乡基础教育的差距。

二、实施农村学校经费投入倾斜政策

城乡家庭高等教育需求存在差异，城市家庭子女享有优质高等教育资源，这并不表明城乡学生在智力与能力上存在差异，而是城乡家庭学生所接受的教育存在优劣之分，农家子女在农村接受的教育相对落后，如果要到城市接受基础教育，就要比城市家庭支付更多的教育成本，而且教育政策与现实条件都不允许。农村家庭子女要取得与城市学生相同的学业成绩，需要比城市学生付出更多的努力。目前我国教育经费投入占国民生产总值的比例，与发达国家相比较低，投入不足，农村学校经费投入就更低。基于城乡学校的差距，需要国家加大政策倾斜力度，增加农村学校的教育经费投入，加强教育资源配置，改善办学条件。只有缩小了城乡学校办学水平之间的差距，才有可能缩小城乡家庭子女在重点高校入学机会上的差距。《国家中长期教育改革和发展规划纲要（2010—2020 年）》明确提出，加快缩小城乡差距，建立城乡一体化义务教育发展机制，在财政拨款、学校建设、教师配置等方面向农村倾斜，率先在县（区）内实现城乡均衡发展，逐步在更大范围内推进。

我国长期以来实行的城乡教育二元体制，导致城乡学校在经费获得与资源配置上存在很大差异，城市学校，特别是一些重点学校可以获得大量的财力、物力。不同区域之间经济发展的不平衡，导致各地教育经费投入存在差距。农村义务教育是以县级财政拨款为主，但由于一些县区财力有限，其经费优先用于发展城市学校，投入到农村教育的经费不足，影响农村学校发展。所以，经费投入以城市学校为中心的局面迫切需要改变为城乡兼顾，倾斜农村学校，同时加大中央财政、省级财政对农村学校、特别是薄弱学校的支持力度，鼓励企业、社会组织和个人通过多种方式捐资助学，使经费来源多元化，支持农村学校的发展。加大对农村学校教育的经费投入，并不是要抑制对城市学校的发展，而是少做对城市学校"锦上添花"的事，多做对农村学校"雪中送炭"的事。在这方面，国外有许多成熟的做法。韩国普及义务教育的历程，首先在最偏远、贫困的海岛、渔村实行免费，逐渐扩大到农村，最后惠及城市，是一种依据经济发达程度"逆向"普及的策略。[①]他们的做法是通过对教育资源的不均等分配，对处境不利的群体进行补偿，从而达到教育机会均等的目的。英国提出实行"教育优先区"，是指被政府列为物质或经济相当贫乏和落后，需优先予以改善，以利于教育机会均等的地区。[②]英国政府通过"教育优先区"，对落后地区学生进行补偿。美国也采取了类似于英国的做法，实行"补偿教育"，对贫困地区和弱势群体儿童进城补偿，以缩小差距。荷兰同样通过这种做法，对农村贫困学校予以师资和设备的补偿。国外正是通过差异化的教育资源配置方式，对弱势学校进行补偿，以缩小差距。

对农村学校和贫困地区学校在经费投入和资源配置上实行倾斜，实行不均等分配，差异化配置，目的就是为了加强对农村学校的扶持力度，对弱势学校进行补偿，也是对过去经费投入不足的补偿，以促使其快速发展，缩小城乡学校差距，实现教育公平，为消除城乡家庭高等教育需求差异提供坚实的基础和保障。基于一些地方财政困难的实际情况，要加大对农村贫困学校教育经费转移支付力度，以平衡城乡教育经费投入。为了使农村教育经费投入得到有效保障，办学条件有效改善，需要加大对农村教育经费投入的监测力度，一旦发现存在问题，及时进行预警报告，通过动态监测使之落到实处。

针对城乡教育的差距，国家正在采取应对措施，强调统筹城乡义务教育资源均衡配置，加快缩小区域、城乡教育差距，促进基本公共教育服务均等化，因而提出要全面改善贫困地区义务教育薄弱学校基本办学条件，出台了《国家贫困地区儿童发展规划（2014—2020年）》，完善学前教育家庭经济困难儿童入园资助政

---

① 杨东平. 从权利平等到机会均等——新中国教育公平的轨迹 [J]. 北京大学教育评论，2006，（4）：35-38.

② 吴清山，林天佑. 教育名词浅释——教育优先区 [J]. 教育资料与研究，1995，（5）：4-6.

策，实施农村义务教育学生营养改善计划等。要使这些政策落到实处，还需要完善制度，通过体制机制的保障，切实提高农村学校的办学资源，缩小与城市学校办学条件和教育质量的差距。

三、提高农村学校师资水平

师资水平的优劣是决定学校办学质量的主要因素，具有优秀的教师队伍是任何一所学校成为名校的基本条件，没有名师，就不可能培养出好学生。但现实是，城乡学校的师资水平差距较大。城乡二元体制导致农村与城市在收入水平、工作环境、生活质量等方面存在较大差异，因而出现农村学校优秀教师流向城市学校，鲜有城市学校优秀教师流向农村。城市学校由于具有吸引人才的优势，农村优质师资流向城市，形成单向度的流动，这对农村学校来说是恶性循环，对城市学校来说则是锦上添花，形成良性循环。要实现城乡教育统筹发展，一体化发展，提高农村学校教师的教学水平就显得非常紧迫和必要。

农村学校要吸引并留住优秀教师，仅靠教师的自觉自律是不够的，靠教师对教育事业的忠诚是不够的。在市场经济条件下，需要将提高教师的物质待遇和予以精神奖励相结合，提高教师的福利待遇，为教师未来的职业发展提供机会和晋升空间。国家重视农村学校师资队伍建设问题，也采取了一些有效举措，如开展送教下乡活动，培养免费师范生，鼓励城市学校优秀教师下乡支教，安排师范院校的毕业生置换到农村学校，顶岗实习，让农村学校教师接受培训，等等。各地推进教师校长交流的途径和方式主要有以下7个方面：①定期流动。有15个省份实行了定期流动制度。对于教师交流，四川等省份要求在同一所学校教师工作6年或9年就需要轮岗到其他学校，北京、湖南等省份还对骨干教师提出了定期流动的要求。②支教。各省基本都建立了支教制度。例如，河北省规定，城市市区每年应安排约5%的教师下乡支教，对到该省62个国家连片特困地区、国家扶贫开发工作重点县，以及省级扶贫开发工作重点县支教，财政按照年均2万元的标准给予支教教师生活和交通补助。③对口支援。一些省份要求城市优质学校与农村薄弱学校建立长期的帮扶关系，优质学校要定期派相关教师到薄弱校进行支援服务。鼓励和引导办学水平高的学校与办学条件薄弱的学校建立长期稳定的校际支援关系，通过"结对子""手拉手"等多种形式，推动优质教育资源共享。④教育联盟。一些省份实行两个或两个以上的学校结成教育联盟的帮扶制度。联盟内部实现人员流动，如北京东城区、四川省成都市建立了形式多样的教育联盟形式，促进了教育质量的整体提高。⑤走教制度。一些省份打破教师的学校限制，一名教师同时承担几所学校的教学任务。例如，湖南省建立乡镇音、体、美教师无校籍制度，全县农村学校音、体、美教师只聘任到乡镇，不定点到校，对村小、教学点音、体、美教学实行走教制。⑥送教下乡。一些省份规定，城镇骨干教师选择节假日等短期时间到农村承担培训教师或讲授公开课，例如，安徽省建立的城镇骨干教师讲师团，定期到农村进行送教下乡。⑦优质教师资源辐射，实行名师多形式帮扶辐射的方式，例如，北京市通过建立名师工作室、导师团、名师讲座、跨校送课、打破校际跨校拜师、师徒结对等形式实现优质教师资源的共享辐射。这些形式多样的优质资源辐射方式，投入成本小，受到不少学校和教师的青睐。①

这些措施尽管对提高农村学校教师素质具有一定的作用，但并没有从根本上解决城乡学校教师水平的差距，而且最有效的手段还是要把重点放在农村学校教师身上，切实提高这些教师的教学水平。国家要切实提高农村学校教师的工资水平和福利待遇，增加农村教龄补贴，解决住房问题，在职称晋升与专业发展上实施倾斜，提供优惠条件，增强吸引力，使优秀教师能够留得住、用得上。在提供好的福利待遇的同时，设立严格的教师准入门槛，提高教师准入标准。在过渡阶段，可以实行城乡学校对口支援，要求城市教师职称晋升一定要有到农村学校的一个服务周期，安排城市学校优秀教师以下派、挂职锻炼或轮岗等方式，支持农村学校的发展，选择农村学校有发展潜力的教师，外出参加培训、进修，提升业务水平，通过城市学校送教下乡与农村学校上门求学相结合。

四、废除重点学校制度

我国实行重点学校制度是计划经济的产物，是为了集中资源和经费培养国家急需人才，用最少的钱办重要的事。在当时教育经费不足和办学条件有限的情况下，该制度具有一定的合理性。尽管目前义务教育阶段国家取消重点学校，但由于历史原因形成的重点学校仍然存在，也被老百姓所认可和接受。在我国经济社会快速发展的今天，构建和谐社会，追求教育公平是题中之意，自然，重点学校制度已经不合时宜，迫切需要取消。基础教育是公益事业，是公共产品，人人应该享有平等地接受教育的权力，不应因地域、户籍、种族等的差异而区别对待。"用公共教育经费去制造学校差距，这种扶强抑弱、劫贫济富的重点学校政策，是严重违

---

① 七种途径推进教师校长交流提高乡村义务教育水平. 新华网. http://news.cnr.cn/native/gd/201311/t20131119_514177767.shtml. 2013 年 11 月 19 日.

反教育公平价值的。"① 重点学校主要分布于城市，农村学校大多是普通学校、职业学校。重点学校的教育质量与水平，明显高于普通学校，重点学校的学生主要来源于城市家庭，农村学生主要就读于农村学校。按照义务教育就近入学的要求，农村学生很难享受到城市重点学校的优质资源。重点高中集中于城市，以城市生源为主，农村家庭中能够进入重点学校就读的比例较少；农村主要是职业高中，农村学生占主体。农村学生要进入重点学校就读，需要付出更多的成本。由此可见，现有的重点学校制度，其实是为了向城市学生提供优质教育资源，重点学校制度造成城乡教育不公平，进一步固化了城乡阶层的分化，是加剧城乡学校差异的催化剂。取消基础教育的重点学校制度，就是要取消其享有的优惠条件，实行与其他学校同等的待遇，取消等级差异，使城乡学校均衡发展。当然，取消重点学校制度，不是要所有的学校都同步发展、均衡发展，而是各有侧重，特色发展。

在取消重点学校制度的同时，有必要加强对薄弱学校的扶持力度，其实质是为了提高社会弱势群体阶层子女接受良好的教育。薄弱学校的存在对其接受教育的学生而言是不公平的，义务教育具有基础性、公平性，任何人都应该享有均等的教育机会，享有相同的权力，而不是存在等级之分。对弱势学校的扶持，有利于缩小校际之间的差异，缩小基础教育之间的差异，也有利于缩小城乡家庭子女在享有优质高等教育资源机会上的差异，消除高等教育入学机会的不平等。扶持薄弱学校，需要加大经费投入，加大资源配置力度，提供优质教师。

第四节　形成家庭高等教育有效需求

对于高等教育供给与需求的关系，前文已有论述，高等教育供给与需求矛盾是高等教育领域的常态，是任何时候都是无法回避的问题，这是由高等教育供给与需求的特殊性决定的，是一种普遍现象。1968 年的《世界教育危机》报告指出："不论是在发达国家还是发展中国家明显存在的供求之间的矛盾一定会继续扩大，尽管在不同国家这一矛盾表现在教育结构的不同层次上。"② 任何国家的优质高等

---

① 杨东平. 试论促进教育公平的教育公共政策 [J]. 人民教育，2005，（7）：10-12.

② 菲利普·库姆斯. 世界教育危机 [M]. 赵宝恒译. 北京：人民教育出版社，2001：34.

教育资源的供给总是有限的，它不能满足所有接受高等教育需求者的意愿；另外，对于家庭高等教育需求，需求者总是希望能够享受优质高等教育资源，上一所好的大学，选择一个有发展前景的专业，正是这两者的张力，促进高等教育提高质量，以尽量满足家庭和社会对高等教育的需求，同时促使家庭基于高等教育供给现状，对高等教育需求做出理性选择，丢弃那些不现实、不合理的无效需求，形成有效需求。特别是我国的高等教育在 1999 年扩招以来，规模得到扩张，2016 年高等教育毛入学率达到 42.7%，在数量上基本能够满足家庭接受高等教育的需求，但是，由于我国高等教育在不同省份之间、在不同高校之间存在质量和水平的差异，优质高等教育资源稀缺，因而也就无法满足家庭和社会对优质高等教育资源的需求，产生供需矛盾，对此，需要家庭客观分析，理性决策，调整高等教育需求，去除无效需求，形成有效需求。

一、城乡家庭对高等教育有强烈需求

城乡家庭对高等教育的需求源于传统思想的影响。中国人历来有重视教育的传统，"万般皆下品，唯有读书高"就是最好的诠释，导致家庭对高等教育的旺盛需求。"学而优则仕"为莘莘学子指明了未来的发展方向，接受好的教育，不仅有个好的未来和前景，而且可以光宗耀祖。特别是目前的农村高中生家长，学历层次较低，前面的实证研究已表明，农村家长的学历主体是初中及以下，他们大多没有接受过高等教育，自身夙愿未能实现，进而把希望寄托在子女身上，希望通过子女接受好的教育来弥补自身的缺憾。

家庭对高等教育的需求源于其价值与功能。培养人才是高等教育的基本职能，通过接受高等教育，人的知识、能力与素养得到提升，个体价值得到实现，而且有利于未来的职业发展。特别是随着知识经济社会的发展，知识的作用和价值日益凸显，学历层次越高，其回报越明显，越有价值。接受高等教育能提高劳动能力，是提升经济地位、社会地位，以及阶层变化的主要途径，特别是对农村家庭而言，自身缺乏资本优势，只有寄希望于子女通过接受高等教育来改变命运，跳出农门，脱离农村，改变子子辈辈面朝黄土背朝天的窘况，在工作上稳定，在经济上有个丰厚的收入，在社会身份上得到认可和尊重，名利双收。周围邻居、亲戚朋友小孩考取大学，身份与地位得到提升的励志故事，进一步激励了家庭的高等教育需求。所以，一些农村家庭，即使是贫困家庭，也想尽办法让子女接受高等教育，因为没有别的途径来改变现实状况。当然，对于城市家庭，特别是富裕家庭来说，他们深切地体会到知识带来的价值和丰厚的回报，同样寄希望子女接受高等教育，以便后代能够延续所处的社会阶层，甚至往上延伸。这就是城乡家庭对高等教育孜孜以求的原因所在，与前面调查的结果相一致。

二、家庭高等教育需求存在非理性

家庭重视高等教育，希望子女接受优质高等教育，这是人之常情，无可厚非，但如果不结合自身实际情况，盲目追求热门专业、高学历、重点高校就脱离实际了，呈现出高等教育的非理性过度需求，其实也是无效需求，无法实现。我国家庭对高等教育有着强烈的偏好和执着的追求，将高等教育神圣化，过分夸大其功能，寄托于高考改变命运。加上对高等教育的相关政策缺乏了解，宣传不到位，高等教育的招生与就业信息不透明，导致一些家庭对高等教育的价值与功能不能做出客观、准确的评判，产生认识上的偏差，简单地认为投入就会带来价值增值，甚至是不计成本、不惜代价，对高等教育需求做出盲目的选择，出现高等教育投资的非理性化行为。从我国目前考生的报考情况及前文的调查情况来看，家庭高等教育需求过于旺盛，与高等教育供给现状差距较大。不顾家庭经济状况和承受能力，不顾高等教育的投资回报，盲目追求优质高等教育资源，最终可能会导致人力资源和物力资源的浪费，导致家庭高等教育投资决策失败。一些家庭受传统思维模式的影响，对高等教育投资风险估计不足，对高等教育的回报期望值过高，脱离家庭的经济状况，做出不合实际的高等教育投资行为；一些农村家庭，特别是贫困家庭，倾其所有，甚至是通过借贷的方式让子女就读大学。有的城市家庭、富有家庭，盲目追求高学历、海外留学经历。有的家庭在投资高等教育的过程中，以就业作为专业选择的唯一尺度，认为只有考上"一本"、就读重点高校才是正道，才有前途和希望，而对一般高校、高职高专兴趣不大，因为前景不看好；一些冷门专业与民办高校，家庭需求不足。一些家长不结合子女的兴趣爱好、学业水平和学习意愿，凭着自己的主观判断，过高估计高等教育所能带来的投资回报，做出非理性选择，一旦子女毕业后就业困难或不理想，就会陷入教育致贫的困境之中，带来高等教育的投资风险，高等教育的预期收益化为泡影。

家庭高等教育需求存在的盲目性，不仅对家庭经济状况带来不利影响，投入得不到有效回报，也为子女的未来发展埋下阴影，影响他们的工作和生活；这种需求的不足与过度，对高等教育发展带来影响，对民办高校与冷门专业的需求弱化，阻碍了民办高等教育的发展，也不利于学科发展，影响学科之间的平衡与协调；对经济社会的发展带来负面影响，提供的人才或过旺或不足，与社会需要不平衡，造成人力资源的浪费。因此，引导家庭构建高等教育的有效需求就显得非常紧迫和必要。

三、形成家庭高等教育有效需求

1. 正确认识高等教育价值

家庭高等教育需求观念影响高等教育需求的形成，而其需求观念又受家长的文化水平、价值观念及周围环境的影响，因此，要引导家庭形成理性的高等教育需求观、消费观，减少不理性因素，正确认识在市场经济条件下高等教育的价值与功能，在高等教育实行收费制度与大学毕业生自主择业的情况下，要合理估算高等教育投入与回报，认识到接受高等教育存在投资风险，做出需求的理性决策。要加大对家长的宣传教育，子女的成长发展不只是通过接受高等教育这一途径，现实生活中存在大量的没有接受过高等教育的有志青年，其人生之路同样精彩。成才之路很多，关键是要找到适合自己的路。人人都希望接受优质高等教育的想法难以实现，毕竟高等教育供给是有限的，而需求是无限的、多元的。高等教育需求选择要符合理性，量力而行，要结合自身实际情况，不可盲目追求，更不能盲目攀比。一旦子女的学习能力有限，不必去追求本科院校，就读高职院校，掌握一门技术，具有一技之长，同样可以拥有精彩的人生。有的学生缺乏学习兴趣，不要强求参加高考；有的家庭经济非常困难，也可以先就业，以后有机会再接受成人高等教育。高等教育的预期收益，不能仅局限于经济收入的提升、物质财富的增加，还有精神的愉悦与享受，提高个人素养与文化品位，这种价值是潜在的，终身受益。另外，城乡家庭之间，由于在经济资本、社会资本与文化资本方面存在差异，导致城市家庭享有优越感，农村家庭则有自卑感，这种情感状态反映到高等教育需求领域，就是对高等教育的期望值存在差异，城市家庭高等教育需求更为强烈，更有自信心，特别是对优质高等教育的期望值更高，具有名校情结。与城市家庭相比，农村家庭的高等教育需求意愿更低，对重点高校的需求弱于城市家庭。因此，要消除城乡家庭高等教育需求差异，需要改变这种消费观的差异，城市家庭要消除高人一等的想法，实现城乡平等的家庭高等教育消费理念。

2. 与社会需求相结合

高等教育是专业教育，其培养的人才服务社会，自然，需要根据经济社会发展的需求，做到家庭需求与社会需求有机结合，两者统一。因此，在高等教育需求的选择上，应该以用人单位的需求程度为依据，同时要根据子女的学业能力、兴趣爱好、个性特点做出取舍，盲目追求重点大学、热点专业不一定符合现实情况和子女需求。专业的冷热是相对的，随着经济社会的发展变化，产业结构调整，行业兴衰变化，社会对人才的需求同样随之发生变化。联合国教科文组织的调查发现："巨大的经济运动总是伴随着教育上的扩展。今天的许多事实证明，经济发展的要求和新的就业机会的出现强烈地激起了教育上的扩张。"[①] 高等教育的扩张，意味着高等教育供给增加，高等教育需求随之强烈。在高等教育扩张之后，如何做出高等教育的需求选择？要根据经济发展变化的特点，把握发展趋势，确定未来社会对人才的需求，以此作为专业选择的依据。当然，社会需求、市场需求是变化的，通过大学几年的学习，毕业之后，可能当时的热门专业成了冷门专业，当时不被看好的专业也许变为热门专业。专业的冷热是相对的，不是一成不变的。专业本身没有优劣之分，只有喜不喜欢，让子女学习自己心仪的专业、发挥其特长就可以，不必去追赶时髦、凑热闹。

3. 加强对高等教育的了解

家庭高等教育需求，主要是专业需求，选择什么专业、在什么类型的高校就读的问题。由于一些家庭，特别是农村家庭，在高校和专业的选择上获得的相关信息有限，影响对专业选择的客观评判，因此，需要高校及时公布学校历史发展、办学条件、师资队伍、专业特色、历年来专业的就业情况、考研情况及招生简章，以便家长准确了解专业信息。作为家长，要通过多种途径，如咨询专家、网络平台等了解高校及其专业发展情况，在此基础上，结合兴趣爱好、经济状况，征求子女意见，综合权衡，做出理性选择。找到适合子女学习的学校和专业是硬道理，这样的需求才是有效需求，能够得到满足。

第五节　加大高等教育有效供给

前文已对高等教育的供求关系进行了分析，它们之间相互影响、相互制约，目前面临的基本矛盾是高等教育所能提供的入学机会与城乡家庭对高等教育需求日益增长之间的矛盾，正是这一矛盾，促进了家庭高等教育需求的调整及高等教

[①] 联合国教科文组织. 学会生存：教育世界的今天和明天 [M]. 北京：教育科学出版社，1996：55.

育供给改革。要缩小城乡家庭高等教育需求之间的差异，除了要形成家庭高等教育的有效需求之外，还需要加大高等教育的有效供给，只有这样，才能达到两者的协调，使之处于动态的平衡状态。只有加强了高等教育的有效供给，才能缓解高等教育供需矛盾。

从前文全国与江西省高等教育供给情况来说，总体的供给状况基本上满足了城乡家庭的高等教育需求，但高等教育的区域供给不均衡，优质高等教育资源、重点高校在城乡家庭之间供给不合理，在贫困家庭的资助及高等教育质量供给等方面迫切需要加大改革力度，以形成高等教育的有效供给。

一、实施高等教育区域供给平衡

前文的分析表明，我国区域高等教育非均衡发展是客观事实，成为一种常态，并将长期存在。这种差异有利于高等教育发展的多样性，也符合高等教育的发展规律。这种不平衡，其实质是区域间高等教育入学机会的不平等，东部地区汇集了全国主要的重点高校，中西部地区优质高等教育资源不足，两者差异显著。基于高等教育公平视角，有必要进行调适，以缩小区域高等教育供给的差异，促进区域高等教育协调发展。

1. 国家重点支持中西部高校

（1）实施顶层设计

我国高等教育强国的建设是建立在各区域高等教育都得到发展的基础之上的，因此，大力发展中西部高等教育是国家的战略需要，对此，中央政府应该把发展中西部高等教育上升到国家战略的高度。面对目前各区域高等教育发展之间的巨大差异，需要进行有效调适。国家是高等教育的举办者，自然是区域高等教育发展调适的主体，需要国家从经济社会发展的整体出发，结合各地高等教育的实际情况，制定出促进区域高等教育发展的目标、定位以及有效举措等，做到全方位、有计划、有步骤地推进该项工作。绝不能零敲碎打，随意而为。要针对不同区域的经济发展状况及其现实需要，选择需要重点发展的高等教育区域，实行分类建设、分类指导，合理配置和优化高等教育布局结构。

（2）实施政策倾斜

基于中西部区域高等教育发展比较落后的事实，除了已经推出的"中西部高等教育振兴计划"之外，有必要对高水平大学进行结构调整，在没有部属高校和部属高校数量较少的人口大省，实现优惠政策，每省建设一所重点大学，将一所办学水平较高的省属高校升格为部属高校。由于部属高校由中央政府投资，能够获得更多的经费支持，享受到更多的优质教育资源，因而能够得到快速发展，进而对所在区域高等教育的发展起着示范、引领作用，提升区域高等教育的发展水平，缓解中西部区域高等教育优质资源短缺的矛盾。此外，要加大对中西部高校的支持力度，在高校设置与升格、学位点与科研项目申报、高端人才的评选等方面予以倾斜。

（3）补偿经费投入

高等教育作为准公共产品，需要巨大的经济投入，但各区域经济发展的不平衡，导致各区域间高校经费差异较大，影响区域高等教育的发展。区域经济发展的差异性及其对劳动力接纳能力的不同，导致中西部高校的毕业生更多的是流向发达地区，而发达地区高校人才流向欠发达地区相对较弱，在这种情况下，经济发达地区对经济欠发达地区高等教育负有一定的补偿责任。尽管这种责任计量比较困难，但应该通过中央财政进行转移支付，以此加大对中西部高等教育的经费投入，改善办学条件，缩小与东部地区高等教育之间的差距。此外，经济发达地区大量的外来务工人员，他们大都来自经济欠发达地区，但却为发达地区经济发展做出了贡献，其子女又享受不到优质高等教育资源，而是在户籍所在地接受教育，从这个意义上说，发达地区适当对欠发达地区高等教育进行经费补偿也在情理之中。

（4）调整招生计划

鉴于各区域高等教育资源的不平衡，特别是欠发达地区学生就读部属高校的比例较低，竞争非常激烈，而北京、上海等发达地区学生到部属高校接受教育的比例则较高，造成区域之间差异很大，凸显了高等教育的不公平。目前发达地区高校增加对中西部地区高考录取人数的做法，并没有从根本上解决区域高等教育非均衡发展的问题。因此，作为中央财政投入的部属高校，应该减少所在区域的招生指标，按照各省份高考人数分配招生计划，并适当照顾中西部地区，增加它们的招生指标，提高高等教育的毛入学率，缩小省际高考录取率的差距。

2. 加强区域高等教育的合作交流

（1）激发合作意愿

加强区域高等教育的合作，更多的是发达地区高校扶植、支持欠发达地区高校，是一个区域的高等教育支持另外一个区域的高等教育，发挥优质教育资源的辐射带动作用。但是，发达地区高校是否有诚意合作，提供各种帮助，是存在博弈的，因为合作是资源共享、优势互补、互惠互利、相互促进，而这种合作更多的是单向度的。因此，需要部属院校从国家发展、人民福祉与社会公平的角度出发，支持落后地区的高等教育事业，同时，也需要国家制定相应的利益激励与补偿机制，通过制度设计，把区域高等教育合作建立在中央对地方、发达区域对欠发达区域的利益互补基础之上。也就是说，需要国家对发达地区高校进行利益补偿，通过财政转移支付、税收优惠等予以激励，调动其积极性，否则，单纯地靠上级政府的行政命令难以取得实效。

（2）构建高校合作联盟

根据系统科学理论，任何组织都需要与外界进行物质、信息与能量的交换，因此，区域高等教育合作是高等教育做大做强的必由之路。从世界高等教育的发展历史来看，大学联盟是高等教育合作的重要特征，也是未来的发展趋势。如美国的常春藤盟校，它是由美国的七所大学和一所学院组成的一个高校联盟。这八所大学都是美国首屈一指的大学，历史悠久，治学严谨，许多著名的科学家、政界要人、商贾巨子都毕业于此。大学联盟通过共享资源、取长补短、相互激励，形成聚合效应。因此，可以采取发达地区的部属院校与欠发达地区的相关高校"结对子"的方式，有重点地支持薄弱高校的发展，吸收其先进的管理经验，选派优秀教师挂职锻炼，接纳师生来校学习、交流与访学，进行协同创新，共享科研成果。要形成一套合作制度，对合作目的、内容、方法与途径等进行规范，从根本上保障合作的深度、广度，使之落到实处。

（3）搭建资源共享平台

探索高校合作发展机制、建设高等教育优质资源共享平台是国家教育体制改革试点的重要内容之一。高等教育资源包括人、财、物等有形资源，以及理念、文化、精神等无形资源，对这些资源进行优化配置、整合、共享，实现效益最大化，有利于提高其资源的使用效率。作为发达地区部属高校，具有课程资源、师资资源的优势，可以设立课程资源库，共享课程平台，实行课程移植，学生跨区域选课，学分互换，建立统一的课程资源市场。上海交通大学与浙江大学、西安交通大学联合建构的网络资源，把三所高校的优质教育资源输送到西部高校，当地学生足不出户即可与三所名校的学生"同堂上课"，利用网络进行沟通，相互交流，解答疑难问题。搭建科研平台，成员互动，信息共享，联合攻关，实行科研协同创新；建构高等教育改革信息共享平台，传递高等教育改革信息，互通有无，特别是区域间合作的相关规章制度，为其合作交流提供制度保障。

区域间高等教育的合作交流是一项复杂的系统工程，牵涉各方利益，需要本着互惠互利的原则，将市场作用与行政权力有机结合，通过政策引导与市场调节相结合的方式，加强区域高等教育合作，促进共同发展。随着区域高等教育合作与交流的深入，区域间高等教育水平的差异自然也就将随之缩小。

3. 缩小部属高校属地化招生比例

我国高等教育优质资源稀缺，而且相对集中，全国重点高校区域分布不均，其分省定额、属地化招生指标分配的原则，导致不同区域家庭在优质高等教育入学机会上存在差异，招生人数与高考报名人数不成正比。招生比例较高的是东部地区和西部地区，中部地区招生录取比例较低（重点高校数量少、高考报考人数多），加剧了东部与中西部地区在入学机会上的差异，这是客观事实。尽管最近几年来教育部直属高校属地招生比例略有降低，但情况依然严峻，如前文的数据表明，有的教育部直属高校在本省招生名额超过总招生名额的一半，浙江大学 2014 年在浙江省的招生计划为 2400 人，占总招生计划的比重的 50%。教育部直属高校招生青睐好的生源质量，其实质体现的是基础教育水平的差异，在东中西部之间，基础教育同样存在差距。由于各地经济发展水平的不同，其基础教育经费投入差异明显，因而在优质教师及其办学资源上存在差异，其最终结果是培养的学生质量的差距。东部地区的基础教育处于领先地位，生源质量好而受到重点高校的偏好，招生人数多；相反，处于中西部地区的基础教育相对落后，重点高校录取的人数较少。这种招生录取方式带来的结果就是为发达地区培养了更多的优秀人才，进一步拉大了地区经济发展的差距，区域高等教育的水平差距也就随之增加。

"在制度上对这些地区和群体给予特殊的优惠和倾斜，是为了对已有的某些不平等进行一定程度的矫正和补偿，这符合社会公平正义的发展目的和宗旨"[①]。东中西部基础教育差异客观存在，区域高等教育差异也是不争的事实，要调整高等教育的布局结构难度很大，在此情况下，要缩小区域之间、城乡之间在优质高等教育入学机会上的差异，迫切需要部属高校合理调控属地化招生比例，达到利益最大化，体现高等教育公平。在这方面，我国也一直在探索之中，如中国政法大学就曾经按照各省份人口比例分配高考招生计划，当然，这种忽视高考报名人数及生源质量的做法值得商榷，绝对的公平是否可行同样值得探讨。总体情况是高等教育入学机会在增加，区域差异在逐步缩小，但从高等教育公平与质量的视角来看，还需进一步探讨。有学者提出，教育部直属高校招生名额的分配应该有明确的招生标准作参考，不可盲目地、毫无原则地，只考虑学校自身或人口比例等单方面标准来分配招生名额。招生名额的分配应该参考六项指标：一是各省份人口数量；二是各省份当年的考生数量；三是该省份拥有教育部直属高校的数量；四是不同区域基础教育发展水平；五是上年投放该省份的招生名额数；六是国家对个别区域、民族的扶持性政策。我们在实际的招生名额分配中不能单纯地依靠人口比例，而是以上述六项指标为参考标准。[②]部属高校是国家设立的重点大学，由国家投资办学和管理，理论上，部属高校招生名额分配，要改变属地化原则，

① 苗连营. "高考移民"现象的宪法学思考 [J]. 法学, 2009,（11）: 15-20.
② 王志根. 教育部直属高校招生名额分配公平性研究 [D]. 烟台：鲁东大学硕士学位论文. 2016: 32.

超越区域界线，根据各省份的高考报名人数平均分配，报考人数越多，其分配到的招生指标就越多，以保证各省份高考学生具有同等的进入重点高校就读的机会。当然，有的部属高校由多所高校合并而成，情况比较复杂，地方政府对其进行了办学经费支持，故属地化招生比例较高，针对这种情况，要实施过渡化政策，逐步缩减属地化招生比例，严格按照教育部要求的属地化招生比例不超过 25%的规定，并且逐步缩小，这样通过分配重点高校招收名额的办法来保障教育公平。此外，通过倾斜政策，使东部重点高校较多的区域，加大对中西部，特别是没有教育部直属高校的省份招收名额比例，使全国各省份考生享有同等的优质高等教育入学机会，绝不能因为地域、民族等原因而受到不公平对待，以保障高等教育入学机会的区域平等。

二、扶持和支持资本弱势的农村家庭

1. 加大农村家庭子女就读重点大学的比例

高等教育入学机会的分数面前人人平等，其实质反映的是不平等，城乡家庭在经济资本、社会资本与文化资本方面存在天然的差距，加上城乡基础教育之间的差距，导致农村家庭子女在高等教育的入学机会上明显少于城市家庭子女，农村家庭，特别是贫困家庭，与城市家庭相比，他们处于弱势地位，凸显高等教育的不平等，因此，他们有权力获得社会补偿与照顾，以便最大限度地减少家庭资本对高等教育入学机会带来的影响。在这方面，美国为我们提供了有益的借鉴。美国的"肯定性行动计划"是 20 世纪 60 年代中期以来实施的针对种族和性别歧视的补偿性计划，针对美国中西部地区农村基础教育比较落后的情况，该地区学生在高考时适当降低录取分数，以缩小他们在高等教育入学机会上的差距。通过补偿弱势群体，使各个阶层在享受高等教育机会上的不平等得到改善。其实，对农村家庭特别是贫困家庭而言，他们接受高等教育的愿望较为迫切，其偏好更为强烈，因为这是促使他们向上层社会阶层流动的主要途径，是他们改变命运、实现人生理想的主要渠道。所以，国家和社会关注弱势群体，实行政策倾斜，有利于保障教育公平，也是对我国长期以来优先发展城市教育政策的一种纠偏。前文已述，国家发展效率优先、城市优先的政策，致使城乡教育发展差距明显，因此，进行适当的补偿合情合理。

高等教育的稀缺资源、优质资源如何分配，关系到高等教育的公平，关乎社会的和谐与稳定。高等教育具有缩小代际差异的功能，具有维护社会公平的作用。因此，如何保障城乡家庭子女平等地享有优质高等教育资源是高等教育供需的主要矛盾。国家对重点高校招收农村学生比例极为关心，在农村家庭能够获得就读大学机会的同时，如何解决农村家庭子女就读重点高校比例偏低的问题，多年来国家一直在进行有益的探索。2016年教育部提出继续实施贫困地区定向招生专项计划（以下简称国家专项计划）、地方专项计划和高校专项计划。教育部印发的《教育部关于做好2017年普通高校招生工作的通知》指出，要进一步促进高等教育入学机会公平，促进区域入学机会公平。继续实施"支援中西部地区招生协作计划"，进一步增加支援中西部地区和录取率相对较低省份的招生名额。中央部门所属高校要积极履行促进入学机会公平的社会职责，合理确定分省招生计划，向重点高校录取比例相对较低的省份倾斜。逐步形成保障农村学生上重点高校的长效机制。继续实施国家、地方、高校三个定向招生专项计划，畅通农村和贫困地区学生纵向流动的渠道。[①]2016年国家贫困地区定向招生专项计划安排六万人，由中央部门和地方"211工程"学校为主的本科一批招生高校承担。除了定向招生，教育部还要求实施农村学生单独招生。教育部直属高校和其他自主选拔录取改革试点高校要专门安排不少于学校本科规模2%的名额，参照自主选拔录取办法，主要选拔边远、贫困、民族地区县及县以下中学勤奋好学、成绩优良的农村学生。原则上，符合当年普通高校统一考试招生报名条件、高中阶段具有中学连续三年学籍并实际就读、具有农村户籍且家庭在农村的学生均可报考。此外，地方重点高校也实施了招收农村学生专项计划，主要是实施本科第一批次招生的省属高校，其招生规模、招生办法及其实施范围，由各省份针对学生高考报名情况、农村学生及贫困状况决定招收人数，但招生计划原则上不少于高校本科一批招生规模的3%。上述做法确实有利于提高农村家庭子女就读重点高校的比例，改善重点大学的生源结构，但问题的关键是完善好制度，落实好政策，维护好政策的延续性，以取得实效。

2. 加大对弱势群体家庭的资助力度

弱势群体是在经济资本、社会资本与文化资本中处于劣势地位的群体，其主要特征就是经济贫困。要保障高等教育公平，不仅要在入学机会上实现城乡家庭平等，还要保证他们在接受高等教育过程中的平等，不能因为家庭经济贫困而上不了学或是中途退学，因此，在目前还无法全面增加贫困家庭经济收入的情况下，对弱势群体家庭进行经费资助也就非常必要，也是政府应尽的职责。有学者就认为，"教育面前机会均等应不仅是指学校对所有的人一律平等。即还应该施加同样

---

① 教育部. 教育部关于做好2017年普通高校招生工作的通知. http://www.moe.edu.cn/srcsite/A15/moe_776/s3258/201702/t20170224_297252.html. 2017年2月24日.

有效的影响以消除不同社会出身的儿童之间存在的起点差别方面。应使我们形成一个教育机会均等的概念"。"为了平等地对待所有人，提供真正的同等的机会，社会必须更多地注意那些天赋较低和出生于较不利的社会地位的人们。"[①]对贫困家庭大学生进行经费资助，最大程度地降低因家庭原因被迫弃学或是选择学费较低的专业的现象，保障他们顺利完成学业。让贫困大学生通过接受高等教育由社会底层往上流向，有利于消解因家庭因素对高等教育不公平带来的影响，有效阻断贫困的代际传递，维护社会公平。通过教育补偿政策，向低收入家庭的大学生提供经济援助，是目前国际上的普遍做法。

　　有学者做过调查统计，目前贫困大学生人数和比例呈现出增长的势头，有的高校贫困生比例接近50%，最低的也有近20%，可见这是一个庞大的群体。贫困生为什么逐渐增多，主要是各地区经济发展不平衡，贫富差距日益扩大，一些经济发展落后地区、老少边穷地区缺乏稳定的收入来源，贫困现象严重；还有就是缴费上学，学费与杂费上涨，家庭接受高等教育支付的成本增加，高等教育支出成为一些家庭沉重的经济负担。面对庞大的大学生贫困群体，国家非常关心贫困大学生，给予了大量资助，设立了奖学金、助学金、国家助学贷款、高校学生应征入伍服义务兵役国家资助、高校学生基层就业学费补偿贷款代偿、师范生免费与补助、退役士兵学费资助、大学新生入学资助和"绿色通道"、研究生"三助"岗位津贴、勤工助学和特殊困难补助、伙食补贴、学费减免资助、校内无息借款资助等其他项目资助，构建了多元混合的资助体系。2015年，政府、高校及社会设立的各类政策措施共资助全国普通高等学校学生4141.58万人次，资助总金额847.97亿元，其中财政资金431.45亿元，占2015年度高校资助总额的比例为50.88%。财政资金中，中央财政268.97亿元，占高校资助总额的31.72%；地方财政162.49亿元，占高校资助总额的19.16%。银行发放国家助学贷款219.86亿元，占比25.93%。高校事业收入中提取并支出资助资金176.67亿元，占比20.83%。社会团体、企事业单位及个人捐助资助资金19.99亿元，占比2.36%。此外，2015年秋季学期，通过"绿色通道"入学的本、专科家庭经济困难学生107.49万人，占当年本科、专科新生总人数的14.17%。[②]由此可见，我国贫困大学生的补偿机制逐步形成，其贫困的资助问题日益得到缓解。我们看到，大学生的贫困资助工作正处于探索之中，资助主体有待多元化，资助力度有待加强，资助政策有待完善。资助主体集中于政府，社会组织和个人的力量还没有充分发挥出来；资助方式还比较单一，资助手段需要加强；受财政能力制约，资助力度不够，受益覆盖

---

① 约翰·罗尔斯. 正义论 [M]. 何怀宏，等译. 北京：中国社会科学出版社，1988：101.
② 2015 年中国学生资助发展报告. 人民政协网. http://whkj.rmzxb.com.cn/c/2016-09-07/1022151_8.shtml.

面不广；相关的法律法规不完善，信用制度缺乏保障，所以，大学生资助体系需要进一步改革，以提高对贫困大学生的资助水平。

对弱势群体家庭进行资助，需要建立补偿机制，实现补偿常态化，通过制度保障落到实处。贫困大学生问题，是一个社会问题，需要社会各界的积极参与，要充分利用社会力量，建立社会助学金。除了政府经费资助之外，要挖掘社会资源，加强高校与企事业单位的合作共赢，吸纳社会团体、组织、个人与企业等资源在高校设立基金，资助贫困大学生。国家要通过政策引导，鼓励社会组织和公民个人捐资助学，建立社会捐赠的有效渠道，倡导社会组织和个人与高校贫困大学生"结对子"，对口支持，保障其顺利完成学业。对捐资高等教育事业的社会组织和个人，实行税收减免，并进行表彰和奖励。总之，要调动社会各界积极性，国家必须采取有效举措，完善由国家主导、社会各级积极参与的资助体制，促使资助主体的多元化。

大学生助学贷款由政府、高校、家庭与银行共同参与，是高校与银行共同管理的一项工作，是解决大学生贫困的有效途径，但由于存在一定的风险，操作难度较大，实施的效果并不明显，对此，2015年教育部、财政部、中国人民银行、银监会等部门联合下发了《关于助学贷款管理的若干意见》。政府是助学贷款的牵头单位，要组织相关部门以此为依据，统筹安排，采取相应措施，加大助学贷款力度，健全贷款机制，简化贷款程序，完善规范、约束机制，延长还款期限，降低贷款利息，实行贷款利息由政府和学生共同负担。要允许和鼓励私人资本进驻大学生贷款市场，增加注入资金，缓解银行资本压力。为了降低银行的风险，要调节控制好贷款的额度和范围，加大对大学生的审核力度，督促他们履行贷款合同，确保大学生按期还款。针对大学生的就业状况、工作性质、服务区域等采取不同的还贷政策。建立有效的信用监督体系，确保大学生按时还贷。要根据学生的信用资源，建立大学生信用制度，准确地进行信用评价，判定大学生的信用额度，作为助学贷款的依据。将大学生的信用贷款与其医保、社保结合起来，建立与之配套的个人诚信系统和收入信息系统，为还贷提供制度保障，提高失信的违规成本。目前还没有专门针对大学生资助的相关法律制度，迫切需要建立贫困大学生资助的制度保障，完善相关法律法规，进一步明确各方的权利与义务，规范资助行为，明确贫困认定标准、资助资金的来源、资助的主体与客体、资助的形式、资助程序等相关内容，使大学生资助工作有法可依、有章可循，一切工作都在法律的监督之下。

高校要积极建立资助贫困大学生的长效机制，综合利用"奖、贷、助、补、减、免"等各项资助措施。对高校内部的奖学金、助学金发放，要制定明确的规定，凸显奖优、助贫的功能。对那些在奖学金、助学金、勤工助学等方式资助下仍难以解决生活困难的学生，可以发放无须归还的学业补助金，酌情减免学费和生活费，其额度根据实际情况确定，通过"减、免、缓"帮助他们解决上学费用问题。要加大资助政策的透明度，建立受助学生个人档案，对其家庭背景、经济状况记录在册，作为检验是否获得资助的主要依据。对确有困难的大学生，要保障资助到位，坚决避免出现困难家庭没有获得资助、获得资助的不困难情况的发生。

当然，在加强贫困大学生物质资助的同时，要加大对他们的精神扶贫，两者必须有机结合。经费资助是加强贫困大学生工作的物质基础，精神帮扶则是思想保障。因此，高校和社会要针对贫困大学生的思想状况，开展说服教育工作，给予精神上的关爱，帮助他们树立积极向上、自强不息的进取精神，培养健康的心理品质。

三、调整层次结构，优化专业布局

要加大专科生人才供给，降低硕士研究生招生的增长幅度。我国高校各层次结构人数比例成腰鼓型，在校普通本科生数多于专科生，与世界各国的金字塔型人才结构不吻合，也与我国经济社会发展对人才的需求不匹配。我国作为一个发展中国家，科技化程度不高，社会各行各业需要大量的从事生产、生活第一线的操作型、技能型的应用型人才，因此，需要加大普通专科人才的供给。前文第六章表6-19的数据表明，2000～2015年，在校博士研究生增长了3.85倍、在校硕士研究生增长了5.80倍、在校普通本科生增长了3.64倍、在校普通专科生增长了3.85倍，比较而言，在校硕士研究生增长幅度明显过快。尽管它在一定程度上满足了社会对高层次人才的需求，但给高等教育劳动力市场带来了冲击，对本、专科学生就业带来影响。筛选假设理论（文凭理论）认为，雇主在劳动力市场选拔人才时，尽管不能直接了解应聘者的劳动能力，但通过受教育者获得的文凭作为筛选依据，进行甄别、遴选。自然，具有硕士研究生学历的求职者能够传递出更强的信号特征，在就业时具有更强的竞争力，优先受到聘用。目前的大学生就业难，与研究生的过度扩招不无关系，因此，笔者认为有必要降低硕士研究生的增长幅度。

高校专业的调整要遵循内外逻辑规则，两者有机结合。对内要按照学术本身发展、演变的特征，基于人才成长的需要，在学科的交叉领域设置专业；对外要根据经济社会发展的需要，改造传统的老专业，淘汰一批缺乏社会需求的专业。要下放高校专业设置权限，赋予高校自主设置专业的权力，让高校结合自身特色和优势设置专业，政府部门的职责是加强调控，提供信息服务。高等教育办学有自身的运行规律，不能盲目跟着市场走，市场需求具有自发性、随意性、滞后性，高校不能亦步亦趋，盲目追求市场规律。

四、满足城乡家庭高等教育的多维质量需求

满足城乡家庭高等教育需求，说到底是能够提供使他们满意的高等教育质量，否则，家庭高等教育的需求意愿就无法得到满足。对此，首先要清楚什么是高等教育质量，城乡家庭有什么样的高等教育质量需求，高等教育供给如何满足这些需求。

1. 高等教育质量是多维的

培养人才是高校的本职工作，而人才的优劣以质量为衡量标准，因此，探究高等教育质量是家庭、高校与社会共同关注的基本问题。何为高等教育质量？《辞海》认为，"质"和"量"是哲学概念，哲学意义上的"质"指的是一事物区别于他事物的一种内部规定性，是事物内部的特殊矛盾规定的，事物的多样性就是事物间的质的差别的表现；哲学意义上的"量"指的是事物存在的规模和发展的程度，是一种可以用数量来表示的规定性。[①]一切事物都是质和量的辩证统一，事物的质以一定的量为自己存在的条件，事物的量又受其质的制约。高等教育质量就是其培养人才的水平高低与效果优劣，评判标准是高等教育目的和各类专业的培养目标的实现程度，它们对质量提出了一般和具体的要求。高等教育质量是指其"产品"的质量，即所培养人才的素质状况，它包括基本的素质要求、人文素养，以及具有创新精神和实践能力的专业素质。高等教育是建立在中等教育基础上的专业教育，专业不同，其质量规格随之不同。正如《21世纪的高等教育：展望和行动世界宣言》中指出的，高等教育质量是一个多层面的概念，要考虑多样性和避免用一个统一的尺度来衡量。不能用一个标准来衡量不同层次与类型的高等教育质量。从层次上看，有专科、本科、研究生三个层次的质量，从类型上分，有研究型、理论型与应用型等。学术性与职业性是两种不同的人才培养标准，不能用学术性的质量标准来衡量高等职业教育的质量，也不能用职业性标准来评判学术性质量；不能用研究型大学的质量标准来衡量教学型高校的人才培养质量，不能用综合大学的质量标准来评价应用型高校的教育质量，新组建的高校不能借用传统高校的质量标准。总之，不同规格、层次与类型的高等教育质量有教育目的的共性要求，又有各自特殊的质量标准，两者共存。

质量是一个哲学概念，受教育价值观影响，而价值观又是主观见之于客观的

---

① 李志平. 高等教育质量基本特征探究 [J]. 中国高教研究, 2001, (11): 34-35.

认识，是主体需要的满足程度。因此，随着经济社会的发展变化，在高等教育发展的不同历史时期，高等教育价值观不一样，对质量的评判标准也就不同。在精英教育阶段，强调学术取向，能够接受高等教育就是社会精英；在大众化阶段，高等教育与教育需求的多样化，出现了适切性的高等教育质量观，满足了主体需要的教育才是有价值的；就是在同一时期，不同主体，价值标准不一样，其评价结果也有差异，有的国家强调高等教育的社会服务功能，有的则重视满足顾客的需求，其价值取向不同，对质量评价的标准不同，不同个体之间同样如此。由此可见，高等教育质量具有主观性、历史性、发展性。在我国高等教育的发展历史上，对高等教育质量的认识，同样有一个发展过程。中华人民共和国成立之初，随着国家经济建设发展，需要大量具有高深知识的专门人才，掌握知识的多寡是衡量教育质量的主要依据，而且质量观更多的是从社会需求出发进行评判；改革开放之后，特别是随着高校扩大招生规模、大学生缴费上学之后，高等教育的质量标准随之发生变化，质量观需要把社会需求与个体需求相结合，关注大学生的能力水平；到了21世纪的今天，高等教育强调培养大学生的创新能力与人文素养，这既是社会发展的需要，也是个体成长和发展的需要。因此，创新能力与人文素质成为衡量高等教育质量的主要指标。

2. 城乡家庭存在多维的高等教育质量需求

高等教育质量概念的分析表明，从适切性的角度衡量高等教育质量，它有其自身内在的要求，要遵循和符合教育规律，满足社会需要，符合政府、企业与学生家庭的质量要求。基于本书需要，这里仅就城乡家庭高等教育质量需求差异进行分析。

大学生接受高等教育，最关心的是学有所成，高等教育质量有保障。《21世纪的高等教育：展望和行动世界宣言》就明确指出："国家和高等院校的决策者应把学生及其需要作为关心的重点，并应将他们视为高等教育改革的主要参与者和负责任的利益相关者（stakeholder）。"[①] 大学生及其家庭作为高等教育的利益相关者，其高等教育质量观，对高等教育质量的要求，是高等教育改革发展的动力。就城乡家庭来看，他们对高等教育的质量要求，有共性，又有个性，具有个别差异。高等教育目的、各个专业培养目标，对高等教育质量提出了一般要求，这些是城乡家庭的共性要求，在此基础上，基于城乡家庭资本差异，及其子女兴趣爱好与个性特征的差异，他们对高等教育的质量要求又存在差异。前文的实证研究表明，城乡家庭高等教育的专业需求、类型需求与区域需求等均存在差异，其实质是高

---

① 柏檀，周德群. 高等教育质量的利益相关者动态分析 [J]. 黑龙江高教研究，2009，（10）：7-9.

等教育质量需求的差异，城市家庭的高等教育质量更多的是强调学术性，农村家庭高等教育质量则强调应用性，这与现实的高等教育供给状况是吻合的。城乡家庭存在的高等教育质量需求差异，源于其家庭资本的差异以及城乡二元体制。农村家庭子女生于农村，在农村接受教育，其办学条件和教育水平无法与城市学校相比，教育起点就处于不公平地位，导致农村家庭子女的学业水平与城市家庭相比，处于弱势地位，在高考的竞争中处于不利地位，加上农村家庭的经济状况，更多的是选择接受职业教育，成为技能型、操作型与应用型人才。在农村家长看来，能够跳出农门，接受高等教育是几代人的梦想；相反，城市家庭子女在基础教育阶段就处于优势地位，加上家庭资本相对雄厚，有经济基础，因而一般就读重点高校，成为学术型人才。

随着我国高等教育招生规模的扩大，大学生的就业竞争压力日趋激烈，在此背景下，高等教育质量决定了就业竞争力的强弱，因而大学生及其家庭对高等教育质量的重视也就远远高于过去统包统分时的精英教育阶段质量观（免费接受高等教育，包分配，作为家长，把子女送到学校就万事大吉了，高等教育质量不是他们关注的主要问题），学生作为高等教育产品的消费者，家长是高等教育服务的购买者，他们关注和重视高等教育质量，希望通过高等教育投资实现人力资本的价值增值，教育投入得到合理回报。一旦高等教育投入得不到相应的回报，将降低他们对高等教育需求的购买意愿，甚至不再购买高等教育产品和服务。

随着人类由农业社会、工业社会进入信息社会，人们的生产、生活方式发生了巨大变化，产业结构不断调整，新的行业不断涌现，社会各行各业对产品与人才的需求不断改变并提出新的要求，对各类人才的规格、层次与素质等的要求存在差异，这导致学生及其家庭对高等教育质量需求呈现出多样性。他们根据社会需要，结合自身特点，对高等教育质量有不同的价值诉求和主张，希望通过接受高等教育在个体素养、职业发展、职位升迁、经济收入、社会地位、人生价值等方面的需求得到满足。有的重视知识掌握，有的强调能力提升，有的关注个体人文素养的养成；有的希望掌握技能，有的强调学术，有的是兼而有之；有的对所学专业持之以恒，执着追求，有是则想辅修第二专业，有的甚至要求转换专业。有关调查研究表明，一部分家庭的高等教育需求具有明显的功利色彩，将能否获得满意的就业单位作为衡量高等教育质量的主要标准，考虑子女毕业后能否在社会竞争中处于优势地位，因此，一些家庭对高等教育质量的需求主要体现在就业率与就业质量方面。

3. 提高满足家庭多维需求的高等教育质量

教育质量是高等教育的生命线，是高等教育改革和发展的出发点与归宿，关系到高校的生存和发展,学校的一切工作都要以教育质量为中心。大学生是受教育者,也是教育质量的体现者,同时也是高等教育产品的购买者和消费者,他们是买方市场,通过缴纳学费购买高等教育服务,高等学校作为高等教育服务的提供者,有义务满足家庭高等教育的质量需求,提供他们所需要的产品,满足他们的利益诉求。

高校要真正做到以学生为中心,以学为本,提高教育质量,需要让学生参与到教育教学改革中,在人才培养质量上具有话语权,要建立畅通的大学生及其家庭利益诉求的表达机制,介入到人才培养目标的制定以及教学管理过程之中;要及时了解大学生及其家庭对高等教育质量的预期目标和愿望,实施富有弹性的人才培养方案,满足学生的个性化需求,培养出适合社会各行各业需要的多样化人才。随着高校招生规模的日益扩大,学生来源多元化,学生之间的差异性日益明显,其个性特征、兴趣爱好、学习特点、学习基础、学习目标等均存在差异。如果高校的人才培养忽视这些差异,不研究学生的个性化需求,只提供统一的标准化人才模式,将难以适应现代社会对人才的需求,也满足不了学生及其家长的需要。要对有特长的学生提供进一步发展的空间和条件,设置辅修专业,增加选修课程,使其找到适合自身学习的空间和舞台。有的高校积极探索多样化、个性化的人才培养方案,同一专业设置2套培养方案,分别定位于培养学术型与应用型人才,不同方案,课程模块不同,为满足不同学生的需求创造了条件。为了培养学生的创新能力,开设实验班,对特殊人才进行特殊培养,因材施教,各尽所能,各自发展。有一些学生在高考填报志愿时由于对高校专业情况缺乏了解,获取相关信息资源有限,专业选择具有一定的随意性,就读大学以后发现所学专业并不适合自己,在此情况下,应该给予学生转换专业的自由和权力,或是高考录取按照大类招生,在大学第四个学期结束时开始选择专业,这个时候的学生通过两年的学习,对专业了解更为深刻,对专业的选择更为理性和客观,满足了自身高等教育需求。

要提高满足家庭多维需求的高等教育质量,需要各高校科学定位,不越界,基于各自的人才培养目标,各安其位,培养人才,形成特色。研究型大学以认识论为哲学基础,把追求学术发展作为质量标准,坚持精英教育阶段的质量观,培养精英人才,这不仅是家庭高等教育多样化需求的体现,更是社会发展的需要。正如马丁·特罗强调的:从精英向大众、普及转变,并不意味着前一阶段的形式和模式必然消失或得到转变。相反,当高等教育作为一个整体逐渐过渡到下一阶段、容纳更多的学生、发挥更加多元化的功能时,前一阶段的模式仍保存于一些高校或其他高等机构中。① 所以,研究型大学要提高以学术为评判标准的高等教育

---

① 张泉乐. 高等教育多元办学格局与多元的质量观 [J]. 理工高教研究,2003,(2):44-46.

质量，追求一流学术。教学研究型或是研究教学型大学处于研究型与教学型之间，既要提供适度的精英教育，培养学术性人才，又要大力培养应用型人才，以社会需求为导向，提高能够满足学生与家长需要的高等教育质量。应用型高校以市场需求为导向，培养实用性、技术性、应用型人才。不论是学术型人才，还是技能型、应用型人才的培养，没有高低贵贱之分，只是分工不同，质量标准与规格不一，具有不同的度量标准和评价指标体系。即使是同一层次，人才培养的目标、规格与形式等也存在差异，各高校要突出特色，强化优势，而不是跟风，追求"高大上"的人才培养模式，如，承担本科人才培养的高校，地方高校的人才培养强调直接服务于地方经济社会发展，强调技能的掌握；而高水平大学，如北京大学、清华大学的本科人才培养，可能更加注重学术性，为其进一步的硕士、博士学习深造打下基础。按照不同的培养目标定位，实施不同的人才质量标准。严防用本科教育质量标准衡量专科教育，或是专科教育质量向本科看齐的趋同心理，要防止相互攀比，盲目升格。单一的高等教育质量观不利于高校的发展，一枝独秀不是春，万紫千红春满园。只有提供多样化、丰富多彩的高等教育，才能够满足不同家庭需求，促进高等教育发展。

附　录

城乡家庭高等教育需求调查问卷

尊敬的家长：您好！

　　首先非常感谢您在百忙之中抽空填写问卷。由于课题研究需要，拟了解目前江西省城乡家庭高等教育需求的基本情况，以便为相关管理部门决策提供依据，更好地满足城乡家庭高等教育需求，因此，特设计了这份调查问卷。**请您把答案序号填写在括号内（或在答案上打"√"），画线部分请您填写，有说明的请按要求作答。**您提供的信息对本研究非常重要。本问卷不留姓名，所有信息将为您保密。感谢您的关心和支持！

2016 年 8 月

一、家庭基本情况

1. 您是（　　　）
①家庭户主　②非家庭户主
2. 您的性别是（　　　）
①男　②女
3. 您的年龄是____岁
4. 您家户主的户籍是（　　　）
①农业户口　②非农业户口
5. 您家庭目前的常住地是（　　　）
①农村　②乡镇　③县级城市　④地级城市　⑤省会城市（副省级城市）
6. 您的子女数是____个

7. 您家庭人口数是＿＿＿人

8. 您子女现在就读（　　　）

①高一　②高二　③高三

9. 您子女就读高中的类型是（　　　）

①职业高中　②普通高中　③重点建设高中　④重点高中

10. 您子女就读高中的性质是（　　　）

①民办高中　②公办高中

11. 2015 年您家庭的纯收入为（　　　）

①4 万元以下（不含 4 万）　②4～8 万元　③8 万元以上（含 8 万）

12. 当您子女接受高等教育每年需要支付大额学杂费（1 万元以上）时，其主要来源是（选 1 项）

①当年收入　②多年的积蓄　③信贷部门贷款　④向亲戚朋友借钱　⑤其他＿＿＿

13. 下列家庭支出项目中您家支出最多的 3 项是（　　　）

①子女的教育　②医疗　③住房　④家庭日常开支　⑤旅游休闲等其他支出

14. 户主的职业是（　　　）

①农民（工）　②个体户　③企业员工　④公务员与事业单位人员　⑤其他（自由职业或无业）

15. 户主爱人的职业是（　　　）

①农民（工）　②个体户　③企业员工　④公务员与事业单位人员　⑤其他（自由职业或无业）

16. 与您家庭经常交往的亲戚朋友，他们的职业主要是（选 1 项）（　　　）

①农民（工）　②个体户　③企业员工　④公务员与事业单位人员　⑤其他（自由职业或无业）

17. 与您家庭经常交往的朋友或亲属中，他们的文化水平主要是（选 1 项）（　　　）

①初中及以下　②高中（含中专）　③专科　④本科　⑤研究生

18. 户主的最高学历是（　　　）

①初中及以下　②高中（含中专）　③专科　④本科　⑤研究生

19. 户主爱人的最高学历是（　　　）

①初中及以下　②高中（含中专）　③专科　④本科　⑤研究生

二、家庭高等教育需求

20. 您希望子女高中（职高）毕业后（　　　）

①不读大学（选此答案者问卷做完22题结束）　②读大学

21. 如果第21题您选择不读大学，其主要原因是（　　　）

①经济困难　②对高校的教育质量不满意　③大学毕业后就业困难　④子女学习成绩不理想　⑤"读书无用"　⑥其他____

22. 如果第21题您选择读大学，您希望是（　　　）

①内地高校　②港澳台高校　③国外高校

23. 如果第23题您选择港澳台高校或国外高校，其主要原因是（　　　）

①子女向往留学生活　②境外高等教育质量有保障　③身边的人有留学意向④内地高校毕业后不好就业　⑤家长希望子女境外留学　⑥其他____

24. 针对您家庭的经济状况，您希望子女所就读的高校位于（　　　）

①经济落后地区的高校　②经济欠发达地区的高校　③经济发达地区的高校

25. 您希望子女所就读的高校位于（　　　）

①地级及以下城市　②省会城市（副省级城市）　③首都北京

26. 基于您家庭目前的经济状况与子女学业成绩，您希望子女将来接受高等教育的学历层次是（　　　）

①专科　②本科　③研究生

27. 根据您子女目前的学业成绩，您希望子女就读（　　　）

①高职高专　②一般本科高校　③重点本科高校（"985工程"高校、"211工程"高校）

28. 根据您子女目前的学习成绩，您希望子女就读（　　　）

①民办（私立）高校　②公办高校　③无所谓

29. 就您的家庭经济状况和子女学习成绩，您希望子女就读（　　　）

①成人高校（在职人员的业余学习）　②普通高校　③无所谓

30. 您希望子女就读的高校属于（　　　）（选一项）

①农林类　②文科类　③理工类　④医学类　⑤综合类　⑥其他（艺术类、军校等）

31. 假如您子女高考分数在一般本科线上，您会选择（　　　）

①应用型本科高校（培养生产一线的技术应用型人才）　②学术型本科高校③其他_____

32. 假如您子女高考分数在专科线上，您会选择（　　　）

①高等专科学校　②高等职业技术学院（注重学生技能培养）　③其他_____

33. 您希望子女接受高等教育的专业是（　　）（选1项）

①农学　②文科类　③理学　④工学　⑤医学　⑥其他（艺术类、军事等）

34. 假如同一专业在不同高校，您会选择（　　）

①重点高校的普通专业　②普通高校的重点专业　③无所谓

三、影响家庭高等教育需求的因素

请您将下列题目与自己的符合程度做出选择（在每题后面的数字上打"√"），其中，1表示非常不重要，2表示比较不重要，3表示一般，4表示比较重要，5表示非常重要

题目	非常不重要	比较不重要	一般	比较重要	非常重要
35. 家庭经济状况对子女高等教育需求的影响	1	2	3	4	5
36. 家长的职业对子女高等教育需求的影响	1	2	3	4	5
37. 家庭的人脉关系对子女高等教育需求的影响	1	2	3	4	5
38. 高考信息的获得对子女高等教育需求的影响	1	2	3	4	5
39. 家庭亲戚朋友职业的职业对子女高等教育需求的影响	1	2	3	4	5
40. 家庭亲戚朋友的文化水平对子女高等教育需求的影响	1	2	3	4	5
41. 子女接受高等教育的学杂费占家庭经济收入的比重对子女高等教育需求的影响	1	2	3	4	5
42. 家长的经济投入意愿对子女高等教育需求的影响	1	2	3	4	5
43. 家长的学历对子女高等教育需求的影响	1	2	3	4	5
44. 家长对高等教育价值的认知程度对子女高等教育需求的影响	1	2	3	4	5
45. 子女学习成绩对他们自身高等教育需求的影响	1	2	3	4	5
46. 子女学习能力对他们自身高等教育需求的影响	1	2	3	4	5
47. 子女学习兴趣爱好对他们自身高等教育需求的影响	1	2	3	4	5
48. 高校的社会声誉对子女高等教育需求的影响	1	2	3	4	5
49. 高校办学条件对子女高等教育需求的影响	1	2	3	4	5
50. 高校大学生就业情况对子女高等教育需求的影响	1	2	3	4	5
51. 高校所处区域经济发展状况对子女高等教育需求的影响	1	2	3	4	5
52. 大学毕业后继续深造的机会对子女高等教育需求的影响	1	2	3	4	5
53. 社会对人才的重视程度对子女高等教育需求的影响	1	2	3	4	5
54. 经济社会发展水平对子女高等教育需求的影响	1	2	3	4	5

55. 您认为城乡家庭高等教育需求之间存在差异吗？如果存在，是什么因素造成的？

谢谢您的支持和参与！